SCRIPTORVM CLASSICORVM
BIBLIOTHECA OXONIENSIS

OXONII

E TYPOGRAPHEO CLARENDONIANO

HESIODI

THEOGONIA OPERA ET DIES
SCVTVM

EDIDIT
FRIEDRICH SOLMSEN

FRAGMENTA SELECTA

EDIDERVNT
R. MERKELBACH ET M. L. WEST

EDITIO TERTIA

OXONII
E TYPOGRAPHEO CLARENDONIANO

Oxford University Press, Walton Street, Oxford OX2 6DP
Oxford New York Toronto
Delhi Bombay Calcutta Madras Karachi
Petaling Jaya Singapore Hong Kong Tokyo
Nairobi Dar es Salaam Cape Town
Melbourne Auckland

and associated companies in
Berlin Ibadan

Oxford is a trade mark of Oxford University Press

Published in the United States
by Oxford University Press, New York

First published 1970
Second edition 1983, Reprinted 1984, 1987
Third edition 1990, Reprinted 1990

British Library Cataloguing in Publication Data
Hesiodi Theogonia; Opera et dies; Scutum.   Editio tertia.
(Scriptorum classicorum bibliotheca Oxeniensis).
1. Poetry in Greek. Hesiod
I. Title   II. Solmsen, Friedrich, 1904–89   III. Merkelbach,
R. (Reinhold), 1918–   IV. West, M. L. (Martin Litchfield),
1937–   IV. Series 883.01
ISBN 0–19–814071–1

Library of Congress Cataloging in Publication Data
Hesiodi Theogonia; Opera et dies; Scutum / edidit Friedrich Solmsen :
fragmenta selecta ediderunt R. Merkelbach et M. L. West.   Ed. 3.
(Scriptorum classicorum bibliotheca Oxoniensis)
Greek text; commentary in Latin.
I. Solmsen, Friedrich, 1904–89.   II. Merkelbach, Reinhold, 1918–.
III. West, M. L. (Martin Litchfield), 1937–.   IV. Title.
V. Title: Hesiodi Theogonia.   VI. Title: Theogonia.   VII. Title:
Opera et dies.   VIII. Title: Scutum.   IX. Series.
PA4009.A2   1990   881.'01   dc20   90–6748
ISBN 0–19–814071–1

Printed in Great Britain by Biddles Ltd
Guildford and King's Lynn

EDITIONIS ALTERIUS PRAEFATIO

V ix mirabuntur qui per ultimos duodecim annos in studiis Hesiodeis versati sunt quod *Theogoniae* textus minus saepe quam *Operum et Dierum* mutatus est. Laeto certe animo e Lamberti di Gregorio libro quem 1975 Mediolani emisit didici quae *Theogoniae* scholia aliquo iure *Scholia Vetera* appellari possent nec minorem quam aliis admirationem mihi movit viri docti Italiani editio acute et summa diligentia administrata. Hesiodi lectoribus vero parum apte providissem si in apparatu carminum siglo Σ^{vet} usus essem ubicumque una vel altera lectio his scholiis confirmari videtur. Caute agendum est et discrimine utendum. Non enim eadem auctoritas tribui potest adnotatiunculis simplicibus neque doctrina neque ingenio insignibus quae paucis codicibus eisque recentibus et artius conexis traduntur atque explanationibus eruditione plenis quibus de Aristarchi, Seleuci, Zenodoti vel Zenonis Citiensis opinionibus edocemur. Saepe dubius haesi. Maiore credo fiducia e compluribus codicum stirpibus praesertim ubi adest Parisinus Suppl. graec. 679 (P) veterem archetypum et (quod magis valet) favente Fortuna antiquorum grammaticorum iudicia recuperamus; tamen cum tot quaestiones restarent diiudicatu difficiles (vel ut apertius loquar quae certa ratione diiudicari nequeant) neque lectoribus dubia et incerta pro veris et certis vendere in animo esset, nihil melius inveni quam ut in calce huius Praefationis colligerem locos quibus quod nunc extat in apparatu siglum Σ siglo Σ^{vet} cedat. Valet tamen etiam in hac re Epicharmi να̂φε καὶ μέμναςο ἀπιςτεῖν et monendi sunt lectores ne scholia vetera in *Theogoniam* eodem habeant honore quo scholia vere antiqua in Homerum Pindarum Euripidem Aristophanem aliosque.

Libenter lectiones aliquas e papyris recuperatas addidissem sed praeter v. 846 κεραυνῶν τε φλεγε[θόντων et peculiare illud v. 850 ἐνέροι]ϲιν ὑπο[in *P. Mich.* 4270 (ed. Timotheus Renner, *ZPE* 29, 1978, 9 sqq.) reperta novi mihi innotuit nihil.

Ita factum est ut cum *Theogoniae* textum perraro tangerem in apparatu quoque pauca mutarem. Sunt profecto hic illic voces versus sententiae, sunt et narrationes et catalogorum partes et particulae de quibus paulum ab opinione quam anno 1970 protuli recesserim; cum vero eisdem fere mensibus quibus nova prodit editio in *Studiis Harvardianis* fusius explicem quibus rationibus primae Hesiodi curae a posterioribus distinguantur necnon qualia fata poetae versus in rhapsodorum manibus (an dicam oribus) passi sint adumbrem lubrica in terra me saepe et incerto itinere progredi non oblitus, lectores talium rerum curiosi commentationem illam adeant velim, editioni autem nova hoc genus iudicia semel tantum (ad vv. 720–819) inserui. Credant qui velint δαίμοναϲ ἐϲθλούϲ (nimirum et ἀλεξικάκουϲ vocatos) vatis Ascraei de eis bene meriti (*Op.* 122 sq.) carmina neque aucta neque decurtata neque alio ullo modo immutata ad Alexandrinorum vel Byzantinorum tempora conservasse.

In *Operibus et Diebus* rationem habui ut par erat Westii editionis et commentarii doctrinae et laboris utilissimi pleni. Papyros quatuordecim a Westio ipso in *Pap. Ox.* vol. XLV et alibi editas vel tractatas diligenter scrutatus lectiones quas praebent apparatui nunc addi non posse intellexi. Quod non ultra modum doleo quia ad textum constituendum minus conferunt hae lectiones quam viri doctissimi argumenta et per se gravia et saepe locis similibus fulta. Itaque si textus duodecim fere locis novus evasit—mitto nunc verborum interpunctionem et Ἄτη, Λιμόϲ aliaque hoc genus numina vita et vi non iam privata (erant ἄτη, λιμόϲ)— Westio hoc praecipue debetur, deinde Dillero Verdenio aliisque qui de priore editione iudicia tulerunt necnon collegis et amicis Americanis. De papyris inde ab anno 1969 publici iuris factis potissima in Westii editione (pp. 75 sqq.), plura in libris ibidem laudatis invenies. Ipse moneo p. xxviii me $\Pi 38$ ne dimidiam quidem partem versuum qui hodie noti sunt attulisse; praeterea mentione digna habeo haec:

Versuum dubiorum qui vocantur quosque ipse uncis inclusi habent papyri recenter editae 99, 148–9, 244–5 (quibus duae papyri accesserunt), 706, non habent 124–5, 166, 173a–e (quod minime mirum), 310, 700.

Lectiones ubi duae vel plures in discrimen veniunt eis quas in textu posui subsidium novum accrescit e papyris vv. 198 (ambobus locis), 278 (in ἔcθειν), 279, 309 (in φίλτεροc), 523 (in μυχίη), 693, 695, 704, 705 (in δαλοῖο).

Lectionum quas in apparatu collocavi auctoritatem e papyris novis lucrantur decem fere versibus his: 242 (Chrysippi), 268 (ἐθέληι), 288, 296 (αὐτός), 343, 422 (ὥριον ἔργον, nescio an melior), 423, 443 (Byzantinorum), 711, 713 (eadem ac DΦ).

Praeterire nolo ὕβριοc, quod v. 146 Westius coniecerat nunc exstare in papyro (vel papyris, licet de altera non constet) quamque v. 187 ex Aldina laudo correcturam et quam v. 518 Rzachio tribui iam papyrorum testimonio niti.

De *Scuto*, carmine a philologis et archaeologis nimis neglecto quodque ipse studio magis quam admiratione dignum iudico novi quod ad editionem· pertineret nihil didici vel inveni. E $\Pi 39$ (Oxy 3320, saec. II) quae versuum 83–90, 92–6, 189–92, 195–202 frusta servavit v. 92 μετεcτον]αχίcc[ατ’, 94 ἐ]πετεἰλ[ατ’ piscari licet, sed multo melius est imperfectum (v. 189 cυναἰγδ[ην, 197 et 202 eam quam in textu posui, 199 eandem ac *m* lectionem praebet).

Martino West qui praeter alia beneficia etiam prioris editionis errores quos corrigerem notavit plus uno nomine gratias ago. Auxilium roganti subvenerunt papyrologi cum alii tum Maehlerus Mertensius Willisius γείτονοc ἐcθλοῦ munere functus. Consilio me adiuverunt huius universitatis (Carolinae Septentrionalis) professores complures, praecipue K. J. Reckford et Guilelmus West.

F. S.

Capellae Collinae
MCMLXXXII

$$\Sigma^{vet} \; pro \; \Sigma \; legendum$$

Theogoniae

vv.		450	
5	(τέρ. χρ.)	477	
28	(utraque lectio)	484	
59		493	
91	(utrumque)	494	
134		610	
154		684	
155		702	
160	(sed et ἀχνυμένη)	748	(ad 744; sed etiam ἇccον
178			ἰ.)
243	πρωτώ et εὐκράτη	785	
262		846	
273	(πεφρ. !)	856	(dubium an utrumque
307			nec patet utrum)
326		860	
345	(ad 338)	929	

$$pro \; \Sigma^z \; legendum$$

940–4	947–54

PRAEFATIO

CARMINVM e satis magno numero quae Hesiodi sub nomine tradebant antiqui tria ad Byzantinos pervenerunt ab iisque servata renascentium studiorum aetati innotuerunt. Quorum unum, *Scutum Herculis* dico, perperam poetae Ascraeo tributum esse iamdudum constat. *Theogoniae* et *Operum* auctor est Hesiodus, si auctorem dicis qui formam et consilium carminis ingenio concepit maioremque versuum partem composuit. Quae composuit rhapsodi suo modo tradiderunt.

Apud Byzantinos Photii post tempora, si quidem e codicibus servatis iudicari licet, aliquatenus simili fortuna *Theogonia* et *Scutum* usa sunt, plane diversa *Opera* cum *Diebus*. De hoc carmine infra agam; in illis ut paucis verbis summam rei complectar, ab altera parte praesto sunt folia Parisini suppl. gr. 663 (B in *Theogonia*, B et quae aliis C, nobis A vocantur in *Scuto*), ab altera stirps *b*, cuius lectiones utroque in carmine ex iisdem fere codicibus eadem ratione inter se ligatis recuperantur. Inter has textus formas haeret et vacillat Laurentianus 32, 16, πολλῶν ὀνομάτων μορφὴ μία, quem non iam in *Theogonia* D, in *Scuto* E, in *Operibus et Diebus* I, sed in omnibus carminibus cum Westio S appellare placet.[1] Fluctuat et stirps *a* (Ψ Rzachii, *y* Jacobii) quae in *Theogonia*, etsi Jacobio non sine causa suspecta erat, Westii post studia utique adhibenda est, quia nonnunquam sola verum servavit quique eam confecit lectiones diligenter e variis fontibus partim nobis deperditis conquisivit. In *Scuto* verum, ubi B per dimidium paene carmen adest et non solum A cum eo conspirat, sed etiam alii codices duo, J et F, saepe cum B et A faciunt, e Marciano IX. 6 et Parisino 2708, stirpis *a* in

---

[1] Neque enim eodem siglo duos vel tres codices designari neque eundem codicem duobus vel tribus siglis indicari e re videtur; quapropter etiam *Scuti* C in A, D in J, K in R mutavi.

Theogonia codicibus, nihil lucri capitur (si v. 160 in quo veram praebent lectionem inspexeris, intelliges cur 'Byz'antinos laudare satis habuerim). Stirpem *k* in *Theogonia* Westius primus adhibuit, haud sine fructu, licet qua auctoritate fruatur nondum constet. Codicum quos hanc ad stirpem revocavit Westius in *Scuto* solus Matritensis 4607 (Westii U) praesto est. Quem cum conferrem plerumque cum *b* consentire vidi. Lectiones quas forsitan scire intersit proprias habet has: 1 δόμον, 11 ἦ μὴν, 190 ἐλάταις, 254 ψυχὴ . . . κατῆεν e corr., 353 παρεξιέναι, 407 ἀγροτέρον, 453 ῥ᾽ ἔβαλλε, 469 τρηχῖν᾽.

De stirpibus earumque compositione post Westii his in rebus operam non est cur fusius disseram. Cur interdum a viri doctissimi iudicio discedam, e.g. stirpi *b* paulo plus, stirpi *k* aliquanto minus tribuam, alio loco (in *Gnomonis* volumine xl) explicavi. Gratiam haud parvam Westius meruit quod in stirpe *b*, quam Rzachius e Laurentiano conv. soppr. 158 (E, iam L) et Parisino 2833 (F, iam M) confecerat, Parisini fratres tres reperit, quibus in usum vocatis huius familiae pater vel si mavis familia ipsa (*m*) in locum filii successit. In *Scuto* ratio adeo consonat ut iidem quattuor codices, Parisini 2763 et 2833, Vratislavensis Rehdigeranus 35, et Mosquensis 469 adsint ad eandem classem refingendam. Quod negotium cum commode absolvi posset, nullum horum codicum in apparatu laudare necesse erat. Parvi enim momenti est si unus vel alter huius familiae codex a ceteris aberrat. Nam in *Scuto* quid in stirpis *b* patre fuerit eo facilius cognoscitur quod ad *m* non tantum, sicut in *Theogonia* L, sed etiam R (olim K), Casanatensis 356 inde a Rzachio artius cum L et Parisino 2833 coniunctus accedit. Stirpis *a* in *Theogonia* duas familias, *n* et *v*, agnovit Westius, quae haud raro diversas in partes abeunt. Mihi quoque hae familiae laudandae erant; verum ubi dubitatio oritur quia parum inter se sive classis *v* sive *n* codices consentiunt, 'v.l. in *n*(*v*)' adnotare satis duxi; quibus in codicibus inveniantur hae vv.ll. si scire interest, Westii quaeso apparatum adeas. Apud eundem legas velim quatenus tres codices quos ad patrem *u* revocavit, stirpis *k* textum inde a v. 251 exprimant; hic dicere sufficit, cum usque ad v. 250 codex Ravennas 120 (K) unicus huius stirpis sit genuinae fidei testis, me Westii vestigia secutum hac in parte carminis K laudare, postea siglo *k* consensum inter K et *u* indicare.

In *Theogoniae* apparatu *b* tantum non semper laudavi, *a* paululo minus frequenter, *k* ubicumque de vera textus forma merito dubites.

Codex S (anni 1280), omnium in quibus integra extant *Theogonia* et *Scutum* vetustissimus, a Maximi Planudis amicis famulisve fortasse sub ipsius oculis exaratus lectiones peculiares praebet multas. Quarum bonam partem e librarii facundo ingenio et sermonis epici peritia ortam esse non infitias eo. Erraret tamen qui omnia quae solus praestat pro coniecturis haberet. Facilius quam in *Theogonia* et *Scuto* librarii ratio in *Operibus et Diebus*, in quibus ad textum constituendum hoc codice haud opus est, perspicitur. Vbi notatu dignum videtur compluribus locis S contra maioris pretii et fidei codices lectiones communes habere cum testibus qui vocantur (v. 97 ἔμεινε cum Plutarcho Stobaeo pro ἔμιμνε, v. 111 ἐμβαcίλευεν cum Diodoro pro ἐβαcίλευεν, 640 οὐδέ ποτ' cum Strabone aliisque pro οὔποτ', 695 ποτὶ papyro comprobatum cum Theocriti scholiis et Stobaeo pro ἐπὶ; vide etiam vv. 490, 583 al.). Praeterea in tribus carminibus ex omnibus stirpibus lectiones arripuit. Verum est eum si non invenit quod placeret ad emendationem confugisse (velut, ni fallor, in *Op.* 230, 262, 443, 490, 583, 656, 756, 820), sed cum tam late in conquirendis lectionibus vagatus sit, caveamus necesse est etiam in *Theogonia* ne quaecumque in ceteris codicibus lectiones non reperiuntur ipsius ingenio tribuamus. In *Scuto* hic codex plerumque cum stirpe *b* consentit; verum quia hic quoque librarius proprio iudicio usus a *b* identidem deficit, *b* et S uno siglo, velut Ψ a Rzachio et Russone adhibito, complecti nolui.

Codicem Q (Vaticanum gr. 915) primis s. XIV annis scriptum tribus tantum locis laudavi quibus eum boni aliquid afferre a Westio didici. Mirum sane quod e codice integro et ceteris praeter S vetustiore non plura lucramur. Vix minus mirum quod nullus extat codex qui in *Theogonia* tam prope ad B accedit quam J et F (v. descriptionem infra) ad B et A in *Scuto*. Has rerum in duobus his carminibus condiciones si comparaveris, quot bonis lectionibus in *Theogonia*, in qua 129 tantum versus servavit B, etiamnunc careamus colliges.

In *Scuto* paucis post v. 299 ubi B desinit versibus F quoque deficit. A non ultra v. 138 adest. Restant plus 170 versus in quibus bonae aliquae lectiones uni J debentur. Verum S quoque, iis praesertim quibus stirpem *b* deserit locis, maioris nobis fit pretii. Ubi B(A)JF ad manus sunt omnes, raro accidit ut B(A) et *b*S sive falsam sive haud integram, JF veram lectionem praebeant.

Codex Mutinensis α T 9, 14 (Z), cui Russo in *Scuti* textu fidem habuit, utilis certe et adhibendus est propter boni frugis scholiorum corpus quod Hermannus Schultz in eo reperit. E quo peculiares textus lectiones fluxisse censeo (vide quae ad v. 39 adnotavi; in v. 152 αὐτῶν δ' ὀϲτέα in rasura ante δέ ϲφι Z: αὐτῶν δ' ὀϲτέα Σ²). Haud igitur miraberis quod in universum Σ² potius quam Z in apparatu laudare malui. Rzachii denique stirpem Ωb, qua tres codices comprehendit, Fridericus Schwarz in dissertatione Berolinensi (*De Scuto quod fertur Hesiodi*, 1931) contaminatam esse neque genuini quicquam afferre evicit. Cui licet minoris ponderis correcturae feliciter cesserint, proprium tamen siglum non servavi. Hoc genus emendationes etiam in aliis codicibus inveniuntur quos e grege Byz(antinorum) distinguere non operae pretium duxi.

In *Operibus et Diebus* Aloisius Rzach, cum hic quoque recensionis fundamenta iaceret, tres stirpes constituit, Ω Ψ Φ, quarum unam quamque ita composuit ut codex vetustior et maioris auctoritatis, C in Ω, D in Ψ, E in Φ, socios et quasi asseclas haberet aliquanto recentiores tres vel quattuor, quos siglis Ωb Ψb et ubi placuit Φb ille complexus est. Codices hos enumerare supersedeo quoniam ne unus quidem stirpis suae exhibeat puram et inadulteratam imaginem. Correcturas quas eis debemus si textu vel mentione dignas habui, simplici ratione Byz(antinos) laudavi, nisi quod S ob rationes iam indicatas interdum nominavi. Qui factum sit ut hic codex haud raro cum testibus consentiat nescio—mobilioris certe ingenii vir erat librarius—neque dicere possum utrum ex eo an alia aliqua via hae lectiones ad recentiores nonnullos pervenerint. Vaticanum 38 (Rzachii F, anno 1322 ortum) si cum C ubi adest comparaveris, ubi deest eius in locum substituere non iam audebis.

Iure igitur CDE ad recensionem sufficere visi sunt viris doctis inde a Wilamowitzio nosque his in subsidiis subsisteremus, nisi Aristides Colonna codicis E fratrem et in iisdem Italiae meridionalis partibus oriundum invenisset, Vaticanum gr. 2383 (qui ipsi V, mihi H audit, anni 1287), quo iam pariter atque E ad communis patris lectiones recuperandas usus est. Redit igitur siglum Φ, quamquam non plane idem nobis valet ac Rzachio, neque E vel H laudo nisi inter se dissentiunt vel alter eorum nobis deest. Pauci sunt loci quibus in H non idem quod Colonna legerim; unde etiam de patris Φ lectione aliud mihi iudicium evasit. Haud defuerunt qui stirpem Φ, vel ut accuratius loquar, priusquam H innotuit codicem E ad textum Hesiodi recuperandum minus valere censerent quam C et D saeculo XIII anteriores et Byzantinorum nisi fallimur neque contaminationes neque emendationes passos. (In *Theogonia* codex tam vetus per octavam tantum, in *Scuto* per dimidiam fere carminis partem adest.) Mihi stirps quae v. 263 μύθους, non δίκας, 422 ὥρια ἔργα, non ὥριον ἔργον, 511 βοᾷ τότε recto hoc verborum ordine, 523 μυχίη, non νυχίη, 550 αἰὲν ἀόντων exhibet, minime abicienda videtur. Sicut codicum C et D ita stirpis Φ lectiones quas in textum admitti non posse luce est clarius afferre supervacuum duxi.

Ex uno archetypo Photii aetate confecto num fluxerint potiores codicum stirpes et ad duplices huius archetypi scripturas num redeat magna e parte lectionum his in stirpibus varietas nescio. Bonae rationes huic opinioni non desunt. Minus ad eam probandam valet papyrorum in errore cum codicum parte consensus, magis lectiones bonae e papyris testibusve aetatis imperatoriae notae quae codicibus non servantur. Si ad *Scuti* v. 28 attendimus ubi ὡc ρα et οφρα papyrus saec. IV, ὡc ῥα JFS, ὄφρα *b*, vel ad v. 114 ubi φίλτερα BAJF, φέρτερα *b*S, quorum utrumque scholiis notum est, ad archetypum animus inclinat. Neque tamen unum tantum librum antiquum Byzantinis saec. IX vel X ad manus fuisse affirmaverim neque si plures habebant unum tantum codicem variis lectionibus instructum ab eis elaboratum esse unde qui vellent suos describerent nullo alio unquam inspecto.

Verbis e papyris laudatis spiritus et accentus addidi exceptis locis quibus papyrus sola lectionem exhibet et ubi cavendum erat ne falso iudicio viam aperirem. Numerus papyrorum adeo nuper auctus est ut si ubi una quaeque earum adesse, ubi deesse inciperet indicavissem, nimiam apparatus partem his in rebus consumpturus fuissem. Itaque ab hac ratione destiti, sedulo autem operam navavi ut nunquam in lectionum discrepantia papyrorum testimonia negligerem.

Scriptorum antiquorum testimonia quae summa diligentia Rzachius conquisivit cum editionibus recentibus contuli; rarius quam post annorum LXV spatium expectaveris quae vir doctissimus adduxit corrigenda erant. Pauca, velut *Etymologii Genuini* lectiones quas a Reitzensteinio Rzachius acceperat, ipse excutere nequii. Lectiones quae e testimoniis tantum notae sunt hic illic quia futiles videbantur silentio pressi.

Scholia cum scrutarer in *Theogonia* Flachii editione nisus abieci quaecumque ab Hermanno Schultz recentia esse et nihil boni ad textum conferre didici. Corpus Mutinense a Schultzio in lucem protractum proprio siglo (*Σᶻ*) notatur. Scholia in *Opera et Dies* ita edidit Augustus Pertusi ut facile sit Procli (Pr.) explanationes a reliquis scholiis veteribus (*Σᵛᵉᵗ*) separare. E Moschopuli et Joannis Tzetzae sapientia ad textum nihil lucramur.

Rerum orthographicarum vix unquam mentionem feci. ν ἐφελκυστικόν quod vocatur utrum adsit an absit, γιγνωσκ-, γιγν- an γινωσκ-, γιν- exaratum sit ex apparatu meo non disces. Correcturas variarum manuum quae ad tradita sive recuperanda sive emendanda utiles sunt semper, ceteras non eadem fidelitate indicavi. Minimi momenti lectiones vel quae omni probabili ratione carerent ex apparatu exclusi neque semper singula verba unius vel alterius librarii negligentia omissa commemoravi.

In *Theogonia* quas stirpis k et codicum K et Q lectiones laudo e Westii editione cognitas habeo. Stirpium *a* et *b* quas in codicibus invenerat nec non codicis S lectiones suum in usum collatas Westius benignissime mecum communicavit. Ipse BLMS ex imaginibus contuleram quaeque collegeram cum Westii copiis comparavi. *Operum et Dierum* codices CDEHS, *Scuti* BAJFSZ cum Σ^z, e stirpis *b* sex codicibus supra nominatis omnes excepto R, denique Matritensem 4607 (stirpis *k* in *Theogonia*) et Marcianum IX. 6 (stirpis *a* in eadem) ex imaginibus contuli. Laur. conv. suppr. 158 et Paris. 2833, in *Theogonia* et *Scuto* stirpis *b* codices, etiam *Opera et Dies* continent. Textu illius diligenter, huius ubi e re visum est collato nihil quod et novum et bonum esset inveni.

Sicut ad Hesiodi *Theogoniam* addita sunt quae recentiores poetae de dis sive tradita acceperant sive ipsi excogitaverunt, ita Hesiodi *Opera* receptaculum facta sunt praeceptorum quae, etsi ab Hesiodi mente aliena sunt, tamen ad vitam prudenter et religiose agendam aliquo modo pertinebant; cum vero dierum faustorum et infaustorum religio animos invasisset, populum de his quoque e carmine quod praecipua auctoritate fruebatur certiorem fieri voluisse et rhapsodos huic voluntati paruisse non est quod mireris. *Scuti* indolem B. A. van Groningen in libro de archaicis quas vocant litteris Graecis melius quam qui ante eum de hoc poemate scripserant intellexit. Et suo iure monuit vir doctissimus in carmine quod ut ita dicam oculis nostris crescere videmus non satis bonas ob rationes nos aut priorem aut posteriorem formam praeferre meliusque convenire textus condicioni Alexandrinorum signa critica quam philologorum noviciorum uncas. Quod quam verum sit non me fugit et lectores quae sapienter disputavit vir egregius in animo habere volo. Sed ne Alexandrinorum quidem signa huius carminis historiam tam apte illustrant ut ab usitata editionum forma desciscere vellem neque lectoribus plurium poetarum eadem de re tentamina paululum discrepantia in textu meo iuxta exhibere fas erat. Constanter egissem, sed inepte si omnia quae ad pristinam Eoeam addita sunt uncis saepsissem. Inconstantiae reus fieri malui : in vv. 1–56 seclusi quae ab Eoea, in reliqua carminis parte quae, quantum nos quidem eruere possumus, a prima de Herculis cum duobus adversariis certamine narratione aliena sunt (Scuti descriptione hoc certamen primitus caruisse mihi non persuasi). Hae et aliae hoc genus quaestiones cum saepe certa ratione diiudicari vix possint, minus fortasse tibi displicebit, lector, quod tot coniecturas, tot virorum doctorum de versibus Hesiodo demendis sententias in apparatu laudavi. In rebus dubiis silentio premere nolui quae, licet mihi non arriderent, tamen forsitan ad textum constituendum aliquid conferrent.

Paulus Maas, vir sanctae mihi memoriae, postquam hanc editionem suscepi, sapientissimo consilio me adiuvare non destitit. Martino West a quo iam dixi quae et quanta beneficia acceperim maximas et sinceras ago gratias. *Theogoniae* editione quam vir doctissimus recenter publici iuris fecit magnopere adiutus sum; locis similibus et argumentis quae in commentario affert pensitatis identidem opinionem de lectione in textum recipienda mutavi. Denique cum officinae Clarendonianae iussu textum meum attentissima cura perlegisset papyrum nuperrime repertam et alia ultimis his annis in lucem prolata ne negligerem monuit, praecipue vero de apparatu bene meritus ut ratio edendi magis sibi constaret effecit. Qua in re etiam secretarii Clarendoniani prudentia et patientia mihi perutiles erant. Manu Leumann, libri omnibus qui his in studiis versantur gratissimi auctor, mihi haud pauca quae sermoni Hesiodeo peculiaria sunt per epistulas explicavit. Collegae mei in plus una universitate studiorum quaestiones arduas mecum investigaverunt. E quibus J. P. Heironimum nominatim afferre gaudeo, qui mihi etiam in hac praefatione scribenda consilio adfuit. Uxor quos codices ego, et ipsa contulit, scripturas difficiles mecum enodavit, per totam operam mihi ad latus fuit.

Editionis plagulas Hermannus Fränkel singulari benignitate meum in usum scrutatus est. Multa quae ad textum sive ad apparatum adnotavit vir eximius grato animo recepi. Vellem plura vel omnia recepissem, sed nonnunquam fixa typorum compago obstitit.

Vltimas sed haudquaquam minimas gratias ago Instituto Parisino codicum historiae et studiis inservienti ob benignitatem et patientiam, quibus roganti iterum atque iterum imagines lucis ope confecit et utendas dedit.

F. S.

Madisoniae
MCMLXIX

CODICVM QVI SINGILLATIM
ADHIBENTVR DESCRIPTIO

CODEX TRIBVS CARMINIBVS COMMVNIS

S (olim D in *Theogonia*, I in *Operibus*, E in *Scuto*) = Laurentianus 32, 16, bombycinus, epicorum codex celeberrimus, inter Apollonii *Argonautica* et Oppianorum carmina *Opera et Dies* habet ff. 235–9, *Theogoniam* 241–7, *Scutum* 249–52, eadem manu omnia scripta. Indolem huius codicis in *Operibus*, ubi praeter coniecturas nihil contribuit, optime perspici iam dictum est. Textus duabus columnis ita exaratus est ut versum sequentem semper in altera columna legas. In pagina 244^r vv. 548–668 tribus columnis scripti sunt. Hic vel plura quam solet quae ad textum ipsum pertinent supra lineam scripsit librarius, plura compendia adhibuit, verba in brevissimum spatium contraxit, litteris usus minutis et lectu difficillimis. Vir doctus qui hanc codicis partem currente, immo properante calamo confecit non pauca ipse correxit. Haud facile tamen eius manus ab altera similiter in verbis corrigendis occupata distinguitur. Qua de re cum in *Theogonia* Georgius Pasquali et alii questi essent, postquam nuper atramento potius quam manu correcturas recentiores differre dixit Westius, mihi quia incerta pro certis venditare nolo siglo S^c quod nihil de manibus indicet uti melius visum est quam primam vel alteram manum laudare (quod idem in *Scuto* valet; nullo modo enim intelligere possum quo iure e.g. v. 162 γρ. ταὶ φοβέεϲκον plane eisdem ac textus litteris scripta vel v. 273 γὰρ, v. 344 δὲ supra lineam addita secundae manui tribuantur).

CODICVM DESCRIPTIO

CODICES *THEOGONIAE* ET *SCVTI*

B (olim C in *Theogonia*) membranaceus pars est codicis Parisini supplementarii graeci 663, qui praeter *Batrachomyomachiam* quam integram tradit variorum carminum epicorum e variis codicibus desumpta frustula et schedas complectitur. Folio 69 *Theogoniae* vv. 72–145, f. 72 vv. 450–504, ff. 76, 77, 52 (hoc ordine) *Scuti* vv. 75–299 servati sunt. Haec folia quae eadem manu omnia exarata sunt, ad codicem redire saeculo XI vel ineunte XII in Atho monte a monacho confectum Carolus Sittl in actis Academiae Monacensis (1889, 352 sqq.) probavit. Folia negligentissime scripta vitiis orthographicis abundant; non modo ει ι η, υ υι οι saepissime confusis sed etiam κερανὸν pro κεραυνὸν posito et similibus rebus permultis cuius farinae scriba sit discimus. Codex continue scriptus est; versus hastis vel crucibus separantur. In capite paginae 69ʳ verba θεογονίας ἡσιόδου οβ alia ac textus manu scripta sunt, ad v. 100 *P̄*, ad 503, immo potius ad 502 *Φ̄* positum est (vv. 111 et 124 enim in B omissi sunt). Viliores huius codicis lectiones non omnes attuli.

L (olim E in *Theogonia*) = Florentinus bibliothecae Laurentianae conv. suppress. 158, bombycinus, saeculo XIV adscribitur. Textus accurate et eleganter scriptus est litteris lectu facilibus. Manus quae textum exaravit et hic illic quae exaraverat correxit in *Theogonia* etiam addito γρ. lectiones aliquas in margine vel supra lineam posuit. Quarum nonnullas, ut quae in familiae *m* textu reperiantur, ad codicis *b* varias lectiones redire iudico (e.g. v. 352 πᾱ́ϲιθόη L: πεις- *m*, 609 τῶ δ᾽ ἀπ᾽ L cum *a*, sed addito γρ. τῷ δέ τ᾽ a: τῷ δέ τ᾽ ἀπ᾽ *m*, 627 γάρ μιν, γρ. cφὶν L: γάρ cφιν *m*, 801 ἀπάμείρεται: ἀπομ- *m*. In *Scuto* huius rei exemplum nullum vidi. Scholia in ambobus carminibus addita num eiusdem manus sint dubito (duas manus in *Theogonia* distinguere sibi visus est Westius). In textu *Theogoniae* alia certe est quae v. 271 γενεῆς inculcato τ ante η correxit, supra lineam addens ἢ γεννήϲεως, v. 260 ad ἥ τε μενίππη in margine γρ. καὶ δίη adscripsit nec non intra versus Hesiodi verbis explicandis operam dedit. Ab iterum alia vv. 844–52 scripti sunt qui tamen suo loco in textu leguntur. Deinde ne eius quidem quae vv. 1021 sq. in carminis fine addidit ullum alibi vestigium inveni. In *Scuto* alia manus vv. 159–83, 207–17, 225 sq. exaravit.

CODICES *THEOGONIAE*

Q (olim G) = Vaticanus gr. 915 bombycinus, haud multis ante 1311 annis ortus est. Hunc codicem rarissime laudavi; plures lectiones in Westii apparatu invenies. Refert vir doctissimus Q duobus columnis eadem ac S ratione scriptum explicationes inter lineas et nonnulla in margine scholia habere.

De K = Rav. 120, saec. xiv, ad Westium te remisi pp. vi sq.

CODICES *OPERVM*

C = Parisinus gr. 2771 membranaceus, saeculi sive x (Colonna, Pertusi) sive xi (Rzach), qui etiam Procli scholia et aliud scholiorum corpus (Σ^{vet}) eadem manu scripta servavit. Correctiones attulit et prima manus et recentior, quamquam nescio an sicut Augustus Pertusi in huius codicis scholiis plures (ut accurate loquar, septem) manus distinxit ita etiam in textu ipso non una tantum manus recentior correcturis operam navaverit. Recentior aliis certe est quae vv. 1–16 supplevit. Vv. 320–36 et 435–53 foliis avulsis nobis desunt.

D = Laurentianus 31, 39 membranaceus, saec. xii. Nonnulla in hoc codice erasa sunt. In correcturis prima manus haud facile ab altera distinguitur (confidentius Rzachius rem egit); corriguntur vero plerumque quae in exarando libro negligenter administrata erant. Negligentia enim peccavit librarius et aliis in rebus et verba singula omittendo (velut v. 94 χείρεϲϲι, 269 δή et ἐέργει); quas omissiones in apparatu frequenter silentio praeterii.

E = Messanius bibl. Univ. F.A. 11 membranaceus, saeculi XII exeuntis ut videtur. Textus perbene paucissimis compendiis adhibitis scriptus neque unquam si recte video correctus. Joannis Tzetzae commentario ita interrumpitur ut identidem post paucos Hesiodi versus plus spatii Tzetzae ad illum locum explicationibus eadem manu scriptis occupetur. Verum etiam supra versus poetae verba vocibus sive Graecis sive Latinis quae idem fere valent illustrantur. Vv. 744–69, 776–90, 803–28 quorum pristinus textus foliis avulsis periit manus recentior supplevit. Vv. 770–5 et 791–802 eadem manu, sed in foliis 85 sq. etiam prima manu scripta leguntur.

H = Vaticanus gr. 2383 membranaceus, anno 1287 in Italia meridionali (ubi etiam E) exaratus continet textum *Operum et Dierum* imaginibus armorum agrestium post v. 431 exornatum, quo ipso fere loco E in folii 55ᵛ initio spatium satis amplum reliquit. Textus litteris nitidis scriptus haud minus frequenter quam E, licet non eisdem locis, Tzetzae commentarium admittit. Verba quoque Graeca et Latina quae versibus superscripta sunt non plane eadem sunt atque in E.

CODICES *SCVTI*

A, codicis Parisini suppl. gr. 663, cuius B est pars, folium 75 membranaceum eadem aetate et eodem loco atque B ortum habet *Scuti* vv. 87–138 alia ac B manu et paulo elegantius scriptos.

J = Ambros. C 222 inf. chartaceus, partim saeculo XIII, partim XIV exaratus. Praeter Aeschyli triadem quam haud totam servavit, tres Aristophanis comoedias, Lycophronem, Theocritum aliosque poetas, foliis 222ᵛ–253ʳ Hesiodi *Opera et Dies*, 176ʳ–180ᵛ *Scutum* cum duobus argumentis continet. Hanc codicis partem ad saec. XIV redire Carolus Gallavotti (Riv. fil. 62, 1934, 555 sq.) docuit. Codicem magni pretii esse praesertim ubi BAF nos deficiant iam dixi. *Scuti* paginae scholiis veteribus cinguntur. Coniecturae, etsi non desunt, numero tamen pauciores sunt quam quas Russo (praef. 40) sibi invenisse videtur (lectionum quas hoc sub capite enumerat vir doctissimus nonnullas negligentiae tribuo, alias traditas esse censeo). Supra versus non raro manus prima quae omiserat ipsa supplevit. Huius codicis aliquot lectiones quae nullo modo defendi possunt (velut v. 281 ἤρειπον) silentio pressi.

F = Parisinus gr. 2773 membranaceus saec. xiv. Ff. 1–90ʳ *Opera et Dies*, 91ʳ–102ʳ *Scuti* vv. 1–307 alia manu scriptos servavit. Adsunt etiam scholia antiqua et glossae necnon explanationes quae textum interrumpunt. Correcturae plerumque librario ipsi, docto scilicet viro, debentur qui quae in exemplari invenit non caeca mente transscripsit sed et proprio ingenio et aliis fontibus usus esse videtur. Huius quoque codicis non omnes quas peculiares habet lectiones, velut v. 64 ἄντυγ' (pro ἄντυγες) ἀμφ' ἀράβιζον, v. 226 δεινοὶ (pro δεινὴ) afferre volui.

R = Casanatensis 356 chartaceus incertum utrum saeculi xiii an potius xiv. Praeter Dionysium Periegetam et Aratum Hesiodi *Theogoniam* et *Scutum* tradit. Omnia carmina scholiis, *Scutum* etiam glossis instructum est. In codicis fine folia nonnulla et ultimi quod exstat folii inferior pars abscissa perierunt, unde in vv. 322–480 hoc teste caremus. In *Theogonia* Westius huius codicis textum cum investigaret ad *a* propius quam ad *b* accedere intellexit, verum etiam stirpis *k* necnon codicum S et Q lectiones in eo invenit.

CONSPECTVS SIGLORVM

CODICES

Tribus carminibus communia sunt sigla

$o =$ consensus codicum ad-
hibitorum

$S =$ Laur. 32, 16   anni 1280

Theogoniae et *Scuti*

		$B =$ Paris. suppl. gr. 663 (*Th.* 72–145, 450–504, *Sc.* 75–299)	s. XI ex.–XII in.
$b = m$L(R)	m	Paris. gr. 2763	s. XV
		Paris. gr. 2833	s. XV
		Vratislav. Rehd. 35	s. XV
		Mosq. 469	s. XV
		$L =$ Laur. conv. suppr. 158 (de L², L³ v. supra pp. xvi sq.)	s. XIV
		accedit in *Sc.*:	
		$R =$ Casanat. 356 (vv. 1–321)	s. XIII ex.–XIV in.

Theogoniae

		$Q =$ Vat. gr. 915	c. 1300
$a = nv$	n	Marc. IX. 6	s. XIV
		Salmantic. 243	s. XV
	v	Laur. conv. suppr. 15	s. XIV
		Panormit. Qq–A–75	s. XV
		Paris. suppl. gr. 652	s. XV
$k = Ku$		$K =$ Ravennas 120	s. XIV
	u	Matrit. 4607	s. XV
(inde a v. 251)		Ambros. D. 529 inf.	s. XV
		Vat. gr. 2185	s. XV

XXV

CONSPECTVS SIGLORVM

Scuti

A = Paris. suppl. gr. 663 (vv. 87–138)	s. XI ex.–XII in.
J = Ambros. C 222 inf.	s. XIV
F = Paris. gr. 2773 (vv. 1–307)	s. XIV
Z = Mutin. α T 9, 14	s. XV
R = Casanat. 356 (stirpis *b*, v. supra)	s. XIII ex.–XIV in.

Operum et Dierum

	C = Paris. gr. 2771	s. X ex.
	D = Laur. 31, 39	s. XII
Φ = EH	E = Messan. bibl. Univ. F.A. 11	s. XII ex. (vel XIII?)
	H = Vatic. gr. 2383	anni 1287

PAPYRI

de initio et fine aliquot papyrorum e Westii prolegomenis edoctus sum

Π1. Pap. Oxyrhynch. (vol. XVII) 2090: *Th.* s. II p. Chr.
 1–7, 28–52, 148–154.

Π2. P. Cair. 47269 (Edgar, *Annal. Serv. Antiq.* s. II–III
 Eg. 26. 205 sq.): *Th.* 1–51.

Π3. P. Achmîm 3 = Paris. suppl. gr. 1099: *Th.* s. IV–V
 75–106, 108–45.

Π4. P. Lit. Lond. 33 (inv. 159; Milne, *Catal. Lit.* s. III–IV
 Pap. in Brit. Mus. 29): *Th.* 210–38,
 259–71, 296 sq.

Π5. P. (Rainer) Vindob. Gr. 19815 (Wessely, s. IV
 Palaeogr. u. Papyruskunde I, III–XXIII):
 Th. 626–40, 658–73, 777–83, 811–17,
 838–40, 845–9, 871 sq., 879–81; *Op.*
 179–85, 210–15, 243–8, 252–65, 274–9,
 283–96, 309–31, 344–63, 491–4, 511–19,
 527 sq., 544–52, 686–828; *Sc.* 1–32, 350–4,
 382–4, 426–40, 456–70.

Π6. P. Ryland 54 (A. Hunt, *Catal. Gr. Pap. in J.* s. I
Rylands Libr.* 1. 179): *Th.* 643–56.

Π7. P. Oxy. (vol. VI) 873: *Th.* 930–40, 994– s. III
1004.

Π8. P. Genav. 94 (J. Nicole, H. Weil, *Rev. phil.* s. V
12. 1888): *Op.* 111–18, 153–61, 173b
–e, 174–82, 210–21.

Π9. P. Berol. 7784 (Berl. Klas. Texte 5. 1. 46): s. V–VI
Op. 199–204, 241–6.

Π10. P. Oxy. (vol. VIII) 1090: *Op.* 257–89. s. I

Π11. P. Oxy. (vol. XVII) 2091: *Op.* 292–335, s. III
perpauca in 366–9, 373–80.

Π12. P. Soc. Ital. (vol. IX) 1086: *Th.* 837–69. s. II

Π13. P.S.I. (vol. XI) 1191+P. Oxy. (vol. s. II–III
XXXII) 2639: *Th.* 57–75, 84–96, 566–92,
628–42, 652–64, 866–76, 913–32, 1016–20.

Π14. P. Heidelbg. 204 (Siegmann, *Lit. griech.* s. II
Texte aus Heidelbg. Pap. sammlg. 65 sq.):
Th. 606–13.

Π15. P. Antinoopolit. 71 (Barns, *The Antin. Pap.* s. VI
2. 1960. 58 sqq.): *Th.* 825–53, 868–96.

Π16. P. Milan. (Vogliano) 38 (Colonna, *Pap.* s. I
Univ. di Mil. 2. 14 sq.): *Th.* 271–99.

Π17. P. Antin. 178 (Barns, *The Antin. Pap.* 3. s. IV–V
1967. 117 sqq.): *Th.* 367–71, 394–402,
503–6, 511 sq., 531–6.

Π18. P. Michig. inv. 6644 (West, *Bull. Am. Soc.* s. II–III
Pap. 3. 3. 1966, 68 sq.): *Th.* 1 23.

Π19. P. Mich. inv. 6828 (West, ibid. 69 sqq.): s. I
recto *Th.* 710–32, 734–7, 739–54, verso
Op. 313–31, 338–67, 374–404.

Π20. P. Oxy. 2638 (vol. XXXII): *Th.* 46–60. s. II–III

Π21. P. Oxy. 2640 (vol. XXXII): *Th.* 135–50. s. II–III

Π22. P. Oxy. 2641 (vol. XXXII): *Th.* 245–92. s. III

Π23. P. Oxy. 2642 (vol. XXXII): *Th.* 271–83. s. II

Π24. P. Oxy. 2643 (vol. XXXII): *Th.* 359–94. s. II–III

Π25. P. Oxy. 2644 (vol. XXXII): *Th.* 421–43, s. V–VI
456–81.

Π26. P. Oxy. 2645 (Vol. XXXII): *Th.* 504–19. s. II–III

Π27. P. Oxy. 2646 (vol. XXXII): *Th.* 650–63. s. II–III

Π28. P. Oxy. 2647 (vol. XXXII): *Th.* 680–9,   s. III
735 (?), 741–6.

Π29. P. Oxy. 2648 (vol. XXXII): *Th.* 681–94,   s. II–III
751–71.

Π30. P. Oxy. 2649 (vol. XXXII): *Th.* 731–40.   s. II–III

Π31. P. Oxy. 2650' (vol. XXXII): *Th.* 847–56,   s. IV–V
886–95.

Π32. P. Oxy. 2651 (vol. XXXII): *Th.* 963–81.   s. II–III

Π33. P. Mich. 5138 (ed. West v. ad Π18): *Op.*   s. I–II
292–333, 346–78.

Π34. P. Berol. 9774 (Berl. Klass. Texte 5. 1. 19):   s. I a. Chr.
Sc. 207–13, signis criticis instructi.

Π35. P. Soc. Ital. (vol. IX) 1087: *Sc.* 273–89.   s. II–III

Π36. P. Oxy. (vol. IV) 689: *Sc.* 466–80. P. Soc. It.   s. II
(vol. I) 15: *Sc.* 28–33; ad text. nihil con-   s. IV–V
fert. Pap. Oxy. (vol. XXIII) 2355: *Sc.*   s. I ex.–II
1–5 post septem Catalogorum vv. (infra
fr. 195); ad text. nihil conf.

Π37. P. Oxy. (vol. XXVIII) 2494A: *Sc.* 1–18   s. II in.
post eosdem septem Catal. vv. (infra fr. 195).

Π38. Pap. Mus. Berol. 21107 (ed. H. Maehler,   s. II
Mus. Helv. 24, 1967, 63 sqq.): *Op.* 84–9,
142–58, 163–73*c*, 209–13, 256–62, 295–8,
404–10, 419–30, 438–43, 529–31.

LAVDANTVR ETIAM

Tr.   = Triclinii recensio in Marc. gr. 464   1316–19

Σ^{vet}   = scholia vetera (quantum nota sunt in
Theog. e Gaisfordii et Flachii, in *Op.* e
Pertusii, in *Sc.* e Rankii editionibus;
accedunt in *Theog.* et *Sc.* H. Schultzii
commentationes). [Sed vide pp. v et
viii.]

Σ^{rec}   = scholia recentia (rarissime afferuntur in
Theog.)

Σ^z   = scholia vetera in codice Z (*Theog.* et *Sc.*)

Σ^l   = lemma scholiis adscriptum (raro lauda-
tur)

sch.   = aliorum scriptorum scholia

in *Theogonia*

Δ = Joannis Diaconi Galeni exegesis alle-
gorica (in Triclinii cod. Marc.)

in *Op.*

ostr. = Ostracon Berol. 12319: v. 287   incerti temp.

tab. = tabula cerea Assendelftiana (in bibl.   s. III
Univ. Leid.): v. 347 bis exaratus

Pr. = Procli commentaria (ed. A. Pertusi una
cum Σ^{vet})

SUDAE VITA

Ἡcίοδοc· Κυμαῖοc, Δίου καὶ Πυκιμήδηc· νέοc δὲ κομιcθεὶc ὑπὸ τοῦ πατρὸc ἐν Ἄcκρῃ τῆc Βοιωτίαc. γενεαλογεῖται δὲ εἶναι τοῦ Δίου τοῦ Ἀπέλλιδοc τοῦ Μελανώπου, ὅν φαcί τινεc τοῦ Ὁμήρου προπάτοροc εἶναι πάππον, ὡc ἀνεψιαδοῦν εἶναι Ἡcιόδου τὸν Ὅμηρον, ἑκάτερον δὲ ἀπὸ τοῦ Ἄτλαντοc κατάγεcθαι. ποιήματα 5
δὲ αὐτοῦ ταῦτα· Θεογονία, Ἔργα καὶ Ἡμέραι, Ἀcπίc, Γυναικῶν ἡρωινῶν κατάλογοc ἐν βιβλίοιc ϛ, Ἐπικήδειον εἰc Βάτραχόν τινα ἐρώμενον αὐτοῦ, Περὶ τῶν Ἰδαίων Δακτύλων, καὶ ἄλλα πολλά. ἐτελεύτηcε δὲ ἐπιξενωθεὶc παρὰ Ἀντίφῳ καὶ Κτιμένῳ, οἳ νύκτωρ δόξαντεc ἀναιρεῖν φθορέα ἀδελφῆc αὐτῶν ἀνεῖλον 10
τὸν Ἡcίοδον ἄκοντεc. ἦν δὲ Ὁμήρου κατά τινας πρεcβύτεροc, κατὰ δὲ ἄλλουc cύγχρονοc, Πορφύριοc καὶ ἄλλοι πλεῖcτοι νεώτερον ἑκατὸν ἐνιαυτοῖc ὁρίζουcιν, ὡc λβ̄ μόνουc ἐνιαυτοὺc cυμπροτερεῖν τῆc πρώτηc ὀλυμπιάδοc.

1 Δίου καὶ Π. hic pos. Bernhardy: in 2 post πατρὸc codd.   Δίου edd.: διὸc codd.   μητρὸc ante Π. codd. praeter A (= Paris. 2625 saec. XIII., qui optimus habetur)   12 Π. δὲ καὶ Westermann 13 cυμπροτ-: αὐτὸν προτ- G. Wolff

TZETZAE VITA

Ἡσίοδος ϲὺν τῷ ἀδελφῷ Πέρϲῃ παῖϲ ἐγεγόνει Δίου καὶ Πυκι-
μήδηϲ, Κυμαίων Αἰολέων, πενήτων ἀνθρώπων, οἳ διὰ τὸ ἄπορον
καὶ τὰ χρέα τὴν ἑαυτῶν πατρίδα Κύμην ἀφέντεϲ μεταναϲτεύ-
ουϲιν ἐπὶ τὴν Ἄϲκρην, χωρίον τῶν Βοιωτῶν δυϲχείμερον καὶ
κακοθέρειον, περὶ τοὺϲ πόδαϲ κειμένην τοῦ Ἑλικῶνοϲ, κἀκεῖ 5
κατοικοῦϲι. τοιαύτῃ δὲ πενίᾳ τῶν ἀνθρώπων ϲυνεϲχημένων
ϲυνέβη τὸν Ἡϲίοδον τοῦτον πρόβατα ἐν τῷ Ἑλικῶνι ποιμαίνειν.
φαϲὶ δ' ὡϲ ἐννέα τινὲϲ ἐλθοῦϲαι γυναῖκεϲ καὶ δρεψάμεναι
κλῶνα ἐκ δάφνηϲ Ἑλικωνίτιδοϲ αὐτὸν ἐπεϲίτιϲαν, καὶ οὕτω
ϲοφίαϲ καὶ ποιητικῆϲ ἐμπεφόρητο. . . . [sequuntur Tzetzae 10
ipsius de rebus quae praecedunt opiniones] . . . ϲυνηκμα-
κέναι δ' αὐτὸν οἱ μὲν Ὁμήρῳ φαϲίν, οἱ δὲ καὶ Ὁμήρου προ-
γενέϲτερον εἶναι διιϲχυρίζονται. καὶ οἱ μὲν προγενέϲτερον εἶναι
τοῦτον Ὁμήρου διιϲχυριζόμενοι ἐν ἀρχαῖϲ εἶναί φαϲι τῆϲ Ἀρχ-
ίππου ἀρχῆϲ, Ὅμηρον δὲ ἐν τῷ τέλει· ὁ δ' Ἄρχιπποϲ υἱὸϲ 15
ἦν Ἀκάϲτου, ἄρξαϲ Ἀθηναίων ἔτη λε'. οἱ δὲ ϲυγχρόνουϲ
αὐτοὺϲ εἶναι λέγοντεϲ ἐπὶ τῇ τελευτῇ τοῦ Ἀμφιδάμαντοϲ τοῦ
βαϲιλέωϲ Εὐβοίαϲ φαϲὶν αὐτοὺϲ ἀγωνίϲαϲθαι καὶ νενικηκέναι
Ἡϲίοδον ἀγωνοθετοῦντοϲ καὶ κρίνοντοϲ Πανήδου τοῦ βαϲιλέωϲ
τοῦ ἀδελφοῦ Ἀμφιδάμαντοϲ καὶ τῶν υἱῶν Ἀμφιδάμαντοϲ, 20
Γανύκτοροϲ τε καὶ τῶν λοιπῶν. . . . [quae sequuntur et argu-
mentum interrumpunt partim ad *Certamen*, partim ad
Homeri vitam aliasve res redeunt] . . . οἱ δ' Ὁμήρου τετρα-
κοϲίοιϲ ὑϲτερίζοντα ἔτεϲι, καθά φηϲι καὶ Ἡρόδοτοϲ. ϲυνεγράψατο
δ' ὁ τοιοῦτοϲ Ἡϲίοδοϲ βίβλουϲ ιϛ', Ὅμηροϲ δ' ὁ παλαιὸϲ ιγ'. 25

V(aticanum 1409 saec. XIV.) sufficere iure post alios censet Wilam.
8 μοῦϲαι γυναῖκεϲ V: corr. Byz.   9 κλῶνα H. Fränkel: -αϲ V
14 (et 15) ἀρξίππου (et ἄρξιπποϲ) V: corr. Goettling   19 Πανήδου
Jacoby (-η- pap. in *Cert.* 64): πανείδου V

τελευτᾷ δ' ὁ Ἡσίοδος ἐν Λοκρίδι τοιουτοτρόπως· μετὰ τὴν νίκην,
ἣν αὐτὸν νενικηκέναι φασὶν ἐπὶ τῇ τελευτῇ Ἀμφιδάμαντος, εἰς
Δελφοὺς ἐπορεύθη καὶ ἐδόθη αὐτῷ οὑτοσὶ ὁ χρησμός·

> ὄλβιος οὗτος ἀνήρ, ὃς ἐμὸν δόμον ἀμφιπολεύει,
> Ἡσίοδος, Μούσῃσι τετιμένος ἀθανάτῃσι·   30
> τοῦ δή τοι κλέος ἔσται ὅσον τ' ἐπικίδναται ἠώς.
> ἀλλὰ Διὸς πεφύλαξο Νεμείου κάλλιμον ἄλσος·
> κεῖθι δέ τοι θανάτοιο τέλος πεπρωμένον ἐστίν.

ὁ δὲ τὴν ἐν Πελοποννήσῳ Νεμέαν φυγὼν ἐν Οἰνόῃ τῆς Λοκρίδος
ὑπ' Ἀμφιφάνους καὶ Γανύκτορος, τῶν Φηγέως παίδων, ἀναι- 35
ρεῖται καὶ ῥίπτεται εἰς τὴν θάλασσαν, ὡς φθείρας τὴν ἀδελφὴν
ἐκείνων Κτημένην, ἐξ ἧς ἐγεννήθη Στησίχορος· ἐκαλεῖτο δ' ἡ
Οἰνόη Διὸς Νεμείου ἱερόν. μετὰ δὲ τρίτην ἡμέραν ὑπὸ δελφίνων
πρὸς τὸν αἰγιαλὸν ἐξηνέχθη τὸ σῶμα μεταξὺ Λοκρίδος καὶ Εὐ-
βοίας, καὶ ἔθαψαν αὐτὸν Λοκροὶ ἐν Νεμέᾳ ⟨τῇ⟩ τῆς Οἰνόης. 40
οἱ δὲ φονεῖς αὐτοῦ νηὸς ἐπιβάντες ἐπειρῶντο φυγεῖν, χειμῶνι
δὲ διεφθάρησαν. Ὀρχομένιοι δ' ὕστερον κατὰ χρησμὸν ἐνεγκόντες
τὰ Ἡσιόδου ὀστᾶ θάπτουσιν ἐν μέσῃ τῇ ἀγορᾷ καὶ ἐπέγραψαν
τάδε·

> Ἄσκρη μὲν πατρὶς πολυλήιος, ἀλλὰ θανόντος   45
> ὀστέα πληξίππου γῆ Μινύης κατέχει
> Ἡσιόδου, τοῦ πλεῖστον ἐν ἀνθρώποις κλέος ἐστὶν
> ἀνδρῶν κρινομένων ἐν βασάνοις σοφίης.

ἐπέγραψε δὲ καὶ Πίνδαρος·

> χαῖρε δὶς ἡβήσας καὶ δὶς τάφου ἀντιβολήσας,   50
> Ἡσίοδ', ἀνθρώποις μέτρον ἔχων σοφίης.

---

33 καὶ γάρ τοι V : corr. e *Cert.* 215 Heinsius   37 *Κτημένην*:
Κλυμένην Wyttenbach (cf. Σᵛᵉᵗ in *Op.* 271)   ὁ ante Στησ. Byz.
39 ἐξήχθη V : corr. Wyttenbach   40 τῇ add. Byz.   45-8 disticha
inverso ordine V : corr. Byz.   46 πληξίππων ... Μινυῶν Paus. 9. 38. 10
48 βασάνῳ *Cert.* 243 Paus.

ΘΕΟΓΟΝΙΑ

Μουσάων Ἑλικωνιάδων ἀρχώμεθ' ἀείδειν,
αἵ θ' Ἑλικῶνος ἔχουσιν ὄρος μέγα τε ζάθεόν τε
καί τε περὶ κρήνην ἰοειδέα πόσσ' ἁπαλοῖσιν
ὀρχεῦνται καὶ βωμὸν ἐρισθενέος Κρονίωνος·
καί τε λοεσσάμεναι τέρενα χρόα Περμησσοῖο   5
ἢ Ἵππου κρήνης ἢ Ὀλμειοῦ ζαθέοιο
ἀκροτάτῳ Ἑλικῶνι χοροὺς ἐνεποιήσαντο
καλοὺς ἱμερόεντας, ἐπερρώσαντο δὲ ποσσίν.
ἔνθεν ἀπορνύμεναι, κεκαλυμμέναι ἠέρι πολλῷ,
ἐννύχιαι στεῖχον περικαλλέα ὄσσαν ἱεῖσαι,   10
ὑμνεῦσαι Δία τ' αἰγίοχον καὶ πότνιαν Ἥρην
Ἀργείην, χρυσέοισι πεδίλοις ἐμβεβαυῖαν,
κούρην τ' αἰγιόχοιο Διὸς γλαυκῶπιν Ἀθήνην
Φοῖβόν τ' Ἀπόλλωνα καὶ Ἄρτεμιν ἰοχέαιραν
ἠδὲ Ποσειδάωνα γαιήοχον ἐννοσίγαιον   15
καὶ Θέμιν αἰδοίην ἑλικοβλέφαρόν τ' Ἀφροδίτην
[Ἥβην τε χρυσοστέφανον καλήν τε Διώνην
Ἠῶ τ' Ἠέλιόν τε μέγαν λαμπράν τε Σελήνην]   19
Λητώ τ' Ἰαπετόν τε ἰδὲ Κρόνον ἀγκυλομήτην   18
Γαῖάν τ' Ὠκεανόν τε μέγαν καὶ Νύκτα μέλαιναν   20
ἄλλων τ' ἀθανάτων ἱερὸν γένος αἰὲν ἐόντων.

3 καί τε (et Π18) περὶ bKS Liban. 64. 12 Et G s.v. νῆις: καί τ' ἐπὶ a
(Liban. v.l.): ἀμφὶ περὶ Prisc. inst. 14. 34   4 ὀρχευ[νται Π18 o Liban.
alii: λούσαντο Et G M   5 τέρ. χρόα oΣ: χρόα καλὸν Σ ad v. 2   περ-
μησς[οῖο Π2 a (imit. poetae recentiores): τερμης(ς)οῖο bQ Zenod.:
παρνησοῖο S   6 ἢ' — ἢ' West   9 πολλῇ a   12 (et in Π2Π18)
exp. Goettling, 13–21 Wilamowitz, alia alii   17 exp. Peppmueller
ηβην et Π18: Ἥρην Plut. quaest. conviv. 747f   19 om. Π18L (exp.
Hermann): hic habent Π2S, ante 15 K, post 18 am   18 ἀγκυλομῆτιν
S (alii codd. alibi, quod non adnotabo)

5

Αἵ νύ ποθ' Ἡcίοδον καλὴν ἐδίδαξαν ἀοιδήν,
ἄρνας ποιμαίνονθ' Ἑλικῶνος ὑπὸ ζαθέοιο..
τόνδε δέ με πρώτιςτα θεαὶ πρὸc μῦθον ἔειπον,
Μοῦcαι Ὀλυμπιάδεc, κοῦραι Διὸc αἰγιόχοιο·   25
"ποιμένεc ἄγραυλοι, κάκ' ἐλέγχεα, γαcτέρεc οἷον,
ἴδμεν ψεύδεα πολλὰ λέγειν ἐτύμοιcιν ὁμοῖα,
ἴδμεν δ', εὖτ' ἐθέλωμεν, ἀληθέα γηρύcαcθαι."
ὣc ἔφαcαν κοῦραι μεγάλου Διὸc ἀρτιέπειαι·
καί μοι cκῆπτρον ἔδον, δάφνηc ἐριθηλέοc ὄζον   30
δρέψαcαι θηητόν· ἐνέπνευcαν δέ μοι αὐδὴν
θέcπιν, ἵνα κλείοιμι τά τ' ἐccόμενα πρό τ' ἐόντα,
καί με κέλονθ' ὑμνεῖν μακάρων γένοc αἰὲν ἐόντων,
cφᾶc δ' αὐτὰc πρῶτόν τε καὶ ὕcτατον αἰὲν ἀείδειν.
ἀλλὰ τίη μοι ταῦτα περὶ δρῦν ἢ περὶ πέτρην;   35
Τύνη, Μουcάων ἀρχώμεθα, ταὶ Διὶ πατρὶ
ὑμνεῦcαι τέρπουcι μέγαν νόον ἐντὸc Ὀλύμπου,
εἰρεῦcαι τά τ' ἐόντα τά τ' ἐccόμενα πρό τ' ἐόντα,
φωνῇ ὁμηρεῦcαι· τῶν δ' ἀκάματοc ῥέει αὐδὴ
ἐκ cτομάτων ἡδεῖα· γελᾷ δέ τε δώματα πατρὸc   40
Ζηνὸc ἐριγδούποιο θεᾶν ὀπὶ λειριοέccῃ
cκιδναμένη· ἠχεῖ δὲ κάρη νιφόεντοc Ὀλύμπου
δώματά τ' ἀθανάτων. αἱ δ' ἄμβροτον ὄccαν ἱεῖcαι
θεῶν γένοc αἰδοῖον πρῶτον κλείουcιν ἀοιδῇ
ἐξ ἀρχῆc οὓc Γαῖα καὶ Οὐρανὸc εὐρὺc ἔτικτεν   45
οἵ τ' ἐκ τῶν ἐγένοντο θεοὶ δωτῆρεc ἐάων·

22 ἀοιδήν et Aristid. 28. 20 (bis): αμοιβην *Π*2   27 om. *Π*2
28 γηρύcαcθαι *Π*ι*Π*2Σ (unde, opinor, *n*L² ᵞᵖ): μυθήcαcθαι *bv*K   29 κοῦ-
ραι et *Π*ι Et ᴳ s.v. ἀρτιέπειαι: κεῖναι *b*   30 ἔδον et *Π*ι : ἔδων *a*
31 δρέψαcαι *Π*ι(?)*a*: δρέψαcθαι *b*KSΣΔ Aristid. 28. 23   32 θέcπιν
Goettling: θείην *o*: θεcπεcίην Aristid. (Luc. *Hes.* 1)   κλείοιμι *Π*ιQ¹L²
Aristid. v.l.: κλύοιμι *o* Aristid. v.l.   33 με κέλ. *o*: μ' ἐκέλ. edd.
34 τε et *Π*ι: om. *b*: με S   ὕcτατον *Π*ι*Π*2Sᵖᶜ: ὕcτερον *o* (Σ?)
37 ἐντὸcet*Π*ι*Π*2 Et ᴳ s.v. ἀλλὰ : αἰὲν *a*   38–52 exp. Jacoby, 38 Hermann
38 εἴρου(an ὖ?)cαι Sᵃᶜ (-εῦcαι et Hsch. s.v. al.)   41 θεᾶν *Π*ι *v*KΣ:
θεῶν *bn*S   43 δώματά τ' *Π*ι(?)K: δώματ' *ab*S   46 exp. Goettling

δεύτερον αὖτε Ζῆνα, θεῶν πατέρ' ἠδὲ καὶ ἀνδρῶν,
[ἀρχόμεναί θ' ὑμνεῦςι θεαὶ λήγουςαί τ' ἀοιδῆς,]
ὅςςον φέρτατός ἐςτι θεῶν κάρτει τε μέγιςτος·
αὖτις δ' ἀνθρώπων τε γένος κρατερῶν τε Γιγάντων   50
ὑμνεῦςαι τέρπουςι Διὸς νόον ἐντὸς Ὀλύμπου
Μοῦςαι Ὀλυμπιάδες, κοῦραι Διὸς αἰγιόχοιο.
   Τὰς ἐν Πιερίῃ Κρονίδῃ τέκε πατρὶ μιγεῖςα
Μνημοςύνη, γουνοῖςιν Ἐλευθῆρος μεδέουςα,
ληςμοςύνην τε κακῶν ἄμπαυμά τε μερμηράων.   55
ἐννέα γάρ οἱ νύκτας ἐμίςγετο μητίετα Ζεὺς
νόςφιν ἀπ' ἀθανάτων ἱερὸν λέχος εἰςαναβαίνων·
ἀλλ' ὅτε δή ῥ' ἐνιαυτὸς ἔην, περὶ δ' ἔτραπον ὧραι,
μηνῶν φθινόντων, περὶ δ' ἤματα πόλλ' ἐτελέςθη,
ἡ δ' ἔτεκ' ἐννέα κούρας ὁμόφρονας, ᾗςιν ἀοιδὴ   60
μέμβλεται ἐν ςτήθεςςιν ἀκηδέα θυμὸν ἐχούςαις,
τυτθὸν ἀπ' ἀκροτάτης κορυφῆς νιφόεντος Ὀλύμπου·
ἔνθα ςφιν λιπαροί τε χοροὶ καὶ δώματα καλά·
πὰρ δ' αὐτῆς Χάριτές τε καὶ Ἵμερος οἰκί' ἔχουςιν
ἐν θαλίῃς· ἐρατὴν δὲ διὰ ςτόμα ὄςςαν ἱεῖςαι   65
μέλπονται, πάντων τε νόμους καὶ ἤθεα κεδνὰ
ἀθανάτων κλείουςιν, †ἐπήρατον ὄςςαν ἱεῖςαι.†
   Αἳ τότ' ἴςαν πρὸς Ὄλυμπον ἀγαλλόμεναι ὀπὶ καλῇ,
ἀμβροςίῃ μολπῇ· περὶ δ' ἴαχε γαῖα μέλαινα
ὑμνεύςαις, ἐρατὸς δὲ ποδῶν ὕπο δοῦπος ὀρώρει   70
νιςομένων πατέρ' εἰς ὅν· ὁ δ' οὐρανῷ ἐμβαςιλεύει,
αὐτὸς ἔχων βροντὴν ἠδ' αἰθαλόεντα κεραυνόν,

48 exp. Guyet   θεαὶ† multi   λήγουςί τ' Π1S   49 τόςςον KS (γρ.
in mg. L¹ sive L²)   κάρτει Π1Π2ο bK : κράτει aS   51 Διὸς : θεων
Π1Π2ο   59 exp. Wilam. (habet Π2ο, legit Σ; sermoni sollemni
hic convenit)   62–7 exp. Lehrs alii   64 αὐταῖς S sch. Pi. O. 9.
39 (αὐτῆ Plut. quomodo adulator 49f)   τε om. ab (habent Plut. sch. Pi.)
ἔ]χου[cιν et Π13 sch. Pi. : ἔθεντο Plut.   66–7 om. aL (habet Π13)
66 post μέλπ. interpungit Tr.   νόμους obscurum   67 exp. Koechly
(cf. 65) : ἀθανάτων κλείουςι v.l. pro μέλπονται πάντων τε censuit Merkel-
bach   κλείουςιν KS : -ςαι m   ἐπ. ὄ. ἱ. iuxta 65 ferri vix possunt

κάρτει νικήσας πατέρα Κρόνον· εὖ δὲ ἕκαστα
ἀθανάτοις διέταξεν ὁμῶς καὶ ἐπέφραδε τιμάς.
ταῦτ' ἄρα Μοῦσαι ἄειδον 'Ολύμπια δώματ' ἔχουσαι,   75
ἐννέα θυγατέρες μεγάλου Διὸς ἐκγεγαυῖαι,
Κλειώ τ' Εὐτέρπη τε Θάλειά τε Μελπομένη τε
Τερψιχόρη τ' 'Ερατώ τε Πολύμνιά τ' Οὐρανίη τε
Καλλιόπη θ'· ἢ δὲ προφερεστάτη ἐστὶν ἁπασέων.
ἢ γὰρ καὶ βασιλεῦσιν ἅμ' αἰδοίοισιν ὀπηδεῖ·   80
ὅντινα τιμήσουσι Διὸς κοῦραι μεγάλοιο
γεινόμενόν τ' ἐσίδωσι διοτρεφέων βασιλήων,
τῷ μὲν ἐπὶ γλώσσῃ γλυκερὴν χείουσιν ἐέρσην,
τοῦ δ' ἔπε' ἐκ στόματος ῥεῖ μείλιχα· οἱ δέ τε λαοὶ
πάντες ἐς αὐτὸν ὁρῶσι διακρίνοντα θέμιστας   85
ἰθείῃσι δίκῃσιν· ὁ δ' ἀσφαλέως ἀγορεύων
αἶψά τε καὶ μέγα νεῖκος ἐπισταμένως κατέπαυσεν.
τοὔνεκα γὰρ βασιλῆες ἐχέφρονες, οὕνεκα λαοῖς
βλαπτομένοις ἀγορῆφι μετάτροπα ἔργα τελεῦσι
ῥηιδίως, μαλακοῖσι παραιφάμενοι ἐπέεσσιν.   90
ἐρχόμενον δ' ἀν' ἀγῶνα θεὸν ὣς ἱλάσκονται
αἰδοῖ μειλιχίῃ, μετὰ δὲ πρέπει ἀγρομένοισιν·
τοίη Μουσάων ἱερὴ δόσις ἀνθρώποισιν.

74 διέταξεν ὅ]μῶς et Π13 Theoph. ad Autol. 2. 5: -ε νόμουc van
Lennep (νόμοιc Guyet)   78 cτειχ. et πολυμνιc crater François.
79 δὲ et Π3 Anecd. Par. 3. 155. 16 = 3. 280. 29 Cr.: δὴ S² sch. Genov.
Il. 2. 484 Macrob. in s. Scip. 2. 3. 2 (bis): καὶ Δ: τε Hermann   81 τι-
μήσουσι et Π3ᵃᶜ Aristid. 45 (2. 131. 26 Dind.) Them. 9. 122a, 31. 355c:
-ωcι Π3ᵖᶜSᵖᶜ D. Chr. 2. 24 (variant codd. Stob. 4. 7. 12)   82 τ'
ἐcίδωcι et Π3(?) Aristid. (cf. exeg. 374. 29 Fl.): τ' ἴδωcι Stob. Them.
(de Σ non liquet; variant codd. Dionis): τ' ἐπίδωcι n   83 ἐέρcην et
Π3Σ Them.: ἀοιδήν a Aristid. Them.: 84 μείλιχα et Aristid. Stob.:
μειλίχι(a) S Them. v.l.   δέ τε Π3 Aristid. Them.: δέ νυ o Stob.
87 τε et Epict. 2. 12. 16 Aristid. Stob. et. 2. 4. 1: τ. Π13: κε Π3: τι
Byz.   88 γὰρ et testes: καὶ(?) Π3   91 ἀν' ἀ[γ]ῶνα Π3 L² ʸᵖ
sch. BT Il. 24. 1: ἀνὰ ἄcτυ o Stob. 2. 4. 1 (utrumque Σ?)   ἱλάcκ. et
Σ Stob.: εἰcορ[οω]cιν Π3   93 τοιη Π3 (ci. Guyet): οἷα τε o (]ε Π13):
τε del. S

Ἐκ γάρ τοι Μουσέων καὶ ἑκηβόλου Ἀπόλλωνος
ἄνδρες ἀοιδοὶ ἔασιν ἐπὶ χθόνα καὶ κιθαρισταί,   95
ἐκ δὲ Διὸς βασιλῆες· ὁ δ' ὄλβιος, ὅντινα Μοῦσαι
φίλωνται· γλυκερή οἱ ἀπὸ στόματος ῥέει αὐδή.
εἰ γάρ τις καὶ πένθος ἔχων νεοκηδέι θυμῷ
ἄζηται κραδίην ἀκαχήμενος, αὐτὰρ ἀοιδὸς
Μουσάων θεράπων κλεῖα προτέρων ἀνθρώπων   100
ὑμνήσει μάκαράς τε θεοὺς οἳ Ὄλυμπον ἔχουσιν,
αἶψ' ὅ γε δυσφροσυνέων ἐπιλήθεται οὐδέ τι κηδέων
μέμνηται· ταχέως δὲ παρέτραπε δῶρα θεάων.

Χαίρετε, τέκνα Διός, δότε δ' ἱμερόεσσαν ἀοιδήν·
κλείετε δ' ἀθανάτων ἱερὸν γένος αἰὲν ἐόντων,   105
οἳ Γῆς ἐξεγένοντο καὶ Οὐρανοῦ ἀστερόεντος,
Νυκτός τε δνοφερῆς, οὕς θ' ἁλμυρὸς ἔτρεφε Πόντος,
[εἴπατε δ' ὡς τὰ πρῶτα θεοὶ καὶ γαῖα γένοντο
καὶ ποταμοὶ καὶ πόντος ἀπείριτος, οἴδματι θυίων,
ἄστρα τε λαμπετόωντα καὶ οὐρανὸς εὐρὺς ὕπερθεν.]   110
οἵ τ' ἐκ τῶν ἐγένοντο θεοὶ δωτῆρες ἐάων,
ὥς τ' ἄφενος δάσσαντο καὶ ὡς τιμὰς διέλοντο
ἠδὲ καὶ ὡς τὰ πρῶτα πολύπτυχον ἔσχον Ὄλυμπον.
ταῦτά μοι ἔσπετε Μοῦσαι Ὀλύμπια δώματ' ἔχουσαι
ἐξ ἀρχῆς, καὶ εἴπαθ' ὅτι πρῶτον γένετ' αὐτῶν.   115

94–103 exp. Schoemann   94 om. *a*   μουσέων *Π3Π13* : μουσάων *o*
testes plerique   95 χ[θόν]α et *Π3*: χθονὶ sch. AB *Il.* 1. 176 al.
97 ῥέεν *a*   101 ὑμνήσει B*pcQ*: υμνε.σαι *Π3*: ὑμνήσῃ B*acabS*
102 αἶψ' ὅ γε et *Π3*: αἴψα δ' ὁ *n* (αἴψα δ' ὅ γε *v*)   δυσφροσυ[νέων *Π3 aBS* :
δυσφρονέων *bK*   105–15 exp. Goettling, neque ullus hic v. quem
non sive expunxerint sive transposuerint viri docti   106 γῆς et
Π3(?) Theoph. *ad Autol.* 2. 5 : γῆς τ' S   107 θ' om. *vB* Theoph.
108–10 exp. Ellger Wilam. alii   θεοὶ et Theoph. Hippol. *ref.* 1. 26 :
χάος Scheer   111 (= 46) om. *Π3B* Theoph. Hippol. (reiectus a gram-
maticis, puto, quia ἐκ τῶν ad vv. 109 sq. referri nequit)   112 ἄφενος
*Π3 ab*BKΣ Theoph. : ἄφενον SQ*ac* ? Hippol. (στέφανον)   114 sq. damn.
Seleucus, 115 Aristarchus

Ἤτοι μὲν πρώτιςτα Χάος γένετ'· αὐτὰρ ἔπειτα
Γαῖ' εὐρύςτερνος, πάντων ἕδος ἀςφαλὲς αἰεὶ
ἀθανάτων οἳ ἔχουςι κάρη νιφόεντος Ὀλύμπου,
[Τάρταρά τ' ἠερόεντα μυχῷ χθονὸς εὐρυοδείης,]
ἠδ' Ἔρος, ὃς κάλλιςτος ἐν ἀθανάτοιςι θεοῖςι,   120
λυςιμελής, πάντων τε θεῶν πάντων τ' ἀνθρώπων
δάμναται ἐν ςτήθεςςι νόον καὶ ἐπίφρονα βουλήν.

Ἐκ Χάεος δ' Ἔρεβός τε μέλαινά τε Νὺξ ἐγένοντο·
Νυκτὸς δ' αὖτ' Αἰθήρ τε καὶ Ἡμέρη ἐξεγένοντο,
οὓς τέκε κυςαμένη Ἐρέβει φιλότητι μιγεῖςα.   125

Γαῖα δέ τοι πρῶτον μὲν ἐγείνατο ἶςον ἑωυτῇ
Οὐρανὸν ἀςτερόενθ', ἵνα μιν περὶ πᾶςαν ἐέργοι,
ὄφρ' εἴη μακάρεςςι θεοῖς ἕδος ἀςφαλὲς αἰεί.
γείνατο δ' Οὔρεα μακρά, θεᾶν χαρίεντας ἐναύλους
Νυμφέων, αἳ ναίουςιν ἀν' οὔρεα βηςςήεντα.   130
ἣ δὲ καὶ ἀτρύγετον πέλαγος τέκεν, οἴδματι θυῖον,
Πόντον, ἄτερ φιλότητος ἐφιμέρου· αὐτὰρ ἔπειτα
Οὐρανῷ εὐνηθεῖςα τέκ' Ὠκεανὸν βαθυδίνην
Κοῖόν τε Κρεῖόν θ' Ὑπερίονά τ' Ἰαπετόν τε

---

116 ἤτοι Π3 o testes satis multi : πάντων Aristot. *phys.* 208b30, *metaph.*
984b27 quique inde pendent   118 sq. habent Π3 οΣ Theoph. Hippol.
Stob. (cf. Corn. interpol. 17) : non habent Pl. *conv.* 178b Sext. *adv. math.*
9. 8 (minus ad rem Aristot. l.c.)   118 fort. vel pluribus ignotis, v.
dubius   119 noverunt Plut. *de Is.* 374c etc., Corn. interpol., al.
μυχῷ Π3 o Hippol. : μυχὸν Theoph. Stob. Corn. interpol.   120 κάλ-
λιςτος κτλ. Π3 o Sext. al. : πάντεςςι μεταπρέπει ἀθανάτοιςι Aristot.
(quique ab eo pendent)   121 sq. exp. Jacoby   τε et Π3 Theoph.
al. : δὲ Byz.   123 δ' o Theoph. al. : τ Π3   124 sq. om. Theoph.
(habent Π3), 124 B   αὖτ' et Π3 testes : αὖ b   125 om. Hippol.
126 ἑωυτῇ Π3 Theoph. : ἑαυτῇ οΣ(?) test. cett.   127 πᾶςαν ἐέργοι
(-η, -ει) Corn. 17 (29. 7 L.) v.l., sch. T *Il.* 12. 5 : πάντα καλύπτοι BKS
Corn. v.l. Et ᴹ s.v. οὐρανός : πάντα κ—η Π3(?)ab Theoph. Et ᴳ s.v. οὐρανός
al.   128 exp. Heyne, fort. recte (habent Π3 Theoph. al.)   129 θεᾶν
Π3 ut vid., Theoph. : θεῶν o : ὅςα Hippol. (unde θεὰ Usener)   130 exp.
Goettling   131 ἠδὲ praefert West   134 κ[ρ]εῖον et Π3Σ(?)Δ(?) testes :
κρῖον Bᵃᶜ(?) Et ᴹ s.v. : κριόν Aristarchus

Θείαν τε 'Ρείαν τε Θέμιν τε Μνημοσύνην τε 135
Φοίβην τε χρυσοστέφανον Τηθύν τ' ἐρατεινήν.
τοὺς δὲ μέθ' ὁπλότατος γένετο Κρόνος ἀγκυλομήτης,
δεινότατος παίδων· θαλερὸν δ' ἤχθηρε τοκῆα.
Γείνατο δ' αὖ Κύκλωπας ὑπέρβιον ἦτορ ἔχοντας,
Βρόντην τε Στερόπην τε καὶ Ἄργην ὀβριμόθυμον, 140
οἳ Ζηνὶ βροντήν τε δόσαν τεῦξάν τε κεραυνόν.
οἳ δή τοι τὰ μὲν ἄλλα θεοῖς ἐναλίγκιοι ἦσαν,
[μοῦνος δ' ὀφθαλμὸς μέσσῳ ἐνέκειτο μετώπῳ·]
Κύκλωπες δ' ὄνομ' ἦσαν ἐπώνυμον, οὕνεκ' ἄρα σφέων
κυκλοτερὴς ὀφθαλμὸς ἕεις ἐνέκειτο μετώπῳ· 145
ἰσχύς τ' ἠδὲ βίη καὶ μηχαναὶ ἦσαν ἐπ' ἔργοις.
Ἄλλοι δ' αὖ Γαίης τε καὶ Οὐρανοῦ ἐξεγένοντο
τρεῖς παῖδες μεγάλοι ⟨τε⟩ καὶ ὄβριμοι, οὐκ ὀνομαστοί,
Κόττος τε Βριάρεώς τε Γύγης θ', ὑπερήφανα τέκνα.
τῶν ἑκατὸν μὲν χεῖρες ἀπ' ὤμων ἀΐσσοντο 150
ἄπλαστοι, κεφαλαὶ δὲ ἑκάστῳ πεντήκοντα
ἐξ ὤμων ἐπέφυκον ἐπὶ στιβαροῖσι μέλεσσιν,
ἰσχύς τ' ἄπλητος κρατερὴ μεγάλῳ ἐπὶ εἴδει.
Ὅσσοι γὰρ Γαίης τε καὶ Οὐρανοῦ ἐξεγένοντο,
δεινότατοι παίδων, σφετέρῳ δ' ἤχθοντο τοκῆι 155

135 θείην Eust. *in Hom.* 978. 56 (*-αν* et *Π*21 testes)   139–53 exp.
Gruppe, 139–46 Peppmueller: 139–53 secundis curis ab Hes. additos esse
e vv. 154 sqq. nec non e v. 207 patet   139 ἦ]τορ et *Π*3: ὕβριν *b* (scil.
L, v.l. in *m*)   141 exp. Goettling   τε δόσαν La Roche: τ' ἐδ.
*ab*KS: ἐδ. B sch. A.R. 1. 730   143 expunxi (habent et *Π*3*Π*21*Σ*rec)
μοῦνος δ' ὀφθ.: ὀφθ. δὲ ἕεις Hdn. 2. 924. 29 L.   144 sq. exp. Wolf
ἐπώ]νυμον et *Π*3 Porph. in sch. *Od.* 9. 106: -οι Et G s.v. κύκλωπες   σφέων
et Porph.: αὐτοῖς Et. Anecd. Ox. 1. 254 Cr.   146 τ' et *Π*21 (e γ
corr.?): δ' S (non iam adest B)   147 ἔξεγ.: ἀστερόεντος L (γρ.
ἐξεγ.; variat *m*)   148 om., in mg. add. L¹, post 149 *m* (hic et
*Π*21)   τε add. Gerhard   149 τε β[ριάρεως *Π*21 *o*: τ' 'Οβριάρεως
Hermann; cf. ad 617, 714   γύγης et *Σ* Anecd. Par. 3. 6. Cr. (*Δ* ad
617): γύης S   151 ἄπλαστοι et *Σ* Anecd.: ἄπλατοι *mΣ*m: ἄπλητοι
Hermann   153 τ' om. *a*: δ' Byz.   ἄπλαστος *a*   154 γὰρ et
Σ: δὲ *n*; γὰρ ad 138 respicit (E. Schwartz)   155 δ' *o Σ*: γ' Heyne

ἐξ ἀρχῆς· καὶ τῶν μὲν ὅπως τις πρῶτα γένοιτο,
πάντας ἀποκρύπτασκε, καὶ ἐς φάος οὐκ ἀνίεσκε,
Γαίης ἐν κευθμῶνι, κακῷ δ' ἐπετέρπετο ἔργῳ
Οὐρανός· ἢ δ' ἐντὸς στοναχίζετο Γαῖα πελώρη
στεινομένη, δολίην δὲ κακὴν ἐφράσσατο τέχνην.   160
αἶψα δὲ ποιήσασα γένος πολιοῦ ἀδάμαντος,
τεῦξε μέγα δρέπανον καὶ ἐπέφραδε παισὶ φίλοισιν·
εἶπε δὲ θαρσύνουσα, φίλον τετιημένη ἦτορ·
"παῖδες ἐμοὶ καὶ πατρὸς ἀτασθάλου, αἴ κ' ἐθέλητε
πείθεσθαι, πατρός γε κακὴν τεισαίμεθα λώβην   165
ὑμετέρου· πρότερος γὰρ ἀεικέα μήσατο ἔργα."
Ὣς φάτο· τοὺς δ' ἄρα πάντας ἕλεν δέος, οὐδέ τις αὐτῶν
φθέγξατο· θαρσήσας δὲ μέγας Κρόνος ἀγκυλομήτης
αἶψ' αὖτις μύθοισι προσηύδα μητέρα κεδνήν·
"μῆτερ, ἐγώ κεν τοῦτό γ' ὑποσχόμενος τελέσαιμι   170
ἔργον, ἐπεὶ πατρός γε δυσωνύμου οὐκ ἀλεγίζω
ἡμετέρου· πρότερος γὰρ ἀεικέα μήσατο ἔργα."
Ὣς φάτο· γήθησεν δὲ μέγα φρεσὶ Γαῖα πελώρη.
εἷσε δέ μιν κρύψασα λόχῳ· ἐνέθηκε δὲ χερσὶν
ἅρπην καρχαρόδοντα, δόλον δ' ὑπεθήκατο πάντα.   175
ἦλθε δὲ νύκτ' ἐπάγων μέγας Οὐρανός, ἀμφὶ δὲ Γαίῃ
ἱμείρων φιλότητος ἐπέσχετο καί ῥ' ἐτανύσθη
πάντῃ· ὃ δ' ἐκ λοχέοιο πάϊς ὠρέξατο χειρὶ
σκαιῇ, δεξιτερῇ δὲ πελώριον ἔλλαβεν ἅρπην,
μακρὴν καρχαρόδοντα, φίλου δ' ἀπὸ μήδεα πατρὸς   180
ἐσσυμένως ἤμησε, πάλιν δ' ἔρριψε φέρεσθαι

157 ἀποκρύπτασκε mvS: ἀπε- n: ὑπο- K: ἀπο- -εσκε L   160 στειν.
οΣ: ἀχνυμένη Seleucus (e coni.)   ἐφράσσατο (immo τ' ἐφράσσ.) Goettling:
ἐπεφράσσατο o   165 πρς bS: πατέρος aK   γε abK: κεν S in ras. (κε
Goettling)   τις- o   167 ἄρα: ἀνὰ b   168 μέγα K   169 αἶψ'
b: ἀψ aK: ἀψ δ' S   171 πατέρος o: corr. Byz.   173 μετὰ Tr.
174 χερσὶν S: χειρὶ abKΔ   178 ἐκ λοχέοιο KLSΣ Et ᴹ s.v. ἅρπη}
novit Aristonicus (qui malebat λοχεοῖο): λόχοιο am: ἐξ ἀλόχοιο Lⁱ ʸᵖ: ἐκ
λεχρίοιο Ahrens   179 πελώριον et Et ᴹ: πελώρην b

ἐξοπίcω. τὰ μὲν οὔ τι ἐτώcια ἔκφυγε χειρόc·
ὅccαι γὰρ ῥαθάμιγγεc ἀπέccυθεν αἱματόεccαι,
πάcαc δέξατο Γαῖα· περιπλομένου δ᾽ ἐνιαυτοῦ
γείνατ᾽ Ἐρινῦc τε κρατερὰc μεγάλουc τε Γίγανταc,   185
τεύχεcι λαμπομένουc, δολίχ᾽ ἔγχεα χερcὶν ἔχονταc,
Νύμφαc θ᾽ ἃc Μελίαc καλέουc᾽ ἐπ᾽ ἀπείρονα γαῖαν.
μήδεα δ᾽ ὡc τὸ πρῶτον ἀποτμήξαc ἀδάμαντι
κάββαλ᾽ ἀπ᾽ ἠπείροιο πολυκλύcτῳ ἐνὶ πόντῳ,
ὡc φέρετ᾽ ἂμ πέλαγοc πουλὺν χρόνον· ἀμφὶ δὲ λευκὸc   190
ἀφρὸc ἀπ᾽ ἀθανάτου χροὸc ὤρνυτο· τῷ δ᾽ ἔνι κούρη
ἐθρέφθη· πρῶτον δὲ Κυθήροιcι ζαθέοιcιν
ἔπλητ᾽, ἔνθεν ἔπειτα περίρρυτον ἵκετο Κύπρον.
ἐκ δ᾽ ἔβη αἰδοίη καλὴ θεόc, ἀμφὶ δὲ ποίη
ποccὶν ὑπὸ ῥαδινοῖcιν ἀέξετο· τὴν δ᾽ Ἀφροδίτην   195
[ἀφρογενέα τε θεὰν καὶ ἐυcτέφανον Κυθέρειαν]
κικλήcκουcι θεοί τε καὶ ἀνέρεc, οὕνεκ᾽ ἐν ἀφρῷ
θρέφθη· ἀτὰρ Κυθέρειαν, ὅτι προcέκυρcε Κυθήροιc·
Κυπρογενέα δ᾽, ὅτι γέντο περικλύcτῳ ἐνὶ Κύπρῳ
[ἠδὲ φιλομμηδέα, ὅτι μηδέων ἐξεφαάνθη].   200
τῇ δ᾽ Ἔροc ὡμάρτηcε καὶ Ἵμεροc ἕcπετο καλὸc
γεινομένῃ τὰ πρῶτα θεῶν τ᾽ ἐc φῦλον ἰούcῃ.
ταύτην δ᾽ ἐξ ἀρχῆc τιμὴν ἔχει ἠδὲ λέλογχε
μοῖραν ἐν ἀνθρώποιcι καὶ ἀθανάτοιcι θεοῖcι,
παρθενίουc τ᾽ ὀάρουc μειδήματά τ᾽ ἐξαπάταc τε   205

184 περιπλομένων -ων ο : correxi (ut fort. anon. exeg. Byz.) : -ῳ-ῷ Et ᵃᵘᵈ
s.v. Ἐρινύεc   186 exp. Goettling (fort. recte), 188–206 Jacoby
188 δ᾽ bQS : θ᾽ aK   190 πουλὺν Sᵖᶜ (m. 1) : πολὺν ο : πολλὸν Fick
196 exp. Heyne   ἀφρογένειαν et Et ᴳ s.v. Κυθέρεια, Et ᴹ s.v. Ἀφροδίτη :
corr. Werfer   τε om. Et ᴹ   197 ἐν et Ett. : om. b   199 sq. exp.
Wolf (novit Clem. protr. 2. 14 al.)   κυπριγενέα b : -ιγένεια vel -ογένεια
υ (hoc et Et ᴳ) : -ογένειαν nKS sch. B Il. 5. 422 : corr. Werfer : κύπριν δ᾽
(hoc Hermann) οὕνεκα γ. olim exstitisse puto   δ᾽ KS Et ᴳ : θ᾽ ab
περικλύcτῳ sch B Et ᴹ: πολυκλύcτῳ ο Et ᴳ 'Choric.' in Rhod. 129 Boiss.
200 an φιλομμειδέα cum Eust. Bergkio Westio? (-μηδ- et Σᵛᵉᵗ testes)
203 ἔχεν S   204 exp. Paley   205 μελεδήματα b (μειδ-et Corn. 24)

τέρψιν τε γλυκερὴν φιλότητά τε μειλιχίην τε.

Τοὺς δὲ πατὴρ Τιτῆνας ἐπίκλησιν καλέεσκε
παῖδας νεικείων μέγας Οὐρανὸς οὓς τέκεν αὐτός·
φάςκε δὲ τιταίνοντας ἀταςθαλίῃ μέγα ῥέξαι
ἔργον, τοῖο δ᾽ ἔπειτα τίςιν μετόπιςθεν ἔςεςθαι.   210

Νὺξ δ᾽ ἔτεκε στυγερόν τε Μόρον καὶ Κῆρα μέλαιναν
καὶ Θάνατον, τέκε δ᾽ Ὕπνον, ἔτικτε δὲ φῦλον Ὀνείρων.
δεύτερον αὖ Μῶμον καὶ Ὀιζὺν ἀλγινόεσσαν   214
οὔ τινι κοιμηθεῖςα θεὰ τέκε Νὺξ ἐρεβεννή,   213
Ἑσπερίδας θ᾽, αἷς μῆλα πέρην κλυτοῦ Ὠκεανοῖο   215
χρύςεα καλὰ μέλουςι φέροντά τε δένδρεα καρπόν·
καὶ Μοίρας καὶ Κῆρας ἐγείνατο νηλεοποίνους,
[Κλωθώ τε Λάχεςίν τε καὶ Ἄτροπον, αἵ τε βροτοῖςι
γεινομένοιςι διδοῦςιν ἔχειν ἀγαθόν τε κακόν τε,]
αἵ τ᾽ ἀνδρῶν τε θεῶν τε παραιβαςίας ἐφέπουςιν,   220
οὐδέ ποτε λήγουςι θεαὶ δεινοῖο χόλοιο
πρίν γ᾽ ἀπὸ τῷ δώωςι κακὴν ὄπιν ὅςτις ἁμάρτῃ.
τίκτε δὲ καὶ Νέμεςιν, πῆμα θνητοῖςι βροτοῖςι,
Νὺξ ὀλοή· μετὰ τὴν δ᾽ Ἀπάτην τέκε καὶ Φιλότητα
Γῆράς τ᾽ οὐλόμενον, καὶ Ἔριν τέκε καρτερόθυμον.   225

Αὐτὰρ Ἔρις στυγερὴ τέκε μὲν Πόνον ἀλγινόεντα
Λήθην τε Λιμόν τε καὶ Ἄλγεα δακρυόεντα
Ὑςμίνας τε Μάχας τε Φόνους τ᾽ Ἀνδροκταςίας τε

209 εἴφαςκε b   210 τοῖς a (et δ᾽ ἤπειτα n)   με[[θ]]οπιςθεγε[Π4 :
κατόπιςθεν Κ   214 (vel lacunam) ante 213 pos. Hermann: exp.
Heyne   μῶμον et Σ: μῶλον LᵖᶜΔ   213 θεὰ bvΚ: θε]ων Π4 :
om. n   215–22 exp. Arth. Meyer, alia al.   215 ἧς Rzach
217 νηλεοποίνους aΚ Stob. 1. 5. 5: -ας b: κλεοποίνους Lⁱ ʸᵖΔ Stob.
1. 3. 38   218 sq. secl. Paley: om. Stob. 1. 3. 38, non respiciunt
Σᵛᵉᵗ (habent Π4 ὁ Stob. 1. 5. 5)   220 ἐφέπουςιν S, sscr. Q: -ουςαι
abΚ.: -ουσ᾽ ἀεὶ Stob. 1. 3. 38   221 λήγουςαι S (sscr.), Stob.
228 μάχας τε φόν]ους τ᾽ Π4 Byz. (ex Od. 11. 612?): φόνους τε μάχας τ᾽
bΚ: φόβους τε μ. τ᾽ aS (cf. Cic. de n. deor. 3. 44, Verg. Aen. 6. 276,
Hyg. 9. 7)

Νείκεά τε Ψεύδεά τε Λόγους τ' Ἀμφιλλογίας τε
Δυσνομίην τ' Ἄτην τε, συνήθεας ἀλλήλῃσιν,   230
Ὅρκον θ', ὃς δὴ πλεῖστον ἐπιχθονίους ἀνθρώπους
πημαίνει, ὅτε κέν τις ἑκὼν ἐπίορκον ὀμόσσῃ.

Νηρέα δ' ἀψευδέα καὶ ἀληθέα γείνατο Πόντος,
πρεσβύτατον παίδων· αὐτὰρ καλέουσι γέροντα,
οὕνεκα νημερτής τε καὶ ἤπιος, οὐδὲ θεμίστων   235
λήθεται, ἀλλὰ δίκαια καὶ ἤπια δήνεα οἶδεν·
αὖτις δ' αὖ Θαύμαντα μέγαν καὶ ἀγήνορα Φόρκυν
Γαίῃ μισγόμενος καὶ Κητὼ καλλιπάρῃον
Εὐρυβίην τ' ἀδάμαντος ἐνὶ φρεσὶ θυμὸν ἔχουσαν.

Νηρῆος δ' ἐγένοντο μεγήριτα τέκνα θεάων   240
πόντῳ ἐν ἀτρυγέτῳ καὶ Δωρίδος ἠυκόμοιο,
κούρης Ὠκεανοῖο, τελήεντος ποταμοῖο,
Πρωτώ τ' Εὐκράντη τε Σαώ τ' Ἀμφιτρίτη τε
Εὐδώρη τε Θέτις τε Γαλήνη τε Γλαύκη τε,
Κυμοθόη Σπειώ τε Θόη θ' Ἁλίη τ' ἐρόεσσα   245
Πασιθέη τ' Ἐρατώ τε καὶ Εὐνίκη ῥοδόπηχυς
καὶ Μελίτη χαρίεσσα καὶ Εὐλιμένη καὶ Ἀγαυὴ
Δωτώ τε Πρωτώ τε Φέρουσά τε Δυναμένη τε
Νησαίη τε καὶ Ἀκταίη καὶ Πρωτομέδεια,

229 ψεύδεά τε aLΔ(?) : ψευδέας τε L^pc γρ mS   τ' Π4^ac Byz. : om. o
230 τ' S : om. abK   ἀλλήλῃσιν LQS : -οισιν aK (variat m)   234 αὐτὰρ
KS : ἀτὰρ ab : τὸν δὴ Hermann : Νηρέα δὲ Merkelbach   235 θεμίστων
S^pc : -έων aKS^ac : -άων b   238 exp. Jacoby   γαίῃ (quod et Σ) mihi
suspectum   240 μεγήριτα o sch. T Il. 22. 349 Et ^M s.v. εἰκοσινήριτα
(voc. agn. Hsch.) : μεγήρατα sscr. L^1 Byz., fort. verum : utrumque Σ
(= Et ^G s.v. μεγήρατα)   243 πρωτώ o ΣΔ (qui et πρωθώ ut vid.) :
Πλωτώ Wolf, v. ad 248   εὐκράντη bQ : εὐκράτη aKSΣ : utrumque Δ
245 κυμοθόη bvKSΣ : -θέη nΔ   θόη[[τ]]'αλ[cum sscr. θ Π22 (duas Ner. et
Aristarchus hic?; cf. Σ ad 253) : θόη (θοὴ aΔ) θαλίῃ oΣ; cf. ad 248   246 εὐνίκη
Π22 ('Apollod.' I. 11) : -νεί- oΣ Et ^G s.v., nescio an recte   248 (potius
quam 250) ex Il. 18. 43 illatus sive mutatus, unde LI Nereides pro
L (cf. 264)   πρωτώ et Δ (cf. 243) : Πλωτώ Gyraldus (Δωτώ θ' ἱμερόεσσα
Muetzell)   249 τε om. aS   πρωτο[et Π22ΣΔ : Πρωνομέδεια Blomfield

Δωρὶς καὶ Πανόπη καὶ εὐειδὴς Γαλάτεια   250
Ἱπποθόη τ' ἐρόεσσα καὶ Ἱππονόη ῥοδόπηχυς
Κυμοδόκη θ', ἣ κύματ' ἐν ἠεροειδέι πόντῳ
πνοιάς τε ζαέων ἀνέμων σὺν Κυματολήγῃ
ῥεῖα πρηΰνει καὶ ἐυσφύρῳ Ἀμφιτρίτῃ,
Κυμώ τ' Ἰόνη τε ἐυστέφανός θ' Ἁλιμήδη   255
Γλαυκονόμη τε φιλομμειδὴς καὶ Ποντοπόρεια
Λειαγόρη τε καὶ Εὐαγόρη καὶ Λαομέδεια
Πουλυνόη τε καὶ Αὐτονόη καὶ Λυσιάνασσα
Εὐάρνη τε φυήν τ' ἐρατὴ καὶ εἶδος ἄμωμος
καὶ Ψαμάθη χαρίεσσα δέμας δίη τε Μενίππη   260
Νησώ τ' Εὐπόμπη τε Θεμιστώ τε Προνόη τε
Νημερτής θ', ἣ πατρὸς ἔχει νόον ἀθανάτοιο.
αὗται μὲν Νηρῆος ἀμύμονος ἐξεγένοντο
κοῦραι πεντήκοντα, ἀμύμονα ἔργα ἰδυῖαι.

Θαύμας δ' Ὠκεανοῖο βαθυρρεῖτο θύγατρα   265
ἠγάγετ' Ἠλέκτρην· ἣ δ' ὠκεῖαν τέκεν Ἶριν
ἠυκόμους θ' Ἁρπυίας Ἀελλώ τ' Ὠκυπέτην τε,
αἵ ῥ' ἀνέμων πνοιῇσι καὶ οἰωνοῖς ἅμ' ἕπονται
ὠκείῃς πτερύγεσσι· μεταχρόνιαι γὰρ ἴαλλον.

Φόρκυϊ δ' αὖ Κητὼ Γραίας τέκε καλλιπαρήους   270
ἐκ γενετῆς πολιάς, τὰς δὴ Γραίας καλέουσιν
ἀθάνατοί τε θεοὶ χαμαὶ ἐρχόμενοί τ' ἄνθρωποι,
Πεμφρηδώ τ' ἐύπεπλον Ἐνυώ τε κροκόπεπλον,

250 cf. *Il.* 18. 45 et ad 248   καὶ *Δ. Πανόπη τε* Peppmueller (fort.
recte; -]οπ[η]τε *Π22*) : *Δ. καὶ Πανόπεια καὶ* Hermann   253 ζαέων
Bergk e *Σ*: ζ]αθέων *Π22 ο*   257 ἀλλομέδ. *Σ* (λαομε[et *Π22*)
258 *Πουλυνόη* Muetzell ('Apollod.' 1. 12) : -νόμη *ο* (*Σ*rec)   'Ρυσιάν.
Merkelbach (*Λ*- et *Σ*)   259 et *Π4Π22*: exp. Ahrens (cf. ad 248)
*φυήν τ' α*S: φυὴ]ν *Π22 k*: φυή τ' *b*   262 νημερτὴς ἦ gramm. ant. (*Σ*
ad 253)   267 ωκυροη[ν *Π4*: -πέτ- et *Σ* Et G s.v. ἅρπυιαι (cf. 'Apollod.'
1. 10) ‿   268 π]ν[ο]ιạ[ι]σι et οι.νωνα [*Π22*   270 φόρκυι bυ: φόρκυνι knS
χραίạ[ς et *Π22* : κούρας Koechly   καλλιπάρηιος Seleucus (ex coni.; cf. 238)
271 sq. exp. Paley (habent *Π22Π23*, 271 legit *Σ* 'Apollod.')   271 γενεῆς
b   272 exp. Sellschopp   273 πεμφρ. b*Σ*(?) : πεφρ. kS (utrumque
Et G s.vv. σημαίνειν, πεμφρ. et al.) : πεφριδώ a*Δ*   post 273 versum

Γοργούς θ', αἳ ναίουσι πέρην κλυτοῦ Ὠκεανοῖο
ἐσχατιῇ πρὸς νυκτός, ἵν' Ἑσπερίδες λιγύφωνοι,   275
Cθεννώ τ' Εὐρυάλη τε Μέδουσά τε λυγρὰ παθοῦσα.
ἣ μὲν ἔην θνητή, αἳ δ' ἀθάνατοι καὶ ἀγήρῳ,
αἱ δύο· τῇ δὲ μιῇ παρελέξατο Κυανοχαίτης
ἐν μαλακῷ λειμῶνι καὶ ἄνθεσιν εἰαρινοῖσιν.
τῆς ὅτε δὴ Περσεὺς κεφαλὴν ἀπεδειροτόμησεν,   280
ἐξέθορε Χρυσάωρ τε μέγας καὶ Πήγασος ἵππος·
τῷ μὲν ἐπώνυμον ἦν ὅτ' ἄρ' Ὠκεανοῦ παρὰ πηγὰς
γένθ', ὃ δ' ἄορ χρύσειον ἔχει μετὰ χερσὶ φίλῃσιν.
χὠ μὲν ἀποπτάμενος προλιπὼν χθόνα, μητέρα μήλων,
ἵκετ' ἐς ἀθανάτους, Ζηνὸς δ' ἐν δώμασι ναίει   285
βροντήν τε στεροπήν τε φέρων Διὶ μητιόεντι.
Χρυσάωρ δ' ἔτεκε τρικέφαλον Γηρυονῆα
μιχθεὶς Καλλιρόῃ κούρῃ κλυτοῦ Ὠκεανοῖο·
τὸν μὲν ἄρ' ἐξενάριξε βίῃ Ἡρακληείῃ
βουσὶ παρ' εἰλιπόδεσσι περιρρύτῳ εἰν Ἐρυθείῃ   290
ἤματι τῷ ὅτε περ βοῦς ἤλασεν εὐρυμετώπους
Τίρυνθ' εἰς ἱερήν, διαβὰς πόρον Ὠκεανοῖο
[Ὄρθον τε κτείνας καὶ βουκόλον Εὐρυτίωνα
σταθμῷ ἐν ἠερόεντι πέρην κλυτοῦ Ὠκεανοῖο].
Ἣ δ' ἔτεκ' ἄλλο πέλωρον ἀμήχανον, οὐδὲν ἐοικὸς   295

excidisse censuit Goettling, ut tres essent Phorcides   276 Cθεννώ
S: Cθενώ abkΔ Hdn. 2. 919. 27 L.: Cθεινώ Σ   277 αἳ ο: ταν
Π22   ἀγή]ρω Π23 bn: -ως kvS: an ἀθανάτω (-τοι et Π22) καὶ ἀγήρω?
280 τῆς Π16 sch. Pi. O. 13. 89: τῆς δ' ο   κεφαλὴν Περς. sch. Pi. (contra
et Π22)   281 ἐξέθορε et Π16 sch. Pi.: ἔκθορε Byz.   χρυσάορ kn
sch. Pi. v.l.   282–6 exp. Goettling, 282 sq. Wolf   282 πηγὰς et
Π23: πηγὴν b   283 γενт Π16 (γένθ' Tr.): γένεθ' abk   ἔχει scripsi:
-ων Π22 ο (-εν Byz.)   286 φέρει Π22   287 χρυσάωρ Π16 bv(?)
sch. Aristoph. Eq. 416: -ορ knS   288 habent bQ, legit Tz. theog. 155:
om. Π16 Π22 akS (add. in mg. S¹)   de 289 sq. dubit. Jacoby
290 παρ' et Π16: -ν ἐπ' Q   291–4 exp. Jacoby   293 sq. cf. ad
291 sqq., 295 sqq.   293 ὄρθρον Δ Byz. (-θον et Π16 sch. Pi. I. 1. 15)
295–336 susp. Arth. Meyer, 295–332 tribus interpolatoribus adscripsit
Jacoby; versus expulerunt alios alii, aliasve distinxerunt recensiones
295 δ' ετεκε καλλο Π16

17

θνητοῖς ἀνθρώποις οὐδ' ἀθανάτοισι θεοῖσιν,
cπῆι ἐνὶ γλαφυρῷ, θείην κρατερόφρον' Ἔχιδναν,
ἥμιcυ μὲν νύμφην ἑλικώπιδα καλλιπάρηον,
ἥμιcυ δ' αὖτε πέλωρον ὄφιν δεινόν τε μέγαν τε
αἰόλον ὠμηcτήν, ζαθέης ὑπὸ κεύθεcι γαίης·   300
ἔνθα δέ οἱ cπέος ἐcτὶ κάτω κοίλῃ ὑπὸ πέτρῃ
τηλοῦ ἀπ' ἀθανάτων τε θεῶν θνητῶν τ' ἀνθρώπων·
ἔνθ' ἄρα οἱ δάccαντο θεοὶ κλυτὰ δώματα ναίειν.

[Ἣ δ' ἔρυτ' εἰν Ἀρίμοιcιν ὑπὸ χθόνα λυγρὴ Ἔχιδνα,
ἀθάνατος νύμφη καὶ ἀγήραος ἤματα πάντα.   305
τῇ δὲ Τυφάονά φαcι μιγήμεναι ἐν φιλότητι
δεινόν θ' ὑβριcτήν τ' ἄνομόν θ' ἑλικώπιδι κούρῃ·
ἣ δ' ὑποκυcαμένη τέκετο κρατερόφρονα τέκνα·
Ὄρθον μὲν πρῶτον κύνα γείνατο Γηρυονῆι·
δεύτερον αὖτις ἔτικτεν ἀμήχανον οὔ τι φατειόν,   310
Κέρβερον ὠμηcτήν, Ἀίδεω κύνα χαλκεόφωνον,
πεντηκοντακέφαλον, ἀναιδέα τε κρατερόν τε·
τὸ τρίτον Ὕδρην αὖτις ἐγείνατο λυγρὰ ἰδυῖαν
Λερναίην, ἣν θρέψε θεὰ λευκώλενος Ἥρη
ἄπλητον κοτέουcα βίῃ Ἡρακληείῃ.   315
καὶ τὴν μὲν Διὸς υἱὸς ἐνήρατο νηλέι χαλκῷ
Ἀμφιτρυωνιάδης cὺν ἀρηιφίλῳ Ἰολάῳ
Ἡρακλέης βουλῇcιν Ἀθηναίης ἀγελείης.

Ἣ δὲ Χίμαιραν ἔτικτε πνέουcαν ἀμαιμάκετον πῦρ,
δεινήν τε μεγάλην τε ποδώκεά τε κρατερήν τε.   320
τῆς [δ'] ἦν τρεῖς κεφαλαί· μία μὲν χαροποῖο λέοντος,

297 cπῆι ἐνὶ Π4Π16 o (ἐν a): ἐν cπῆι Gerhard: ἐν cπέεῖ Nauck
300 αἰόλον Scheer (e Σ^rec): ποικίλον oΔ   301 κάτω om. b   303 exp.
Peppmueller   304–32 v. ad 295–336 (304 sq. post 300–3 ferri vix
possunt)   306 ἐνὶ b   307 τ' S: om. abk   ἄνεμόν k (utrumque
Σ)   κούρῃ aS: νύμφῃ k: utrumque b   309 Γηρυονῆος Halbertsma,
fort. recte   312 πεντηκοντα- kSΣ: -κοντο- ab sch. S. Trach. 1098
317 sq. 'duplex clausulae conceptio' Jacoby (318 negl. Σ)   320 ποδω-
κέαν b   321 τῆς ἦν West: τῆς δ' ἦν ab Hdn. 2. 950. 14, 21 L. et al.
gramm., Hdn. rhet. de fig. 3. 100. 30 Sp.: τῆς δ' αὖ kS

ἦ δὲ χιμαίρης, ἦ δ' ὄφιος, κρατεροῖο δράκοντος.
πρόςθε λέων, ὄπιθεν δὲ δράκων, μέccη δὲ χίμαιρα,
δεινὸν ἀποπνείουcα πυρὸς μένος αἰθομένοιο·
τὴν μὲν Πήγαcος εἷλε καὶ ἐcθλὸς Βελλεροφόντης.   325
῾Η δ' ἄρα Φῖκ' ὀλοὴν τέκε Καδμείοιcιν ὄλεθρον
῎Ορθῳ ὑποδμηθεῖcα Νεμειαῖόν τε λέοντα,
τόν ῥ' ῞Ηρη θρέψαcα Διὸς κυδρὴ παράκοιτις
γουνοῖcιν κατέναccε Νεμείης, πῆμ' ἀνθρώποις·
ἔνθ' ἄρ' ὅ γ' οἰκείων ἐλεφαίρετο φῦλ' ἀνθρώπων,   330
κοιρανέων Τρητοῖο Νεμείης ἠδ' Ἀπέcαντος·
ἀλλά ἑ ἲc ἐδάμαccε βίης ῾Ηρακληείης.]
Κητὼ δ' ὁπλότατον Φόρκυι φιλότητι μιγεῖcα
γείνατο δεινὸν ὄφιν, ὃc ἐρεμνῆς κεύθεcι γαίης
πείραcιν ἐν μεγάλοιc παγχρύcεα μῆλα φυλάccει.   335
τοῦτο μὲν ἐκ Κητοῦc καὶ Φόρκυνος γένος ἐcτίν.

Τηθὺc δ' Ὠκεανῷ Ποταμοὺc τέκε δινήεντας,
Νεῖλόν τ' Ἀλφειόν τε καὶ Ἠριδανὸν βαθυδίνην,
Cτρυμόνα Μαίανδρόν τε καὶ ῎Ιcτρον καλλιρέεθρον
Φᾶcίν τε ῾Ρῆcόν τ' Ἀχελῶόν ⟨τ'⟩ ἀργυροδίνην   340
Νέccον τε ῾Ροδίον θ' Ἁλιάκμονά θ' ῾Επτάπορόν τε
Γρήνικόν τε καὶ Αἴcηπον θεῖόν τε Cιμοῦντα

323 sq. (= Il. 16. 181 sq.) exp. Wolf   323 ὄπιθεν δὲ (= Il.) Tr.:
ὄπιcθε(ν) δὲ b: ὄπιθε S: ὄπιcθε(ν) ak   324 om. aS (an ΣΔ legerint in-
certum)   326 φῖκ(α) Σ, unde Byz.: φίκ' v: φίγγ' n (cf. codd. in Pl.
Crat. 414d): cφίγγ' k post ἄρ, Sb qui et cφίκ' (hoc L in textu, illud m
et in mg. L)   328 ῥ' kvS: δ' n: om. b: 'ἀκέφαλοc' Jacoby
329 νεμείοιc bk   πῆμα βροτοῖcιν Scheer   330 ἄρ' del. Paley (qui ὅ
γε οἰκ.), γ' Peppmueller   ἐλεφαίρατο b Et G(M) s.v.   334 ἐρεμνοῖc
knS(in ras.) Δ   ἐρεμνῆς πείραcι γ. | κεύθεcιν ἐν μ. Merkelbach
335 cπείρηcιν μεγάλαιc Wilam.; v. 518, 622   336 καὶ S (v.l. in v):
κὰκ vel καὶ ἐκ bk(?): τε καὶ Q (v.l. in v): τε καὶ ἐκ nk(?)   Φόρκυοc K
338–45 secl. Bergk, alienos aut mutatos esse censuit Jacoby, hoc fort.
recte   338 post 339 transp. Merkelbach   340 ῥήcόν τε καὶ b
τ'² add. Tr.

Πηνειόν τε καὶ Ἕρμον ἐυρρείτην τε Κάικον
Cαγγάριόν τε μέγαν Λάδωνά τε Παρθένιόν τε
Εὔηνόν τε καὶ Ἄρδηςκον θεῖόν τε Cκάμανδρον.   345
Τίκτε δὲ θυγατέρων ἱερὸν γένος, αἳ κατὰ γαῖαν
ἄνδρας κουρίζουςι ςὺν Ἀπόλλωνι ἄνακτι
καὶ Ποταμοῖς, ταύτην δὲ Διὸς πάρα μοῖραν ἔχουςι,
Πειθώ τ' Ἀδμήτη τε Ἰάνθη τ' Ἠλέκτρη τε
Δωρίς τε Πρυμνώ τε καὶ Οὐρανίη θεοειδὴς   350
Ἱππώ τε Κλυμένη τε Ῥόδειά τε Καλλιρόη τε
Ζευξώ τε Κλυτίη τε Ἰδυῖά τε Πειςιθόη τε
Πληξαύρη τε Γαλαξαύρη τ' ἐρατή τε Διώνη
Μηλόβοςίς τε Θόη τε καὶ εὐειδὴς Πολυδώρη
Κερκηίς τε φυὴν ἐρατὴ Πλουτώ τε βοῶπις   355
Περςηίς τ' Ἰάνειρά τ' Ἀκάςτη τε Ξάνθη τε
Πετραίη τ' ἐρόεςςα Μενεςθώ τ' Εὐρώπη τε
Μῆτίς τ' Εὐρυνόμη τε Τελεςτώ τε κροκόπεπλος
Χρυςηίς τ' Ἀςίη τε καὶ ἱμερόεςςα Καλυψὼ
Εὐδώρη τε Τύχη τε καὶ Ἀμφιρὼ Ὠκυρόη τε   360
καὶ Cτύξ, ἣ δή ςφεων προφερεςτάτη ἐςτὶν ἁπαςέων.
αὗται δ' Ὠκεανοῦ καὶ Τηθύος ἐξεγένοντο
πρεςβύταται κοῦραι· πολλαί γε μέν εἰςι καὶ ἄλλαι·
τρὶς γὰρ χίλιαί εἰςι τανίςφυροι Ὠκεανῖναι,
αἵ ῥα πολυςπερέες γαῖαν καὶ βένθεα λίμνης   365
πάντη ὁμῶς ἐφέπουςι, θεάων ἀγλαὰ τέκνα.
τόςςοι δ' αὖθ' ἕτεροι ποταμοὶ καναχηδὰ ῥέοντες,
υἱέες Ὠκεανοῦ, τοὺς γείνατο πότνια Τηθύς.

345 ἀλδή(ῆ)ςκον mL²; cf. Sudam s.v. al. (ἀλ- Eust. in D.P. 314 etc.):
ἄρδηςκον aLSΣ, fort. recte: ἄρδιςκον k   διόν? West   346 θυγα-
τέρων: Κουράων West   349 ἀτμήτη a   352 τ' εἰδυῖα S (ἰδ- Σ)
πειςιθόη ab: παςιθόη k, v.l. in L: utrumque Σ   353 ἐρατώ nΣ
358 τελευτώ vΔ: τελεςθώ n   359 Χρυςηίς Hermann (ex h. in Cer.
421): κρυςηίς kΣ: κρυςίη a (L v.l.): κρηςίη b   362 δ': ἄρ' West
364 τρεῖς a   γὰρ om. b   μυρίαι sch. Pi. O. 5. 1   τα]νί- Π24(?)k sch.
Pi. v.l.: τανύςφυραι aS

τῶν ὄνομ' ἀργαλέον πάντων βροτὸν ἄνδρα ἐνισπεῖν,
οἳ δὲ ἕκαστα ἴcαcιν οἳ ἂν περιναιετάωcιν.   370

Θεία δ' Ἥλιόν τε μέγαν λαμπράν τε Cελήνην
Ἠῶ θ', ἣ πάντεccιν ἐπιχθονίοιcι φαείνει
ἀθανάτοιc τε θεοῖcι τοὶ οὐρανὸν εὐρὺν ἔχουcι,
γείναθ' ὑποδμηθεῖc· Ὑπερίονοc ἐν φιλότητι.
Κρείῳ δ' Εὐρυβίη τέκεν ἐν φιλότητι μιγεῖcα   375
Ἀcτραῖόν τε μέγαν Πάλλαντά τε, δῖα θεάων,
Πέρcην θ', ὃc καὶ πᾶcι μετέπρεπεν ἰδμοcύνῃcιν.
Ἀcτραίῳ δ' Ἠὼc ἀνέμουc τέκε καρτεροθύμουc,
ἀργεcτὴν Ζέφυρον Βορέην τ' αἰψηροκέλευθον
καὶ Νότον, ἐν φιλότητι θεὰ θεῷ εὐνηθεῖcα·   380
τοὺc δὲ μέτ' ἀcτέρα τίκτεν Ἑωcφόρον Ἠριγένεια
ἄcτρα τε λαμπετόωντα τά τ' οὐρανὸc ἐcτεφάνωται.
Cτὺξ δ' ἔτεκ' Ὠκεανοῦ θυγάτηρ Πάλλαντι μιγεῖcα
Ζῆλον καὶ Νίκην καλλίcφυρον ἐν μεγάροιcιν,
καὶ Κράτοc ἠδὲ Βίην ἀριδείκετα γείνατο τέκνα.   385
τῶν οὐκ ἔcτ' ἀπάνευθε Διὸc δόμοc, οὐδέ τιc ἕδρη
οὐδ' ὁδὸc ὅππῃ μὴ κείνοιc θεὸc ἡγεμονεύει,
ἀλλ' αἰεὶ πὰρ Ζηνὶ βαρυκτύπῳ ἑδριόωνται.
ὣc γὰρ ἐβούλευcε Cτὺξ ἄφθιτοc Ὠκεανίνη
ἤματι τῷ ὅτε πάνταc Ὀλύμπιοc ἀcτεροπητὴc   390
ἀθανάτουc ἐκάλεccε θεοὺc ἐc μακρὸν Ὄλυμπον,

---

370 ἕκαcτα Σ(?) Eust. *in D.P.* 636 : -οι ο   οἵ] ἂν et Π24 Eust. : ὅcοι Q
Tr. : (ἴcαc') οἷc ἂν S   περιναιετάωcι(ν) S (fort. e corr.), Eust. : -άουcι *abk*
371 τε μέγαν et Ammon. *Diff.* s.v. ἡμέρα al. : τέκε vel sim. sch. A.R. 4. 54
al.   373 et Π24 : om. sch. Pi. *I.* 5. 1 Ammon. Eust. *in Hom.* 1527. 57
θεοῖcι τοὶ S : θεοῖc τοὶ *abk* : θεοιcι]ν οἳ Π24   377 καὶ π. et Δ : πάντεccι
Wolf   379 ἀργέcτην (i.e. Ἀ-) οΣsch. *Il.* 11. 306 : -τὴν Jacoby   Ζέφυρόν
τε Goettling ; cf. 870   380 θεῷ θεὰ S   382 om. Π24 *k*
383 ἔτεκεν *abS*   Ὠ. θ. : παῖc ὠκεανοῦ S   387 κεῖνοc *a*   ἡγεμονεύῃ
Byz., fort. recte   391 ἐc : προ[c Π24

21

εἶπε δ', ὃς ἂν μετὰ εἷο θεῶν Τιτῆςι μάχοιτο,
μή τιν' ἀπορραίςειν γεράων, τιμὴν δὲ ἕκαστον
ἐξέμεν ἣν τὸ πάρος γε μετ' ἀθανάτοιςι θεοῖςιν·
τὸν δ' ἔφαθ' ὅςτις ἄτιμος ὑπὸ Κρόνου ἠδ' ἀγέραςτος   395
τιμῆς καὶ γεράων ἐπιβηςέμεν, ᾗ θέμις ἐςτίν.
ἦλθε δ' ἄρα πρώτη Ϲτὺξ ἄφθιτος Οὔλυμπόνδε
ςὺν ςφοῖςιν παίδεςςι φίλου διὰ μήδεα πατρός·
τὴν δὴ Ζεὺς τίμηςε, περιςςὰ δὲ δῶρα ἔδωκεν·
αὐτὴν μὲν γὰρ ἔθηκε θεῶν μέγαν ἔμμεναι ὅρκον,   400
παῖδας δ' ἤματα πάντα ἑοῦ μεταναιέτας εἶναι.
ὣς δ' αὔτως πάντεςςι διαμπερὲς ὥς περ ὑπέςτη
ἐξετέλεςς'· αὐτὸς δὲ μέγα κρατεῖ ἠδὲ ἀνάςςει.

Φοίβη δ' αὖ Κοίου πολυήρατον ἦλθεν ἐς εὐνήν·
κυςαμένη δήπειτα θεὰ θεοῦ ἐν φιλότητι   405
Λητὼ κυανόπεπλον ἐγείνατο, μείλιχον αἰεί,
ἤπιον ἀνθρώποιςι καὶ ἀθανάτοιςι θεοῖςιν,
μείλιχον ἐξ ἀρχῆς, ἀγανώτατον ἐντὸς Ὀλύμπου.
γείνατο δ' Ἀςτερίην εὐώνυμον, ἥν ποτε Πέρςης
ἠγάγετ' ἐς μέγα δῶμα φίλην κεκλῆςθαι ἄκοιτιν.   410
ἣ δ' ὑποκυςαμένη Ἑκάτην τέκε, τὴν περὶ πάντων
Ζεὺς Κρονίδης τίμηςε, πόρεν δέ οἱ ἀγλαὰ δῶρα,
μοῖραν ἔχειν γαίης τε καὶ ἀτρυγέτοιο θαλάςςης·
ἣ δὲ καὶ ἀςτερόεντος ἀπ' οὐρανοῦ ἔμμορε τιμῆς,
ἀθανάτοις τε θεοῖςι τετιμένη ἐςτὶ μάλιστα.   415
καὶ γὰρ νῦν, ὅτε πού τις ἐπιχθονίων ἀνθρώπων
ἔρδων ἱερὰ καλὰ κατὰ νόμον ἱλάςκηται,

392 μάχηται Hermann; an εἶπεν δ' ὃς μετὰ?   393 τιν': τὸν Scheer
δὲ: θ' b   394 γε om. b   γε μετ': περ εν Π24 (Hermann)   399 δὴ
scripsi: δὲ o ἔδωκεν Aldina: δέδωκεν o   401 ἑοὺς b   402 ὡςαύτως
a   405 θεοῦ aS: θεῷ bQ: θεῶν k   406 μείλιχον—408 corruptio
latet (407 ἤπ.: μείλιχον Paley   408 exp. Guyet, ante 407 pos. Rzach
μείλ.: ἵλαον Schoemann)   410 μέγα om. b   411–52 in
suspicionem voc. Heyne, exp. Goettling al., hauddquaquam temere
415 τε: δὲ b   τετιμημένη kSac (v.l. in a?): τετιη- b (L, corr. in m)

κικλήσκει Ἑκάτην· πολλή τέ οἱ ἕσπετο τιμὴ
ῥεῖα μάλ', ᾧ πρόφρων γε θεὰ ὑποδέξεται εὐχάς·
καί τέ οἱ ὄλβον ὀπάζει, ἐπεὶ δύναμίς γε πάρεστιν.　　　　420
ὅccοι γὰρ Γαίης τε καὶ Οὐρανοῦ ἐξεγένοντο
καὶ τιμὴν ἔλαχον, τούτων ἔχει αἶcαν ἁπάντων·
οὐδέ τί μιν Κρονίδης ἐβιήcατο οὐδέ τ' ἀπηύρα
ὅcc' ἔλαχεν Τιτῆcι μετὰ προτέροιcι θεοῖcιν,
ἀλλ' ἔχει ὡς τὸ πρῶτον ἀπ' ἀρχῆς ἔπλετο δαcμόc·　　　425
οὐδ', ὅτι μουνογενής, ἧccον θεὰ ἔμμορε τιμῆc,
[καὶ γέρας ἐν γαίῃ τε καὶ οὐρανῷ ἠδὲ θαλάccῃ,]
ἀλλ' ἔτι καὶ πολὺ μᾶλλον, ἐπεὶ Ζεὺς τίεται αὐτήν.
ᾧ δ' ἐθέλῃ, μεγάλως παραγίνεται ἠδ' ὀνίνηcιν·　　　　429
ἔν τε δίκῃ βαcιλεῦcι παρ' αἰδοίοιcι καθίζει,　　　　434
ἔν τ' ἀγορῇ λαοῖcι μεταπρέπει ὅν κ' ἐθέλῃcιν·　　　　430
ἠδ' ὁπότ' ἐc πόλεμον φθιcήνορα θωρήccωνται
ἀνέρες, ἔνθα θεὰ παραγίνεται οἷc κ' ἐθέλῃcι
νίκην προφρονέως ὀπάcαι καὶ κῦδος ὀρέξαι.　　　　　433
ἐcθλή δ' αὖθ' ὁπότ' ἄνδρες ἀεθλεύωc' ἐν ἀγῶνι,　　　435
ἔνθα θεὰ καὶ τοῖc παραγίνεται ἠδ' ὀνίνηcιν,
νικήcας δὲ βίῃ καὶ κάρτεï καλὸν ἄεθλον
ῥεῖα φέρει χαίρων τε, τοκεῦcι δὲ κῦδος ὀπάζει·
ἐcθλή δ' ἱππήεccι παρεcτάμεν οἷc κ' ἐθέλῃcιν,
καὶ τοῖc οἳ γλαυκὴν δυcπέμφελον ἐργάζονται,　　　　440

418 τέ: δέ Koechly　　ἕcπειωι o: corr. Tr.　　419 ᾧ et Σ: οὖ v.l.
in a　　ὑπεδέξατο L (γρ. ὑπόξεται m. 1) Tr.　　420 ὄπαccεν Koechly
425 τοπ.ωτον et Π25Σ: τὸ πρὶν b　　ἀπ' et Π25: ἐξ αΣ, melius: eratne
ὡς τὸ πάρος γ' ἐξ ἀρχῆς (cf. 394)?　　　427 et Π25: exp. Heyne (an
alia vv. 413 sq. conceptio?)　　γέ]ρας ἐν et Π25: γεράων van Lennep
428 ἐπεὶ ζ. et Π25: ἐπεὶ καὶ Z. τίεν Koechly　　429 ἐθέλῃ Π25 Byz.:
-ει o Et G s.v. μεγάλως　　434 ante 433 Π25, ante (sive post) 430
Schoemann　　τε bkS: δὲ a　　430 ὄν et Π25: ᾧ a　　431 sq. om. a
431 ἠ(ή)δ' ὁπότ' S(Q): ἠδέποτ' k: ἦν δέ ποτ' b　　θωρήccωνται S: -ονται
Q: -οινто b, (aut -οντο) k　　435 αὖθ Π25(?): αὖ o　　ἀεθλεύωc' ἐν ἀ.
West (-ωcιν ἀ. Koechly): ἐν ἀγῶνι ἀθλεύωcι(ν) b: αγωνι α[Π25: ἀγ.
ἀ(ε)θλ. kS(a)　　436 et Π25: exp. Ruhnken　　fin. οἷc κ' ἐθέλῃcι Σ
(cf. 432)　　437 δὲ: τε a　　κράτεï Π25　　438 δὲ Π25 akS: τε bQ

εὔχονται δ' Ἑκάτῃ καὶ ἐρικτύπῳ Ἐννοσιγαίῳ,
ῥηιδίως ἄγρην κυδρὴ θεὸς ὤπασε πολλήν,
ῥεῖα δ' ἀφείλετο φαινομένην, ἐθέλουσά γε θυμῷ·
ἐcθλὴ δ' ἐν cταθμοῖcι cὺν Ἑρμῇ ληίδ' ἀέξειν,
βουκολίας [τ'] ἀγέλας τε καὶ αἰπόλια πλατέ' αἰγῶν   445
ποίμνας τ' εἰροπόκων ὀίων, θυμῷ γ' ἐθέλουσα,
ἐξ ὀλίγων βριάει καὶ ἐκ πολλῶν μείονα θῆκεν.
οὕτω τοι καὶ μουνογενὴς ἐκ μητρὸς ἐοῦcα
πᾶcι μετ' ἀθανάτοιcι τετίμηται γεράεccι.
[θῆκε δέ μιν Κρονίδης κουροτρόφον, οἳ μετ' ἐκείνην   450
ὀφθαλμοῖcιν ἴδοντο φάος πολυδερκέος Ἠοῦc·
οὕτως ἐξ ἀρχῆς κουροτρόφος, αἵδε τε τιμαί.]

Ῥείη δὲ δμηθεῖcα Κρόνῳ τέκε φαίδιμα τέκνα,
Ἱcτίην ⟨καὶ⟩ Δήμητρα καὶ Ἥρην χρυσοπέδιλον
ἴφθιμόν τ' Ἀίδην, ὃc ὑπὸ χθονὶ δώματα ναίει   455
νηλεὲc ἦτορ ἔχων, καὶ ἐρίκτυπον Ἐννοσίγαιον
Ζῆνά τε μητιόεντα, θεῶν πατέρ' ἠδὲ καὶ ἀνδρῶν,
τοῦ καὶ ὑπὸ βροντῆc πελεμίζεται εὐρεῖα χθών.

Καὶ τοὺc μὲν κατέπινε μέγας Κρόνος, ὥc τιc ἕκαcτος
νηδύοc ἐξ ἱερῆc μητρὸc πρὸc γούναθ' ἵκοιτο,   460
τὰ φρονέων ἵνα μή τιc ἀγαυῶν Οὐρανιώνων
ἄλλος ἐν ἀθανάτοιcιν ἔχοι βασιληίδα τιμήν.
πεύθετο γὰρ Γαίηc τε καὶ Οὐρανοῦ ἀcτερόεντος

442 ῥη]ιδ[ίω]c Π25 (ut vid.) b : ῥ. δ' akSΣ   445 sq. cave ad 447
tantum trahas   445 τ' ἀγέλας: δὲ βοῶν West   τ' del. Peppmueller:
δ' Rzach   446 ἐθέλουcά γε θ. Koechly   450–504 adest B
450–2 susp. Paley   450 ἐκείνην et Σ: -ηc Bergk   451 πολυδερκέος
kS(Σ^rec): -δέρκεον b: -κέρδεον a: -κέρδιον B   453 δὲ δμηθήcα B (-ῆcα
ci. Hermann): δ' ὑποδμηθεῖcα abk, S (hic post ῥεῖα)   454 καὶ restit.
Jacoby (ex Ammon. Diff. s.v. βωμόc al.): om. oΔ Et^M s.v. Ἑcτία
δήμητρα aBS Et^M: -αν bk Ammon. Eust.   χρυcοcτέφανον B (-πέδιλον et
testes)   458 πελεμίζεται Π25SP^cΔ: -το b: πολεμίζεται akBS^ac
459 μέγας κρόνος Π25BS: κρ. μέγ. abk   ὥcτιc B: ὅcτιc abkS   462 ἐν
om. Π25Q

24

οὕνεκά οἱ πέπρωτο ἑῷ ὑπὸ παιδὶ δαμῆναι
καὶ κρατερῷ περ ἐόντι, Διὸς μεγάλου διὰ βουλάς.   465
τῷ ὅ γ' ἄρ' οὐκ ἀλαοσκοπιὴν ἔχεν, ἀλλὰ δοκεύων
παῖδας ἑοὺς κατέπινε· 'Ρέην δ' ἔχε πένθος ἄλαστον.
ἀλλ' ὅτε δὴ Δί' ἔμελλε θεῶν πατέρ' ἠδὲ καὶ ἀνδρῶν
τέξεςθαι, τότ' ἔπειτα φίλους λιτάνευε τοκῆας
[τοὺς αὐτῆς, Γαῖάν τε καὶ Οὐρανὸν ἀςτερόεντα,]   470
μῆτιν ςυμφράςςαςθαι, ὅπως λελάθοιτο τεκοῦςα
παῖδα φίλον, τείςαιτο δ' 'Ερινὺς πατρὸς ἑοῖο
[παίδων οὓς κατέπινε μέγας Κρόνος ἀγκυλομήτης].
οἳ δὲ θυγατρὶ φίλῃ μάλα μὲν κλύον ἠδ' ἐπίθοντο,
καί οἱ πεφραδέτην ὅςα περ πέπρωτο γενέςθαι   475
ἀμφὶ Κρόνῳ βαςιλῆι καὶ υἱέι καρτεροθύμῳ.
πέμψαν δ' ἐς Λύκτον, Κρήτης ἐς πίονα δῆμον
[ὁππότ' ἄρ' ὁπλότατον παίδων ἤμελλε τεκέςθαι,
Ζῆνα μέγαν· τὸν μέν οἱ ἐδέξατο Γαῖα πελώρη
Κρήτῃ ἐν εὐρείῃ τρεφέμεν ἀτιταλλέμεναί τε].   480
ἔνθα μιν ἷκτο φέρουςα θοὴν διὰ νύκτα μέλαιναν,
πρώτην ἐς Λύκτον· κρύψεν δέ ἑ χερςὶ λαβοῦςα
ἄντρῳ ἐν ἠλιβάτῳ, ζαθέης ὑπὸ κεύθεςι γαίης,
Αἰγαίῳ ἐν ὄρει πεπυκαςμένῳ ὑλήεντι.
τῷ δὲ ςπαργανίςαςα μέγαν λίθον ἐγγυάλιξεν   485

465 Διὸς — βουλάς suspecta   διὸς et Π25Σ: πατρὸς QΣγρ   466 ἀρ'
Π25 (ci. Peppmueller): om. ο   ἀλαοσκ. et Π25: αλλὰσκοπιὴν (sic) B:
ἀλαὸς ςκοπιὴν Rzach (Aristarchi ex usu)   469 λιτάνευε et Π25:
-ευςε B   470 et Π25: exp. Gruppe   hoc genus vv. (522, 564, 640?)
additi quo facilius intelligerent audientes   471 μῆτ[ιν] ςυμ- et Π25:
μήτιν͛ φρ. L: μήτιν οἱ φρ. m   472 ἐριν(ν)ὺς vel -ῦς codd.: hoc edd.;
est nom. sing.   473 exp. Heyne   παίδων θ' Caesar al. (θ et in
Π25 defuisse vid.)   477–84 exp. Goettling   textus conflatus; duas
recensiones 477, 481–4; 478–80 dist. Hermann   477 λύκτον et Σ:
λύκτρον B: δί(κτον) Lγρ   478–80 κρήτῃ
ἐν: κρύψεν δ' b   τραφέμεν Sac   481–4 secl. Arth. Meyer, 481–3 Guyet
481 μιν k (ci. Hermann): μὲν abBS   482 λύκτρον B   χειρὶ a   483 et
484 'diversas clausulae conceptiones' Jacoby   484 Αἰγείῳ (Σ??)
Paley: Ἀργαίῳ Frobenius

Οὐρανίδῃ μέγ' ἄνακτι, θεῶν προτέρων βασιλῆι·
τὸν τόθ' ἑλὼν χείρεccιν ἑῆν ἐcκάτθετο νηδύν,
cχέτλιος, οὐδ' ἐνόηcε μετὰ φρεciν ὥc οἱ ὀπίccω
ἀντὶ λίθου ἑὸc υἱὸc ἀνίκητοc καὶ ἀκηδὴc
λείπεθ', ὅ μιν τάχ' ἔμελλε βίῃ καὶ χερcὶ δαμάccαc   490
τιμῆc ἐξελάαν, ὃ δ' ἐν ἀθανάτοιcιν ἀνάξειν.

Καρπαλίμωc δ' ἄρ' ἔπειτα μένοc καὶ φαίδιμα γυῖα
ηὔξετο τοῖο ἄνακτοc· ἐπιπλομένου δ' ἐνιαυτοῦ
Γαίηc ἐννεcίῃcι πολυφραδέεccι δολωθεὶc
ὃν γόνον ἂψ ἀνέηκε μέγαc Κρόνοc ἀγκυλομήτηc   495
[νικηθεὶc τέχνῃcι βίηφί τε παιδὸc ἑοῖο].
πρῶτον δ' ἐξήμεccε λίθον, †πύματον καταπίνων†.

τὸν μὲν Ζεὺc cτήριξε κατὰ χθονὸc εὐρυοδείηc
Πυθοῖ ἐν ἠγαθέῃ γυάλοιc ὑπὸ Παρνηccοῖο,
cῆμ' ἔμεν ἐξοπίcω, θαῦμα θνητοῖcι βροτοῖcιν.   500

Λῦcε δὲ πατροκαcιγνήτουc ὀλοῶν ὑπὸ δεcμῶν
⟨Βρόντην τε Cτερόπην τε καὶ Ἄργην ὀβριμόθυμον,⟩   501a
Οὐρανίδαc, οὓc δῆcε πατὴρ ἀεcιφροcύνῃcιν·
οἵ οἱ ἀπεμνήcαντο χάριν ἐυεργεcιάων,
δῶκαν δὲ βροντὴν ἠδ' αἰθαλόεντα κεραυνὸν
καὶ cτεροπήν· τὸ πρὶν δὲ πελώρη Γαῖα κεκεύθει·   505
τοῖc πίcυνοc θνητοῖcι καὶ ἀθανάτοιcιν ἀνάccει.

Κούρην δ' Ἰαπετὸc καλλίcφυρον Ὠκεανίνην

486 exp. Paley   μέγ' mirum   προτέρων West: -ῳ ο: πρότερον
Peppmueller   487 ἐγκάτ(έ)θετο b (Q)   491 ἐξελάειν S   ἀνάξειν
k (ut vid.), mBS: ἀέξειν aL   492–506 secl. Arth. Meyer, Jacoby
(492–500 Guyet, 501–6 Wolf)   493 τοῖο kS: τοῖο (τ' οἷc B) δ' abB
ἐπιπλομένων δ' -ῶν aS (-ου δ' -οῦ et Σ)   494 exp. Goettling, Wilam.
('alia v. 496 conceptio, nescio an prior' Jacoby, hoc recte; 494, non 496
respic. Σ)   χολωθεὶc aLγρ   496 exp. Heyne (cf. ad 494)
497 ἐξήμηcε abBS: -εcε k: corr. Hermann, Passow   καταπίνων si sanum,
vix bonum: -πιών dubitanter Goettling   501–6 v. ad 492 sqq.
501 ὑπὸ bk: ἀπὸ aBS   501a (= 140) add. Merkelbach   502 ἀεcιφρ.
gramm. ant. novicii   503 τίcιν Sac ut vid.   post 504 deficit B

ἠγάγετο Κλυμένην καὶ ὁμὸν λέχος εἰσανέβαινεν.
ἣ δέ οἱ Ἄτλαντα κρατερόφρονα γείνατο παῖδα,
τίκτε δ' ὑπερκύδαντα Μενοίτιον ἠδὲ Προμηθέα   510
ποικίλον αἰολόμητιν ἁμαρτίνοόν τ' Ἐπιμηθέα,
ὃς κακὸν ἐξ ἀρχῆς γένετ' ἀνδράσιν ἀλφηστῆισιν·
πρῶτος γάρ ῥα Διὸς πλαστὴν ὑπέδεκτο γυναῖκα
παρθένον. ὑβριστὴν δὲ Μενοίτιον εὐρύοπα Ζεὺς
εἰς Ἔρεβος κατέπεμψε βαλὼν ψολόεντι κεραυνῷ   515
εἵνεκ' ἀτασθαλίης τε καὶ ἠνορέης ὑπερόπλου.
Ἄτλας δ' οὐρανὸν εὐρὺν ἔχει κρατερῆς ὑπ' ἀνάγκης
πείρασιν ἐν γαίης, πρόπαρ Ἑσπερίδων λιγυφώνων
[ἑστηὼς κεφαλῇ τε καὶ ἀκαμάτῃσι χέρεσσιν].
ταύτην γάρ οἱ μοῖραν ἐδάσσατο μητίετα Ζεύς.   520
δῆσε δ' ἀλυκτοπέδῃσι Προμηθέα ποικιλόβουλον,
δεσμοῖς ἀργαλέοισι, μέσον διὰ κίον' ἐλάσσας,
καί οἱ ἐπ' αἰετὸν ὦρσε τανύπτερον· αὐτὰρ ὅ γ' ἧπαρ
ἤσθιεν ἀθάνατον, τὸ δ' ἀέξετο ἶσον ἀπάντη
νυκτὸς ὅσον πρόπαν ἦμαρ ἔδοι τανυσίπτερος ὄρνις.   525
[τὸν μὲν ἄρ' Ἀλκμήνης καλλισφύρου ἄλκιμος υἱὸς
Ἡρακλέης ἔκτεινε, κακὴν δ' ἀπὸ νοῦσον ἄλαλκεν
Ἰαπετιονίδῃ καὶ ἐλύσατο δυσφροσυνάων,
οὐκ ἀέκητι Ζηνὸς Ὀλυμπίου ὑψιμέδοντος,
ὄφρ' Ἡρακλῆος Θηβαγενέος κλέος εἴη   530
πλεῖον ἔτ' ἢ τὸ πάροιθεν ἐπὶ χθόνα πουλυβότειραν.
ταῦτ' ἄρα ἁζόμενος τίμα ἀριδείκετον υἱόν·

511 αἰολόμητιν . . . 514 παρθ. exp. Jacoby al., 512 sq. Schoemann, qui
514 ex ὑβρ. δ' ἄρ' ἔπειτα incipit (vix refert quod 504–19 omnes habet
Π26)   518 exp. Jacoby (noverunt Σ Procl. in Tim. 24e)   fort.
πρόπαρ' (Sittl, West)   519 (= 747) exp. Guyet; pedibus stat A.,
non capite et manibus; an ante 518?   521 δῆσε δ' et Et G s.v.
ἀλυκτοπέδῃσι: δῆσας Hdn. 2. 7. 24 et 27 L., Choerob. in Gramm. Gr.
4. 1. 123. 12   522 v. dubius; cf. ad 470   523–33 exp. Gerhard
524 sq. eratne ἐσθίει . . . ἀέξεται . . . ἔδει?   525 ἔδει ab : ἔδυ Et
526–34 exp. Paley (cf. v. 616, Op. 169 sqq.)   532 ταῦτ' ἄρα φραζόμενος
Graevius; φραζόμενος, τιμᾶν . . . υἱόν, Sitzler

27

καί περ χωόμενος παύθη χόλου ὃν πρὶν ἔχεσκεν,
οὕνεκ' ἐρίζετο βουλὰς ὑπερμενέι Κρονίωνι.]

Καὶ γὰρ ὅτ' ἐκρίνοντο θεοὶ θνητοί τ' ἄνθρωποι   585
Μηκώνῃ, τότ' ἔπειτα μέγαν βοῦν πρόφρονι θυμῷ
δασσάμενος προύθηκε, Διὸς νόον ἐξαπαφίσκων.
τῷ μὲν γὰρ σάρκας τε καὶ ἔγκατα πίονα δημῷ
ἐν ῥινῷ κατέθηκε, καλύψας γαστρὶ βοείῃ·
τοῖς δ' αὖτ' ὀστέα λευκὰ βοὸς δολίῃ ἐπὶ τέχνῃ   540
εὐθετίσας κατέθηκε καλύψας ἀργέτι δημῷ.
δὴ τότε μιν προσέειπε πατὴρ ἀνδρῶν τε θεῶν τε·
"'Ιαπετιονίδη, πάντων ἀριδείκετ' ἀνάκτων,
ὦ πέπον, ὡς ἑτεροζήλως διεδάσσαο μοίρας."
ὣς φάτο κερτομέων Ζεὺς ἄφθιτα μήδεα εἰδώς.   545
τὸν δ' αὖτε προσέειπε Προμηθεὺς ἀγκυλομήτης,
ἧκ' ἐπιμειδήσας, δολίης δ' οὐ λήθετο τέχνης·
"Ζεῦ κύδιστε μέγιστε θεῶν αἰειγενετάων,
τῶν δ' ἕλευ ὁπποτέρην σε ἐνὶ φρεσὶ θυμὸς ἀνώγει."
φῆ ῥα δολοφρονέων· Ζεὺς δ' ἄφθιτα μήδεα εἰδὼς   550
γνῶ ῥ' οὐδ' ἠγνοίησε δόλον· κακὰ δ' ὄσσετο θυμῷ
θνητοῖς ἀνθρώποισι, τὰ καὶ τελέεσθαι ἔμελλεν.
χερσὶ δ' ὅ γ' ἀμφοτέρῃσιν ἀνείλετο λευκὸν ἄλειφαρ·
χώσατο δὲ φρένας ἀμφί, χόλος δέ μιν ἵκετο θυμόν,
ὡς ἴδεν ὀστέα λευκὰ βοὸς δολίῃ ἐπὶ τέχνῃ.   555
ἐκ τοῦ δ' ἀθανάτοισιν ἐπὶ χθονὶ φῦλ' ἀνθρώπων
καίουσ' ὀστέα λευκὰ θυηέντων ἐπὶ βωμῶν.
Τὸν δὲ μέγ' ὀχθήσας προσέφη νεφεληγερέτα Ζεύς·
"'Ιαπετιονίδη, πάντων πέρι μήδεα εἰδώς,

537 διὸς Tr. (Lᴾᶜ in ras.) : ζηνὸς ο   538 τῷ ο : τοῖς Byz. Schoe-
mann : τῇ Guyet   πίονα Tr. (ut vid.) Schoemann al. : πίονι ο
540 τοῖς West : τῷ ο : τῇ Guyet   541 καλυψάμενος b   543 περι-
δείκετ' αΣ   549 δ' om. a : an τῶνδ' ? H. Fränkel   σε abk : γε S : σέ γ'
Paley   553 γρ. ἀργετα (sic) δημὸν Lᵞᵖ ἄλειφα Etᴳ s.v.   554 δέ μιν
ante χόλος mS : om. Lᵃᶜ (post χ. Lᴾᶜ, m. 1 ?)   θυμόν QKᴾᶜ (m. 1 ex
-οῦ) : -ῷ cett.   555 βοὸς — τέχνῃ : θυηέντων ἐπὶ βωμῶν QSᵃᶜ (e 557)

ὦ πέπον, οὐκ ἄρα πω δολίης ἐπελήθεο τέχνης."   560
ὣς φάτο χωόμενος Ζεὺς ἄφθιτα μήδεα εἰδώς.
ἐκ τούτου δῆπειτα δόλου μεμνημένος αἰεὶ
οὐκ ἐδίδου μελίηιϲι πυρὸς μένος ἀκαμάτοιο
[θνητοῖς ἀνθρώποιϲ, οἳ ἐπὶ χθονὶ ναιετάουϲιν].
ἀλλά μιν ἐξαπάτηϲεν ἐὺϲ πάιϲ Ἰαπετοῖο,   565
κλέψαϲ ἀκαμάτοιο πυρὸς τηλέϲκοπον αὐγὴν
ἐν κοίλῳ νάρθηκι· δάκεν δ' ἄρα νειόθι θυμὸν
Ζῆν' ὑψιβρεμέτην, ἐχόλωϲε δέ μιν φίλον ἦτορ,
ὡϲ ἴδ' ἐν ἀνθρώποιϲι πυρὸς τηλέϲκοπον αὐγήν.

Αὐτίκα δ' ἀντὶ πυρὸς τεῦξεν κακὸν ἀνθρώποιϲιν·   570
γαίηϲ γὰρ ϲύμπλαϲϲε περικλυτὸϲ Ἀμφιγυήειϲ
παρθένῳ αἰδοίῃ ἴκελον Κρονίδεω διὰ βουλάϲ·
ζῶϲε δὲ καὶ κόϲμηϲε θεὰ γλαυκῶπιϲ Ἀθήνη
ἀργυφέῃ ἐϲθῆτι· κατὰ κρῆθεν δὲ καλύπτρην
δαιδαλέην χείρεϲϲι κατέϲχεθε, θαῦμα ἰδέϲθαι·   575
ἀμφὶ δέ οἱ ϲτεφάνουϲ νεοθηλέαϲ ἄνθεϲι ποίηϲ
ἱμερτοὺϲ περίθηκε καρήατι Παλλὰϲ Ἀθήνη.
[ἀμφὶ δέ οἱ ϲτεφάνην χρυϲέην κεφαλῆφιν ἔθηκε,
τὴν αὐτὸϲ ποίηϲε, περικλυτὸϲ Ἀμφιγυήειϲ
ἀϲκήϲαϲ παλάμῃϲι, χαριζόμενος Διὶ πατρί·   580
τῇ δ' ἐνὶ δαίδαλα πολλὰ τετεύχατο, θαῦμα ἰδέϲθαι,
κνώδαλ' ὅϲ' ἤπειροϲ δεινὰ τρέφει ἠδὲ θάλαϲϲα·
τῶν ὅ γε πόλλ' ἐνέθηκε — χάριϲ δ' ἐπὶ πᾶϲιν ἄητο —
θαυμάϲια, ζώοιϲιν ἐοικότα φωνήεϲϲιν.]
Αὐτὰρ ἐπεὶ δὴ τεῦξε καλὸν κακὸν ἀντ' ἀγαθοῖο,   585

560 sq. om. n   ἐπιλήθεο kvS   562 χόλου Sᵃᶜ, fort. recte (corr. Sⁱ
ut vid.)   563 μελίηιϲι kLSΣ: -οιϲι am   ἀθανάτοιο b   564 exp.
Paley (cf. ad 470)   565 ἐξηπάτ- ab   567 δ' ἄρα Π13 abk: δέ οἱ
QSᵃᶜ: δέ ἑ Sᵖᶜ (m. 1 ?)   568 supra μιν: οι Π13   569 ἐν om. b
573–84 exp. Seleucus, 574–84 Jacoby   576 sq. exp. Wolf
576 νεοθηλέαϲ et Π13: -οϲ S   ἄνθεα Π13 (Byz.), fort. recte   577 παρέ-
θηκε o: corr. Hermann   578–84 exp. P. Friedlaender (581–4 Sell-
schopp)   582 δεινα Π13: πολλα o EtᴳG s.v. κνώδαλα   583 επι
παϲιν a. Π13: ἀπελάμπετο πολλή o   585 ἐπεὶ τεῦξεν κ. κ. Hermann

29

ἐξάγαγ' ἔνθα περ ἄλλοι ἔςαν θεοὶ ἠδ' ἄνθρωποι,
κόςμῳ ἀγαλλομένην γλαυκώπιδος ὀβριμοπάτρης.
θαῦμα δ' ἔχ' ἀθανάτους τε θεοὺς θνητούς τ' ἀνθρώπους,
ὡς εἶδον δόλον αἰπύν, ἀμήχανον ἀνθρώποιςιν.
ἐκ τῆς γὰρ γένος ἐςτὶ γυναικῶν θηλυτεράων·   590
[τῆς γὰρ ὀλώιόν ἐςτι γένος καὶ φῦλα γυναικῶν·]
πῆμα μέγα θνητοῖςι μετ' ἀνδράςι ναιετάουςιν,
οὐλομένης πενίης οὐ ςύμφοροι, ἀλλὰ κόροιο.
ὡς δ' ὁπότ' ἐν ςμήνεςςι κατηρεφέεςςι μέλιςςαι
κηφῆνας βόςκουςι, κακῶν ξυνήονας ἔργων·   595
αἳ μέν τε πρόπαν ἦμαρ ἐς ἠέλιον καταδύντα
ἠμάτιαι ςπεύδουςι τιθεῖςί τε κηρία λευκά,
οἳ δ' ἔντοςθε μένοντες ἐπηρεφέας κατὰ ςίμβλους
ἀλλότριον κάματον ςφετέρην ἐς γαςτέρ' ἀμῶνται·
ὡς δ' αὔτως ἄνδρεςςι κακὸν θνητοῖςι γυναῖκας   600
Ζεὺς ὑψιβρεμέτης θῆκε, ξυνήονας ἔργων
ἀργαλέων. [ἕτερον δὲ πόρεν κακὸν ἀντ' ἀγαθοῖο·
ὅς κε γάμον φεύγων καὶ μέρμερα ἔργα γυναικῶν
μὴ γῆμαι ἐθέλῃ, ὀλοὸν δ' ἐπὶ γῆρας ἵκηται
χήτει γηροκόμοιο, ὅ γ' οὐ βιότου ἐπιδευὴς   605
ζώει, ἀποφθιμένου δὲ διὰ ζωὴν δατέονται
χηρωςταί· ᾧ δ' αὖτε γάμου μετὰ μοῖρα γένηται,
κεδνὴν δ' ἔςχεν ἄκοιτιν ἀρηρυῖαν πραπίδεςςι,

587 ἀγαλλόμενοι aL^ac   588 ἐλ'? West   590 exp. Heyne (fort.
recte), 591 Schoemann (utrumque habet Π13, 591–3 Stob. 4. 22. 165)
591 ὀλοίιόν Nauck   592 μετ' ο: cὺν Stob.   ναιετάουςιν et Stob.:
-ςαι S^ac (Bergk)   593 ἀλλὰ κόροιο et Σ Stob. (L^ιγρ): ἀλλ' ἀκόρεςτοι b
594 ὁπότ' ἐν aS: ὁπότε bk: ὅταν ἐν sch. Theocr. 1. 107   595 βόςκουςι
aS: -ωςι bk   597 ἠμάτιον b: ἀκάματοι Hermann (-αι Goettling)
600 ὡς δ' αὔτως et Stob. 4. 22. 82: ὡςαύτως bkS^ac   602 λευγαλέων
Stob.   ἕτερον . . . ἀγαθοῖο expunxi, Hesiodi verba periisse ratus
603–12 exp. Schwartz   604 ἐπὶ: εἰς Stob.   ἵκοιτο Stob.: ἱκάνει
Peppmueller   605 γ' abS Stob.: δ' k (Hermann)   βιότου Stob.:
β. δ' aS: β. τ' bk: β. γ' Byz.   606 ζώῃ Stob.   ζωὴν Π14 k Stob.:
κτῆςιν abS   608 ἔςχετ' Stob.

τῷ δέ τ' ἀπ' αἰῶνος κακὸν ἐcθλῷ ἀντιφερίζει
ἐμμενές· ὃς δέ κε τέτμῃ ἀταρτηροῖο γενέθλης,   610
ζώει ἐνὶ cτήθεccιν ἔχων ἀλίαcτον ἀνίην
θυμῷ καὶ κραδίῃ, καὶ ἀνήκεcτον κακόν ἐcτιν.]
    Ὥς οὐκ ἔcτι Διὸς κλέψαι νόον οὐδὲ παρελθεῖν·
οὐδὲ γὰρ Ἰαπετιονίδης ἀκάκητα Προμηθεὺς
τοῖό γ' ὑπεξήλυξε βαρὺν χόλον, ἀλλ' ὑπ' ἀνάγκης   615
καὶ πολύιδριν ἐόντα μέγας κατὰ δεcμὸς ἐρύκει.

    Βριάρεῳ δ' ὡς πρῶτα πατὴρ ὠδύccατο θυμῷ
Κόττῳ τ' ἠδὲ Γύγῃ, δῆcε κρατερῷ ἐνὶ δεcμῷ,
ἠνορέην ὑπέροπλον ἀγώμενος ἠδὲ καὶ εἶδος
καὶ μέγεθος, κατένασσε δ' ὑπὸ χθονὸς εὐρυοδείης.   620
ἔνθ' οἵ γ' ἄλγε' ἔχοντες ὑπὸ χθονὶ ναιετάοντες
εἵατ' ἐπ' ἐcχατιῇ μεγάλης ἐν πείρασι γαίης,
δηθὰ μάλ' ἀχνύμενοι, κραδίῃ μέγα πένθος ἔχοντες.
ἀλλά cφεας Κρονίδης τε καὶ ἀθάνατοι θεοὶ ἄλλοι
οὓς τέκεν ἠύκομος Ῥείη Κρόνου ἐν φιλότητι   625
Γαίης φραδμοcύνῃcιν ἀνήγαγον ἐς φάος αὖτις.
αὐτὴ γάρ cφιν ἅπαντα διηνεκέως κατέλεξε,
cὺν κείνοις νίκην τε καὶ ἀγλαὸν εὖχος ἀρέcθαι.
δηρὸν γὰρ μάρναντο πόνον θυμαλγέ' ἔχοντες   629
ἀντίον ἀλλήλοιcι διὰ κρατερὰς ὑcμίνας   631
Τιτῆνές τε θεοὶ καὶ ὅcοι Κρόνου ἐξεγένοντο,   630
οἱ μὲν ἀφ' ὑψηλῆς Ὄθρυος Τιτῆνες ἀγαυοί,   632
οἱ δ' ἄρ' ἀπ' Οὐλύμποιο θεοὶ δωτῆρες ἐάων

609 τ' om. aL   ἀπ' αἰ. et Stob.: ἐπ' αἰ. Boissonade: δι' αἰ. (om. τ')
Schoemann; an 'a florente aetate' (e.g. ex Il. 24. 725 male intellecta)?
610 ἔμμεναι oΣ: corr. Wopkens   τεύξῃ n: τέκη υ   616 ἐρύκοι S:
ἔρυκε Weiske   617 βριάρεω bkSᵖᶜΣΔ (-ων v.l. in υ): ὀ(ὀ-, ὀμ-)βρ.
aSᵃᶜLᶦ ʸᵖ(del.), sch. T Il. 1. 403   τὰ πρῶτα akLᶦ ʸᵖ(del.), sch. T
618 γύγη et ΣΔ: γύη aS   621-3 exp. Jacoby   623 exp. Heyne
627 πάντα b   631, 630 hoc ordine Π5, inverso o; 631, 632–6 exp.
Jacoby   630 om. Π13

οὓς τέκεν ἠύκομος 'Ρείη Κρόνῳ εὐνηθεῖσα.
οἵ ῥα τότ' ἀλλήλοιϲι μάχην θυμαλγέ' ἔχοντεϲ   635
ϲυνεχέωϲ μάρναντο δέκα πλείουϲ ἐνιαυτούϲ,
οὐδέ τιϲ ἦν ἔριδοϲ χαλεπῆϲ λύϲιϲ οὐδὲ τελευτὴ
οὐδετέροιϲ, ἶϲον δὲ τέλοϲ τέτατο πτολέμοιο.
ἀλλ' ὅτε δὴ κείνοιϲι παρέϲχεθεν ἄρματα πάντα
[νέκταρ τ' ἀμβροϲίην τε, τά περ θεοὶ αὐτοὶ ἔδουϲι,]   640
πάντων τ' ἐν ϲτήθεϲϲιν ἀέξετο θυμὸϲ ἀγήνωρ,
[ὡϲ νέκταρ τ' ἐπάϲαντο καὶ ἀμβροϲίην ἐρατεινήν,]
δὴ τότε τοῖϲ μετέειπε πατὴρ ἀνδρῶν τε θεῶν τε·
"κέκλυτέ μευ, Γαίηϲ τε καὶ Οὐρανοῦ ἀγλαὰ τέκνα,
ὄφρ' εἴπω τά με θυμὸϲ ἐνὶ ϲτήθεϲϲι κελεύει.   645
ἤδη γὰρ μάλα δηρὸν ἐναντίοι ἀλλήλοιϲι
νίκηϲ καὶ κάρτεοϲ πέρι μαρνάμεθ' ἤματα πάντα
Τιτῆνέϲ τε θεοὶ καὶ ὅϲοι Κρόνου ἐκγενόμεϲθα.
ὑμεῖϲ δὲ μεγάλην τε βίην καὶ χεῖραϲ ἀάπτουϲ
φαίνετε Τιτήνεϲϲιν ἐναντίον ἐν δαῒ λυγρῇ,   650
μνηϲάμενοι φιλότητοϲ ἐνηέοϲ, ὅϲϲα παθόντεϲ
ἐϲ φάοϲ ἂψ ἵκεϲθε δυϲηλεγέοϲ ὑπὸ δεϲμοῦ
ἡμετέραϲ διὰ βουλὰϲ ὑπὸ ζόφου ἠερόεντοϲ."
ὣϲ φάτο· τὸν δ' αἶψ' αὖτιϲ ἀμείβετο Κόττοϲ ἀμύμων·
"δαιμόνι', οὐκ ἀδάητα πιφαύϲκεαι· ἀλλὰ καὶ αὐτοὶ   655
ἴδμεν ὅ τοι περὶ μὲν πραπίδεϲ, περὶ δ' ἐϲτὶ νόημα,
ἀλκτὴρ δ' ἀθανάτοιϲιν ἀρῆϲ γένεο κρυεροῖο·

634 exp. Wolf, nescio an recte   635 μά]χην Π5 ο : χόλον Byz. : πόνον
Schoemann : alia al.   636 ϲυν(ν)εχέωϲ et Π5 : -έεϲ b   μάρναντο scripsi :
ἐμάχοντο ο   πλ. ἐν. mirum   639 παρέϲχεθον Goettling (-εν et Σ)
ἄρματα Byz. (cf. Glotta 37. 127 sqq.) : ἄρματα LQSΣ : ἄρμενα akm (ᾰ- L¹ ʸᵖ)
640–2 exp. Jacoby (habet Π13, 640 leg. ΣΔ)   640 τ' om. b
641 τ' add. Heyne (om. et Chrys. 906 von Arnim)   ἐνὶ bS (ἐνὶ, εἰν, ἐν a)
642 ante 641 k : exp. Guyet (cf. ad 640 sqq.)   τ' om. a   647 κα[
Π6 : κράτεοϲ ο : κάρτευϲ West   648 ἐξεγένοντο aSᵃᶜL¹ ʸᵖ   649 δὲ : δὴ Tr.
650 ἐναντίοι Byz.   652 αψικεϲθ[Π6 : αψῖκ[Π27 : ἂψ ἀφίκεϲθε ο
654 αιψ[Π6 : ᾳ[Π13 : αψ' αυ[Π27 : ἐξαῦτιϲ ο   655 πιφάϲκεαι bkS
656 ο τοι Π6Π27 (Byz., Hermann) : ὅτι ο

cῇcι δ' ἐπιφροcύνῃcιν ὑπὸ ζόφου ἠερόεντοc
ἄψορρον δῆξαῦτιc ἀμειλίκτων ὑπὸ δεcμῶν
ἠλύθομεν, Κρόνου υἱὲ ἄναξ, ἀνάελπτα παθόντεc.　　660
τῷ καὶ νῦν ἀτενεῖ τε νόῳ καὶ ἐπίφρονι βουλῇ
ῥυcόμεθα κράτοc ὑμὸν ἐν αἰνῇ δηιοτῆτι,
μαρνάμενοι Τιτῆcιν ἀνὰ κρατερὰc ὑcμίναc."
　　Ὣc φάτ'· ἐπήνηcαν δὲ θεοὶ δωτῆρεc ἐάων
μῦθον ἀκούcαντεc· πολέμου δ' ἐλιλαίετο θυμὸc　　665
μᾶλλον ἔτ' ἢ τὸ πάροιθε· μάχην δ' ἀμέγαρτον ἔγειραν
πάντεc θήλειαί τε καὶ ἄρcενεc ἤματι κείνῳ
Τιτῆνέc τε θεοὶ καὶ ὅcοι Κρόνου ἐξεγένοντο
οὕc τε Ζεὺc Ἐρέβευcφι ὑπὸ χθονὸc ἧκε φόωcδε,
δεινοί τε κρατεροί τε, βίην ὑπέροπλον ἔχοντεc.　　670
τῶν ἑκατὸν μὲν χεῖρεc ἀπ' ὤμων ἀίccοντο
πᾶcιν ὁμῶc, κεφαλαὶ δὲ ἑκάcτῳ πεντήκοντα
ἐξ ὤμων ἐπέφυκον ἐπὶ cτιβαροῖcι μέλεccιν.
οἳ τότε Τιτήνεccι κατέcταθεν ἐν δαῒ λυγρῇ
πέτραc ἠλιβάτουc cτιβαραῖc ἐν χερcὶν ἔχοντεc.　　675
Τιτῆνεc δ' ἑτέρωθεν ἐκαρτύναντο φάλαγγαc
προφρονέωc· χειρῶν τε βίηc θ' ἅμα ἔργον ἔφαινον
ἀμφότεροι. δεινὸν δὲ περίαχε πόντοc ἀπείρων,
γῆ δὲ μέγ' ἐcμαράγηcεν, ἐπέcτενε δ' οὐρανὸc εὐρὺc
cειόμενοc, πεδόθεν δὲ τινάccετο μακρὸc Ὄλυμποc　　680
ῥιπῇ ὑπ' ἀθανάτων, ἔνοcιc δ' ἵκανε βαρεῖα

---

658 sq. hoc ordine et Π5Π13Π27: inverso Byz., Goettling qui cῇcιν ἐπ.
(hoc *k*): ἄψορ. δ' ἐξ. ὑπὸ ζόφ. ἠ. cῇcιν ἐπ. ἀμ. ὑ. δ. Wilam.　　659 ἄψ.
δῆξ. scripsi: ἄψ. δ' ἐξ. Π5Π27 *bk*S: ἄψ. ἐξ. Π13 *a*: ἄψ. δεῦρ' αὖτ. Stadt-
mueller　　ἀπό *a*　　661]φρονι θυμω[Π13, unde πρόφρονι θ. West
663 ανα -ην -ην Π13 (ᾳ[Π5): ἐνὶ -ῆ -η *a*　　664 ἐ]πήνη[cαν Π13 *a* (ut
vid.) S: -εc]cαν Π5Qᵖᶜ: -εcαν *bk*　　δοτῆρεc *b* (-ω- et Π27)　　666 ἐγείρων
L: -ον *m* (-ᾳ[Π5)　　668 exp. Schwartz (erat in Π5)　　de 669–80
dubitat Jacoby, de 669–75 Wilam.　　669 Ζεὺc om. *b*　　ἐρέβευcφι et
Π5: -εcφι(ν) Q, v.l. in *ak*　　671–3 et Π5: exp. Wolf, alia al.
672 π. ὁμῶc: ἄπλαcτοι in 151　　675 cτιβαρὰc *akS*Σ (-ῆc Byz.)
681–712 Hesiodo abiud. Jacoby

Τάρταρον ἠερόεντα ποδῶν αἰπεῖά τ᾽ ἰωὴ
ἀcπέτου ἰωχμοῖο βολάων τε κρατεράων.
ὡc ἄρ᾽ ἐπ᾽ ἀλλήλοιc ἵεcαν βέλεα cτονόεντα·
φωνὴ δ᾽ ἀμφοτέρων ἷκετ᾽ οὐρανὸν ἀcτερόεντα   685
κεκλομένων, οἳ δὲ ξύνιcαν μεγάλῳ ἀλαλητῷ.
    Οὐδ᾽ ἄρ᾽ ἔτι Ζεὺc ἴcχεν ἑὸν μένοc, ἀλλά νυ τοῦ γε
εἶθαρ μὲν μένεοc πλῆντο φρένεc, ἐκ δέ τε πᾶcαν
φαῖνε βίην· ἄμυδιc δ᾽ ἄρ᾽ ἀπ᾽ οὐρανοῦ ἠδ᾽ ἀπ᾽ Ὀλύμπου
ἀcτράπτων ἔcτειχε cυνωχαδόν, οἱ δὲ κεραυνοὶ   690
ἴκταρ ἅμα βροντῇ τε καὶ ἀcτεροπῇ ποτέοντο
χειρὸc ἀπὸ cτιβαρῆc, ἱερὴν φλόγα εἰλυφόωντεc
ταρφέεc. ἀμφὶ δὲ γαῖα φερέcβιοc ἐcμαράγιζε
καιομένη, λάκε δ᾽ ἀμφὶ πυρὶ μεγάλ᾽ ἄcπετοc ὕλη·
ἔζεε δὲ χθὼν πᾶcα καὶ Ὠκεανοῖο ῥέεθρα   695
πόντοc τ᾽ ἀτρύγετοc· τοὺc δ᾽ ἄμφεπε θερμὸc ἀυτμὴ
Τιτῆναc χθονίουc, φλὸξ δ᾽ ἠέρα δῖαν ἵκανεν
ἄcπετοc, ὄccε δ᾽ ἄμερδε καὶ ἰφθίμων περ ἐόντων
αὐγὴ μαρμαίρουcα κεραυνοῦ τε cτεροπῆc τε.
    καῦμα δὲ θεcπέcιον κάτεχεν Χάοc· εἴcατο δ᾽ ἄντα   700
ὀφθαλμοῖcιν ἰδεῖν ἠδ᾽ οὔαcιν ὄccαν ἀκοῦcαι

---

682 π. αἰπεῖά τ᾽ ἰωὴ et Et G s.v. ἔνοcιc: ποδων τ᾽ αιπεια ἴ[ωη Π29, quod
ci. Hermann   683 ad genitivos duros cf. 852, fort. eiusdem poetae
(cf. ad 695 sqq.)   684 mihi suspectus (habent Π28Π29, novit Σ)
ἀλλήλοιcιν ο: corr. Byz. (K)   ᾽]φεcανcτονόεντ[Π29: ἔcαν β. c. Byz.;
possis et ἵεν   686 susp. Paley (habent Π28Π29)   691 ἀcτεροπ[ῇ
Π29 Et M s.v. ἴκταρ: ἀcτραπῇ ο Et G ibid.   πετέοντο b (ποτ- et Ett)
693 φερέcβιρ[c et Π29: -cκιοc b   ἐcμαράγηcε L ac (corr. m. 1): -ιcε S ac
694 πυρ[ὶ et Π29: περὶ West   ἄcχετοc S   695–710 praeter singula,
velut Τιτ. χθονίουc (697), cὺν ... ἔνοcίν ... ἐcφαρ. (706; cf. et ad 683 sq.,
703), descriptio et sermo pariter inflati poetam recentiorem fecisse vel
refecisse arguunt; difficile dictu quid vv. 820–68 auctor hinc hauserit,
quid hic posuerit   695 ἔζεcε Byz.   697 ἠέρα οΣ: αἰθέρα Naber
δῖαν et Σ: δῖον mL γρ(m. rec.) S ac ut vid.   698 ἄcχετοc Rzach,
fort. recte

34

αὕτως ὡς ὅτε Γαῖα καὶ Οὐρανὸς εὐρὺς ὕπερθεν
πίλνατο†· τοῖος γάρ κε μέγας ὑπὸ δοῦπος ὀρώρει
τῆς μὲν ἐρειπομένης, τοῦ δ' ὑψόθεν ἐξεριπόντος
[τόccoc δοῦπος ἔγεντο θεῶν ἔριδι ξυνιόντων].⁣   705
cὺν δ' ἄνεμοι ἔνοcίν τε κονίην τ' ἐcφαράγιζον
βροντήν τε cτεροπήν τε καὶ αἰθαλόεντα κεραυνόν,
κῆλα Διὸς μεγάλοιο, φέρον δ' ἰαχήν τ' ἐνοπήν τε
ἐc μέcον ἀμφοτέρων· ὅτοβος δ' ἄπλητος ὀρώρει
cμερδαλέης ἔριδος. κάρτος δ' ἀνεφαίνετο ἔργων,⁣   710
ἐκλίνθη δὲ μάχη· πρὶν δ' ἀλλήλοιc ἐπέχοντες
ἐμμενέως ἐμάχοντο διὰ κρατερὰς ὑcμίνας.

Οἳ δ' ἄρ' ἐνὶ πρώτοιcι μάχην δριμεῖαν ἔγειραν,
Κόττος τε Βριάρεώς τε Γύγης τ' ἄατος πολέμοιο,
οἵ ῥα τριηκοσίας πέτρας στιβαρέων ἀπὸ χειρῶν⁣   715
πέμπον ἐπαccυτέρας, κατὰ δ' ἐcκίαcαν βελέεccι
Τιτῆνας. καὶ τοὺς μὲν ὑπὸ χθονὸς εὐρυοδείης
πέμψαν καὶ δεσμοῖcιν ἐν ἀργαλέοιcιν ἔδησαν,
νικήcαντες χερcὶν ὑπερθύμους περ ἐόντας,
τόccον ἔνερθ' ὑπὸ γῆς ὅcον οὐρανός ἐcτ' ἀπὸ γαίης·⁣   720

702 ὡς ὅτε et Σ ut vid.: ὡς εἰ Hermann; cf. ad 695 sqq.
703 πίλνατο corruptum (Paley): -αντο a   servato ὡς ὅτε (702),
ἀλλήλοιc πίλναιντο (melius πίλναιντ' -οιcι Koechly), μέγας δ' ὕ. δ. ὀρώροι
Hermann   κε: καὶ b: γε Sᵃᶜ   μέγας ὑπὸ aΣΣʸᵖ: μέγιcτος bkΣ (cf.
'Aristid.' 25. 39)   705 susp. Heyne; non de deorum pugna sed de
Iovis fulminibus agitur; cf. Il. 20. 66   ξυνιόντων bk   706–10 secl.
Peppmueller; cf. ad 695 sqq.   706 ἔνοcίc τε Byz. (τ' ἔν. τε
Schoemann; accus. et Σ)   709 ὅτοβος et Σ Etᴳᴹ s.v.: κόναβος Σʸᵖ
710 κάρτευς . . . ἔργον (coll. 677) West (κάρτος et Π19)   post ἔργων
gravius, post ἔριδος levius interpung. edd.   711 πρὶν δ' et Π19: πρὸ
(δ' supra add.) L: πρὸς δ' m   ἀλλήλοιcιν b (-οιc et Π19)   713 αρα
εν Π19   714 τεβριαρης Π19 (corr. m. 2): τ''Οβριάρεως Hermann
(cf. ad 149)   γύης Byz. (-γ- et Π19)   ἄτος Π19   715 cτιβαρεων
Π19: -ρῶν o   718 ἐν et Π19: ὑπ' S   719 ν[ικη]cαντας χε[Π19:
χερcὶν ν–ες Rzach   720–819 interpolatoribus pluribus trib. L. Din-
dorf, Hermann, alii; nihil certa ratione Hesiodo vindicaveris   720 ὑπὸ
γ[ῆς Π19 bSᵖᶜ (m. 1): ὑπὸ γαίης aSᵃᶜΔ: ἀίδης k

[τόccòν γάρ τ' ἀπὸ γῆc ἐc Τάρταρον ἠερόεντα.]
ἐννέα γὰρ νύκταc τε καὶ ἤματα χάλκεοc ἄκμων
οὐρανόθεν κατιὼν δεκάτῃ δ' ἐc γαῖαν ἵκοιτο·
[ἴcον δ' αὖτ' ἀπὸ γῆc ἐc Τάρταρον ἠερόεντα.]   723a
ἐννέα δ' αὖ νύκταc τε καὶ ἤματα χάλκεοc ἄκμων
ἐκ γαίηc κατιὼν δεκάτῃ δ' ἐc Τάρταρον ἵκοι.   725
  Τὸν πέρι χάλκεον ἕρκοc ἐλήλαται· ἀμφὶ δέ μιν νὺξ
τριcτοιχεὶ κέχυται περὶ δειρήν· αὐτὰρ ὕπερθεν
γῆc ῥίζαι πεφύαcι καὶ ἀτρυγέτοιο θαλάccηc.
  Ἔνθα θεοὶ Τιτῆνεc ὑπὸ ζόφῳ ἠερόεντι
κεκρύφαται βουλῇcι Διὸc νεφεληγερέταο   730
χώρῳ ἐν εὐρώεντι, πελώρηc ἔcχατα γαίηc.
τοῖc οὐκ ἐξιτόν ἐcτι, θύραc δ' ἐπέθηκε Ποcειδέων
χαλκείαc, τεῖχοc δὲ περοίχεται ἀμφοτέρωθεν·
ἔνθα Γύηc Κόττοc τ' ἠδὲ Βριάρεωc μεγάθυμοc
ναίουcιν, φύλακεc πιcτοὶ Διὸc αἰγιόχοιο.   735
  Ἔνθα δὲ γῆc δνοφερῆc καὶ Ταρτάρου ἠερόεντοc
πόντου τ' ἀτρυγέτοιο καὶ οὐρανοῦ ἀcτερόεντοc
ἐξείηc πάντων πηγαὶ καὶ πείρατ' ἔαcιν,

721-5 omnes et *Π*19: 721-3 om. Q: 722-5 om. *k*: 723-4 om. *a*S^ac
(rest. m. 1)   721 exp. Ruhnken   γάρ τ' et *Π*19: δ' αὖ *b*   γ]ῆc
et *Π*19: γαίηc *ab*   ειc ου]ρανο[ν *Π*19   722-5 (cf. ad 721 sqq.) secl.
Schoemann   723 et 725 δ' et *Isag. in Arat.* ('bis excerpta') 319. 19
(ad 723 et 333. 3) M.: κ *Π*19 (κ' Thiersch)   723a deest in *Isag.*
γῆc S^pc Byz.: γαίηc *b*   724 δ' αὖ *Isag.* (bis): γὰρ *Π*19 ut vid., S^c:
γάρ οἱ *b*   725 ἐc γαῖαν *Isag.* bis (]ηc *Π*19)   δ' om. *Isag.* 333 (v.
ad 723)   ἵκοιτο *b Isag.* 333 codd.   728 θαλάττηc *b*   729 θεοὶ:
δέ οἱ *b*   730 βουλ]αιcι *Π*19   διοc μεγαλο[ιο *Π*19: δ. μεγάλοιο
ἔκητι *k*   731 ἔcχατα (et *Π*30:]cχα[*Π*19) mirum: κεύθεcι *k*: ἐcχατιῇ
γῆc Schoemann   732 τοῖc: τῶν *Π*30Σ   θύραc *Π*30 *b*Q S ΣΔ: πύλαc
k: χεῖραc *a*   733 περοίχεται *bk*S^pc (m. 1 e περίκ-): περίκειται *a*,
v.l. in *b*: επεληλαται *Π*30, fort. recte: περιτρέχει (e Σ) van Leeuwen
734-45 secl. West; cf. ad 720 sqq., 807 sqq.   734 γύγηc et *Π*19*Π*30:
γύηc Byz.   τ' ἠδὲ Βρ. Heyne: τε καὶ ὀβρ. (ὁ βρ.) *Π*30 0; cf. ad 149
736-9 om. *Π*28 ut vid. (hab. et *Π*19*Π*30)   δνοφέηc *Π*30: -εη[*Π*19

ἀργαλέ᾽ εὐρώεντα, τά τε στυγέουσι θεοί περ·
χάσμα μέγ᾽, οὐδέ κε πάντα τελεσφόρον εἰς ἐνιαυτὸν   740
οὖδας ἵκοιτ᾽, εἰ πρῶτα πυλέων ἔντοσθε γένοιτο,
ἀλλά κεν ἔνθα καὶ ἔνθα φέροι πρὸ θύελλα θυέλλῃ
ἀργαλέη· δεινὸν δὲ καὶ ἀθανάτοισι θεοῖσι
τοῦτο τέρας. καὶ Νυκτὸς ἐρεμνῆς οἰκία δεινὰ
ἕστηκεν νεφέλης κεκαλυμμένα κυανέῃσιν.   745

Τῶν πρόσθ᾽ Ἰαπετοῖο πάις ἔχει οὐρανὸν εὐρὺν
ἑστηὼς κεφαλῇ τε καὶ ἀκαμάτῃσι χέρεσσιν
ἀστεμφέως, ὅθι Νύξ τε καὶ Ἡμέρη ἆσσον ἰοῦσαι
ἀλλήλας προσέειπον, ἀμειβόμεναι μέγαν οὐδὸν
χάλκεον· ἢ μὲν ἔσω καταβήσεται, ἢ δὲ θύραζε   750
ἔρχεται, οὐδέ ποτ᾽ ἀμφοτέρας δόμος ἐντὸς ἐέργει,
ἀλλ᾽ αἰεὶ ἑτέρη γε δόμων ἔκτοσθεν ἐοῦσα
γαῖαν ἐπιστρέφεται, ἢ δ᾽ αὖ δόμου ἐντὸς ἐοῦσα
μίμνει τὴν αὐτῆς ὥρην ὁδοῦ ἔς τ᾽ ἂν ἵκηται,
ἢ μὲν ἐπιχθονίοισι φάος πολυδερκὲς ἔχουσα,   755
ἢ δ᾽ Ὕπνον μετὰ χερσί, κασίγνητον Θανάτοιο,
Νὺξ ὀλοή, νεφέλῃ κεκαλυμμένη ἠεροειδεῖ.

Ἔνθα δὲ Νυκτὸς παῖδες ἐρεμνῆς οἰκί᾽ ἔχουσιν,
Ὕπνος καὶ Θάνατος, δεινοὶ θεοί· οὐδέ ποτ᾽ αὐτοὺς
Ἥλιος φαέθων ἐπιδέρκεται ἀκτίνεσσιν   760
οὐρανὸν εἰσανιὼν οὐδ᾽ οὐρανόθεν καταβαίνων.
τῶν ἕτερος μὲν γῆν τε καὶ εὐρέα νῶτα θαλάσσης
ἥσυχος ἀνστρέφεται καὶ μείλιχος ἀνθρώποισι·
τοῦ δὲ σιδηρέη μὲν κραδίη, χάλκεον δέ οἱ ἦτορ

739 ζμερ[δαλέ᾽ Philod. de piet. 27   742 φέροι Crispinus: -ει ο
θυέλλῃ Π28 ο: -ης Wakefield   743–5 (habent Π19Π28) exp. Goett-
ling; cf. ad 736 sqq.   744 και νυκ[et Π19: νυκτὸς δ᾽ ἐρεβεννῆς (β ε
μ m. 1) S   746 ἔχει Spc (m. 1): ἔχετ᾽ abkSac   748 ἆσσον ἰ. aS:
ἀμφὶς ἐοῦσαι bΣ, -ca k   750 καταβήσατο Sittl   754 ἔς τ᾽ (ἔστ᾽) ἂν k
Byz.: εὖτ᾽ ἂν abS: εἰς ὅ χ᾽ Scheer   758 ἐρεμνοὶ S   762 τῶν k: τῶν
δ᾽ Π29(?)abS   μ[ὲν γῆν Π29 bk: μὲν γαίην a: γαίην S   763 ἀνστρ[έφ.
Π29 k (ἀντρ-), QS: ἀναστρ. ab

νηλεὲϲ ἐν ϲτήθεϲϲιν, ἔχει δ' ὃν πρῶτα λάβῃϲιν   765
ἀνθρώπων· ἐχθρὸϲ δὲ καὶ ἀθανάτοιϲι θεοῖϲιν.

  Ἔνθα θεοῦ χθονίου πρόϲθεν δόμοι ἠχήεντεϲ
[ἰφθίμου τ' Ἀίδεω καὶ ἐπαινῆϲ Περϲεφονείηϲ]
ἑϲτᾶϲιν, δεινὸϲ δὲ κύων προπάροιθε φυλάϲϲει,
νηλειήϲ, τέχνην δὲ κακὴν ἔχει· ἐϲ μὲν ἰόνταϲ   770
ϲαίνει ὁμῶϲ οὐρῇ τε καὶ οὔαϲιν ἀμφοτέροιϲιν,
ἐξελθεῖν δ' οὐκ αὖτιϲ ἐᾷ πάλιν, ἀλλὰ δοκεύων
ἐϲθίει ὅν κε λάβῃϲι πυλέων ἔκτοϲθεν ἰόντα.   773

  Ἔνθα δὲ ναιετάει ϲτυγερὴ θεὸϲ ἀθανάτοιϲι,   775
δεινὴ Ϲτύξ, θυγάτηρ ἀψορρόου Ὠκεανοῖο
πρεϲβυτάτη. νόϲφιν δὲ θεῶν κλυτὰ δώματα ναίει,
μακρῇϲιν πέτρῃϲι κατηρεφέ'· ἀμφὶ δὲ πάντη
κίοϲιν ἀργυρέοιϲι πρὸϲ οὐρανὸν ἐϲτήρικται.

  παῦρα δὲ Θαύμαντοϲ θυγάτηρ πόδαϲ ὠκέα Ἶριϲ   780
ἀγγελίη πωλεῖται ἐπ' εὐρέα νῶτα θαλάϲϲηϲ·
ὁππότ' ἔριϲ καὶ νεῖκοϲ ἐν ἀθανάτοιϲιν ὄρηται
καί ῥ' ὅϲτιϲ ψεύδηται Ὀλύμπια δώματ' ἐχόντων,
Ζεὺϲ δέ τε Ἶριν ἔπεμψε θεῶν μέγαν ὅρκον ἐνεῖκαι
τηλόθεν ἐν χρυϲέῃ προχόῳ πολυώνυμον ὕδωρ   785
ψυχρόν, ὅ τ' ἐκ πέτρηϲ καταλείβεται ἠλιβάτοιο
ὑψηλῆϲ· πολλὸν δὲ ὑπὸ χθονὸϲ εὐρυοδείηϲ
ἐξ ἱεροῦ ποταμοῖο ῥέει διὰ νύκτα μέλαιναν,
Ὠκεανοῖο κέραϲ, δεκάτη δ' ἐπὶ μοῖρα δέδαϲται·
ἐννέα μὲν περὶ γῆν τε καὶ εὐρέα νῶτα θαλάϲϲηϲ   790

768 om. Π29 Byz. (susp. Wolf)   774 (= 768) 'non traditus'
(Jacoby) nisi nullius pretii codicibus   775–806 secl. Arth. Meyer
775 δὲ om. *b* ϲτυγερὰ S   778 πάντα Sᵃᶜ   779 ἀργυρέοιϲι *km*LᵖᶜSᵖᶜ:
-έῃϲι Lᵃᶜ: ἀργαλέοιϲι *a*Sᵃᶜ𝛥   781 ἀγγελίη (et Π5?) defend.
Leumann: -ηϲ et -ην Byz.: -ηϲ Stephanus: -η Guyet   782 sq. fort.
et ad 780 sq. trahendi; at cf. 80 sqq. et qui hinc pendet Emp. 115.
3 sq.   ante 783 v. excidisse cens. Hermann   ὅϲτιϲ et Π5: ὅτε τιϲ
Gerhard   ψεύδηται *b*S: -εται *ak*: ψεύϲεται Q: -ηται Tr.   785 πολυ-
όμβριμον S (-ώνυμον et Ϲ𝛥)   787 δὲ *a*S: δέ θ' *bk*   790 ἐννέα
sc. μοίραϲ

δίνης ἀργυρέης εἰλιγμένος εἰς ἅλα πίπτει,
ἥ δὲ μί᾽ ἐκ πέτρης προρέει, μέγα πῆμα θεοῖσιν.
ὅς κεν τῆς ἐπίορκον ἀπολλείψας ἐπομόσσῃ
ἀθανάτων οἳ ἔχουσι κάρη νιφόεντος Ὀλύμπου,
κεῖται νήυτμος τετελεσμένον εἰς ἐνιαυτόν·   795
οὐδέ ποτ᾽ ἀμβροσίης καὶ νέκταρος ἔρχεται ἆσσον
βρώσιος, ἀλλά τε κεῖται ἀνάπνευστος καὶ ἄναυδος
στρωτοῖς ἐν λεχέεσσι, κακὸν δ᾽ ἐπὶ κῶμα καλύπτει.
αὐτὰρ ἐπὴν νοῦσον τελέσει μέγαν εἰς ἐνιαυτόν,
ἄλλος δ᾽ ἐξ ἄλλου δέχεται χαλεπώτερος ἄεθλος·   800
εἰνάετες δὲ θεῶν ἀπαμείρεται αἰὲν ἐόντων,
οὐδέ ποτ᾽ ἐς βουλὴν ἐπιμίσγεται οὐδ᾽ ἐπὶ δαῖτας
ἐννέα πάντ᾽ ἔτεα· δεκάτῳ δ᾽ ἐπιμίσγεται αὖτις
εἴρας ἐς ἀθανάτων οἳ Ὀλύμπια δώματ᾽ ἔχουσιν.
τοῖον ἄρ᾽ ὅρκον ἔθεντο θεοὶ Στυγὸς ἄφθιτον ὕδωρ   805
ὠγύγιον, τό θ᾽ ἵησι καταστυφέλου διὰ χώρου.

[Ἔνθα δὲ γῆς δνοφερῆς καὶ Ταρτάρου ἠερόεντος
πόντου τ᾽ ἀτρυγέτοιο καὶ οὐρανοῦ ἀστερόεντος
ἐξείης πάντων πηγαὶ καὶ πείρατ᾽ ἔασιν,
ἀργαλέ᾽ εὐρώεντα, τά τε στυγέουσι θεοί περ.]   810

[Ἔνθα δὲ μαρμάρεαί τε πύλαι καὶ χάλκεος οὐδὸς
ἀστεμφής, ῥίζῃσι διηνεκέεσσιν ἀρηρώς,

791 ἀργαλέης S   εἰλιγμέναι (Goettling) — πίπτους᾽ Merkelbach
πίπτει (et Δ; fort. e D.P. 226 corruptum): πέμπει Koechly: an βάλλει ?
793 τὴν o: corr. Koechly   ἀπαλείψας Sᵃᶜ   795 νήυτμος et Σ: νήιποτμος
v.l. in m Σʸʳ (νηΰποτμος a)   797 βρῶσις b (corr. L²)   ἀλλά τε aSΔ:
ἀλλά γε bQ: ἀλλ᾽ ὅ γε Paley   798 δ᾽ ἐπὶ et Etᴳ A s.v. κώδιον: δέ
ἐ S   799–804 exp. Wilam.   799 ἐπὴν bk: ἐπεὶ aS, nescio an recte
τελέσει aSᵃᶜ: -η bkSᵖᶜ   μέγαν: τελεσφόρον aSᵃᶜ (corr. m. 2)   800 δ᾽
k: om. ab Etᴳᴹ s.v. ἀπαμείρεται: γ᾽ S   ἄθλος akS   801 ἀπαμείρεται
aL Ett Eust. in Hom. 1243. 25: ἀπομ. km (sscr. L, m. 1 ?) SpᶜΣ (μεταμ. Sᵃᶜ)
802 περιμίςγ. aS   803 πάντα ἔτεα Paley   δὲ μίςγ. Σ, unde δέ τε
μίςγ. Sittl   804 εἴρας ἐς Hermann: εἰρέας o: εἴραις Ruhnken
806 τό θ᾽ Q Et ᴳᴹ s.v. στυφελός: τὸ δ᾽ abS   807–10 secl. Guyet,
807–19 Wolf; cf. ad 720 sqq., 734 sqq., 736 sqq.   811–19 e vv.
726–35 confecti ut pro iis stent   811 χάλ]κεος Π5 aS: λάινος bk,
sscr. S¹   812 ἀστεμφὲς k

αὐτοφυής· πρόσθεν δὲ θεῶν ἔκτοσθεν ἁπάντων
Τιτῆνες ναίουσι, πέρην χάεος ζοφεροῖο.
αὐτὰρ ἐρισμαράγοιο Διὸς κλειτοὶ ἐπίκουροι   815
δώματα ναιετάουσιν ἐπ᾽ Ὠκεανοῖο θεμέθλοις,
Κόττος τ᾽ ἠδὲ Γύγης· Βριάρεών γε μὲν ἠὺν ἐόντα
γαμβρὸν ἑὸν ποίησε βαρύκτυπος Ἐννοσίγαιος,
δῶκε δὲ Κυμοπόλειαν ὀπυίειν, θυγατέρα ἥν.]
[Αὐτὰρ ἐπεὶ Τιτῆνας ἀπ᾽ οὐρανοῦ ἐξέλασε Ζεύς,   820
ὁπλότατον τέκε παῖδα Τυφωέα Γαῖα πελώρη
Ταρτάρου ἐν φιλότητι διὰ χρυσέην Ἀφροδίτην·
οὗ χεῖρες μὲν †ἔασιν ἐπ᾽ ἰσχύι ἔργματ᾽ ἔχουσαι,
καὶ πόδες ἀκάματοι κρατεροῦ θεοῦ· ἐκ δέ οἱ ὤμων
ἦν ἑκατὸν κεφαλαὶ ὄφιος, δεινοῖο δράκοντος,   825
γλώσσῃσι δνοφερῇσι λελιχμότες· ἐκ δέ οἱ ὄσσων
θεσπεσίης κεφαλῇσιν ὑπ᾽ ὀφρύσι πῦρ ἀμάρυσσεν·
πασέων δ᾽ ἐκ κεφαλέων πῦρ καίετο δερκομένοιο·
φωναὶ δ᾽ ἐν πάσῃσιν ἔσαν δεινῆς κεφαλῇσι
παντοίην ὄπ᾽ ἰεῖσαι ἀθέσφατον· ἄλλοτε μὲν γὰρ   830
φθέγγονθ᾽ ὥς τε θεοῖσι συνιέμεν, ἄλλοτε δ᾽ αὖτε
ταύρου ἐριβρύχεω μένος ἀσχέτου ὄσσαν ἀγαύρου,
ἄλλοτε δ᾽ αὖτε λέοντος ἀναιδέα θυμὸν ἔχοντος,
ἄλλοτε δ᾽ αὖ σκυλάκεσσιν ἐοικότα, θαύματ᾽ ἀκοῦσαι,
ἄλλοτε δ᾽ αὖ ῥοίζεσχ᾽, ὑπὸ δ᾽ ἤχεεν οὔρεα μακρά.   835
καί νύ κεν ἔπλετο ἔργον ἀμήχανον ἤματι κείνῳ,
καί κεν ὅ γε θνητοῖσι καὶ ἀθανάτοισιν ἄναξεν,

---

817 τ᾽ om. *b*   820–80 secl. Gruppe al.   820 ἀπ᾽ *b*S : ἐξ *ak*
822 exp. Stokes   823 ἔασιν corruptum   ἐπ᾽ . . . ἔχουσαι hoc poeta
fort. non indigna   ἔργα τ᾽ S   825 δεινοῖο *b* : κρατεροῖο *ak*S
826 λελιχμότες et Anec. Ox. 1. 262. 28 : -ότος Tr. (Guyet)   ἐν et ὄσσε
Byz.   827 κεφαλῇσιν et *Π*15 : -ης κεφαλῆς *b*   828 (hab. et *Π*15)
exp. Ruhnken   829 post 831 hab., 830 om., al. m. in mg. sup. add.
*Π*15   832 ἀσχέτον *o* : corr. Winterton   ἀγαυροῦ iubet Hdn. 2. 167. 5 L.
835 ῥοῖζος ἔσχ᾽ *a* : ῥοίζεσκον Σ^vet (cf. ad 803), quo recepto ὑπήχεε δ᾽
ponendum   836 ἤματ᾽ ἐκείνῳ *a*   837 ἄνασσεν S (sscr. ξ m. 1)

εἰ μὴ ἄρ' ὀξὺ νόησε πατὴρ ἀνδρῶν τε θεῶν τε·
σκληρὸν δ' ἐβρόντησε καὶ ὄβριμον, ἀμφὶ δὲ γαῖα
σμερδαλέον κονάβησε καὶ οὐρανὸς εὐρὺς ὕπερθεν   840
πόντος τ' Ὠκεανοῦ τε ῥοαὶ καὶ τάρταρα γαίης.
ποσσὶ δ' ὑπ' ἀθανάτοισι μέγας πελεμίζετ' Ὄλυμπος
ὀρνυμένοιο ἄνακτος, ἐπεστενάχιζε δὲ γαῖα.
καῦμα δ' ὑπ' ἀμφοτέρων κάτεχεν ἰοειδέα πόντον
βροντῆς τε στεροπῆς τε πυρός τ' ἀπὸ τοῖο πελώρου   845
πρηστήρων ἀνέμων τε κεραυνοῦ τε φλεγέθοντος,
ἔζεε δὲ χθὼν πᾶσα καὶ οὐρανὸς ἠδὲ θάλασσα·
θυῖε δ' ἄρ' ἀμφ' ἀκτὰς περί τ' ἀμφί τε κύματα μακρὰ
ῥιπῇ ὑπ' ἀθανάτων, ἔνοσις δ' ἄσβεστος ὀρώρει·
τρέε δ' Ἀίδης ἐνέροισι καταφθιμένοισιν ἀνάσσων   850
Τιτῆνές θ' ὑποταρτάριοι Κρόνον ἀμφὶς ἐόντες
ἀσβέστου κελάδοιο καὶ αἰνῆς δηιοτῆτος.

Ζεὺς δ' ἐπεὶ οὖν κόρθυνεν ἑὸν μένος, εἵλετο δ' ὅπλα,
βροντήν τε στεροπήν τε καὶ αἰθαλόεντα κεραυνόν,
πλῆξεν ἀπ' Οὐλύμποιο ἐπάλμενος· ἀμφὶ δὲ πάσας   855
ἔπρεσε θεσπεσίας κεφαλὰς δεινοῖο πελώρου.
αὐτὰρ ἐπεὶ δή μιν δάμασε πληγῇσιν ἱμάσσας,
ἤριπε γυιωθείς, στενάχιζε δὲ γαῖα πελώρη.
φλὸξ δὲ κεραυνωθέντος ἀπέσσυτο τοῖο ἄνακτος
οὔρεος ἐν βήσσῃσιν ἀιδνῆς παιπαλοέσσης   860

840 ϲμαρ]αχηϲε Π12 (teste Westio: φω]ϲηϲε Vitellio)   843 ὑπεϲτε[
Π12: ἐ(ύ)πεϲτον- a(k): post ἐπεϲτ non liq. S   844 ὑπ': ἐπ' Π15: ἀπ'
La Roche   845 πυρὸς . . . πελώρου (deleto τ') et 846 κερ. τε φλεγ.
invicem traiec. Muetzell (contra et Π12)   τ' ἄπο Paley   846 (hab. et
Π12Π15, noverunt ΣΔ) exp. Heyne, recte   φλογόεντος S   847 ἔζεε
Π15Π31 ak: ἔζε b: ἔζεσε QS   δὲ Π15Π31 S: πυρὶ abk   850 τρέε
Π31 sch. Hephaest. 320. 3 Consb.: τρέε, ε² del. Π15: τρέε(ϲ)ε o
851 ὑπ-ιοι et Π12: ὑπο(ὸ?) ταρτάροιο b   κρόνου bS   852 (hab. et
Π12Π15Π31) exp. Hermann   854 τε καὶ: τ' ηδ' Π12   856 ἔπρεσε
Tr. Et ᴳᴹ s.v. πρήθω: ἔπρ]εε Π12 o: επρ[ε]ε Π31: utrumque Σᵛᵉᵗ (cf.
p. viii) ut vid.   858 γυ(ι)ωθεὶς abkΔ Et ᴳᴹ s.v. ἱμάσσω: γυρωθεὶς QS:
δ' ἴδνωθεις Π12   860 ἀιδνῆς -ης nSᵖᶜΣ Et ᴹ: -ῆς (et Π12) -ης bSᵃᶜ
Αἴτνης Byz. (fort. Tzetzes): Ἀιδνῆς Wilam.

41

πληγέντος· πολλὴ δὲ πελώρη καίετο γαῖα
αὐτμῇ θεσπεσίῃ καὶ ἐτήκετο κασσίτερος ὣς
τέχνῃ ὑπ' αἰζηῶν ὑπό τ' εὐτρήτου χοάνοιο
θαλφθείς, ἠὲ σίδηρος, ὅ περ κρατερώτατός ἐστιν,
οὔρεος ἐν βήσσῃσι δαμαζόμενος πυρὶ κηλέῳ   865
τήκεται ἐν χθονὶ δίῃ ὑφ' Ἡφαίστου παλάμῃσιν·
ὣς ἄρα τήκετο γαῖα σέλαι πυρὸς αἰθομένοιο.
ῥῖψε δέ μιν θυμῷ ἀκαχὼν ἐς Τάρταρον εὐρύν.

Ἐκ δὲ Τυφωέος ἔστ' ἀνέμων μένος ὑγρὸν ἀέντων,
νόσφι Νότου Βορέω τε καὶ Ἀργέστεω Ζεφύρου τε·   870
οἵ γε μὲν ἐκ θεόφιν γενεή, θνητοῖς μέγ' ὄνειαρ,
αἱ δ' ἄλλαι μὰψ αὖραι ἐπιπνείουσι θάλασσαν·
αἳ δή τοι πίπτουσαι ἐς ἠεροειδέα πόντον,
πῆμα μέγα θνητοῖσι, κακῇ θυίουσιν ἀέλλῃ·
ἄλλοτε δ' ἄλλη ἄεισι διασκιδνᾶσί τε νῆας   875
ναύτας τε φθείρουσι· κακοῦ δ' οὐ γίνεται ἀλκὴ
ἀνδράσιν οἳ κείνῃσι συνάντωνται κατὰ πόντον·
αἳ δ' αὖ καὶ κατὰ γαῖαν ἀπείριτον ἀνθεμόεσσαν
ἔργ' ἐρατὰ φθείρουσι χαμαιγενέων ἀνθρώπων,
πιμπλεῖσαι κόνιός τε καὶ ἀργαλέου κολοσυρτοῦ.]   880
    Αὐτὰρ ἐπεί ῥα πόνον μάκαρες θεοὶ ἐξετέλεσσαν,
Τιτήνεσσι δὲ τιμάων κρίναντο βίηφι,

862 αὔτμῇ *b*QS: αυ]τμη Π12: ἀτμῇ *k*: αὐτὴ *a*   863 sq. alteri
recens. trib. Hermann   863 ὑπ' L. Dindorf   ὑπό τ' εὐτρή[του
χοάνοιο Π12 *o*: ἐν εὐτρήτοις χοάνοισι Peppmueller, fort. melius, sed hunc
poetam elegantiorem reddere nolo   866 susp. Paley   τή]κεται ἐν et
Π12: τήκεται δ' ἐν *v*Q: -το δ' ἐν S   867 exp. Ruhnken   σέλαι π. *o*:
πυρος μενε[ι Π12   870 νότου τε *a*S   βορέου *a*   ἀργέστεω *bk*S:
]τεω Π13: -του *a*: αρκεστο[υ Π15   ζεφύρου [τε Π13 *abk*S: ζεφύρου Q:
-οιο Byz., quod qui praeferunt ἀργεστέω ponunt   871 γενεή Byz.:
-ῇ *bk*S: -ήν *a*   872 μαψαῦραι edd. plerique: μάψαυραι Wilam.
873 πίπτουσιν *a*   874 θύουσι(ν) *o*: πνείους[ι Π15   875 ἄλλη
(-η) *m* Et^M s.v. ἄεισι: -αι *ak*LS: -οι sch. T *Il.* 5. 526   877 συναν]τῶνται
Π15: -ῶνται *a*S (accentum corr. L. Dindorf): -ῶντες *b*   878 δ' αὐταὶ
Schoemann   καὶ om. *b*S   882 κρινοντο Π15

δή ῥα τότ' ὤτρυνον βασιλευέμεν ἠδὲ ἀνάccειν
Γαίης φραδμοcύνῃcιν Ὀλύμπιον εὐρύοπα Ζῆν
ἀθανάτων· ὃ δὲ τοῖcιν ἐὺ διεδάccατο τιμάc.   885

[Ζεὺc δὲ θεῶν βαcιλεὺc πρώτην ἄλοχον θέτο Μῆτιν,
πλεῖcτα θεῶν εἰδυῖαν ἰδὲ θνητῶν ἀνθρώπων.
ἀλλ' ὅτε δή ῥ' ἤμελλε θεὰν γλαυκῶπιν Ἀθήνην
τέξεcθαι, τότ' ἔπειτα δόλῳ φρέναc ἐξαπατήcαc
αἱμυλίοιcι λόγοιcιν ἑὴν ἐcκάτθετο νηδύν,   890
Γαίηc φραδμοcύνῃcι καὶ Οὐρανοῦ ἀcτερόεντοc·
τὼc γάρ οἱ φραcάτην, ἵνα μὴ βαcιληΐδα τιμὴν
ἄλλοc ἔχοι Διὸc ἀντὶ θεῶν αἰειγενετάων·
ἐκ γὰρ τῆc εἵμαρτο περίφρονα τέκνα γενέcθαι,
πρώτην μὲν κούρην γλαυκώπιδα Τριτογένειαν   895
ἶcον ἔχουcαν πατρὶ μένοc καὶ ἐπίφρονα βουλήν,
αὐτὰρ ἔπειτ' ἄρα παῖδα θεῶν βαcιλῆα καὶ ἀνδρῶν
ἤμελλεν τέξεcθαι, ὑπέρβιον ἦτορ ἔχοντα.
ἀλλ' ἄρα μιν Ζεὺc πρόcθεν ἑὴν ἐcκάτθετο νηδύν,
ὣc οἱ cυμφράccαιτο θεὰ ἀγαθόν τε κακόν τε.   900

Δεύτερον ἠγάγετο λιπαρὴν Θέμιν, ἣ τέκεν Ὥραc,
Εὐνομίην τε Δίκην τε καὶ Εἰρήνην τεθαλυῖαν,
αἵ τ' ἔργ' ὠρεύουcι καταθνητοῖcι βροτοῖcι,
Μοίραc θ', ἧc πλείcτην τιμὴν πόρε μητίετα Ζεύc,

884 εὐρύοπα ante ὀλ. b (post et Π15)   ζῆνα ab: ζῆν' k(?) Byz.
885 εὖ Π15: εὐ abk: om. S: accentum corr. Heinsius: ἐὰc Ahrens
886–901 δεύτ. ἠγ. Hesiodo abiud. Arth. Meyer (cf. 924–9), in libris
nonnullis defuisse testatur Chrys. 908 von Arnim (v. infra fr. 343)
887 εἰδ. et Chrys.: τε ἰδ. Schoemann   888 ῥ' ἤμελλε a: ῥ(α) ἔμ. bkS
Chrys.: ἄρ' ἔμ. Fick   γλαυκῶπιν Π15 o: -ώπιδ' Chrys.   890 ἐcκάτθετο
akS: ἐγκάτ. bQ Chrys.   899 ἐγκάτ. mQ (non adest Chrys.)
900 οἱ cυμφρ. Chrys.: δή οἱ φρ. o   901–1022 Hesiodo abiud. West
901 de δεύτ. ἠγ. cf. ad 886 sqq. (eratne πρώτην δ' ἠγ.? αὐτὸc δ' ἠγ.?)
903 ὠ(ώ)ρεύουcι αΣ(?); cf. Corn. 29. 57. 8 L.: ὡραί- bS   904–6 exp.
Clericus (leg. 'Apollod.' 1. 3. 1, Procl. in rem p. 2. 208. 1 Kr.); cf. ad 218 sq.
904 αἷc S

43

Κλωθώ τε Λάχεσίν τε καὶ Ἄτροπον, αἵ τε διδοῦσι   905
θνητοῖς ἀνθρώποισιν ἔχειν ἀγαθόν τε κακόν τε.
Τρεῖς δέ οἱ Εὐρυνόμη Χάριτας τέκε καλλιπαρήους,
Ὠκεανοῦ κούρη, πολυήρατον εἶδος ἔχουσα,
Ἀγλαΐην τε καὶ Εὐφροσύνην Θαλίην τ᾽ ἐρατεινήν.
[τῶν καὶ ἀπὸ βλεφάρων ἔρος εἴβετο δερκομενάων   910
λυσιμελής· καλὸν δέ θ᾽ ὑπ᾽ ὀφρύσι δερκιόωνται.]
Αὐτὰρ ὁ Δήμητρος πολυφόρβης ἐς λέχος ἦλθεν,
ἣ τέκε Περσεφόνην λευκώλενον, ἣν Ἀιδωνεὺς
ἥρπασεν ἧς παρὰ μητρός, ἔδωκε δὲ μητίετα Ζεύς.
Μνημοσύνης δ᾽ ἐξαῦτις ἐράσσατο καλλικόμοιο,   915
ἐξ ἧς οἱ Μοῦσαι χρυσάμπυκες ἐξεγένοντο
ἐννέα, τῇσιν ἅδον θαλίαι καὶ τέρψις ἀοιδῆς.
Λητὼ δ᾽ Ἀπόλλωνα καὶ Ἄρτεμιν ἰοχέαιραν,
ἱμερόεντα γόνον περὶ πάντων Οὐρανιώνων,
γείνατ᾽ ἄρ᾽ αἰγιόχοιο Διὸς φιλότητι μιγεῖσα.   920
Λοισθοτάτην δ᾽ Ἥρην θαλερὴν ποιήσατ᾽ ἄκοιτιν·
ἣ δ᾽ Ἥβην καὶ Ἄρηα καὶ Εἰλείθυιαν ἔτικτε
μιχθεῖσ᾽ ἐν φιλότητι θεῶν βασιλῆι καὶ ἀνδρῶν.
Αὐτὸς δ᾽ ἐκ κεφαλῆς γλαυκώπιδα γείνατ᾽ Ἀθήνην,
δεινὴν ἐγρεκύδοιμον ἀγέστρατον ἀτρυτώνην   925
πότνιαν, ἧ κέλαδοί τε ἅδον πόλεμοί τε μάχαι τε·
Ἥρη δ᾽ Ἥφαιστον κλυτὸν οὐ φιλότητι μιγεῖσα
γείνατο, καὶ ζαμένησε καὶ ἤρισεν ᾧ παρακοίτῃ,
ἐκ πάντων παλάμῃσι κεκασμένον Οὐρανιώνων.

[Ἐκ δ᾽ Ἀμφιτρίτης καὶ ἐρικτύπου Ἐννοσιγαίου   930

908 εἶδος : ἦτορ a   ἔχούσας Peppmueller   910 sq. exp. Gruppe
910 εἴβετο S : -ται abk Et ᴳ ᴹ s.v. εἴβω   916 οἱ a : αἱ bkS   920 γείνα]τ᾽
ἄρ et Π13 : -το δ᾽ ἄρ a : -το Fick   αἰγιόχοιο δ. φ. et Π13 : ἐν φιλότητι διὸς
μεγάλοιο k   922 ἄρηα et Π13 sch. Pi. N. 7. 1 : ἄρην a   924–9 cf. ad
886 sqq.   924 γείνατ᾽ A. Q Chrys. : τριτογένειαν abkS   929 παλάμῃσι
Ruhnken : τέχν[ῃσι Π13 οΣΔ (cf. fr. 343. 2, 3)   930–1022 Hesiodo abiud.
Jacoby, 930–7, 940–62 Wilam., alia al.; difficile est Hesiodum in hoc
genus catalogis agnoscere; pristinum carminis finem deesse cens. multi

Τρίτων εὐρυβίης γένετο μέγας, ὅς τε θαλάσσης
πυθμέν' ἔχων παρὰ μητρὶ φίλῃ καὶ πατρὶ ἄνακτι
ναίει χρύσεα δῶ, δεινὸς θεός. αὐτὰρ Ἄρηι
ῥινοτόρῳ Κυθέρεια Φόβον καὶ Δεῖμον ἔτικτε
δεινούς, οἵ τ' ἀνδρῶν πυκινὰς κλονέουσι φάλαγγας   935
ἐν πολέμῳ κρυόεντι σὺν Ἄρηι πτολιπόρθῳ,
Ἁρμονίην θ', ἣν Κάδμος ὑπέρθυμος θέτ' ἄκοιτιν.
    Ζηνὶ δ' ἄρ' Ἀτλαντὶς Μαίη τέκε κύδιμον Ἑρμῆν,
κήρυκ' ἀθανάτων, ἱερὸν λέχος εἰσαναβᾶσα.
    Καδμείη δ' ἄρα οἱ Σεμέλη τέκε φαίδιμον υἱὸν   940
μιχθεῖσ' ἐν φιλότητι, Διώνυσον πολυγηθέα,
ἀθάνατον θνητή· νῦν δ' ἀμφότεροι θεοί εἰσιν.
    Ἀλκμήνη δ' ἄρ' ἔτικτε βίην Ἡρακληείην
μιχθεῖσ' ἐν φιλότητι Διὸς νεφεληγερέταο.
    Ἀγλαΐην δ' Ἥφαιστος, ἀγακλυτὸς ἀμφιγυήεις,   945
ὁπλοτάτην Χαρίτων θαλερὴν ποιήσατ' ἄκοιτιν.
    Χρυσοκόμης δὲ Διώνυσος ξανθὴν Ἀριάδνην,
κούρην Μίνωος, θαλερὴν ποιήσατ' ἄκοιτιν·
τὴν δέ οἱ ἀθάνατον καὶ ἀγήρων θῆκε Κρονίων.
    Ἥβην δ' Ἀλκμήνης καλλισφύρου ἄλκιμος υἱός,   950
ἲς Ἡρακλῆος, τελέσας στονόεντας ἀέθλους,
παῖδα Διὸς μεγάλοιο καὶ Ἥρης χρυσοπεδίλου,
αἰδοίην θέτ' ἄκοιτιν ἐν Οὐλύμπῳ νιφόεντι,
ὄλβιος, ὃς μέγα ἔργον ἐν ἀθανάτοισιν ἀνύσσας
ναίει ἀπήμαντος καὶ ἀγήραος ἤματα πάντα.   955
    Ἠελίῳ δ' ἀκάμαντι τέκε κλυτὸς Ὠκεανίνη
Περσηὶς Κίρκην τε καὶ Αἰήτην βασιλῆα.
Αἰήτης δ' υἱὸς φαεσιμβρότου Ἠελίοιο

931 εὐρυ[β]ί[ης Π13 ο : -βόης ΣΔ   932 φίλῃ om. b   938 ἄρ' et
Π7 Clem. Al. strom. 1. 21. 105. 5 : om. a   κύδ. et Clem. : φαίδιμον a
940–4 ἀθετοῦνται Σᶻ, nimirum e doctr. ant.   940 καδμείη bk Clem. :
καδμὶς a   947–55 ἀθετοῦνται Σᶻ   949 ἀγήρω ο : corr. Peppmueller
954 ἐνὶ θνητοῖσιν Osann : ἐν ἀνθρώποισιν Paley   957 τε om. b
958 δ' ab sch. A.R. 3. 240 : δ' αὖ kS

κούρην 'Ωκεανοῖο τελήεντος ποταμοῖο
γῆμε θεῶν βουλῇσιν 'Ιδυῖαν καλλιπάρηον.   960
ἣ δή οἱ Μήδειαν ἐύσφυρον ἐν φιλότητι
γείναθ' ὑποδμηθεῖca διὰ χρυσέην Ἀφροδίτην.]

['Υμεῖς μὲν νῦν χαίρετ', 'Ολύμπια δώματ' ἔχοντες,
νῆcοί τ' ἤπειροί τε καὶ ἁλμυρὸς ἔνδοθι πόντος·
νῦν δὲ θεάων φῦλον ἀείcατε, ἡδυέπειαι   965
Μοῦcαι 'Ολυμπιάδες, κοῦραι Διὸς αἰγιόχοιο,
ὅccαι δὴ θνητοῖcι παρ' ἀνδράcιν εὐνηθεῖcαι
ἀθάναται γείναντο θεοῖc ἐπιείκελα τέκνα.

Δημήτηρ μὲν Πλοῦτον ἐγείνατο δῖα θεάων,
'Ιαcίῳ ἥρωι μιγεῖc' ἐρατῇ φιλότητι   970
νειῷ ἐνὶ τριπόλῳ, Κρήτης ἐν πίονι δήμῳ,
ἐcθλόν, ὃς εἶc' ἐπὶ γῆν τε καὶ εὐρέα νῶτα θαλάccης
πᾶcαν· τῷ δὲ τυχόντι καὶ οὗ κ' ἐς χεῖρας ἵκηται,
τὸν δ' ἀφνειὸν ἔθηκε, πολὺν δέ οἱ ὤπαcεν ὄλβον.

Κάδμῳ δ' Ἁρμονίη, θυγάτηρ χρυcέης Ἀφροδίτης,   975
'Ινὼ καὶ Cεμέλην καὶ Ἀγαυὴν καλλιπάρηον
Αὐτονόην θ', ἣν γῆμεν Ἀριcταῖος βαθυχαίτης,
γείνατο καὶ Πολύδωρον ἐυcτεφάνῳ ἐνὶ Θήβῃ.

Κούρη δ' 'Ωκεανοῦ, Χρυcάορι καρτεροθύμῳ
μιχθεῖc' ἐν φιλότητι πολυχρύσου Ἀφροδίτης,   980
Καλλιρόη τέκε παῖδα βροτῶν κάρτιστον ἁπάντων,
Γηρυονέα, τὸν κτεῖνε βίῃ 'Ηρακληείη
βοῶν ἕνεκ' εἰλιπόδων ἀμφιρρύτῳ εἰν 'Ερυθείῃ.

961 δή Guyet: δέ ο   963–1022 Hesiodo abiud. Goettling al.
964 exp. Heyne, recte puto   νήcους τ' ἤπειρόν τε κ. ἁλμυρὸν ἔ. πόντον
Wolf   968 ἀθάνατα L (-ον L³): -οιc m   ἐπιεικέα b   970 ἰαcίῳ
bkΔ: ἀccίω a: ἰαcίων' S   972 ἐcθλὸc b   973 πᾶcιν Hermann
τὸν δὲ τυχόντα Rzach (in ed. prima)   974 δ': δὴ b   ἔθηκε kS:]ηκε
Π32: τέθηκε (sive τε θ.) b: τέθεικε a   δέ Π32 k: τε abS   976 ἀγαύην
m   977 non respic. Σ (leg. Δ)   979 ὠκεανοῦ b: -οῖο kS: -ίνη a
981 κάρτ. ak: κράτ. b: κάλλιc[τον Π32S   982 γηρυονέα bS: -ῆα a:
-ην kΣᵞᵖ

46

Τιθωνῷ δ' Ἠὼς τέκε Μέμνονα χαλκοκορυστήν,
Αἰθιόπων βασιλῆα, καὶ Ἠμαθίωνα ἄνακτα·   985
αὐτάρ τοι Κεφάλῳ φιτύσατο φαίδιμον υἱόν,
ἴφθιμον Φαέθοντα, θεοῖς ἐπιείκελον ἄνδρα.
τόν ῥα νέον τέρεν ἄνθος ἔχοντ' ἐρικυδέος ἥβης
παῖδ' ἀταλὰ φρονέοντα φιλομμειδὴς Ἀφροδίτη
ὦρτ' ἀνερειψαμένη, καί μιν ζαθέοις ἐνὶ νηοῖς   990
νηοπόλον μύχιον ποιήσατο, δαίμονα δῖον.

Κούρην δ' Αἰήταο διοτρεφέος βασιλῆος
Αἰσονίδης βουλῇσι θεῶν αἰειγενετάων
ἦγε παρ' Αἰήτεω, τελέσας στονόεντας ἀέθλους,
τοὺς πολλοὺς ἐπέτελλε μέγας βασιλεὺς ὑπερήνωρ,   995
ὑβριστὴς Πελίης καὶ ἀτάσθαλος ὀβριμοεργός·
τοὺς τελέσας ἐς Ἰωλκὸν ἀφίκετο πολλὰ μογήσας
ὠκείης ἐπὶ νηὸς ἄγων ἑλικώπιδα κούρην
Αἰσονίδης, καί μιν θαλερὴν ποιήσατ' ἄκοιτιν.
καί ῥ' ἥ γε δμηθεῖσ' ὑπ' Ἰήσονι, ποιμένι λαῶν,   1000
Μήδειον τέκε παῖδα, τὸν οὔρεσιν ἔτρεφε Χείρων
Φιλλυρίδης· μεγάλου δὲ Διὸς νόος ἐξετελεῖτο.

Αὐτὰρ Νηρῆος κοῦραι, ἁλίοιο γέροντος,
ἦ μέν τοι φῶκον Ψαμάθη τέκε δῖα θεάων
Αἰακοῦ ἐν φιλότητι διὰ χρυσέην Ἀφροδίτην,   1005
Πηλέι δὲ δμηθεῖσα θεὰ Θέτις ἀργυρόπεζα
γείνατ' Ἀχιλλῆα ῥηξήνορα θυμολέοντα.

Αἰνείαν δ' ἄρ' ἔτικτεν ἐυστέφανος Κυθέρεια
Ἀγχίσῃ ἥρωι μιγεῖσ' ἐρατῇ φιλότητι
Ἴδης ἐν κορυφῇσι πολυπτύχου ἠνεμοέσσης.   1010

986–91 *Catalogo* trib. Paus. 1. 3. 1 (= fr. 'spur.' 375)   986 τοι *K*.:
τρικεφάλῳ *b* : ὑπὸ *K*. Wilam.   989 ἁπαλὰ L¹ ʸʳ   990 ἀνερειψ- *bv*:
ἀναρειψ- *n*Q : ἀναριψ-*k* : ἀναρειψ- S : fort. ἀνερειψ-   991 μύχιον Aristarchus
ap. Σ (Ἀρχίλοχος codd., corr. Ruhnken) Lʸʳ : νύχιον *o*Σ   992 mirum
ni Medeae nomen olim extitit (sive δ' Αἰήτεω *Μήδειαν ποικιλόβουλον* sive
in versu altero una cum Iasonis nomine)   1002 φυλλ- *a* (φυλλιρ. *k*)
1004 ἤτοι μεν *o* (ἤ τοι Jacoby) : correxi   1010 ἠνεμ. Q: ὑληέσσης *abk*S

47

Κίρκη δ᾽, Ἠελίου θυγάτηρ Ὑπεριονίδαο,
γείνατ᾽ Ὀδυccῆος ταλαcίφρονος ἐν φιλότητι
Ἄγριον ἠδὲ Λατῖνον ἀμύμονά τε κρατερόν τε·
Τηλέγονον δὲ ἔτικτε διὰ χρυcέην Ἀφροδίτην.
οἳ δή τοι μάλα τῆλε μυχῷ νήcων ἱεράων   1015
πᾶcιν Τυρcηνοῖcιν ἀγακλειτοῖcι ἄναccον.

Ναυcίθοον δ᾽ Ὀδυcῆι Καλυψὼ δῖα θεάων
γείνατο Ναυcίνοόν τε μιγεῖc᾽ ἐρατῇ φιλότητι.

Αὗται μὲν θνητοῖcι παρ᾽ ἀνδράcιν εὐνηθεῖcαι
ἀθάναται γείναντο θεοῖc ἐπιείκελα τέκνα·   1020
νῦν δὲ γυναικῶν φῦλον ἀείcατε, ἡδυέπειαι
Μοῦcαι Ὀλυμπιάδες, κοῦραι Διὸc αἰγιόχοιο.

1011 ὑπερηνορίδαο *k*SL[1] [yp] (-ιον- et sch. A.R. 3. 200 al.)   1012 τίκτεν
ὀδυccῆι -φρονι sch. A.R., fort. recte   1013 Agrium et Lat. fratres in
Catalogo extit. test. Lyd. *de mens.* 1. 13 (cf. fr. 5)   1014 deest in *k*S
sch. A.R., negl. Eust. *in Hom.* 1796. 43 sqq.; v. ceteris recentior   δ᾽
ἔτικτε *a* : δ᾽ ἔτεκε *b* : δ᾽ ἄρ᾽ ἔτικτε Paley   1015 μυχῶν (et *k*) εἴcω
b (εἰc τὰ ἐcώτερα μέρη τῶν ἱερῶν νήcων *Σ*)   1016 ἀγακλυτοῖcιν *bk*
1018 ναυcίνοον *b*QS : -θοον *ak*   1021 sq. *Catalogi* initium (cf. fr. 1);
desunt in *Π*13 *ak*S : habent Q*m* (spatio intermisso tres codd. m. pr.,
unus m. rec.), add. L m. nova: uncos non clausi quia iam dudum in
mulierum catalogis ab Hes. alienis versati sumus

ΕΡΓΑ ΚΑΙ ΗΜΕΡΑΙ

Μοῦσαι Πιερίηθεν ἀοιδῇσι κλείουσαι,
δεῦτε, Δί᾽ ἐννέπετε, cφέτερον πατέρ᾽ ὑμνείουcαι
ὅν τε διὰ βροτοὶ ἄνδρες ὁμῶς ἄφατοί τε φατοί τε,
ῥητοί τ᾽ ἄρρητοί τε Διὸς μεγάλοιο ἔκητι.
ῥέα μὲν γὰρ βριάει, ῥέα δὲ βριάοντα χαλέπτει,   5
ῥεῖα δ᾽ ἀρίζηλον μινύθει καὶ ἄδηλον ἀέξει,
ῥεῖα δέ τ᾽ ἰθύνει cκολιὸν καὶ ἀγήνορα κάρφει
Ζεὺc ὑψιβρεμέτηc, ὃc ὑπέρτατα δώματα ναίει.
κλῦθι ἰδὼν ἀιών τε, δίκῃ δ᾽ ἴθυνε θέμιcταc
τύνη· ἐγὼ δέ κε Πέρcῃ ἐτήτυμα μυθηcαίμην.   10

Οὐκ ἄρα μοῦνον ἔην Ἐρίδων γένοc, ἀλλ᾽ ἐπὶ γαῖαν
εἰcὶ δύω· τὴν μέν κεν ἐπαινήcειε νοήcαc,
ἣ δ᾽ ἐπιμωμητή· διὰ δ᾽ ἄνδιχα θυμὸν ἔχουcιν.
ἣ μὲν γὰρ πόλεμόν τε κακὸν καὶ δῆριν ὀφέλλει,
cχετλίη· οὔ τιc τήν γε φιλεῖ βροτόc, ἀλλ᾽ ὑπ᾽ ἀνάγκηc   15
ἀθανάτων βουλῇcιν Ἔριν τιμῶcι βαρεῖαν.
τὴν δ᾽ ἑτέρην προτέρην μὲν ἐγείνατο Νὺξ ἐρεβεννή,
θῆκε δέ μιν Κρονίδηc ὑψίζυγοc, αἰθέρι ναίων,
γαίηc [τ᾽] ἐν ῥίζῃcι καὶ ἀνδράcι πολλὸν ἀμείνω·
ἥ τε καὶ ἀπάλαμόν περ ὁμῶc ἐπὶ ἔργον ἐγείρει·   20

1–16 suppl. m. rec. in C (lectiones non adnotabo); vv. 1–10 vel ante
Praxiphanis (fr. 5 Brink, Cl. Qu. 40, 1946, 21) tempora Operibus de-
negati   3 ὁμῶc ἄνδρεc D   5 ῥέα μὲν Ap. Dysc. de adv. 562. 7
(diserte) al.: ῥεῖα μὲν DΦ Aristid. 26. 39 al.   ῥέα δὲ Byz. Aristid.:
ῥεί(ῖ)α δὲ DΦ: καί τε Etᴳ s.v. βριάρεωc   6 δ᾽ ἀρίζ. et D. Chr. 12.
23: δέ τ᾽ ἀρίζ. D   12 ἐπαινήcειε Φ Luc. Amor. 37 Eust. in Hom.
1315. 14: -έcειε D   16 βαρείην EHᵖᶜ   17 incip. vetus textus
in C   19 τ᾽ del. Guyet   20 ἀπάλαμνον o: corr. Byz.   ἐγείρει
DEᵖᶜ: ἐγειρεν CΦ

εἰς ἕτερον γάρ τίς τε ἴδεν ἔργοιο χατίζων
πλούσιον, ὃς cπεύδει μὲν ἀρόμεναι ἠδὲ φυτεύειν
οἶκόν τ' εὖ θέcθαι· ζηλοῖ δέ τε γείτονα γείτων
εἰς ἄφενος cπεύδοντ'· ἀγαθὴ δ' Ἔρις ἥδε βροτοῖcιν.
καὶ κεραμεὺς κεραμεῖ κοτέει καὶ τέκτονι τέκτων,   25
καὶ πτωχὸς πτωχῷ φθονέει καὶ ἀοιδὸς ἀοιδῷ.

Ὦ Πέρcη, cὺ δὲ ταῦτα τεῷ ἐνικάτθεο θυμῷ,
μηδέ c' Ἔρις κακόχαρτος ἀπ' ἔργου θυμὸν ἐρύκοι
νείκε' ὀπιπεύοντ' ἀγορῆc ἐπακουὸν ἐόντα.
ὤρη γάρ τ' ὀλίγη πέλεται νεικέων τ' ἀγορέων τε   30
ᾧτινι μὴ βίος ἔνδον ἐπηετανὸς κατάκειται
ὡραῖος, τὸν γαῖα φέρει, Δημήτερος ἀκτήν.
τοῦ κε κορεccάμενος νείκεα καὶ δῆριν ὀφέλλοις
κτήμαc' ἐπ' ἀλλοτρίοιc. cοὶ δ' οὐκέτι δεύτερον ἔcται
ὧδ' ἔρδειν· ἀλλ' αὖθι διακρινώμεθα νεῖκος   35
ἰθείῃc δίκῃc, αἵ τ' ἐκ Διόc εἰcιν ἄρισται.
ἤδη μὲν γὰρ κλῆρον ἐδαccάμεθ', ἄλλα τε πολλὰ
ἁρπάζων ἐφόρειc μέγα κυδαίνων βαcιλῆαc
δωροφάγουc, οἳ τήνδε δίκην ἐθέλουcι δικάccαι.
νήπιοι, οὐδὲ ἴcαcιν ὅcῳ πλέον ἥμιcυ παντὸc   40
οὐδ' ὅcον ἐν μαλάχῃ τε καὶ ἀcφοδέλῳ μέγ' ὄνειαρ.

21–23 vix sani   21 ἴδεν Waeschke: ἰδὼν o Pr. (sive Σ^vet) Gal.
de meth. med. 1. 1 (10. 6 K.) al.   χατίζων DΦ Gal. al.: χατίζει C (variant
Stob. codd.)   22 πλούσιον ὃc o (e πλούcιοc corr. in D) Σ^vet Gal. al.:
πλούcιον Wilam. trochaeo gavisus: ἀφνειόν Kirchhoff; ὃc pro οὗτοc acci-
piunt alii (sed cf. 24 cπεύδοντ')   ἀρόμεναι DE^pcH^ac Stob.: -ώμεναι
CE^acH^pc sch. Pl. Lys. 215c: -όμμεναι Gal.   24 ἄφενοc C^ac Pr. (sive
Σ^vet) Plut. de cap. ex inim. util. 92a Stob. (ut vid.): -ον C^pcDΦ sch.
Opp. Hal. 1. 500   cπεύδοντ' et Plut. al.: cπεύδων Stob.   25–6 varie
immutant testes (κεραμεῖ κεραμεὺc, φθονέει 25, ordine enumerationis
inverso)   27 ἐνικάτθεο et Choer. in Theod. 1. 163. 11 sqq. al.: cυγ-
κατέθεο (sic) Et^G A s.v. κακόχαρτος   29 ὀπιcπεύοντ' C: ὀπιπτεύοντ' Φ
Et^Tittm s.v.: ὀππιcπεύων Et^G A   33 ὀφέλλοιc et Pr. sch. BT Il. 1.
211: -οι C^ac   36 ἰθείαιcι δίκαιc C^ac (ut vid.)   δίκαιc D: δίκηcιν Φ
40 οὐδὲ Byz. Gell. 18. 2. 13: οὐδ' o Plut. de aud. poet. 36a al.: οὐδὲν
Olymp. in Pl. Gorg. 27. 3   41 μέγ' et Plut. al.: ἐν Stob. 3. 10. 11 al.

Κρύψαντες γὰρ ἔχουσι θεοὶ βίον ἀνθρώποισιν.
ῥηιδίως γάρ κεν καὶ ἐπ' ἤματι ἐργάσσαιο,
ὥστε σε κεῖς ἐνιαυτὸν ἔχειν καὶ ἀεργὸν ἐόντα·
αἶψά κε πηδάλιον μὲν ὑπὲρ καπνοῦ καταθεῖο,   45
ἔργα βοῶν δ' ἀπόλοιτο καὶ ἡμιόνων ταλαεργῶν.
ἀλλὰ Ζεὺς ἔκρυψε χολωσάμενος φρεσὶ ᾗσιν,
ὅττι μιν ἐξαπάτησε Προμηθεὺς ἀγκυλομήτης·
τοὔνεκ' ἄρ' ἀνθρώποισιν ἐμήσατο κήδεα λυγρά,
κρύψε δὲ πῦρ· τὸ μὲν αὖτις ἐὺς πάις Ἰαπετοῖο   50
ἔκλεψ' ἀνθρώποισι Διὸς παρὰ μητιόεντος
ἐν κοίλῳ νάρθηκι, λαθὼν Δία τερπικέραυνον.
τὸν δὲ χολωσάμενος προσέφη νεφεληγερέτα Ζεύς·
" Ἰαπετιονίδη, πάντων πέρι μήδεα εἰδώς,
χαίρεις πῦρ κλέψας καὶ ἐμὰς φρένας ἠπεροπεύσας,   55
σοί τ' αὐτῷ μέγα πῆμα καὶ ἀνδράσιν ἐσσομένοισιν.
τοῖς δ' ἐγὼ ἀντὶ πυρὸς δώσω κακόν, ᾧ κεν ἅπαντες
τέρπωνται κατὰ θυμὸν ἑὸν κακὸν ἀμφαγαπῶντες."
Ὣς ἔφατ', ἐκ δ' ἐγέλασσε πατὴρ ἀνδρῶν τε θεῶν τε·
Ἥφαιστον δ' ἐκέλευσε περικλυτὸν ὅττι τάχιστα   60
γαῖαν ὕδει φύρειν, ἐν δ' ἀνθρώπου θέμεν αὐδὴν
καὶ σθένος, ἀθανάτῃς δὲ θεῇς εἰς ὦπα ἐίσκειν
παρθενικῆς καλὸν εἶδος ἐπήρατον· αὐτὰρ Ἀθήνην
ἔργα διδασκῆσαι, πολυδαίδαλον ἱστὸν ὑφαίνειν·
καὶ χάριν ἀμφιχέαι κεφαλῇ χρυσέην Ἀφροδίτην   65
καὶ πόθον ἀργαλέον καὶ γυιοβόρους μελεδώνας·
ἐν δὲ θέμεν κύνεόν τε νόον καὶ ἐπίκλοπον ἦθος

43 ἐν ἤματι Paley   45 αἶψά κε et Plut. *de cup. div.* 527b al.: αὐτίκα
sch. Rav. Aristoph. *Av.* 711   48 ἐξεπάτησε D^ac (corr. al. m.): ἔξηπ.
E   ἀγκυλομ. et Plut. ap. Pr.: ποικιλομ. v.l. in Pr.   55 χαίροις
Φ Orig. *c. Cels.* 4. 38   59 ἐγέλασσε et Eust. *in Hom.* 1805. 8 etc.:
ἐτέλεσσε Orig., fort. recte   62 σθένος et Orig. al.: νόον Clem. Al.
strom. 5. 14. 100. 3   ἀθανάτῃς δὲ θεῇς Φ sch. Pi. *N.* 6. 1 (-ῃσι δὲ — αἷς
C: non liq. D^ac): -οις δὲ θεοῖς Orig.   63–82 exp. Jacoby   64 δι-
δασκῆσαι et Pr. (?) Σ^vet al.: διασκῆσαι D: διδασκέμεν Orig.   66 γυιο-
βόρους Σ^vet (ci. Guyet): γυιοκόρους ο Pr. Σ^vet Orig. al.

Ἑρμείην ἤνωγε, διάκτορον Ἀργεϊφόντην.
"Ὡс ἔφαθ', οἱ δ' ἐπίθοντο Διὶ Κρονίωνι ἄνακτι.

αὐτίκα δ' ἐκ γαίηс πλάссε κλυτὸс Ἀμφιγυήειс   70
παρθένῳ αἰδοίῃ ἴκελον Κρονίδεω διὰ βουλάс·
ζῶсε δὲ καὶ κόсμηсε θεὰ γλαυκῶπιс Ἀθήνη·
ἀμφὶ δέ οἱ Χάριτέс τε θεαὶ καὶ πότνια Πειθὼ
ὅρμουс χρυсείουс ἔθεсαν χροΐ· ἀμφὶ δὲ τήν γε
Ὧραι καλλίκομοι стέφον ἄνθεсι εἰαρινοῖсιν·   75
[πάντα δέ οἱ χροΐ κόсμον ἐφήρμοсε Παλλὰс Ἀθήνη·]
ἐν δ' ἄρα οἱ стήθεссι διάκτοροс Ἀργεϊφόντηс
ψεύδεά θ' αἱμυλίουс τε λόγουс καὶ ἐπίκλοπον ἦθοс
τεῦξε Διὸс βουλῆсι βαρυκτύπου· ἐν δ' ἄρα φωνὴν
θῆκε θεῶν κῆρυξ, ὀνόμηνε δὲ τήνδε γυναῖκα   80
Πανδώρην, ὅτι πάντεс Ὀλύμπια δώματ' ἔχοντεс
δῶρον ἐδώρηсαν, πῆμ' ἀνδράсιν ἀλφηстῇсιν.

αὐτὰρ ἐπεὶ δόλον αἰπὺν ἀμήχανον ἐξετέλεссεν,
εἰс Ἐπιμηθέα πέμπε πατὴρ κλυτὸν Ἀργεϊφόντην
δῶρον ἄγοντα, θεῶν ταχὺν ἄγγελον· οὐδ' Ἐπιμηθεὺс   85
ἐφράсαθ' ὥс οἱ ἔειπε Προμηθεὺс μή ποτε δῶρον
δέξαсθαι πὰρ Ζηνὸс Ὀλυμπίου, ἀλλ' ἀποπέμπειν
ἐξοπίсω, μή πού τι κακὸν θνητοῖсι γένηται·
αὐτὰρ ὁ δεξάμενοс, ὅτε δὴ κακὸν εἶχ', ἐνόηсε.

Πρὶν μὲν γὰρ ζώεсκον ἐπὶ χθονὶ φῦλ' ἀνθρώπων   90
νόсφιν ἄτερ τε κακῶν καὶ ἄτερ χαλεποῖο πόνοιο

68 om. Orig.   69–82 exp. Twesten Wilam. al.   ad 69–76 nihil
Pr., exilia Σ^vet   70–6 cf. ad 69 sqq., hi versus suspecti (in editione
priore cancellis inclusi)   70–2 (= *Theog.* 571–3) om. Orig.
71 Κρονίδαο CD   74 τήν γε : τήνδε Orig.   76 exp. Bentley   οἱ om.
Orig.   77–9 βαρυκτ. nescio an pristinae narrationis   77 стήθεссι et
Orig. Stob. 4. 22. 171 : стήθεсφι Φ   79 'περιττόν' dixerant quidam
ap. Pr., exp. Bentley   79 ἐν–82 suspecta   82 ἐδωρήсαντο Orig.
ἀλφηстῇсιν et Σ^vet Orig. : ἐс(с)ομέ[νοιс]ιν Philod. *de piet.* 52 Gomp.
84 κλυτὸν ο : κρατὺν West   85 θεῶν quod a ταχ. ἄγγ. abesse nequit
et ad δῶρ. ἄγ. traxeris   86 δῶρα Plut. *de aud. poet.* 23e, *de fort.* 99f
88 γένοιτο Brunck   91 κακῶν et Orig. Eust. : κακοῦ Φ

νούcων τ' ἀργαλέων, αἵ τ' ἀνδράcι κῆρας ἔδωκαν.
[αἶψα γὰρ ἐν κακότητι βροτοὶ καταγηράcκουcιν.]
ἀλλὰ γυνὴ χείρεccι πίθου μέγα πῶμ' ἀφελοῦcα
ἐcκέδαc', ἀνθρώποιcι δ' ἐμήcατο κήδεα λυγρά.   95
μούνη δ' αὐτόθι Ἐλπὶc ἐν ἀρρήκτοιcι δόμοιcιν
ἔνδον ἔμεινε πίθου ὑπὸ χείλεcιν οὐδὲ θύραζε
ἐξέπτη· πρόcθεν γὰρ ἐπέμβαλε πῶμα πίθοιο
[αἰγιόχου βουλῇcι Διὸc νεφεληγερέταο].
ἄλλα δὲ μυρία λυγρὰ κατ' ἀνθρώπους ἀλάληται·   100
πλείη μὲν γὰρ γαῖα κακῶν, πλείη δὲ θάλαccα·
νοῦcοι δ' ἀνθρώποιcιν ἐφ' ἡμέρῃ, αἱ δ' ἐπὶ νυκτὶ
αὐτόματοι φοιτῶcι κακὰ θνητοῖcι φέρουcαι
cιγῇ, ἐπεὶ φωνὴν ἐξείλετο μητίετα Ζεύc.
οὕτως οὔ τί πη ἔcτι Διὸc νόον ἐξαλέαcθαι.   105
   Εἰ δ' ἐθέλεις, ἕτερόν τοι ἐγὼ λόγον ἐκκορυφώcω
εὖ καὶ ἐπιcταμένωc· cὺ δ' ἐνὶ φρεcὶ βάλλεο cῇcιν
[ὡc ὁμόθεν γεγάαcι θεοὶ θνητοί τ' ἄνθρωποι].
   Χρύcεον μὲν πρώτιcτα γένοc μερόπων ἀνθρώπων
ἀθάνατοι ποίηcαν Ὀλύμπια δώματ' ἔχοντεc.   110
οἳ μὲν ἐπὶ Κρόνου ἦcαν, ὅτ' οὐρανῷ ἐμβαcίλευεν·
ὥcτε θεοὶ δ' ἔζωον ἀκηδέα θυμὸν ἔχοντεc
νόcφιν ἄτερ τε πόνου καὶ ὀϊζύοc, οὐδέ τι δειλὸν
γῆρας ἐπῆν, αἰεὶ δὲ πόδαc καὶ χεῖραc ὁμοῖοι

93 solus E in textu, in mg. H (deest et in Orig., non respic. Pr. Σ^vet)
96 δόμοιcιν et Σ^vet Orig. al.: πίθοιcιν (?μυχοῖcι? cf. vv.ll. in Σ) Seleucus
97 ἔμεινε Byz. (S) 'Plut.' *cons. ad Ap.* 105d Stob. 4. 46. 6: ἔμιμνε o Orig.,
fort. melius   98 ἐπέμβαλε Φ: ἐπέβαλε Orig. (alterum horum et
Σ^vet): ἐπέλ(λ)αβε CDΣ^vet (ἔνιοι) 'Plut.' Stob., fort. recte   99 non
habet 'Plut.' (qui 94-8, 100-4), non respic. Pr. Σ^vet   102 ἐφ' ἡμέρῃ
et Stob. 4. 34. 32: ἐφήμεροι C^ac(?) 'Plut.' 105e   104 ἀθcτεῖται Σ^vet
(extat in 'Plut.')   106 ἐθέλοιc D   ἐκκορυφήcω D   108 exp.
Lehrs (leg. Pr. Σ^vet)   111 et Pr.: del. Goettling; fort. ab ipso
Hesiodo postea additus   ἐμβαcίλευεν Byz. (S) Diod. 5. 66. 6: ἐβαc. o
112 δ' ἔζωον: ζώεcκον Diod., cuius non omnia adnotabo   113 τε
om. DΦ Hdn. *de fig.* 3. 102. 11 Sp.   πόνο]υ Π8 Hdn.: πόνων o

τέρποντ' ἐν θαλίῃσι, κακῶν ἔκτοσθεν ἁπάντων·   115
θνῇσκον δ' ὥσθ' ὕπνῳ δεδμημένοι· ἐσθλὰ δὲ πάντα
τοῖσιν ἔην· καρπὸν δ' ἔφερε ζείδωρος ἄρουρα
αὐτομάτη πολλόν τε καὶ ἄφθονον· οἳ δ' ἐθελημοὶ
ἥσυχοι ἔργ' ἐνέμοντο σὺν ἐσθλοῖσιν πολέεσσιν.   119
αὐτὰρ ἐπεὶ δὴ τοῦτο γένος κατὰ γαῖα κάλυψε,   121
τοὶ μὲν δαίμονές εἰσι Διὸς μεγάλου διὰ βουλὰς
ἐσθλοί, ἐπιχθόνιοι, φύλακες θνητῶν ἀνθρώπων,
[οἵ ῥα φυλάσσουσίν τε δίκας καὶ σχέτλια ἔργα
ἠέρα ἑσσάμενοι πάντη φοιτῶντες ἐπ' αἶαν,]   125
πλουτοδόται· καὶ τοῦτο γέρας βασιλήιον ἔσχον.

Δεύτερον αὖτε γένος πολὺ χειρότερον μετόπισθεν
ἀργύρεον ποίησαν Ὀλύμπια δώματ' ἔχοντες,
χρυσέῳ οὔτε φυὴν ἐναλίγκιον οὔτε νόημα·
ἀλλ' ἑκατὸν μὲν παῖς ἔτεα παρὰ μητέρι κεδνῇ   130
ἐτρέφετ' ἀτάλλων, μέγα νήπιος, ᾧ ἐνὶ οἴκῳ·
ἀλλ' ὅτ' ἄρ' ἡβήσαι τε καὶ ἥβης μέτρον ἵκοιτο,
παυρίδιον ζώεσκον ἐπὶ χρόνον, ἄλγε' ἔχοντες
ἀφραδίῃς· ὕβριν γὰρ ἀτάσθαλον οὐκ ἐδύναντο
ἀλλήλων ἀπέχειν, οὐδ' ἀθανάτους θεραπεύειν   135

116 δ' et Diod. Eust. *in Hom.* 1843. 48: θ' C: om. Dᵃᶜ   ὥσθ': ὡς
Φ Diod. Eust.   118 δ' ἐθελημοὶ ο Pr. Σᵛᵉᵗ al.: δ' ἐπὶ γαίῃ Diod.
120 ἀφνειοὶ μήλοισι, φίλοι μακάρεσσι θεοῖσιν Diod. codd. non omnes
121 δὴ Pr.¹ Pl. *Crat.* 397e: κε(ν) ο   μοῖρ' ἐκάλυψεν Pl. (fastidiosi, puto,
γαῖα ante ἐπιχθόν. improbaverant)   122 τοὶ: οἵ Pl. et *resp.* 5. 468e
(utrumque Lact. *inst. div.* 2. 7. 1 codd.)   εἰσι Διὸς μεγάλου διὰ βουλὰς
ἐσθλοὶ ἐπιχθόνιοι ο Pr. Lact.: ἁγνοὶ (hoc et Plut. *de Is.* 361b etc.) ἐπιχθόνιοι
τελέθουσι (καλέονται *Crat.*) ἐσθλοὶ ἀλεξίκακοι Pl. *Crat. resp.*   ἐπιχθόνιοι
et Σᵛᵉᵗ al.: ὑποχθ. Pl. *Crat.* codd.   123 θνητῶν et Pl. *Crat.* al.:
μερόπων Pl. *resp.*   124 sq. (= 254 sq.) non agnosc. Pr. Σᵛᵉᵗ Plut.
Macr.   132 ὅτ' ἄρ' ἡβήσαι τε Rzach: ὅτ' ἄρ ἡβήσῃι τε C: ὅταν
ἡβήσαι (in -η corr. m. 1) τε D: ὅταν ἡβήσειε E Anecd. Ox. 3. 109. 12 Cr.:
ὅταν ἡβήσοιτο Η: ὅτε θ' ἡβήσειε Maas (per litt.): ὅτ' ἀνηβήσαι τε Rzach
(in ed. 1884): ὅτ' ἡβήσειε Wilam. (cf. ad 22)   134 ἀφραδίῃσιν DΦ
οὐκ ἐδύν. et Lex. Vind. s.v. ἀπέχω: οὐκ ἐθέλεσκον Theophr. ap. Porph.
de abst. 2. 8 (139. 3 N.)   135 ἀλλ. ἀπέχειν et Lex. Vind.: ἴσχειν
(omisso ἀλλ.) Theophr.

ἤθελον οὐδ' ἔρδειν μακάρων ἱεροῖς ἐπὶ βωμοῖς,
ᾗ θέμις ἀνθρώποις κατὰ ἤθεα. τοὺς μὲν ἔπειτα
Ζεὺς Κρονίδης ἔκρυψε χολούμενος, οὕνεκα τιμὰς
οὐκ ἔδιδον μακάρεσσι θεοῖς οἳ Ὄλυμπον ἔχουσιν.
αὐτὰρ ἐπεὶ καὶ τοῦτο γένος κατὰ γαῖα κάλυψε,   140
τοὶ μὲν ὑποχθόνιοι μάκαρες θνητοὶ καλέονται,
δεύτεροι, ἀλλ' ἔμπης τιμὴ καὶ τοῖσιν ὀπηδεῖ.
Ζεὺς δὲ πατὴρ τρίτον ἄλλο γένος μερόπων ἀνθρώπων
χάλκειον ποίης', οὐκ ἀργυρέῳ οὐδὲν ὁμοῖον,
ἐκ μελιᾶν, δεινόν τε καὶ ὄβριμον· οἷσιν Ἄρηος   145
ἔργ' ἔμελε στονόεντα καὶ ὕβριες, οὐδέ τι σῖτον
ἤςθιον, ἀλλ' ἀδάμαντος ἔχον κρατερόφρονα θυμόν.
[ἄπλαστοι· μεγάλη δὲ βίη καὶ χεῖρες ἄαπτοι
ἐξ ὤμων ἐπέφυκον ἐπὶ στιβαροῖσι μέλεσσι.]
τῶν δ' ἦν χάλκεα μὲν τεύχεα, χάλκεοι δέ τε οἶκοι,   150
χαλκῷ δ' εἰργάζοντο· μέλας δ' οὐκ ἔσκε σίδηρος.
καὶ τοὶ μὲν χείρεσσιν ὑπὸ σφετέρῃσι δαμέντες
βῆσαν ἐς εὐρώεντα δόμον κρυεροῦ Ἀΐδαο,
νώνυμνοι· θάνατος δὲ καὶ ἐκπάγλους περ ἐόντας
εἷλε μέλας, λαμπρὸν δ' ἔλιπον φάος ἠελίοιο.   155
Αὐτὰρ ἐπεὶ καὶ τοῦτο γένος κατὰ γαῖα κάλυψεν,
αὖτις ἔτ' ἄλλο τέταρτον ἐπὶ χθονὶ πουλυβοτείρῃ
Ζεὺς Κρονίδης ποίησε, δικαιότερον καὶ ἄρειον,
ἀνδρῶν ἡρώων θεῖον γένος, οἳ καλέονται

137 ἀνθρώποισι κατ' *o*: corr. Bentley   ἀνθρ.: ἀθανάτοις Theophr.
139 ἐδίδων *o*: corr. D (m. rec.) : -ουν Theophr.   141 μὲν ὑποχθ. C^pc
(ὑπο in ras., ex ἐπι), D Pr.: μέν τοι (*sic*) χθ. *Φ*: μὲν ἐπιχθ. Byz. (S)
μάκαρες: φύλακες Pr.   θνητοὶ C Pr.: -τοῖ *Φ*: θεοὶ in ras. D (m. 1?):
θνητοῖς Peppmueller   146 ὕβριος West   148 sq. del. Wilam.
(novit Pr. ad 143 sqq.; cf. *Theog.* 150 sqq., 649, 671 sqq., *Sc.* 75 sq.)
148 ἄπλατοι C Pr.   μεγάλη δὲ βίη et Pr.: μεγάλη βίη D^acH: -οι τὲ βίη
(*sic*) C^pc   151 οὐκ ἔσκε et Π38 sch. BT *Il.* 15. 713 al.: ἀπέκειτο
Philostr. *v. Ap.* 6. 2 (οὐκ ἔστι quod Seleuco trib. Σ^vet vix sanum est)
154 νώνυμοι *o*: corr. Byz.   157 hab. et Π38, om. Π8, non respic.
Pr. Σ^vet

ἡμίθεοι, προτέρη γενεὴ κατ᾽ ἀπείρονα γαῖαν.　　160
καὶ τοὺς μὲν πόλεμός τε κακὸς καὶ φύλοπις αἰνὴ
τοὺς μὲν ὑφ᾽ ἑπταπύλῳ Θήβῃ, Καδμηίδι γαίῃ,
ὤλεσε μαρναμένους μήλων ἕνεκ᾽ Οἰδιπόδαο,
τοὺς δὲ καὶ ἐν νήεσσιν ὑπὲρ μέγα λαῖτμα θαλάσσης
ἐς Τροίην ἀγαγὼν Ἑλένης ἕνεκ᾽ ἠυκόμοιο.　　165
[ἔνθ᾽ ἦ τοι τοὺς μὲν θανάτου τέλος ἀμφεκάλυψε]
τοῖς δὲ δίχ᾽ ἀνθρώπων βίοτον καὶ ἤθε᾽ ὀπάσσας
Ζεὺς Κρονίδης κατένασσε πατὴρ ἐς πείρατα γαίης.　　168
καὶ τοὶ μὲν ναίουσιν ἀκηδέα θυμὸν ἔχοντες　　170
ἐν μακάρων νήσοισι παρ᾽ Ὠκεανὸν βαθυδίνην,
ὄλβιοι ἥρωες, τοῖσιν μελιηδέα καρπὸν
τρὶς ἔτεος θάλλοντα φέρει ζείδωρος ἄρουρα.

Μηκέτ᾽ ἔπειτ᾽ ὤφελλον ἐγὼ πέμπτοισι μετεῖναι
ἀνδράσιν, ἀλλ᾽ ἢ πρόσθε θανεῖν ἢ ἔπειτα γενέσθαι.　　175
νῦν γὰρ δὴ γένος ἐστὶ σιδήρεον· οὐδέ ποτ᾽ ἦμαρ
παύσονται καμάτου καὶ ὀιζύος οὐδέ τι νύκτωρ

160 προτέρη γ]ενεὴ Π8 sch. Arat. 16: -η -ῆ ο　　162 ὑφ᾽: ἐφ᾽ Φ (ὑφ᾽
e corr. E m. 1)　　166 deest in Π38, non respic. Pr. Σᵛᵉᵗ　　168 ἐν
πείρας[ι Π38　　de 169 v. ad 173a
173a (olim 169) post 160 memorat Σ (Procli puto), refertque sepositos
esse τοῦτον καὶ τὸν ἑξῆς (τοὺς ἑξῆς recte Schoemann); ante b–c habet
Π38 (ut posuit Weil), b–e autem ante 174 Π8. versum noverunt Marc.
Sid. 1046. 9 Kaibel, Zenob. 3. 86
173a–e τηλοῦ ἀπ᾽ ἀθανάτων· τοῖσιν Κρόνος ἐμβασιλεύει.
　　　　αὐτὸς γάρ μ]ιν ἔλυσε πατ[ὴρ ἀνδρῶ]ν τε θε[ῶν τε·
　　　　νῦν δ᾽ αἰεὶ] μετὰ τοῖς τιμὴ[ν ἔ]χει ὡς ἐ[πιεικές.
　　　　Ζεὺς δ᾽ αὖτ᾽ ἄ]λλο γένος θῆκ[εν μερόπων ἀνθρώπων
　　　　ὅσσοι νῦ]ν γεγάασιν ἐπὶ [χθονὶ πουλυβοτείρῃ.
173a ἐβασίλευε Σ: ἐν[Π38: -ει Buttmann　　b init. suppl. West, cetera
Weil　　c init. suppl. Maehler: νῦν δ᾽ ἤδη West　　τοῖσι Π8: corr. Weil
τιμὴ[ν Weil, cetera Machler　　d init. suppl. West, exit. Wilam.
e init. supplevi: τῶν οἷ νῦ]ν Kuiper: οἳ καὶ νῦ]ν Wilam., exit. Weil
174 ὤφελλον Π8 Byz. (S) Anecd. Ox. 3. 321. 16 Cr.: ὤφειλον ο Pr. (ad
160)　　177 παύσονται et Clem. Al. strom. 5. 14. 130. 1: παύονται Π8
καμάτου et Π8 Clem.: -οιο Φ

56

τειρόμενοι· χαλεπὰς δὲ θεοὶ δώσουσι μερίμνας.
ἀλλ' ἔμπης καὶ τοῖσι μεμείξεται ἐσθλὰ κακοῖσιν.
Ζεὺς δ' ὀλέσει καὶ τοῦτο γένος μερόπων ἀνθρώπων,   180
εὖτ' ἂν γεινόμενοι πολιοκρόταφοι τελέθωσιν.
οὐδὲ πατὴρ παίδεσσιν ὁμοίιος οὐδέ τι παῖδες
οὐδὲ ξεῖνος ξεινοδόκῳ καὶ ἑταῖρος ἑταίρῳ,
οὐδὲ κασίγνητος φίλος ἔσσεται, ὡς τὸ πάρος περ.
αἶψα δὲ γηράσκοντας ἀτιμήσουσι τοκῆας·   185
μέμψονται δ' ἄρα τοὺς χαλεποῖς βάζοντες ἔπεσσι,
σχέτλιοι, οὐδὲ θεῶν ὄπιν εἰδότες· οὐδὲ μὲν οἵ γε
γηράντεσσι τοκεῦσιν ἀπὸ θρεπτήρια δοῖεν·
[χειροδίκαι· ἕτερος δ' ἑτέρου πόλιν ἐξαλαπάξει·]
οὐδέ τις εὐόρκου χάρις ἔσσεται οὐδὲ δικαίου   190
οὐδ' ἀγαθοῦ, μᾶλλον δὲ κακῶν ῥεκτῆρα καὶ ὕβριν
ἀνέρα τιμήσουσι· δίκη δ' ἐν χερσί· καὶ αἰδὼς
οὐκ ἔσται, βλάψει δ' ὁ κακὸς τὸν ἀρείονα φῶτα
μύθοισι σκολιοῖς ἐνέπων, ἐπὶ δ' ὅρκον ὀμεῖται.
Ζῆλος δ' ἀνθρώποισιν ὀιζυροῖσιν ἅπασι   195
δυσκέλαδος κακόχαρτος ὁμαρτήσει στυγερώπης.
καὶ τότε δὴ πρὸς Ὄλυμπον ἀπὸ χθονὸς εὐρυοδείης
λευκοῖσιν φάρεσσι καλυψαμένω χρόα καλὸν
ἀθανάτων μετὰ φῦλον ἴτον προλιπόντ' ἀνθρώπους
Αἰδὼς καὶ Νέμεσις· τὰ δὲ λείψεται ἄλγεα λυγρὰ   200
θνητοῖς ἀνθρώποισι· κακοῦ δ' οὐκ ἔσσεται ἀλκή.

178 τ]ειρόμενοι e Π38 West: φθειρόμενοι o   179 damn. Heyer;
si Hesiodi, alio tempore alio animo conceptus   186 βάζοντες ἔπεσσι
et M. Aur. 11. 32: βάζοντ' ἐπέεσσι D   187 οὔτε ante θεῶν o: corr.
Aldina   μὲν et Π43 (Oxy. 3223) Et G (sch.) s.v. γηράντεσσι: κεν Brunck
189 leg. Eust. *in Hom.* 201. 3 etc.: exp. Hagen: post 181 traiec.
Pertusi   190 οὔτε δικ. Byz. (S)   191 οὐδ' Σvet(?) Stob.
3. 2. 9: οὔτ' o   193 βλάψει et Stob.: βλάπτει sch. Soph. *Ph.* 456
198 φάρεσσι epigr. Acharnense (1110. 2 Kaib.): -έεσσι o sch. Soph. *O.C.*
1676 al.   καλυψαμένω o sch. Soph. al.: -μένα epigr. sch. Eur. *Med.*
439   199 ἴτον Byz. epigr.: ἴτην o Pr. sch. *Od.* 2. 65: ἴσαν sch.
Soph.

Νῦν δ' αἶνον βασιλεῦςιν ἐρέω φρονέουςι καὶ αὐτοῖς·
ὧδ' ἴρηξ προςέειπεν ἀηδόνα ποικιλόδειρον
ὕψι μάλ' ἐν νεφέεςςι φέρων ὀνύχεςςι μεμαρπώς·
ἢ δ' ἐλεόν, γναμπτοῖςι πεπαρμένη ἀμφ' ὀνύχεςςι,   205
μύρετο· τὴν ὅ γ' ἐπικρατέως πρὸς μῦθον ἔειπεν·
"δαιμονίη, τί λέληκας; ἔχει νύ ςε πολλὸν ἀρείων·
τῇ δ' εἶς ᾗ ς' ἂν ἐγώ περ ἄγω καὶ ἀοιδὸν ἐοῦςαν·
δεῖπνον δ', αἴ κ' ἐθέλω, ποιήςομαι ἠὲ μεθήςω.
ἄφρων δ', ὅς κ' ἐθέλῃ πρὸς κρείςςονας ἀντιφερίζειν·   210
νίκης τε ςτέρεται πρός τ' αἴςχεςιν ἄλγεα πάςχει."
ὣς ἔφατ' ὠκυπέτης ἴρηξ, τανυςίπτερος ὄρνις.

    Ὦ Πέρςη, ςὺ δ' ἄκουε δίκης μηδ' ὕβριν ὄφελλε·
ὕβρις γάρ τε κακὴ δειλῷ βροτῷ, οὐδὲ μὲν ἐςθλὸς
ῥηιδίως φερέμεν δύναται, βαρύθει δέ θ' ὑπ' αὐτῆς   215
ἐγκύρςας ἄτῃςιν· ὁδὸς δ' ἑτέρηφι παρελθεῖν
κρείςςων ἐς τὰ δίκαια· δίκη δ' ὑπὲρ ὕβριος ἴςχει
ἐς τέλος ἐξελθοῦςα· παθὼν δέ τε νήπιος ἔγνω.
αὐτίκα γὰρ τρέχει Ὅρκος ἅμα ςκολιῇςι δίκῃςιν·
τῆς δὲ Δίκης ῥόθος ἑλκομένης ᾗ κ' ἄνδρες ἄγωςι   220
δωροφάγοι, ςκολιῇς δὲ δίκῃς κρίνωςι θέμιςτας·
ἡ δ' ἕπεται κλαίουςα πόλιν καὶ ἤθεα λαῶν,
ἠέρα ἑςςαμένη, κακὸν ἀνθρώποιςι φέρουςα
οἵ τέ μιν ἐξελάςωςι καὶ οὐκ ἰθεῖαν ἔνειμαν.
    οἳ δὲ δίκας ξείνοιςι καὶ ἐνδήμοιςι διδοῦςιν   225

202 φρονέουςι et Ammon. *Diff.* s.v. αἶνος (ubi νοέ correctura) al.: νοέουςι
Et Gud s.v. αἶνος Eust. *in Hom.* 1786. 57, fort. melius   206 τὴν δ' ο:
corr. Peppmueller   208 ἀοιδὸν et Pr. al.: ἀηδὸν Φ   210 sq. hab. et
Π5Π8Π38: damn. Aristarchus   210 κε θέλοι Stob. 3. 4. 3 codd.
AM Macrob. *sat.* 5. 16. 6 (-η vel -ει et Theo *prog.* 3. 2; 74. 16 Sp. al.)
κρείςςονας et Π8Π38 Pr. al.: -να Nicol. *prog.* 1. 281. 1 W.   211 αἴςχ.
ἄλγ. et Π5Π8Π38: ἄλγεςιν αἴςχεα Merkelbach   213 ἄ]κ[ου]ε et Π5:
ἄιε EtGM s.v. ἀίω   214 μὲν et Π8: μιν Gerhard   215 δέ θ' et Π8:
δὲ Φ   αὐτοῦ Π8   216 παρελθεῖν et Π8 Pr. al.: μετελθεῖν C sch.
Genav. *Il.* 13. 588   220 ᾗ et Π8: ἥν EtG A s.v. ῥόθος (deest B)
224 ἐξελάουςι Tr.   225 διδῶντες Φ: διδῶςι et 226 παρεκβαίνωςι Paley

ἰθείας καὶ μή τι παρεκβαίνουσι δικαίου,
τοῖσι τέθηλε πόλις, λαοὶ δ' ἀνθεῦσιν ἐν αὐτῇ·
Εἰρήνη δ' ἀνὰ γῆν κουροτρόφος, οὐδέ ποτ' αὐτοῖς
ἀργαλέον πόλεμον τεκμαίρεται εὐρύοπα Ζεύς·
οὐδέ ποτ' ἰθυδίκῃσι μετ' ἀνδράσι Λιμὸς ὀπηδεῖ   230
οὐδ' Ἄτη, θαλίῃς δὲ μεμηλότα ἔργα νέμονται.
τοῖσι φέρει μὲν γαῖα πολὺν βίον, οὔρεσι δὲ δρῦς
ἄκρη μέν τε φέρει βαλάνους, μέσση δὲ μελίσσας·
εἰροπόκοι δ' ὄιες μαλλοῖς καταβεβρίθασι·
τίκτουσιν δὲ γυναῖκες ἐοικότα τέκνα γονεῦσι·   235
θάλλουσιν δ' ἀγαθοῖσι διαμπερές· οὐδ' ἐπὶ νηῶν
νίσονται, καρπὸν δὲ φέρει ζείδωρος ἄρουρα.
οἷς δ' ὕβρις τε μέμηλε κακὴ καὶ σχέτλια ἔργα,
τοῖς δὲ δίκην Κρονίδης τεκμαίρεται εὐρύοπα Ζεύς.
πολλάκι καὶ ξύμπασα πόλις κακοῦ ἀνδρὸς ἀπηύρα,   240
ὅστις ἀλιτραίνῃ καὶ ἀτάσθαλα μηχανάαται.
τοῖσιν δ' οὐρανόθεν μέγ' ἐπήγαγε πῆμα Κρονίων,
λιμὸν ὁμοῦ καὶ λοιμόν, ἀποφθινύθουσι δὲ λαοί·
[οὐδὲ γυναῖκες τίκτουσιν, μινύθουσι δὲ οἶκοι
Ζηνὸς φραδμοσύνῃσιν Ὀλυμπίου· ἄλλοτε δ' αὖτε]   245
ἢ τῶν γε στρατὸν εὐρὺν ἀπώλεσεν ἢ ὅ γε τεῖχος
ἢ νέας ἐν πόντῳ Κρονίδης ἀποτείνυται αὐτῶν.
    Ὦ βασιλῆς, ὑμεῖς δὲ καταφράζεσθε καὶ αὐτοὶ

227 τοῖσι et Eust. *in Hom.* 743. 37 al.: τοῖσι δὲ idem 1007. 17; cf. 238 sq.
230 ἰθυδίκοισι Byz. (SH)   235 γονεῦσι et Plut. *praec. ger. r. p.* 824c al.:
τοκεῦσι D   238 κακὴ om. Φ (add. m. 2 E)   240 καὶ et Lib. 16. 50
al.: δὴ Aeschin. 3. 134: τοι id. 2. 158   ἀπηύρα et Aeschin. utroque
loco, al.: ἐπαυρεῖ Byz.: ἐπηῦρεν Thiersch   241 ὅστις ἀλ-η Goettling:
ὅστις ἀλ-ει ο : ὃς κεν ἀλ-η Aeschin. utroque loco   μη]χαν. et Π9 Aeschin.
2 : μητιάαται id. 3   242 μέγα πῆμα δῶκε Aeschin. 3 ut vid. (δῶκεν
μ. π. Sauppe): μέγ' ἐπήλασε π. Chrys. ap. Plut. *de Stoic. repugn.* 1040c
(ἐπήγαγε et Pr. ut vid.)   244 sq. Π5Π9 ο : in libris nonnullis defuisse
testatur Plut. (ap. Pr.), non laud. Aeschin. 3   247 κρον. ἀποτίν-
αὐτ. ο (κρ. τε ὑποτίνυται fere Dac : τε post πόντῳ Dpc) : τίν(ν)υται εὐρύοπα
Ζεύς Aeschin. 3 codd.: ἀποτίνυται εὐρ. Ζ. Wilam.   ἀποαίνυται Pepp-
mueller   248 erasus in D   βασιλεῖς Φ   καταφράσασθε EtM s.v. δίκη

τήνδε δίκην· ἐγγὺς γὰρ ἐν ἀνθρώποισιν ἐόντες
ἀθάνατοι φράζονται ὅσοι σκολιῇσι δίκῃσιν   250
ἀλλήλους τρίβουσι θεῶν ὄπιν οὐκ ἀλέγοντες.

τρὶς γὰρ μύριοί εἰσιν ἐπὶ χθονὶ πουλυβοτείρῃ
ἀθάνατοι Ζηνὸς φύλακες θνητῶν ἀνθρώπων,
οἵ ῥα φυλάσσουσίν τε δίκας καὶ σχέτλια ἔργα
ἠέρα ἑσσάμενοι, πάντη φοιτῶντες ἐπ᾽ αἶαν.   255

ἡ δέ τε παρθένος ἐστὶ Δίκη, Διὸς ἐκγεγαυῖα,
κυδρή τ᾽ αἰδοίη τε θεοῖς οἳ Ὄλυμπον ἔχουσιν,
καί ῥ᾽ ὁπότ᾽ ἄν τίς μιν βλάπτῃ σκολιῶς ὀνοτάζων,
αὐτίκα πὰρ Διὶ πατρὶ καθεζομένη Κρονίωνι
γηρύετ᾽ ἀνθρώπων ἀδίκων νόον, ὄφρ᾽ ἀποτείσῃ   260
δῆμος ἀτασθαλίας βασιλέων οἳ λυγρὰ νοεῦντες
ἄλλῃ παρκλίνωσι δίκας σκολιῶς ἐνέποντες.

ταῦτα φυλασσόμενοι, βασιλῆς, ἰθύνετε μύθους,
δωροφάγοι, σκολιέων δὲ δικέων ἐπὶ πάγχυ λάθεσθε.

οἷ αὐτῷ κακὰ τεύχει ἀνὴρ ἄλλῳ κακὰ τεύχων,   265
ἡ δὲ κακὴ βουλὴ τῷ βουλεύσαντι κακίστη.

πάντα ἰδὼν Διὸς ὀφθαλμὸς καὶ πάντα νοήσας
καί νυ τάδ᾽ αἴ κ᾽ ἐθέλῃσ᾽ ἐπιδέρκεται, οὐδέ ἑ λήθει
οἵην δὴ καὶ τήνδε δίκην πόλις ἐντὸς ἐέργει.

νῦν δὴ ἐγὼ μήτ᾽ αὐτὸς ἐν ἀνθρώποισι δίκαιος   270

252 τρὶς γὰρ μύριοι et Pr. Sext. adv. phys. I. 86 al.: τρεις γαρ χιλιοι Π5
253 ἀθ. ζηνὸς et Π5 Pr. al.: δαίμονες ἀθάνατοι Clem. Al. protr. 2. 41. 1
etc.   φύλακες et Pr. al.: πρόπολοι Max. Tyr. 8. 8   θνητῶν et Pr.:
μερόπων Sext. Clem.   255 πάντη φοιτῶντες et Eust. in Hom. 17. 39
al.: πᾶσαν φοιτῶσιν Plut. de pr. frig. 948e   256 δέ τε et Π5: δέ γε Plut.
ad princ. inerud. 781b   257 θεῶν Π10   258 τίς et Π10: deest
in Π5 (quae post μιν deficit)   260 ἄδικον Π10(?) D² Pr.
262 παρκλίνωσι Π5Π10 Byz. (S): παρακλ. ο   263 βασιλῆς Π10:
-ῆες ο   μύθους Φ: δίκας CD   264 σκολιεω[ν δε δ]ικεων Π10: -ιῶν δὲ
δικῶν ο   265 οἳ αὐτῷ Wilam.: οἵ τ᾽ (θ᾽ Tzetzes chil. 8. 35) αὐτῷ ο
Democr. Chius ap. Aristot. rhet. 1409b28 al.: οἳ γ᾽ αὐτῷ Rzach
267–73 damn. Plut. (teste Pr.)   268 νυ κε αι κ εθ. Π10ᵃᶜ   ἐθέληι Π10
269 πόλιν Π10 (quae et τήνδε δίκην)   270 δὴ et Stob. 3. 2. 11 al.:
δε Π10: δ᾽ ἄρ᾽ Bentley

εἴην μήτ' ἐμὸς υἱός, ἐπεὶ κακὸν ἄνδρα δίκαιον
ἔμμεναι, εἰ μείζω γε δίκην ἀδικώτερος ἕξει.
ἀλλὰ τά γ' οὔπω ἔολπα τελεῖν Δία μητιόεντα.
    ᾞ Πέρςη, cừ δὲ ταῦτα μετὰ φρεςὶ βάλλεο cῇcι
καί νυ δίκης ἐπάκουε, βίης δ' ἐπιλήθεο πάμπαν.   275
τόνδε γὰρ ἀνθρώποιcι νόμον διέταξε Κρονίων,
ἰχθύcι μὲν καὶ θηρcὶ καὶ οἰωνοῖc πετεηνοῖc
ἔcθειν ἀλλήλουc, ἐπεὶ οὐ δίκη ἐcτὶ μετ' αὐτοῖc·
ἀνθρώποιcι δ' ἔδωκε δίκην, ἣ πολλὸν ἀρίcτη
γίνεται· εἰ γάρ τίc κ' ἐθέλη τὰ δίκαι' ἀγορεῦcαι   280
γινώcκων, τῷ μέν τ' ὄλβον διδοῖ εὐρύοπα Ζεύc·
ὃc δέ κε μαρτυρίηcιν ἑκὼν ἐπίορκον ὀμόccαc
ψεύcεται, ἐν δὲ Δίκην βλάψαc νήκεcτον ἀαcθῇ,
τοῦ δέ τ' ἀμαυροτέρη γενεὴ μετόπιcθε λέλειπται·
ἀνδρὸc δ' εὐόρκου γενεὴ μετόπιcθεν ἀμείνων.   285
    Coὶ δ' ἐγὼ ἐcθλὰ νοέων ἐρέω, μέγα νήπιε Πέρcη·
τὴν μέν τοι κακότητα καὶ ἰλαδὸν ἔcτιν ἑλέcθαι
ῥηιδίωc· λείη μὲν ὁδόc, μάλα δ' ἐγγύθι ναίει·
τῆc δ' ἀρετῆc ἱδρῶτα θεοὶ προπάροιθεν ἔθηκαν
ἀθάνατοι· μακρὸc δὲ καὶ ὄρθιοc οἶμοc ἐc αὐτὴν   290
καὶ τρηχὺc τὸ πρῶτον· ἐπὴν δ' εἰc ἄκρον ἵκηται,

---

273 μητιόεντα et Π10 Pr.: τερπικέραυνον D   277 μὲν et Plut. *de soll. anim.* 964b al.: γὰρ Clem. Al. *strom.* 1. 29. 181. 6 al. (om. Sext. *adv. phys.* 32)   πετεηνοῖc et Π5Π10 Plut. al.: πετεινοῖc D (οἰωνοῖc πετεινοῖc Porph. in sch. *Od.* 9. 106: οἰωνοῖcι et Sext.)   278 ἔcθειν et Π10 (e rat. spatii) Plut. al.: ἐcθέμεν Clem.   μετ' αὐτοῖc Π5 Plut. al.: μετ' αυ[Π10: μετ' αὐτῶν Clem. Porph.: ἐν αὐτοῖc ο Stob. 1. 3. 1   279 ἀνθρώποιcι δ' ἔδ. et Plut. al.: ἀνθρώποιc δὲ δέδωκε Porph.   280 ἐθέλη Byz. Orion *anthol.* 6. 10: -ει D: -οι CΦ   ἀγορεύειν CΦ Orion   283 ἀάcθη fere Π5CΦ al. (cqrr. Schaefer): ἀαcθώc D   284 μετόπ. et Π5 Orion al.: κατοπ[ιcθε Π10   285 μετόπ. et *Suda* s.v. εὐόρκου al.: κατοπι[cθε Π10   287 μέντοι et Philo *de ebr.* 150 al.: μὲν γὰρ ostr. Xen. *mem.* 2. 1. 20 al. (γὰρ Arethae sch. Pl. *Gorg.* 459c)   288 λείη Pl. *resp.* 2. 364c (*legg.* 4. 718c) Xen. al.: ὀλίγη ο Pr.   290 ἐc et Π5ᵖᶜ (εν fuisse vid.) Pl. *legg.* al.: ἐπ' Byz. testes incertae vel minimae fidei   291 ἵκηται et Π5 Pr. Clem. Al. *strom.* 4. 2. 5. 2 al.: ἵκηαι Xen.(?) Pl. *legg.* Philo al.

ῥηιδίη δὴ ἔπειτα πέλει, χαλεπή περ ἐοῦϲα.
Οὗτοϲ μὲν πανάριϲτοϲ, ὃϲ αὐτῷ πάντα νοήϲει
φραϲϲάμενοϲ τά κ'. ἔπειτα καὶ ἐϲ τέλοϲ ᾖϲιν ἀμείνω·
ἐϲθλὸϲ δ' αὖ κἀκεῖνοϲ ὃϲ εὖ εἰπόντι πίθηται· 295
ὃϲ δέ κε μήτ' αὐτῷ νοέῃ μήτ' ἄλλου ἀκούων
ἐν θυμῷ βάλληται, ὃ δ' αὖτ' ἀχρήιοϲ ἀνήρ.
ἀλλὰ cύ γ' ἡμετέρηϲ μεμνημένοϲ αἰὲν ἐφετμῆϲ
ἐργάζευ, Πέρϲη, δῖον γένοϲ, ὄφρα cε Λιμὸϲ
ἐχθαίρῃ, φιλέῃ δέ c' ἐυcτέφανοϲ Δημήτηρ 300
αἰδοίη, βιότου δὲ τεὴν πιμπλῇϲι καλιήν·
Λιμὸϲ γάρ τοι πάμπαν ἀεργῷ cύμφοροϲ ἀνδρί·
τῷ δὲ θεοὶ νεμεϲῶϲι καὶ ἀνέρεϲ ὅϲ κεν ἀεργὸϲ
ζώῃ, κηφήνεϲϲι κοθούροιϲ εἴκελοϲ ὀργήν,
οἵ τε μελιϲϲάων κάματον τρύχουϲιν ἀεργοὶ 305
ἔϲθοντεϲ· ϲοὶ δ' ἔργα φίλ' ἔϲτω μέτρια κοϲμεῖν,
ὥc κέ τοι ὡραίου βιότου πλήθωϲι καλιαί.
ἐξ ἔργων δ' ἄνδρεϲ πολύμηλοί τ' ἀφνειοί τε,
καί τ' ἐργαζόμενοϲ πολὺ φίλτεροϲ ἀθανάτοιϲιν

292 π[έλει et Π11(?) Xen. al.: φέρειν Pl. legg. 719a   293 οὗτοϲ
et Π11 Aristot. eth. Nic. 1095b10 al.: κεῖνοϲ Aristid. de rhet. 2. 31 D. Clem.
paed. 3. 8. 42 al.   μὲν et Π11 Aristot. al.: γὰρ Olymp. in Pl. Alc. pr.
123d   αὐ(ύ)τῷ Π33^{ac} o Pr. Zeno (1. 235 von Arnim) Aristid. Clem.
al.: αὐτὸϲ Π5Π33^{pc} Aristot. Olymp. al.; fieri vix potuit quin concinnior
evaderet v. sescenties laudatus   νοηϲη(ι) Π5Π33 (variant testium
codd.)   294 hab. Π5Π11Π33 o Pr. (i.e. Plut. ?) Orion anthol. 24 al.:
non hab. Aristot. Zeno Aristid. al.   κ' et Π11 Anecd. gr. 1. 115 Boiss.: τ'
Orion   ᾖϲιν fere et Π5Π33 al.: ἐϲτὶν Orion   ἀμείνων Π5D (-ω et Orion)
295 δ' αὖ et Π11 Aristot. al.: αὖ D (γὰρ sch. BT Il. 13. 734)   πίθηται
fere et Π5Π33 Aristot. al.: πέπειθεν Olymp.   296 κε et Π11
Aristot. al.: γε Aristid.: τε Clem.   αὐ(ύ)τῷ CΦ Pr.: αὐτὸϲ Π11Π33
(]c), D Aristot. Aristid. Clem. al.; cf. ad 293   300 ἐυπλόκαμοϲ
Π33 Cornut. 28   303 ὅϲ κεν et Π33 sch. Pl. legg. 901a: ὅϲτιϲ Stob.
3. 30. 5   304 ὀργήν Π33C^{ac}D^{ac} sch. Pl. al.: ὁρμήν C^{pc}D^{pc} (m. 1) Φ
sch. Theocr. 1. 147 al.   305 τρύχουϲιν (-ωϲιν C) ἀεργοὶ et Π33
sch. Pl. al.: νήποινον ἔδουϲιν Stob.   308 δ' et Π11Π33 Stob. 3. 29. 3:
om. D   309 καί τ' et Π11 Stob.: καὶ Paley, recte puto   ἐργαζόμενοϲ
et Π11 Stob. (φίλτεροϲ et Π33 Stob.): ἐργαζόμενοι ... φίλτεροι C

[ἔccεαι ἠδὲ βροτοῖc· μάλα γὰρ cτυγέουcιν ἀεργούc].　310
ἔργον δ' οὐδὲν ὄνειδοc, ἀεργίη δέ τ' ὄνειδοc.
εἰ δέ κεν ἐργάζῃ, τάχα cε ζηλώcει ἀεργὸc
πλουτεῦντα· πλούτῳ δ' ἀρετὴ καὶ κῦδοc ὀπηδεῖ.
δαίμονι δ' οἷοc ἔηcθα, τὸ ἐργάζεcθαι ἄμεινον,
εἴ κεν ἀπ' ἀλλοτρίων κτεάνων ἀεcίφρονα θυμὸν　315
ἐc ἔργον τρέψαc μελετᾷc βίου, ὥc cε κελεύω.
αἰδὼc δ' οὐκ ἀγαθὴ κεχρημένον ἄνδρα κομίζει,
αἰδώc, ἥ τ' ἄνδραc μέγα cίνεται ἠδ' ὀνίνηcιν·
αἰδώc τοι πρὸc ἀνολβίῃ, θάρcοc δὲ πρὸc ὄλβῳ.
χρήματα δ' οὐχ ἁρπακτά, θεόcδοτα πολλὸν ἀμείνω·　320
εἰ γάρ τιc καὶ χερcὶ βίῃ μέγαν ὄλβον ἕληται,
ἢ ὅ γ' ἀπὸ γλώccηc ληίccεται, οἷά τε πολλὰ
γίνεται, εὖτ' ἂν δὴ κέρδοc νόον ἐξαπατήcῃ
ἀνθρώπων, αἰδῶ δέ τ' ἀναιδείη κατοπάζῃ,
ῥεῖα δέ μιν μαυροῦcι θεοί, μινύθουcι δὲ οἶκον　325
ἀνέρι τῷ, παῦρον δέ τ' ἐπὶ χρόνον ὄλβοc ὀπηδεῖ.
Ἶcον δ' ὅc θ' ἱκέτην ὅc τε ξεῖνον κακὸν ἔρξει,
ὅc τε καcιγνήτοιο ἑοῦ ἀνὰ δέμνια βαίνῃ
[κρυπταδίηc εὐνῆc ἀλόχου, παρακαίρια ῥέζων],

310 deest et in Π5Π11Π33 D Pr. Stob.: hab. C (m. rec. in mg.) *Φ*
312 κεν et Π11 : κε edd.　　intra 313 et 317 octo vv. fuerunt in Π19
314 δαίμονι δ' et Π5Π11Σ^vet (ad 459) : δαιμόνι' Lehrs　　315 ἀεc- et
Π33 : ἀαc- edd.　　316 εἰc Π5Π10 *o* : corr. edd.　　τρέψαc
et Π5Π11 : cτρέψαc Et^G Λ s.v. μαυροῦcι　　317–19 hoc ordine et
Π5Π11Π19Π33 (317 sq. et Pr. al.) : varie transponunt viri docti
317 sq. damn. Plut. (haud primus; cf. *Il.* 24. 45, *Od.* 17. 347)
317 κομίζει et Stobaei codd. *Suda* s.v. αἰδώc al.: -ειν Π11Π19Π33
318 om. D (in mg. bis add. m. rec.)　　319 ἀνολβίῃ et ὄλβῳ et Π11
Stob. 3. 21. 4 (illud et al., hoc et Π5Π33): -ην et -ον *Φ* Anecd. gr. 1. 115
Boiss.　　320–36 folio avulso desunt in C　　321 ὄλβον: ὅρκον Π33
Byz. (H, non E) Et^G As.v. μαυροῦcι　　324 αἰδῶ Π5Π11Ε^pc Pr.: αἰδὼc
DΦ　ἀναιδείη DE Pr.: -ην Π11Π33H　　325 sq. om. Π5　　325 ῥεῖα
δὲ Π11^pc D sch. Pi. *I.* 4. 81 al.: ῥεῖά τε Π11^ac Φ Hdn. 1. 108. 32 L. al.
οἶκο] ν Π19 Byz.: οἶκοι Π11Π33 *o*　　327 ἔρξῃι Π11Π19Π33　　328 βαίνῃ
Π11Π33 Byz.: -οι DE: -ει H　　329 hab. et Π5Π11Π19(?)Π33, laud.
Et ^M s.v. παρακ. ῥέζ.: exp. Straubel　　ἀλόχου: ω super ου Π11

ὅς τέ τευ ἀφραδίης ἀλιταίνητ’ ὀρφανὰ τέκνα, 330
ὅς τε γονῆα γέροντα κακῷ ἐπὶ γήραος οὐδῷ
νεικείῃ χαλεποῖσι καθαπτόμενος ἐπέεσσι·
τῷ δ’ ἦ τοι Ζεὺς αὐτὸς ἀγαίεται, ἐς δὲ τελευτὴν
ἔργων ἀντ’ ἀδίκων χαλεπὴν ἐπέθηκεν ἀμοιβήν.
ἀλλὰ σὺ τῶν μὲν πάμπαν ἔεργ’ ἀεσίφρονα θυμόν. 335

Κὰδ δύναμιν δ’ ἔρδειν ἱέρ’ ἀθανάτοισι θεοῖσιν
ἁγνῶς καὶ καθαρῶς, ἐπὶ δ’ ἀγλαὰ μηρία καίειν·
ἄλλοτε δὲ σπονδῇσι θύεσσί τε ἱλάσκεσθαι,
ἠμὲν ὅτ’ εὐνάζῃ καὶ ὅτ’ ἂν φάος ἱερὸν ἔλθῃ,
ὥς κέ τοι ἵλαον κραδίην καὶ θυμὸν ἔχωσιν, 340
ὄφρ’ ἄλλων ὠνῇ κλῆρον, μὴ τὸν τεὸν ἄλλος.

Τὸν φιλέοντ’ ἐπὶ δαῖτα καλεῖν, τὸν δ’ ἐχθρὸν ἐᾶσαι·
τὸν δὲ μάλιστα καλεῖν ὅστις σέθεν ἐγγύθι ναίει·
εἰ γάρ τοι καὶ χρῆμ’ ἐγκώμιον ἄλλο γένηται,
γείτονες ἄζωστοι ἔκιον, ζώσαντο δὲ πηοί. 345
πῆμα κακὸς γείτων, ὅσσον τ’ ἀγαθὸς μέγ’ ὄνειαρ·
ἔμμορέ τοι τιμῆς ὅς τ’ ἔμμορε γείτονος ἐσθλοῦ·
οὐδ’ ἂν βοῦς ἀπόλοιτ’, εἰ μὴ γείτων κακὸς εἴη.
εὖ μὲν μετρεῖσθαι παρὰ γείτονος, εὖ δ’ ἀποδοῦναι,
αὐτῷ τῷ μέτρῳ, καὶ λώιον αἴ κε δύνηαι, 350
ὡς ἂν χρηίζων καὶ ἐς ὕστερον ἄρκιον εὕρῃς.
μὴ κακὰ κερδαίνειν· κακὰ κέρδεα ἶσ’ ἄτῃσι.
τὸν φιλέοντα φιλεῖν, καὶ τῷ προσιόντι προσεῖναι.

330 ἀλιταίνεται Π11 ο Et ᴹ s.v.: ἀλι]τηνεται Π33:]αι Π5: corr. Rzach
331 τοκῆα Et ᴳ A   335 ἀες. cf. ad 315   338 δὲ: δὴ CΦ   σπονδ]ηῖσι
θύεσσι τε et Π19: σπονδῇ θύεεσσί τε D (θυέεσσί τε et H Pr.?)   343 -τις et
Athen. 5. 186f al.: κεν Π19   344 χρ[ῆμ’ et Π5 Steph. Byz. s.v. κώμη:
πῆμ’ Et ᴳ (sch.) s.v.   ἐ]γκώμιον Π19 Pr. Steph.: ἐγχώριον ο Et ᴳ   γένηται
et Π19 Et ᴳ: -οιτο Steph.   345 ἔκιον et sch. T Il. 18. 392 al.: κίον Eust.
in Hom. 1490. 29 etc. al.   347 ὅς κ’ Stob. 3. 2. 12 (οςτ et tab. bis)
348 οὐδ’ et Plut. de aud. poet. 34b al.: οὐκ Heraclid. de r. publ. (Aristot.
fr. 611. 38 Rose): οὐ δ’ Wilam.   353 προσεῖναι et Π5Π19 ut vid.,
Ap. Soph. s.v. εἶναι al.

καὶ δόμεν ὅς κεν δῷ καὶ μὴ δόμεν ὅς κεν μὴ δῷ·
δώτῃ μέν τις ἔδωκεν, ἀδώτῃ δ' οὔ τις ἔδωκεν·   355
δὼς ἀγαθή, ἅρπαξ δὲ κακή, θανάτοιο δότειρα·
ὃς μὲν γάρ κεν ἀνὴρ ἐθέλων, ὅ γε καὶ μέγα, δώῃ,
χαίρει τῷ δώρῳ καὶ τέρπεται ὃν κατὰ θυμόν·
ὃς δέ κεν αὐτὸς ἕληται ἀναιδείηφι πιθήσας,
καί τε ςμικρὸν ἐόν, τό γ' ἐπάχνωςεν φίλον ἦτορ.   360
εἰ γάρ κεν καὶ ςμικρὸν ἐπὶ ςμικρῷ καταθεῖο
καὶ θαμὰ τοῦτ' ἔρδοις, τάχα κεν μέγα καὶ τὸ γένοιτο·
ὃς δ' ἐπ' ἐόντι φέρει, ὃ δ' ἀλέξεται αἴθοπα λιμόν.
οὐδὲ τό γ' εἰν οἴκῳ κατακείμενον ἀνέρα κήδει·
οἴκοι βέλτερον εἶναι, ἐπεὶ βλαβερὸν τὸ θύρηφιν.   365
ἐςθλὸν μὲν παρεόντος ἑλέςθαι, πῆμα δὲ θυμῷ
χρηίζειν ἀπεόντος· ἅ ςε φράζεςθαι ἄνωγα.

Ἀρχομένου δὲ πίθου καὶ λήγοντος κορέςαςθαι,
μεςςόθι φείδεςθαι· δειλὴ δ' ἐν πυθμένι φειδώ.
[μιςθὸς δ' ἀνδρὶ φίλῳ εἰρημένος ἄρκιος ἔςτω·   370
καί τε καςιγνήτῳ γελάςας ἐπὶ μάρτυρα θέςθαι·
†πίςτεις δ' ἄρα† ὁμῶς καὶ ἀπιςτίαι ὤλεςαν ἄνδρας.]
μηδὲ γυνή ςε νόον πυγοςτόλος ἐξαπατάτω

---

354 sq. (non, ut dicunt, 353 sq.) proscr. Plut. (ap. Pr.) : hab. et *Π*19
357 haec et Stob. 3. 10. 16:]κεν—δοίη (satis certa) *Π*5   ὅ γε καὶ
μ. et *Π*19: ὅ γε κᾶν μ. δώῃ (δοίη) Byz.: ὅτε καὶ μ. δώῃ Hermann
358 τέρπεθ' ἐόν *Φ* (contra et *Π*5*Π*19 Stob.)   361 καὶ et *Π*5*Π*19
Plut. *de lib. ed.* 9e al.: om. CDH   καταθεῖο et *Π*5*Π*19 Plut. al.: -είης
Philop. in Aristot. *de an.* 456. 37 H.   363 post 360 traiec. Evelyn-
White, haud male (contra *Π*19*Π*33)   α[π? super ε[π *Π*33 (ἐπ'
et *Π*5 al.)   ἀλέξ- et Et G s.v. ςμικρός: ἀλύξ- Byz. sch. Lycophr. 1396
αἴθοπα et *Π*19 sch. Lycophr.: αἴθονα Bergk   368 δὲ et Et G s.v.
πίθος al.: τε Plut. *Galb.* 16, fort. recte   369 ἐνὶ *Φ* Anecd. gr.
1. 115 Boiss.   370–2 desunt in *Π*11*Π*33 ο: hab. C (m. rec. in mg.),
Byz.; vv. ab aliis reiectos defend. Plut. (servasse vid. Pr., cuius in
codd. vett. 370, in recc. et 371 sq.); 370 Pittheo trib. Aristot. al. (Plut.
Thes. 3)   372 πίςτεις δ' ἄρ(α) Byz.: πίςτιες δ' ἄρ' Pr. codd. recc.:
πίςτιες ἄρ τοι Rzach: πίςτιες γὰρ Wilam.: πίςτεις γάρ τοι Bentley (-ις
δ' ἄρ τοι Verdenius) : -εις δὴ ἄρ' West   373 πυγόςτ. maluit Mazon

αἰμύλα κωτίλλουca, τεὴν διφῶcα καλιήν·
ὃc δὲ γυναικὶ πέποιθε, πέποιθ' ὅ γε φιλήτῃcιν.　　375
μουνογενὴc δὲ πάιc εἴη πατρώιον οἶκον
φερβέμεν· ὣc γὰρ πλοῦτοc ἀέξεται ἐν μεγάροιcιν·
γηραιὸc δὲ θάνοι ἕτερον παῖδ' ἐγκαταλείπων.
ῥεῖα δέ κεν πλεόνεccι πόροι Ζεὺc ἄcπετον ὄλβον·
πλείων μὲν πλεόνων μελέτη, μείζων δ' ἐπιθήκη.　　380
coὶ δ' εἰ πλούτου θυμὸc ἐέλδεται ἐν φρεcὶν ᾗcιν,
ὧδ' ἔρδειν, καὶ ἔργον ἐπ' ἔργῳ ἐργάζεcθαι.

Πληιάδων Ἀτλαγενέων ἐπιτελλομενάων
ἄρχεcθ' ἀμήτου, ἀρότοιο δὲ δυcομενάων.
αἳ δή τοι νύκταc τε καὶ ἤματα τεccαράκοντα　　385
κεκρύφαται, αὖτιc δὲ περιπλομένου ἐνιαυτοῦ
φαίνονται τὰ πρῶτα χαραccομένοιο cιδήρου.
οὗτόc τοι πεδίων πέλεται νόμοc οἵ τε θαλάccηc
ἐγγύθι ναιετάουc' οἵ τ' ἄγκεα βηccήεντα
πόντου κυμαίνοντοc ἀπόπροθι, πίονα χῶρον,　　390
ναίουcιν· γυμνὸν cπείρειν, γυμνὸν δὲ βοωτεῖν,
γυμνὸν δ' ἀμάειν, εἴ χ' ὥρια πάντ' ἐθέλῃcθα
ἔργα κομίζεcθαι Δημήτεροc, ὥc τοι ἕκαcτα
ὥρι' ἀέξηται, μή πωc τὰ μέταζε χατίζων

375 et Π19: damn. Plut.　　φιλήτ. C^{ac} sch. A. *Ag.* 497: φηλήτ. C^{pc}
(m. 1) DΦ Pr. al.　　376 εἴη et Π19 Eust. *in Hom.* 649. 33: cώζοι
Pr.　　378 proscr. Σ^{vet}　　θάνοι Π19 Hermann: θάνοιc ο Σ^{vet} Pr.
379 sq. alteri poetae trib. H. Fränkel　　379 κεν et Π19: κὲν van Gro-
ningen: καὶ Rzach　　380 μείων Peppmueller (-ζ- et Plut. ap. Pr. al.)
381 coὶ: εοι Π19　　πλούτων (ex -ον) D^{pc}　　φρεcὶ cῇcιν CΦ　　382 ἐπ'
ἔργῳ et sch. S. *Ai.* 866: ἐπὶ -ον D^{ac}　　383 ἀτλα(ι)γενέων Π19 C
Max. Tyr. 24. 6 al.: ἀτλαγενάων DΦ Gemin. 14 al.: -ηγενέων sch. A
Il. 18. 486　　384 ἀμήτου et Gemin.: -οιο Π19 Dio sch. *Il.* al.; -οι'
fort. verum　　δυcομ. et sch. Arat. 256 (390. 16 M.): δυομ. Dio Max.
389 ν[αι]εταωc' Π19CΦ (-ουc' et *Cert.* 186 Allen)　　391 ναίωc(ιν)
Π19 CΦ (-ου- et *Cert.* 188)　　γ. δὲ cπείρ. CΦ (γ. cπείρ. et *Cert.*)
392 γυμνὸc D: -ουc *Cert.* cod.　　εἴ — ἐθ.: ὅταν ὦ. π. πέλωνται *Cert.*
πάντα θέλ. CD　　393 Δημήτεροc· ὥc τοι edd. nonnulli　　394 ωρα[ι?
Π19　　μέταζε Herodian. 1. 499. 9 etc. L. al.: μεταξὺ οΣ^{vet}

πτώccηc ἀλλοτρίουc οἴκουc καὶ μηδὲν ἀνύccηc.   395
ὡc καὶ νῦν ἐπ' ἔμ' ἦλθεc· ἐγὼ δέ τοι οὐκ ἐπιδώcω
οὐδ' ἐπιμετρήcω· ἐργάζευ, νήπιε Πέρcη,
ἔργα τά τ' ἀνθρώποιcι θεοὶ διετεκμήραντο,
μή ποτε cὺν παίδεccι γυναικί τε θυμὸν ἀχεύων
ζητεύηc βίοτον κατὰ γείτοναc, οἳ δ' ἀμελῶcιν.   400
δὶc μὲν γὰρ καὶ τρὶc τάχα τεύξεαι· ἢν δ' ἔτι λυπῇc,
χρῆμα μὲν οὐ πρήξειc, cὺ δ' ἐτώcια πόλλ' ἀγορεύcειc,
ἀχρεῖοc δ' ἔcται ἐπέων νομόc. ἀλλά c' ἄνωγα
φράζεcθαι χρειῶν τε λύcιν λιμοῦ τ' ἀλεωρήν.

Οἶκον μὲν πρώτιcτα γυναῖκά τε βοῦν τ' ἀροτῆρα,   405
[κτητήν, οὐ γαμετήν, ἥτιc καὶ βουcὶν ἕποιτο,]
χρήματα δ' εἰν οἴκῳ πάντ' ἄρμενα ποιήcαcθαι,
μὴ cὺ μὲν αἰτῇc ἄλλον, ὃ δ' ἀρνῆται, cὺ δὲ τητᾷ,
ἡ δ' ὥρη παραμείβηται, μινύθῃ δέ τοι ἔργον.
μηδ' ἀναβάλλεcθαι ἔc τ' αὔριον ἔc τε ἔνηφι·   410
οὐ γὰρ ἐτωcιοεργὸc ἀνὴρ πίμπληcι καλιὴν
οὐδ' ἀναβαλλόμενοc· μελέτη δέ τοι ἔργον ὀφέλλει·
αἰεὶ δ' ἀμβολιεργὸc ἀνὴρ ἄτῃcι παλαίει.

Ἦμοc δὴ λήγει μένοc ὀξέοc ἠελίοιο
καύματοc ἰδαλίμου, μετοπωρινὸν ὀμβρήcαντοc   415
Ζηνὸc ἐριcθενέοc, μετὰ δὲ τρέπεται βρότεοc χρὼc
πολλὸν ἐλαφρότεροc· δὴ γὰρ τότε Cείριοc ἀcτὴρ
βαιὸν ὑπὲρ κεφαλῆc κηριτρεφέων ἀνθρώπων
ἔρχεται ἡμάτιοc, πλεῖον δέ τε νυκτὸc ἐπαυρεῖ·
τῆμοc ἀδηκτοτάτη πέλεται τμηθεῖcα cιδήρῳ   420

---

398 τεκμήρ. CΣ^vet   403 ἄλλα van Groningen   406 non habet
Π38, haud novit Aristot. *pol.* 1252b11 'Aristot.' *oec.* 1343a20 f.: novit
Pr. Timaeus 566 F157 Jac. (ut. vid.) 'multi' Philodemi aetate (*oec.* 8. 37)
Et ^Tittm s.v. κτητήν   407 δ': τ' Wilam.   409 δέ τοι et Pr.: δέ τε
Bentley   410 ἔc (εἴc) τε ἔνηφι C sch. Rav. Aristoph. *Ach.* 172 al.:
ἔcτε ἐννῆφι D: ἔc τ' ἔνν. Φ *Suda* s.v. ἔνη al.   411 ἐτωcιο- D Pr. Et^G A
al.: ἐτωcι- CΦ Et^G B s.v. καλιά   412 δέ τοι et sch. Pi. *I.* 6. 67 al.:
δέ τε Bentley   415 μετοπωρινοῦ Et^G s.v. ἰδαλίμου

ὕλη, φύλλα δ᾽ ἔραζε χέει, πτόρθοιό τε λήγει·
τῆμος ἄρ᾽ ὑλοτομεῖν μεμνημένος ὥρια ἔργα·
ὅλμον μὲν τριπόδην τάμνειν, ὕπερον δὲ τρίπηχυν,
ἄξονα δ᾽ ἑπταπόδην· μάλα γάρ νύ τοι ἄρμενον οὕτω·
εἰ δέ κεν ὀκταπόδην, ἀπὸ καὶ σφῦράν κε τάμοιο.   425
τρισπίθαμον δ᾽ ἄψιν τάμνειν δεκαδώρῳ ἀμάξῃ,
πόλλ᾽ ἐπικαμπύλα κᾶλα· φέρειν δὲ γύην, ὅτ᾽ ἂν εὕρῃς,
εἰς οἶκον, κατ᾽ ὄρος διζήμενος ἢ κατ᾽ ἄρουραν,
πρίνινον· ὃς γὰρ βουσὶν ἀροῦν ὀχυρώτατός ἐστιν,
εὖτ᾽ ἂν Ἀθηναίης δμῶος ἐν ἐλύματι πήξας   430
γόμφοισιν πελάσας προσαρήρεται ἱστοβοῆι.
δοιὰ δὲ θέσθαι ἄροτρα, πονησάμενος κατὰ οἶκον,
αὐτόγυον καὶ πηκτόν, ἐπεὶ πολὺ λώιον οὕτω·
εἴ χ᾽ ἕτερον [γ᾽] ἄξαις, ἕτερόν κ᾽ ἐπὶ βουσὶ βάλοιο.
δάφνης δ᾽ ἢ πτελέης ἀκιώτατοι ἱστοβοῆες.   435
δρυὸς ἔλυμα, πρίνου δὲ γύην. βόε δ᾽ ἐνναετήρω
ἄρσενε κεκτῆσθαι· [τῶν γὰρ σθένος οὐκ ἀλαπαδνόν·
ἥβης μέτρον ἔχοντε·] τὼ ἐργάζεσθαι ἀρίστω.
οὐκ ἂν τώ γ᾽ ἐρίσαντε ἐν αὔλακι κὰμ μὲν ἄροτρον
ἄξειαν, τὸ δὲ ἔργον ἐτώσιον αὖθι λίποιεν.   440
τοῖς δ᾽ ἅμα τεσσαρακονταετὴς αἰζηὸς ἔποιτο

422 ante ὥρια interpunx. Paley (gravius post ἔργα alii) ὥριον ἔργον
CD sch. Eur. *Andr.* 1164 (cod. M) 423 τρίπηχυ D 424 δ᾽: θ᾽ Φ
425 κεν cφῦράν κε ο (κε τᾳ[et Π38): corr. Tr. 426 δ᾽ om. Dᵃᶜ Et ᴳ (ᴹ)
s.v. ἀψίς post ἀμάξῃ gravius interpung. plerique 429 πρίνινον et
sch. Rav. Aristoph. *Ach.* 180: πρίινον DᵖᶜE (πρίνιον H) 430 δμῶος Ἀθ.
mavult Wilam. 431 προσαρήρεται et Eust. *in Hom.* 1869. 32; vox
dubia: προσαρήσεται Φ: προσαράρητ᾽ dubitanter Wilam. (πρὸς ἄρ᾽ ἄρσεται
Buttmann) 434 γ᾽ del. Byz. κ᾽: γ᾽ DΦ 435–53 folio avulso
deest C 435 δ᾽ om. Φ Et ᴳ B s.v. ἀκιώτατον, fort. recte ἀκιρώτατοι
v.l. (teste Et ᴹ s.v. ἀκιώτατον) 436 πρίνου δὲ γύην D sch. Rav. Et ᴳ (ᴹ)
s.v. γύης Suda s.v. πρίνινοι ἄνθρακες: π. δ. γύης Φ: γύης πρίνου Schaefer
tradita tutatur Maas ap. Wilam. 437 τῶν — 438 ἔχοντε exp. Jach-
mann (hab. et Π38) 438 leg. sch. BT *Il.* 13. 484 al.: om. Anecd. Ox.
2. 443. 20 Cr. (= *Suda* s.v. ζυγομαχεῖν al.) 439 ἐρίσαντε et *Suda* s.v.
ζυγομαχεῖν: -τες Byz. (S) Et ᴹ ᴳᵘᵈ s.v. eadem 441 δ᾽ om. sch. BT

ἄρτον δειπνήσας τετράτρυφον, ὀκτάβλωμον,
ὅς κ' ἔργου μελετῶν ἰθεῖην αὔλακ' ἐλαύνοι,
μηκέτι παπταίνων μεθ' ὁμήλικας, ἀλλ' ἐπὶ ἔργῳ
θυμὸν ἔχων· τοῦ δ' οὔ τι νεώτερος ἄλλος ἀμείνων   445
σπέρματα δάσσασθαι καὶ ἐπισπορίην ἀλέασθαι·
κουρότερος γὰρ ἀνὴρ μεθ' ὁμήλικας ἐπτοίηται.

Φράζεσθαι δ', εὖτ' ἂν γεράνου φωνὴν ἐπακούσῃς
ὑψόθεν ἐκ νεφέων ἐνιαύσια κεκληγυίης,
ἥ τ' ἀροτοιό τε σῆμα φέρει καὶ χείματος ὥρην   450
δεικνύει ὀμβρηροῦ, κραδίην δ' ἔδακ' ἀνδρὸς ἀβούτεω·
δὴ τότε χορτάζειν ἕλικας βόας ἔνδον ἐόντας.
ῥηίδιον γὰρ ἔπος εἰπεῖν· "βόε δὸς καὶ ἄμαξαν·"
ῥηίδιον δ' ἀπανήνασθαι· "πάρα δ' ἔργα βόεσσιν."
φησὶ δ' ἀνὴρ φρένας ἀφνειὸς πήξασθαι ἄμαξαν·   455
νήπιος, οὐδὲ τὸ οἶδ'· ἑκατὸν δέ τε δούρατ' ἀμάξης,
τῶν πρόσθεν μελέτην ἐχέμεν οἰκήια θέσθαι.

Εὖτ' ἂν δὴ πρώτιστ' ἄροτος θνητοῖσι φανήῃ,
δὴ τότ' ἐφορμηθῆναι, ὁμῶς δμῶές τε καὶ αὐτός,
αὔην καὶ διερὴν ἀρόων ἀρότοιο καθ' ὥρην,   460
πρωὶ μάλα σπεύδων, ἵνα τοι πλήθωσιν ἄρουραι.
ἔαρι πολεῖν· θέρεος δὲ νεωμένη οὔ σ' ἀπατήσει·
νειὸν δὲ σπείρειν ἔτι κουφίζουσαν ἄρουραν·
νειὸς ἀλεξιάρη παίδων εὐκηλήτειρα.

Εὔχεσθαι δὲ Διὶ χθονίῳ Δημήτερί θ' ἁγνῇ   465

---

443 κ' post ὅς et *Π*38: del. Bentley   ἰθεῖην Bentley: ἰθεῖαν *o*: ἰθεῖάν
κ' Byz. (S); textus incertus   448 φράζεσθαι — γεράνου et sch. Rav.
Aristoph. *Av.* 709: φράζεο . . . sch. Arat. 1012 (δ' αὖτε ἐὰν γεράνων cod. A)
452 ἐούσας *Φ* (ντας sscr. al. m. in E, *γρ.* ἐόντας H¹ in mg.)   454 redit
C   δ'² del. van Lennep (habet et Et ᴳ s.v. ῥηίδιον)   455 πήξασθαι et
Et ᴳ ⁽ᴹ⁾ s.v. ἄμαξα: πήξεσθαι Stahl   456 τὸ C Et ᴳ: τό γ' D: τόδ' *Φ*
ἀμάξης et Pl. *Theaet.* 207a al.: -η (-η?) D   458 δὴ: δὲ CDᵖᶜ
φανείη *o*: corr. Heyne   460 ἀρόμεν Eulenburg   462 sq. hoc
ordine et Pr.: invicem traiec. Mazon   462 ἔαρι Poll. 1. 223: εἴαρι
o   463 ἄρουραν et Pr. al.: an ἀρότρῳ?   464 ἀλεξ. π. εὐκ. et Plut.
quaest. conv. 657d al.: susp. West

ἐκτελέα βρίθειν Δημήτερος ἱερὸν ἀκτήν,
ἀρχόμενος τὰ πρῶτ’ ἀρότου, ὅτ’ ἂν ἄκρον ἐχέτλης
χειρὶ λαβὼν ὅρπηκι βοῶν ἐπὶ νῶτον ἵκηαι
ἔνδρυον ἑλκόντων μεσάβων. ὁ δὲ τυτθὸς ὄπισθε
δμῶος ἔχων μακέλην πόνον ὀρνίθεσσι τιθείη   470
σπέρμα κατακρύπτων· εὐθημοσύνη γὰρ ἀρίστη
θνητοῖς ἀνθρώποις, κακοθημοσύνη δὲ κακίστη.
ὧδέ κεν ἁδροσύνῃ στάχυες νεύοιεν ἔραζε,
εἰ τέλος αὐτὸς ὄπισθεν Ὀλύμπιος ἐσθλὸν ὀπάζοι,
ἐκ δ’ ἀγγέων ἐλάσειας ἀράχνια, καί σε ἔολπα   475
γηθήσειν βιότου αἱρεύμενον ἔνδον ἐόντος.
εὐοχθέων δ’ ἵξεαι πολιὸν ἔαρ οὐδὲ πρὸς ἄλλους
αὐγάσεαι· σέο δ’ ἄλλος ἀνὴρ κεχρημένος ἔσται.

Εἰ δέ κεν ἠελίοιο τροπῇς ἀρόῳς χθόνα δῖαν,
ἥμενος ἀμήσεις ὀλίγον περὶ χειρὸς ἐέργων,   480
ἀντία δεσμεύων κεκονιμένος, οὐ μάλα χαίρων,
οἴσεις δ’ ἐν φορμῷ· παῦροι δέ σε θηήσονται.
ἄλλοτε δ’ ἀλλοῖος Ζηνὸς νόος αἰγιόχοιο,
ἀργαλέος δ’ ἄνδρεσσι καταθνητοῖσι νοῆσαι.
εἰ δή κ’ ὄψ’ ἀρόσῃς, τόδε κέν τοι φάρμακον εἴη·   485
ἦμος κόκκυξ κοκκύζει δρυὸς ἐν πετάλοισι
τὸ πρῶτον, τέρπει δὲ βροτοὺς ἐπ’ ἀπείρονα γαῖαν,
τῆμος Ζεὺς ὕοι τρίτῳ ἤματι μηδ’ ἀπολήγοι,
μήτ’ ἄρ’ ὑπερβάλλων βοὸς ὁπλὴν μήτ’ ἀπολείπων·
οὕτω κ’ ὀψαρότης πρωιηρότῃ ἰσοφαρίζοι.   490
ἐν θυμῷ δ’ εὖ πάντα φυλάσσεο· μηδέ σε λήθοι

468 ὅρπηκα οΣ^{vet} (non liq. Pr.) : corr. Brunck   469 et μεσάβῳ Pr.
474 ὀλύμπιοι C   475 ἐκ — ἀράχνια falso pro praecepto habetur
477 εὐοχθέων et Pr. Σ^{vet} al. : εὐοχέων Φ (-χὼν H)   ἵξεαι Et ^{G (Μ)} s.v.
εὐοχθέων: ἵξειε C: ἵξηαι D: ἥξεις Φ   480 πέρι χειρὶ (vel χερσὶν)
ἐέργων Hermann ; verba subobscura   485 εἰ δέ κεν ο: corr. Wilam.
ἀρόσεις Byz. (S), fort. recte   486 κοκύςη (sic) sch. Rav. Aristoph.
Av. 505   488 μήτ’ Φ   490 πρωιη- Kirchhoff: προηρότῃ C, (η
in ras.) D: -αρηρότῃ (-τι) Φ: -αρότῃ Pr. ut vid.: πρωτηρότῃ Byz. (S)
Ammon. Diff. s.v. ὀψέ

μήτ᾽ ἔαρ γινόμενον πολιὸν μήθ᾽ ὥριος ὄμβρος.
Πὰρ δ᾽ ἴθι χαλκεῖον θῶκον καὶ ἐπαλέα λέσχην
ὥρῃ χειμερίῃ, ὁπότε κρύος ἀνέρα ἔργων
ἰσχάνει· ἔνθα κ᾽ ἄοκνος ἀνὴρ μέγα οἶκον ὀφέλλοι·   495
μή σε κακοῦ χειμῶνος ἀμηχανίη καταμάρψῃ
cὺν πενίῃ, λεπτῇ δὲ παχὺν πόδα χειρὶ πιέζῃς.
πολλὰ δ᾽ ἀεργὸς ἀνήρ, κενεὴν ἐπὶ ἐλπίδα μίμνων,
χρηίζων βιότοιο, κακὰ προσελέξατο θυμῷ.
ἐλπὶς δ᾽ οὐκ ἀγαθὴ κεχρημένον ἄνδρα κομίζει,   500
ἥμενον ἐν λέσχῃ, τῷ μὴ βίος ἄρκιος εἴη.
δείκνυε δὲ δμώεσσι θέρευς ἔτι μέσσου ἐόντος·
"οὐκ αἰεὶ θέρος ἐσσεῖται, ποιεῖσθε καλιάς."
Μῆνα δὲ Ληναιῶνα, κάκ᾽ ἤματα, βουδόρα πάντα,
τοῦτον ἀλεύασθαι καὶ πηγάδας, αἵ τ᾽ ἐπὶ γαῖαν   505
πνεύσαντος Βορέαο δυσηλεγέες τελέθουσιν,
ὅς τε διὰ Θρήκης ἱπποτρόφου εὐρέι πόντῳ
ἐμπνεύσας ὤρινε, μέμυκε δὲ γαῖα καὶ ὕλη·
πολλὰς δὲ δρῦς ὑψικόμους ἐλάτας τε παχείας
οὔρεος ἐν βήσσῃς πιλνᾷ χθονὶ πουλυβοτείρῃ   510
ἐμπίπτων, καὶ πᾶσα βοᾷ τότε νήριτος ὕλη·
θῆρες δὲ φρίσσουσ᾽, οὐρὰς δ᾽ ὑπὸ μέζε᾽ ἔθεντο·
τῶν καὶ λάχνη δέρμα κατάσκιον· ἀλλά νυ καὶ τῶν
ψυχρὸς ἐὼν διάῃσι δασυστέρνων περ ἐόντων·
καί τε διὰ ῥινοῦ βοὸς ἔρχεται οὐδέ μιν ἴσχει,   515
καί τε δι᾽ αἶγα ἄῃσι τανύτριχα· πώεα δ᾽ οὔτι,

494–5 ὅτε μὴ κρ. — ἰσχάνῃ Pr.?   494 ἀνέρα Et ᴹ (cod. Vᵃ): ἀνέραc
ο Et ᴳ A   ἔργων et Et ᴳ ᴹ al.: εἴργον Φ   495 ὀφέλλει ο Et ᴳ ᴹ:
corr. Brunck   496 sq. om. C (in ima pag. suppl. m. rec.) Et ᴳ A
497 πιέζῃς Byz.: -οιc ο   500 κομίζει et Stob. 3. 30. 10: -ειν Dᵃᶜ
(corr. m. rec.)   501 τῷ et Stob. al.: ᾧ Et ᴳ s.v. ἀλέα   εἴη Wilam.
502 sq. post 492 traiec. Schoemann   504 in Ληναιῶνα offensi sunt
viri docti   βουδόρα intell. Pr. Σᵛᵉᵗ al.: βούδ. ο   507 ἅc τε CDᵃᶜ
510 πίλναι Ahrens, fort. recte   511 βοᾷ τότε et Et ᴳ s.v. νήριτος:
τότε βοᾷ CD   512 μέζε᾽ et Π₅Σᵛᵉᵗ Eust. in Hom. 234. 32 al.: μάζε᾽ DE
516 hiatum abolere frustra conantur viri docti

οὕνεκ' ἐπηεταναὶ τρίχες αὐτῶν, οὐ διάῃσι
ἲς ἀνέμου Βορέω· τροχαλὸν δὲ γέροντα τίθησιν
καὶ διὰ παρθενικῆς ἁπαλόχροος οὐ διάῃσιν,
ἥ τε δόμων ἔντοσθε φίλῃ παρὰ μητέρι μίμνει,   520
οὔπω ἔργα ἰδυῖα πολυχρύσου Ἀφροδίτης,
εὖ τε λοεσσαμένη τέρενα χρόα καὶ λίπ' ἐλαίῳ
χρισαμένη μυχίη καταλέξεται ἔνδοθι οἴκου,
ἤματι χειμερίῳ, ὅτ' ἀνόστεος ὃν πόδα τένδει
ἔν τ' ἀπύρῳ οἴκῳ καὶ ἤθεσι λευγαλέοισιν·   525
οὐ γάρ οἱ ἠέλιος δείκνυ νομὸν ὁρμηθῆναι,
ἀλλ' ἐπὶ κυανέων ἀνδρῶν δῆμόν τε πόλιν τε
στρωφᾶται, βράδιον δὲ Πανελλήνεσσι φαείνει.
καὶ τότε δὴ κεραοὶ καὶ νήκεροι ὑληκοῖται
λυγρὸν μυλιόωντες ἀνὰ δρία βησσήεντα,   530
φεύγουσιν, καὶ πᾶσιν ἐνὶ φρεσὶ τοῦτο μέμηλεν,
οἳ σκέπα μαιόμενοι πυκινοὺς κευθμῶνας ἔχουσι
κὰκ γλάφυ πετρῆεν· τότε δὴ τρίποδι βροτοὶ ἲσοι,
οὗ τ' ἐπὶ νῶτα ἔαγε, κάρη δ' εἰς οὖδας ὁρᾶται·
τῷ ἴκελοι φοιτῶσιν, ἀλευόμενοι νίφα λευκήν.   535
    Καὶ τότε ἔσσασθαι ἔρυμα χροός, ὥς σε κελεύω,
χλαῖνάν τε μαλακὴν καὶ τερμιόεντα χιτῶνα·
στήμονι δ' ἐν παύρῳ πολλὴν κρόκα μηρύσασθαι·

518 βορέου ο: corr. Rzach   δὲ et Π5 al.: τε Φ   520 φίλῃ —
μίμνει: μίμνει παρὰ μητέρι κεδνῇ Φ (μένει — κεδνῇ subesse vid. Peppmuel-
ler)   521 ἔργ' εἰδυῖα ο: corr. van Lennep   523 μυχίη Φ Pr.: νυχίη CD
ἔνδοθεν CD   524 τένδει et Pr.: -θει quidam ap. sch. Ven. Aristoph.
Pax 1009: τέμνει Antig. Car. 21   525 καὶ ἐν ἤ. Φ Plut. de soll. anim.
965f al.   526 οὐδέ οἱ Hermann (οὐ γάρ οἱ et Herodian. 2. 210. 2 L.
al.)   δείκνυ et Herodian. al.: δεικνύει quidam ap. Herodianum: δείκνυι
Wilam.   528 πανελλήν. et Phryn. s.v. βράδιον: πανέλλησι (παρέλλ.
H) Φ   530 μυλ(λ)ιόωντες et Et ᴳ A s.v.: μαλκιόωντες Crates (e coni.)
532 οἳ — ἔχουσι ο: οἳ — ἔχ. edd.: οἱ — ἕλωσι Brunck: ὥς — ἔχωσι Pepp-
mueller   533 καὶ γλ. ο Et ᴳ A: κὰγ γλ. Wilam.: κὰκ γλ. West   δὴ: δὲ
Et ᵀⁱᵗᵗᵐ s.v. τρίπους   βροτῷ ο Pr. Et ᴳ ᵀⁱᵗᵗᵐ: corr. Wachler   535 ἀλευόμ.
DΦ Choerob. in Theod. can. 1. 380. 9 H. Io. Alex. praec. 12. 16 Dind.:
ἀλευάμ. C Choerob. 1. 141. 12 al., fort. ex Herodiano (cf. fr. 424 L.)

72

τὴν περιέccacθαι, ἵνα τοι τρίχες ἀτρεμέωcι
μηδ' ὀρθαὶ φρίccωcιν ἀειρόμεναι κατὰ cῶμα·   540
ἀμφὶ δὲ ποccὶ πέδιλα βοὸς ἶφι κταμένοιο
ἄρμενα δήcαcθαι, πίλοις ἔντοcθε πυκάccας·
πρωτογόνων δ' ἐρίφων, ὁπότ' ἂν κρύος ὥριον ἔλθῃ,
δέρματα cυρράπτειν νεύρῳ βοός, ὄφρ' ἐπὶ νώτῳ
ὑετοῦ ἀμφιβάλῃ ἀλέην· κεφαλῆφι δ' ὕπερθεν   545
πῖλον ἔχειν ἀcκητόν, ἵν' οὔατα μὴ καταδεύῃ.
ψυχρὴ γάρ τ' ἠὼς πέλεται Βορέαο πεcόντος,
ἠῶος δ' ἐπὶ γαῖαν ἀπ' οὐρανοῦ ἀcτερόεντος
ἀὴρ πυροφόροις τέταται μακάρων ἐπὶ ἔργοις,
ὅς τε ἀρυccάμενος ποταμῶν ἀπὸ αἰεναόντων,   550
ὑψοῦ ὑπὲρ γαίης ἀρθεὶς ἀνέμοιο θυέλλῃ,
ἄλλοτε μέν θ' ὕει ποτὶ ἕcπερον, ἄλλοτ' ἄῃcι,
πυκνὰ Θρηικίου Βορέω νέφεα κλονέοντος.
τὸν φθάμενος ἔργον τελέcας οἶκόνδε νέεcθαι,
μή ποτέ c' οὐρανόθεν cκοτόεν νέφος ἀμφικαλύψῃ,   555
χρῶτα δὲ μυδαλέον θήῃ κατά θ' εἵματα δεύcῃ·
ἀλλ' ὑπαλεύαcθαι· μεὶς γὰρ χαλεπώτατος οὗτος,
χειμέριος, χαλεπὸς προβάτοις, χαλεπὸς δ' ἀνθρώποις.
τῆμος τὤμιcυ βουcίν, ἐπ' ἀνέρι δὲ πλέον εἴη
ἀρμαλιῆς· μακραὶ γὰρ ἐπίρροθοι εὐφρόναι εἰcίν.   560
[ταῦτα φυλαccόμενος τετελεcμένον εἰς ἐνιαυτὸν
ἰcοῦcθαι νύκτας τε καὶ ἤματα, εἰς ὅ κεν αὖτις
γῆ πάντων μήτηρ καρπὸν cύμμικτον ἐνείκῃ.]
    Εὖτ' ἂν δ' ἑξήκοντα μετὰ τροπὰς ἠελίοιο

543 ὁπότε κ. ὤ. ἔλθοι Φ : ὁπότε κ. ὤ. ἔλθῃ Wilam.   549 πυροφόρος Π5
ο Pr. Σᵛᵉᵗ : corr. Hermann : ὀμβροφόρος Seleucus (e coni.)   550 ὅς τ'
ἀπαρυcc. Gerhard : ὅς τ' ἀρυcc. Wilam. (cf. ad vv. 22, 516 al.)   αἰὲν
ἀόντων Φ : αἰὲν ἀέντων CDᵃᶜ(?)   553 φείη ο : corr. Byz.   θ' : δὲ D   δεύοι Dᵃᶜ (-ῃ
Dᵖᶜ)   556 φείη ο : corr. Byz.   θ' : δὲ D   δεύοι Dᵃᶜ (-ῃ
Dᵖᶜ)   559 ἐπ' — πλέον (Byz. ?) Brunck : ἐπὶ δ' ἀν. πλέ(ῖ)ον DΦ Etᴳ
A s.v. ἀρμαλιά : ἐπὶ δ' ἀν. τὸ πλέον C Etᴹ : ἐπὶ δ' ἀν. δὲ πλέον Etᴳ B (— καὶ
πλέον ibid. sch.)   561–3 proscr. Plut., vix primus (non respic. Σᵛᵉᵗ,
habent Etᴳ A et sch.)   564 δ' : δὴ D

χειμέρι' ἐκτελέσῃ Ζεὺς ἤματα, δή ῥα τότ' ἀστὴρ   565
Ἀρκτοῦρος προλιπὼν ἱερὸν ῥόον Ὠκεανοῖο
πρῶτον παμφαίνων ἐπιτέλλεται ἀκροκνέφαιος.
τὸν δὲ μέτ' ὀρθρογόη Πανδιονὶς ὦρτο χελιδὼν
ἐς φάος ἀνθρώποις ἔαρος νέον ἱσταμένοιο·
τὴν φθάμενος οἴνας περιταμνέμεν· ὡς γὰρ ἄμεινον.   570
   Ἀλλ' ὁπότ' ἂν φερέοικος ἀπὸ χθονὸς ἄμ φυτὰ βαίνῃ
Πληιάδας φεύγων, τότε δὴ σκάφος οὐκέτι οἰνέων,
ἀλλ' ἅρπας τε χαρασσέμεναι καὶ δμῶας ἐγείρειν·
φεύγειν δὲ σκιεροὺς θώκους καὶ ἐπ' ἠόα κοῖτον
ὥρῃ ἐν ἀμήτου, ὅτε τ' ἠέλιος χρόα κάρφει·   575
τημοῦτος σπεύδειν καὶ οἴκαδε καρπὸν ἀγινεῖν
ὄρθρου ἀνιστάμενος, ἵνα τοι βίος ἄρκιος εἴη.
ἠὼς γὰρ [τ'] ἔργοιο τρίτην ἀπομείρεται αἶσαν,
ἠώς τοι προφέρει μὲν ὁδοῦ, προφέρει δὲ καὶ ἔργου,
ἠώς, ἥ τε φανεῖσα πολέας ἐπέβησε κελεύθου   580
ἀνθρώπους πολλοῖσί τ' ἐπὶ ζυγὰ βουσὶ τίθησιν.
   Ἦμος δὲ σκόλυμός τ' ἀνθεῖ καὶ ἠχέτα τέττιξ
δενδρέῳ ἐφεζόμενος λιγυρὴν καταχεύετ' ἀοιδὴν
πυκνὸν ὑπὸ πτερύγων, θέρεος καματώδεος ὥρῃ,
τῆμος πιόταταί τ' αἶγες, καὶ οἶνος ἄριστος,   585
μαχλόταται δὲ γυναῖκες, ἀφαυρότατοι δέ τοι ἄνδρες
εἰσίν, ἐπεὶ κεφαλὴν καὶ γούνατα Σείριος ἄζει,
αὐαλέος δέ τε χρὼς ὑπὸ καύματος· ἀλλὰ τότ' ἤδη
εἴη πετραίη τε σκιὴ καὶ βίβλινος οἶνος

---

568 ὀρθρογ. Byz. (S) Σᵛᵉᵗ: ὀρθογόη ο Pr. Hesych. s.v. al.: ὀρθοβόη qui-
dam teste Pr.   570 τὸν DᵃᶜE (η sscr. m. rec.)   περιτέμν. Dᵃᶜ (corr.
al. m.) Φ Lex. Vind. s.v. περιτομή   571 βήῃ e βαίνῃ Dᵖᶜ(?)
574 ἠόα Gerhard: ἠῶ ο   575 ὅτε δ' (gravius ante ὅτε quam post
κάρφει interpungens) Guyet   κάρφῃ Φ   576 ἀγείρειν D   577 εἴη
Schaefer   578 τ' del. van Lennep   ἀπαμείρ. Cᵃᶜ(?)Dᵃᶜ(?) Eust. in
Hom. 1766. 54 etc.   579 δὲ καὶ ἔ. et Suda s.v. πρόφερε: δέ τε ἔ. Bentley
580 πολεῖς Et ᴹ ᴳᵘᵈ s.v. ἔσπερος   581 τ': δ' Byz. (S)   βουσὶν ἔθηκε
Byz.   583 καταχεύτ' D: ἐπεχεύατ' Byz. (S): ἐπιχεύετ' Greg. Cor.
de dial. Att. 19   588 τε del. Hermann   589 an Βίβλινος?

μάζα τ' ἀμολγαίη γάλα τ' αἰγῶν cβεννυμενάων   590
καὶ βοὸς ὑλοφάγοιο κρέας μή πω τετοκυίης
πρωτογόνων τ' ἐρίφων· ἐπὶ δ' αἴθοπα πινέμεν οἶνον,
ἐν cκιῇ ἑζόμενον, κεκορημένον ἦτορ ἐδωδῆς,
ἀντίον ἀκραέος Ζεφύρου τρέψαντα πρόcωπα·
κρήνης δ' ἀενάου καὶ ἀπορρύτου ἥ τ' ἀθόλωτος   595
τρὶς ὕδατος προχέειν, τὸ δὲ τέτρατον ἱέμεν οἴνου.

Δμωcὶ δ' ἐποτρύνειν Δημήτερος ἱερὸν ἀκτὴν
δινέμεν, εὖτ' ἂν πρῶτα φανῇ cθένος 'Ωρίωνος,
χώρῳ ἐν εὐαεῖ καὶ ἐυτροχάλῳ ἐν ἀλωῇ.
μέτρῳ δ' εὖ κομίcαcθαι ἐν ἄγγεcιν· αὐτὰρ ἐπὴν δὴ   600
πάντα βίον κατάθηαι ἐπάρμενον ἔνδοθι οἴκου,
θῆτά τ' ἄοικον ποιεῖcθαι καὶ ἄτεκνον ἔριθον
δίζηcθαι κέλομαι· χαλεπὴ δ' ὑπόπορτις ἔριθος·
καὶ κύνα καρχαρόδοντα κομεῖν, μὴ φείδεο cίτου,
μή ποτέ c' ἡμερόκοιτος ἀνὴρ ἀπὸ χρήμαθ' ἕληται.   605
χόρτον δ' ἐcκομίcαι καὶ cυρφετόν, ὄφρα τοι εἴη
βουcὶ καὶ ἡμιόνοιcιν ἐπηετανόν. αὐτὰρ ἔπειτα
δμῶας ἀναψῦξαι φίλα γούνατα καὶ βόε λῦcαι.

Εὖτ' ἂν δ' 'Ωρίων καὶ Cείριος ἐς μέcον ἔλθῃ
οὐρανόν, Ἀρκτοῦρον δ' ἐcίδῃ ῥοδοδάκτυλος 'Ηώς,   610
ὦ Πέρcη, τότε πάντας ἀποδρέπεν οἴκαδε βότρυς,
δεῖξαι δ' ἠελίῳ δέκα τ' ἤματα καὶ δέκα νύκτας,
πέντε δὲ cυcκιάcαι, ἕκτῳ δ' εἰς ἄγγε' ἀφύccαι
δῶρα Διωνύcου πολυγηθέος. αὐτὰρ ἐπὴν δὴ

---

594 ἀκραέος et Pr. Σᵛᵉᵗ: εὐκραέος Cᵖᶜ (m. 1 ?) Eᵃᶜ(?) Byz. Σᵛᵉᵗ   post
πρόcωπα interpungere nolunt quidam   595 δ' Schoemann: τ' ο
Athen. 11. 782a   596 τέταρτον ο: corr. Byz.   οἴνου ο Athen. (et
10. 426c): οἶνον Phot. lex. s.v. τρία καὶ δύο   597 ἱερὰν CD
599 εὐάει vulgo   601 ἔνδοθεν CD   602–5 loco movendos cens.
Hetzel, post 608 traiec. Wilam. (qui δ' pro τ' in 602)   602 ποιεῖcθαι
quasi μιcθοῦcθαι intellexit Pr., vix recte (cf. 707 al.)   603 δίζεcθαι ο:
corr. O. Schneider   606 δ' Et ᴳ ᴹ s.v. cυρφετός: τ' ο   εἴη Hermann
607 ἐπηετάν' Hermann   610 δὲ ἴδῃ Paley   611 ἀποδρέπεν Byz.:
ἀποδρέπειν CDᵖᶜ (m. 2) Φ: ἀπόδρεπε Dᵃᶜ(?)

Πληιάδες θ᾽ Ὑάδες τε τό τε cθένος Ὠρίωνος   615
δύνωcιν, τότ᾽ ἔπειτ᾽ ἀρότου μεμνημένος εἶναι
ὡραίου· πλειὼν δὲ κατὰ χθονὸς ἄρμενος εἴη.

Εἰ δέ cε ναυτιλίηc δυcπεμφέλου ἵμερος αἱρεῖ·
εὖτ᾽ ἂν Πληιάδες cθένος ὄβριμον Ὠρίωνος
φεύγουcαι πίπτωcιν ἐς ἠεροειδέα πόντον,   620
δὴ τότε παντοίων ἀνέμων θυίουcιν ἀῆται·
καὶ τότε μηκέτι νῆα ἔχειν ἐνὶ οἴνοπι πόντῳ,
γῆν δ᾽ ἐργάζεcθαι μεμνημένος ὥc cε κελεύω·
νῆα δ᾽ ἐπ᾽ ἠπείρου ἐρύcαι πυκάcαι τε λίθοιcι
πάντοθεν, ὄφρ᾽ ἴcχωc᾽ ἀνέμων μένος ὑγρὸν ἀέντων,   625
χείμαρον ἐξερύcας, ἵνα μὴ πύθῃ Διὸς ὄμβρος.
ὅπλα δ᾽ ἐπάρμενα πάντα τεῷ ἐγκάτθεο οἴκῳ,
εὐκόcμωc cτολίcας νηὸς πτερὰ ποντοπόροιο·
πηδάλιον δ᾽ εὐεργὲc ὑπὲρ καπνοῦ κρεμάcαcθαι.
αὐτὸς δ᾽ ὡραῖον μίμνειν πλόον εἰς ὅ κεν ἔλθῃ·   630
καὶ τότε νῆα θοὴν ἅλαδ᾽ ἑλκέμεν, ἐν δέ τε φόρτον
ἄρμενον ἐντύναcθαι, ἵν᾽ οἴκαδε κέρδος ἄρῃαι,
ὥc περ ἐμόc τε πατὴρ καὶ cόc, μέγα νήπιε Πέρcη,
πλωίζεcκ᾽ ἐν νηυcί, βίου κεχρημένος ἐcθλοῦ·
ὅς ποτε καὶ τεῖδ᾽ ἦλθε πολὺν διὰ πόντον ἀνύccας,   635
Κύμην Αἰολίδα προλιπὼν ἐν νηὶ μελαίνῃ,
οὐκ ἄφενος φεύγων οὐδὲ πλοῦτόν τε καὶ ὄλβον,
ἀλλὰ κακὴν πενίην, τὴν Ζεὺς ἄνδρεccι δίδωcιν.
νάccατο δ᾽ ἄγχ᾽ Ἑλικῶνος ὀιζυρῇ ἐνὶ κώμῃ,
Ἄcκρῃ, χεῖμα κακῇ, θέρει ἀργαλέῃ, οὐδέ ποτ᾽ ἐcθλῇ.   640

617 εἴη et Et ᴳ s.v. πλειών: εἰcιν Haupt: εἶοι Wilam.; εἴη optat. verbi
ἱέναι non magis mirandum quam προcεῖναι infinit. (353)   618 δυc-
πεμφέλου et Et ᴹ s.v. al.: δυcπέμφελος Et ᴳ A s.v.   622 μηκέτι: μὴ C
νῆα scripsi: νῆας o   623 δ᾽ om. Byz. (del. Peppmueller)   632 ἐντύ-
ναcθ᾽ Dᵃᶜ (ἐντύναcθ᾽ ἵνα Heinrich)   ἄγῃαι Peppmueller   635 τῆδ᾽
o: aliam voc. leg. Pr.: τεῖδ᾽ vel τυῖδ᾽ Bergk   πολὺν: βαθὺν Pr.
639 νάccατο et Strabo 9. 2. 25 al.: εἴcατο Cert. 5   640 οὐδέ ποτ᾽
Strabo Cert. al.: οὔποτ᾽ o

τύνη δ', ὦ Πέρcη, ἔργων μεμνημένος εἶναι
ὡραίων πάντων, περὶ ναυτιλίης δὲ μάλιστα.
νῆ' ὀλίγην αἰνεῖν, μεγάλη δ' ἐνὶ φορτία θέcθαι·
μείζων μὲν φόρτος, μεῖζον δ' ἐπὶ κέρδεϊ κέρδος
ἔccεται, εἴ κ' ἄνεμοί γε κακὰς ἀπέχωcιν ἀήτας.   645
Εὖτ' ἂν ἐπ' ἐμπορίην τρέψας ἀεcίφρονα θυμὸν
βούληαι [δὲ] χρέα τε προφυγεῖν καὶ λιμὸν ἀτερπέα,
δείξω δή τοι μέτρα πολυφλοίcβοιο θαλάccης,
οὔτε τι ναυτιλίης cεcοφιcμένος οὔτε τι νηῶν.
οὐ γάρ πώ ποτε νηὶ [γ'] ἐπέπλων εὐρέα πόντον,   650
εἰ μὴ ἐς Εὔβοιαν ἐξ Αὐλίδος, ᾗ ποτ' Ἀχαιοὶ
μείναντες χειμῶνα πολὺν cὺν λαὸν ἄγειραν
Ἑλλάδος ἐξ ἱερῆς Τροίην ἐς καλλιγύναικα.
ἔνθα δ' ἐγὼν ἐπ' ἄεθλα δαΐφρονος Ἀμφιδάμαντος
Χαλκίδα [τ'] εἰcεπέρηcα· τὰ δὲ προπεφραδμένα πολλὰ   655
ἄεθλ' ἔθεcαν παῖδες μεγαλήτορες· ἔνθα μέ φημι
ὕμνῳ νικήcαντα φέρειν τρίποδ' ὠτώεντα.
τὸν μὲν ἐγὼ Μούcῃς' Ἑλικωνιάδεcc' ἀνέθηκα
ἔνθα με τὸ πρῶτον λιγυρῆς ἐπέβηcαν ἀοιδῆς.
τόccον τοι νηῶν γε πεπείρημαι πολυγόμφων·   660
ἀλλὰ καὶ ὡς ἐρέω Ζηνὸς νόον αἰγιόχοιο·
Μοῦcαι γάρ μ' ἐδίδαξαν ἀθέcφατον ὕμνον ἀείδειν.
Ἥματα πεντήκοντα μετὰ τροπὰς ἠελίοιο,
ἐς τέλος ἐλθόντος θέρεος, καματώδεος ὥρης,

641 sectionem novam indicant alii   643 ἐνὶ et Plut. *de aud. poet.*
22f al.: ἐν D   646 sq. post 642 traiec. Wilam.   646 εὖτ' ἂν: εἴ κεν
dubitanter Lehrs   τρέψας et Pr.: -ῃς Φ   de ἀεcίφρ. cf. ad 315
647 βούλεαι ο: corr. Byz.   δὲ exp. Spohn   ἀτερπέα Byz.: -ῆ CΦ: -ῆν D
649 cημειοῦται (causam afferre taedet) Σ^vet   650–62 proscr. Plut.,
651–60 alii   650 γ' in ras. D, om. Byz.   651 v. ad 650 sqq.
Εὐβοίην dubit. Wilam.   654 ἔνθα δ': ἔνθεν Kirchhoff   ἐγὼν: ἔπλων
Peppmueller   655 Χαλκίδα τ' ο: Χαλκίδ' Wilam. (v. ad 22): Χαλκί-
δαδ' Schoemann; τε et hiatus aeque displicent   656 μεγαλήτορος ο:
corr. Byz. (S)   657 ἄλλοι γράφουcιν· ὕ. ν. ἐν Χαλκίδι θεῖον *Ὅμηρον*
Σ^vet (cf. *Cert.* 205)   662 sq. pleraque in ras. D

ὡραῖος πέλεται θνητοῖς πλόος· οὔτε κε νῆα 665
καυάξαις οὔτ' ἄνδρας ἀποφθείσειε θάλασσα,
εἰ δὴ μὴ πρόφρων γε Ποσειδάων ἐνοσίχθων
ἢ Ζεὺς ἀθανάτων βασιλεὺς ἐθέλησιν ὀλέσσαι·
ἐν τοῖς γὰρ τέλος ἐστὶν ὁμῶς ἀγαθῶν τε κακῶν τε.
τῆμος δ' εὐκρινέες τ' αὖραι καὶ πόντος ἀπήμων· 670
εὔκηλος τότε νῆα θοὴν ἀνέμοισι πιθήσας
ἑλκέμεν ἐς πόντον φόρτον τ' ἐς πάντα τίθεσθαι·
σπεύδειν δ' ὅττι τάχιστα πάλιν οἶκόνδε νέεσθαι
μηδὲ μένειν οἶνόν τε νέον καὶ ὀπωρινὸν ὄμβρον
καὶ χειμῶν' ἐπιόντα Νότοιό τε δεινὰς ἀήτας, 675
ὅς τ' ὤρινε θάλασσαν ὁμαρτήσας Διὸς ὄμβρῳ
πολλῷ ὀπωρινῷ, χαλεπὸν δέ τε πόντον ἔθηκεν.
ἄλλος δ' εἰαρινὸς πέλεται πλόος ἀνθρώποισιν·
ἦμος δὴ τὸ πρῶτον, ὅσον τ' ἐπιβᾶσα κορώνη
ἴχνος ἐποίησεν, τόσσον πέταλ' ἀνδρὶ φανήῃ 680
ἐν κράδῃ ἀκροτάτῃ, τότε δ' ἄμβατός ἐστι θάλασσα·
εἰαρινὸς δ' οὗτος πέλεται πλόος· οὔ μιν ἔγωγε
αἴνημ', οὐ γὰρ ἐμῷ θυμῷ κεχαρισμένος ἐστίν·
ἁρπακτός· χαλεπῶς κε φύγοις κακόν· ἀλλά νυ καὶ τὰ
ἄνθρωποι ῥέζουσιν ἀιδρείῃσι νόοιο· 685
χρήματα γὰρ ψυχὴ πέλεται δειλοῖσι βροτοῖσιν.
δεινὸν δ' ἐστὶ θανεῖν μετὰ κύμασιν· ἀλλά σ' ἄνωγα
φράζεσθαι τάδε πάντα μετὰ φρεσὶν ὡς ἀγορεύω.
μηδ' ἐν νηυσὶν ἅπαντα βίον κοίλῃσι τίθεσθαι,
ἀλλὰ πλέω λείπειν, τὰ δὲ μείονα φορτίζεσθαι· 690
δεινὸν γὰρ πόντου μετὰ κύμασι πήματι κύρσαι·
δεινὸν δ' εἴ κ' ἐπ' ἄμαξαν ὑπέρβιον ἄχθος ἀείρας

665 θνητοῖσι o: corr. Byz.   672 τ' ἐς: τ' εὖ Φ: δ' ἐν Haupt
680 φανείη o: corr. Rzach   684 κε φύγης, sscr. οι (eadem m.?) C:
γε φύγοις D: γε φύγης Φ   686 γὰρ et Stob. 4. 31. 23: δὲ sch. Arat.
299   687 μετὰ: κατὰ Cᵃᶜ (corr. m. rec.) D   689 ἐνὶ Φ
691 πήμ]ατι et Π5: -ματι e corr. in D: πήμασι Φ   692 sq. hab. et
Π5, leg. Pr. Σᵛᵉᵗ: exp. Lehrs

ἄξονα κανάξαις καὶ φορτία μαυρωθείη.
μέτρα φυλάσσεσθαι· καιρὸς δ' ἐπὶ πᾶσιν ἄριστος.

'Ωραῖος δὲ γυναῖκα τεὸν ποτὶ οἶκον ἄγεσθαι,   695
μήτε τριηκόντων ἐτέων μάλα πόλλ' ἀπολείπων
μήτ' ἐπιθεὶς μάλα πολλά· γάμος δέ τοι ὥριος οὗτος·
ἡ δὲ γυνὴ τέτορ' ἡβώοι, πέμπτῳ δὲ γαμοῖτο.
παρθενικὴν δὲ γαμεῖν, ὥς κ' ἤθεα κεδνὰ διδάξῃς,
[τὴν δὲ μάλιστα γαμεῖν, ἥτις σέθεν ἐγγύθι ναίει]   700
πάντα μάλ' ἀμφὶς ἰδών, μὴ γείτοσι χάρματα γήμῃς.
οὐ μὲν γάρ τι γυναικὸς ἀνὴρ ληίζετ' ἄμεινον
τῆς ἀγαθῆς, τῆς δ' αὖτε κακῆς οὐ ῥίγιον ἄλλο,
δειπνολόχης, ἥ τ' ἄνδρα καὶ ἴφθιμόν περ ἐόντα
εὕει ἄτερ δαλοῖο καὶ ὠμῷ γήραϊ δῶκεν.   705
[εὖ δ' ὄπιν ἀθανάτων μακάρων πεφυλαγμένος εἶναι.] ·
μὴ δὲ κασιγνήτῳ ἶσον ποιεῖσθαι ἑταῖρον·
εἰ δέ κε ποιήσῃς, μή μιν πρότερος κακὸν ἔρξαι
μηδὲ ψεύδεσθαι γλώσσης χάριν· εἰ δέ σέ γ' ἄρχῃ
ἤ τι ἔπος εἰπὼν ἀποθύμιον ἠὲ καὶ ἔρξας,   710
δὶς τόσα τείνυσθαι μεμνημένος· εἰ δέ κεν αὖτις

693 καὶ: τὰ δὲ Byz. (S)   695 π[οτὶ Π5 Byz. (S) sch. Theocr. 1. 109
Stob. 4. 22. 114: ἐπὶ ο   698 γαμοῖτο et Plut. amat. 753a al.: -είτω
(-το H) Φ   699 ὥς κ' et Π5 Stob. 4. 22. 98: ἵνα 'Aristot.' oec. 1344a17
Aristid. de rhet. 2. 41 Dind.: ὡς Wilam.   διδάξῃς et Stob.: -ῃ 'Aristot.'
codd. Aristid.   700 om. Π5 Stob., non respic. Pr. Σᵛᵉᵗ; e 343
confictus est   701 χάρματα et Π5 Pr. al.: χάρμα DE   704 δ]ειπνο-
λόχης et Π5 Pr. Et ᴳ al.: -ου Stob. 4. 22. 73 Et ᵀⁱᵗᵗᵐ s.v.   705 εὕει
et Plut. al.: αὕει Stob.   δαλοῖο Stob.: δαλοῦ Π5 ο Plut. de virt. et vit.
100e al.   καὶ ὠμῷ γ. δῶκεν CD Plut. Eust. in Hom. 1784. 25 Et ᴳ A:
καὶ ἐν (ἐν om. Φ) ὠμῷ γ. θῆκεν Π5 (ut vid. ενω . . . κεν), Φ Plut. de div. an.
526f Stob.   706 hab. et Π5 Pr. (Stob. 1. 3. 13 incertum an hinc):
exp. Lehrs   708 ποιήσῃ Schoemann: -σῃς Π5 CDᶜH Et ᴳ A Et ᴳᵘᵈ s.v.
κασίγν.: -σεις Dᵃᶜ(corr. m. 1) E   πρότερος et Et ᴳ ᴳᵘᵈ: -ον DΦ   ἔρξαι
scripsi (interpungere nolens): ἔρξῃς Π5 ο Et ᴳ ᴳᵘᵈ   709 εἰ δέ c]έ γ'
ἄρχ[η et Π5 Et ᴳ: εἰ δέ κεν ἄ. Et ᴳᵘᵈ: εἰ δέ κέ c' ἄ. Hermann   710 ἠὲ
καὶ et Ett: an ἠέ τι? H. Fränkel   711 εἰ δέ κεν et Et ᴳ ᴳᵘᵈ: εἰ δὲ σέ
γ' D

ἡγῆτ' ἐc φιλότητα, δίκην δ' ἐθέλῃϲι παρασχεῖν,
δέξαϲθαι· δειλόϲ τοι ἀνὴρ φίλον ἄλλοτε ἄλλον
ποιεῖται· cὲ δὲ μή τι νόοϲ κατελεγχέτω εἶδοϲ.
μηδὲ πολύξεινον μηδ᾽ ἄξεινον καλέεϲθαι,   715
μηδὲ κακῶν ἕταρον μηδ' ἐϲθλῶν νεικεϲτῆρα.
μηδέ ποτ' οὐλομένην πενίην θυμοφθόρον ἀνδρὶ
τέτλαθ' ὀνειδίζειν, μακάρων δόϲιν αἰὲν ἐόντων.
γλώϲϲηϲ τοι θηϲαυρὸϲ ἐν ἀνθρώποιϲιν ἄριϲτοϲ
φειδωλῆϲ, πλείϲτη δὲ χάριϲ κατὰ μέτρον ἰούϲηϲ·   720
εἰ δὲ κακὸν εἴποιϲ, τάχα κ' αὐτὸϲ μεῖζον ἀκούϲαιϲ.
μηδὲ πολυξείνου δαιτὸϲ δυϲπέμφελοϲ εἶναι·
ἐκ κοινοῦ πλείϲτη τε χάριϲ δαπάνη τ' ὀλιγίϲτη.
[μηδέ ποτ' ἐξ ἠοῦϲ Διὶ λείβειν αἴθοπα οἶνον
χερϲὶν ἀνίπτοιϲιν μηδ' ἄλλοιϲ ἀθανάτοιϲιν·   725
οὐ γὰρ τοί γε κλύουϲιν, ἀποπτύουϲι δέ τ' ἀράϲ.
μηδ' ἄντ' ἠελίου τετραμμένοϲ ὀρθὸϲ ὀμιχεῖν,
αὐτὰρ ἐπεί κε δύῃ, μεμνημένοϲ, ἔϲ τ' ἀνιόντα,   728
μὴ δ' ἀπογυμνωθείϲ· μακάρων τοι νύκτεϲ ἔαϲιν.   730
μήτ' ἐν ὁδῷ μήτ' ἐκτὸϲ ὁδοῦ προβάδην οὐρήϲῃϲ·   729
ἑζόμενοϲ δ' ὅ γε θεῖοϲ ἀνήρ, πεπνυμένα εἰδώϲ,   731

712 ἡγεῖτ' ἐc o : ἡγεῖται Et ᴳ Gud : corr. Byz. (S)   713 ἄλλοτ(ε)
ἄλλον C Et ᴳ A : ἄλλοτε τ' ἄλλ. DΦ : ἄλλοτ' ἐc ἄλλ. Et Gud   714 ποιῆϲαι
Et ᴳ Gud   νόοϲ CᵃᶜDᵃᶜ Et ᴳ Gud : νόον Π5CᵖᶜDᵖᶜΦ Pr.(?) sch. BT Il. 3. 39
715 μηδὲ— μηδ᾽ Et ᴳ Gud, hoc et Π5 : μήτε—μήτ᾽ Aristot. Eth. Nic. 1170b21
-ξεινον bis et Et ᴳ Gud : -ξεινος bis Aristot.   716 νεικεϲτῆρα Π5C Eust.
in Hom. 1339. 32 : -ητῆρα DΦ sch. Pi. P. 4. 507 Et ᴳ Gud   719 ἀνθρώ-
ποιϲιν ἄριϲτοϲ et Gell. 1. 15. 14 al. : -ϲι μέγιϲτοϲ Stob. 3. 35. 1   721 εἴποιϲ
et sch. T Il. 16. 748 al. : -ηϲ DᵃᶜΦ   ἀκούϲειϲ Φ   722 δυϲπέμφελοϲ
et sch. T : -ον Athen. 8. 364d   723 τε Athen. sch. Od. 1. 266 al. :
δὲ o Et ᴳ (sch.) s.v. δυϲπέμφ. (ἐκ κοινοῦ cum v. 722 coniung. iam Π5)
724–59 Hesiodo abiud. Wilam. al. ; cf. praef. p. xi   727 ἠελίοιο
Byz. (S) Io. Dox. in Anecd. Ox. 4. 167 Cr. (-ίοι Et ᴳ A s.v. ἀμίϲ)
728 aliter (μηδ' ἄρ' ἐπεί . . . μηδ' ἀνιόντοϲ?) fort. leg. Pr.   hunc et qui
cum eo cohaeret 730 postea additos censuit Wilam., recte puto   ἐπεί κ[
et Π5 : ἐπήν κε Φ : ἐπὴν Byz. : ἐπεὶ Wilam.   ἀνιόντα et Π5 : -οϲ Φ
729 post 730 traieci   730 μήτ' DΦ   ἀπογυμνωθῇϲ Φ   729 hab.
et Π5 Pr., om. D (in mg. add. m. rec.)

ἢ ὅ γε πρὸς τοῖχον πελάσας εὐερκέος αὐλῆς.
μηδ' αἰδοῖα γονῇ πεπαλαγμένος ἔνδοθι οἴκου
ἱστίῃ ἐμπελαδὸν παραφαινέμεν, ἀλλ' ἀλέασθαι.
μηδ' ἀπὸ δυσφήμοιο τάφου ἀπονοστήσαντα   735
σπερμαίνειν γενεήν, ἀλλ' ἀθανάτων ἀπὸ δαιτός.
μηδ' ἐπὶ κρηνάων οὐρεῖν, μάλα δ' ἐξαλέασθαι.   736a
μηδέ ποτ' ἀενάων ποταμῶν καλλίρροον ὕδωρ
ποσσὶ περᾶν πρίν γ' εὔξῃ ἰδὼν ἐς καλὰ ῥέεθρα
χεῖρας νιψάμενος πολυηράτῳ ὕδατι λευκῷ.
ὃς ποταμὸν διαβῇ κακότητ' ἰδὲ χεῖρας ἄνιπτος,   740
τῷ δὲ θεοὶ νεμεσῶσι καὶ ἄλγεα δῶκαν ὀπίσσω.
μηδ' ἀπὸ πεντόζοιο θεῶν ἐν δαιτὶ θαλείῃ
αὖον ἀπὸ χλωροῦ τάμνειν αἴθωνι σιδήρῳ.
μηδέ ποτ' οἰνοχόην τιθέμεν κρητῆρος ὕπερθεν
πινόντων· ὀλοὴ γὰρ ἐπ' αὐτῷ μοῖρα τέτυκται.   745
μηδὲ δόμον ποιῶν ἀνεπίξεστον καταλείπειν,
μή τοι ἐφεζομένη κρώξῃ λακέρυζα κορώνη.
μηδ' ἀπὸ χυτροπόδων ἀνεπιρρέκτων ἀνελόντα
ἔσθειν μηδὲ λόεσθαι· ἐπεὶ καὶ τοῖς ἔπι ποινή.
μηδ' ἐπ' ἀκινήτοισι καθίζειν, οὐ γὰρ ἄμεινον,   750
παῖδα δυωδεκαταῖον, ὅ τ' ἀνέρ' ἀνήνορα ποιεῖ,
μηδὲ δυωδεκάμηνον· ἴσον καὶ τοῦτο τέτυκται.
μηδὲ γυναικείῳ λουτρῷ χρόα φαιδρύνεσθαι

733 πεπαλαγμένος et Et ᴳ A s.v. σπερμαίνειν: -ον Eᵃᶜ: -αˊ (ον sscr. m. 1) H ἔνδοθεν Π5 CD Etᴳ   734 ἱστίῃ et Π5 Etᴳ: ἑστίῃ Φ   735 δυσφήμ. et Σᵛᵉᵗ Etᴳ AB: δυστήνοιο Plut. *de sera num. v.* 562a   736a non hab. Π5, non respic. Pr. Σᵛᵉᵗ; aut hunc aut 757–9 expungerem si crederem haec omnia Hesiodi esse   740 et Π5: proscr. (una cum 741 ?) Aristarchus   κακότητ' ἰδὲ (sive κακότητι δὲ) ο:]ιδε Π5: κακότητ(α) ἴδε et κακότητ' ἔπι gramm. ant. (v. Σᵛᵉᵗ): κακότητί γε Guyet   744–69 m. rec. suppleti in E; non citabo   746 ἀνεπίξ. et Pr. al.: ἀνεπίρρεκτον quidam test. Σᵛᵉᵗ   747 κρώξῃ Π5 C: κρώζῃ DH Orus (Reitzenstein *Gesch. d. gr. Etym.* 344) al.   748 ἀφελόντα Poll. 10. 99 'Trypho' *de trop.* 4 (3. 194. 10 Sp.)   749 ἔπι Steitz: ἔνι ο   752 postea additum esse susp. Wilam.

ἀνέρα· λευγαλέη γὰρ ἐπὶ χρόνον ἔcτ' ἐπὶ καὶ τῷ
ποινή. μηδ' ἱεροῖcιν ἐπ' αἰθομένοιcι κυρήcαc   755
μωμεύειν ἀίδηλα· θεόc νύ τι καὶ τὰ νεμεccᾷ.
μηδέ ποτ' ἐν προχοῆc ποταμῶν ἅλαδε προρεόντων
μηδ' ἐπὶ κρηνάων οὐρεῖν, μάλα δ' ἐξαλέαcθαι·
μηδ' ἐναποψύχειν· τὸ γὰρ οὔ τοι λώιόν ἐcτιν.]
ὧδ' ἔρδειν· δεινὴν δὲ βροτῶν ὑπαλεύεο φήμην·   760
φήμη γάρ τε κακὴ πέλεται κούφη μὲν ἀεῖραι
ῥεῖα μάλ', ἀργαλέη δὲ φέρειν, χαλεπὴ δ' ἀποθέcθαι.
φήμη δ' οὔ τιc πάμπαν ἀπόλλυται, ἥντινα πολλοὶ
λαοὶ φημίξουcι· θεόc νύ τίc ἐcτι καὶ αὐτή.

['Ήματα δ' ἐκ Διόθεν πεφυλαγμένοc εὖ κατὰ μοῖραν   765
πεφραδέμεν δμώεccι τριηκάδα μηνὸc ἀρίcτην
ἔργα τ' ἐποπτεύειν ἠδ' ἁρμαλιὴν δατέαcθαι.

Αἵδε γὰρ ἡμέραι εἰcὶ Διὸc παρὰ μητιόεντοc,   769
εὖτ' ἂν ἀληθείην λαοὶ κρίνοντεc ἄγωcιν·   768
πρῶτον ἔνη τετράc τε καὶ ἑβδόμη ἱερὸν ἦμαρ·   770
τῇ γὰρ Ἀπόλλωνα χρυcάορα γείνατο Λητώ·
ὀγδοάτη δ' ἐνάτη τε δύω γε μὲν ἤματα μηνὸc

754 ²ἐπ[ὶ et Π5: ἐνὶ West (et 749 ἔνι)   756 μωμαίνειν Et G s.v.
νύ τι Π5 Byz. (S): νύ τοι ο Σvet Et G B (νύτα, i.e. νυ τὰ A): νύ τε West
757-9 proscr. Plut. (teste Pr.); cf. ad v. 736a   757 πρ]οχοῆc Π5
Pr. (ut vid.): -ῇ ο Et G s.v. ἀποψύχειν   760 δειλὴν Π5 (δειν- et Et G
s.v. ἀλεύω)   762 sq. om. Dac   ρειη Π5 (-α et Et G s.v. ἀποψύχειν)
ἀρ]γαλέη et Π5: -έον Et G A   763-4 πολλοὶ [λαοὶ et Π5 Aristot. Eth.
Nic. 1153b27 Aristid. 46 (2. 201 D.) al.: λαοὶ πολλοὶ Pr. Dem. 19. 243 sq.
(bis) 'Dio Chr.' 37. 47 al.: utrumque Aeschin. 1. 129, 2. 144 codd.
764 φημίξουcι Byz.(S) Et G A: -ξωcι C Pr. 'Dio': -ζουcι DH sch. A. Ag.
929 al. (de cet. test. non liq.)
765-828 Dies Hesiodo post alios abiud. Nilsson (ἄλλοc ἀλλοίην αἰνεῖ,
v. 824, scil. ἢ ψέγει, quam verum sit non fugiet qui vv. attente legerit)
765 sq. Dierum initium non fuisse vidit Lehrs; 766 sq. alieni sunt a
vv. 770-828 religionibus   767 δα]τέαc[θαι et Π5: -εcθαι Byz.
768 post 767 et Π5 Pr. Σvet: post 769 traiec. Schoemann, post 822 Galdi
ἀληθείην et Π5: -η (? μετὰ -αc) Σvet Hermann   770-5 adest E (m. 1)
772 δ' Π5 EtTittm s.v. γέμεν: τ' ο   ante δύω interpungunt plerique

ἔξοχ' ἀεξομένοιο βροτήcια ἔργα πένεcθαι·
ἑνδεκάτη δὲ δυωδεκάτη τ' ἄμφω γε μὲν ἐcθλαὶ
ἠμὲν ὄιc πείκειν ἠδ' εὔφρονα καρπὸν ἀμᾶcθαι·   775
ἡ δὲ δυωδεκάτη τῆc ἑνδεκάτηc μέγ' ἀμείνων·
τῇ γάρ τοι νεῖ νήματ' ἀερcιπότητοc ἀράχνηc
ἤματοc ἐκ πλείου, ὅτε τ' ἴδριc cωρὸν ἀμᾶται·
τῇ δ' ἱcτὸν cτήcαιτο γυνὴ προβάλοιτό τε ἔργον.

Μηνὸc δ' ἱcταμένου τρειcκαιδεκάτην ἀλέαcθαι   780
cπέρματοc ἄρξαcθαι· φυτὰ δ' ἐνθρέψαcθαι ἀρίcτη.
ἕκτη δ' ἡ μέccη μάλ' ἀcύμφορόc ἐcτι φυτοῖcιν,
ἀνδρογόνοc δ' ἀγαθή· κούρῃ δ' οὐ cύμφορόc ἐcτιν
οὔτε γενέcθαι πρῶτ' οὔτ' ἂρ γάμου ἀντιβολῆcαι.
οὐδὲ μὲν ἡ πρώτη ἕκτη κούρῃ γε γενέcθαι   785
ἄρμενοc, ἀλλ' ἐρίφουc τάμνειν καὶ πώεα μήλων,
cηκόν τ' ἀμφιβαλεῖν ποιμνήιον ἤπιον ἦμαρ·
ἐcθλὴ δ' ἀνδρογόνοc· φιλέοι δ' ὅ γε κέρτομα βάζειν
ψεύδεά θ' αἱμυλίουc τε λόγουc κρυφίουc τ' ὀαριcμούc.

Μηνὸc δ' ὀγδοάτῃ κάπρον καὶ βοῦν ἐρίμυκον   790
ταμνέμεν, οὐρῆαc δὲ δυωδεκάτῃ ταλαεργούc.

Εἰκάδι δ' ἐν μεγάλῃ, πλέῳ ἤματι, ἵcτορα φῶτα
γείναcθαι· μάλα γάρ τε νόον πεπυκαcμένοc ἔcται.

---

774 δε et τε *Π*5: δὲ C (τε sscr. m. 1): τε D*Φ*   775 ἠ μὲν ... ἡ
δὲ *Φ* ut vid., Byz.   776–90 m. rec. in E; cf. ad 744 sqq.   777 νεῖ
et *Suda* s.v. νεῖν al.: νῇ *Suda* interpol., Cobet   778 sq. desunt in H
778 ὅτε τ' ἴδριc CD Et^{Tittm} s.v. ἴδριc: ὅτε ἴδ. Byz.: ὅ τε ἴδ. Sinclair (ὅ τε
ϝίδ. Bergk), fort. recte   780 τρικαιδ. ο: corr. Rzach   781 cπέρμ]
ατοc ἄρξ. et *Π*5: cπέρματα δάccαcθαι CH Et^{Tittm} s.v. δάcαcθαι   ἀριcτα
Et^{Tittm}   782 ἕκτη et Pr.: πέμπτη Poll. 1. 63   μάλα cύμφ. (C^{pc}?)
Pr.   783 οὐ cύμφ.: ἀcύμφ. CH   784 ἂρ: αὖ Gaisford (dubitanter)
785 κούρῃ γε Rzach: κ]ούρῃ τε *Π*5D: κούρῃcι CH   788 φιλέοι δ' ο
γε *Π*5: φιλέοι (-έει) δέ κε CH(D)   κ[έρτ]ομα et *Π*5: κέρδεα C^{ac} (corr.
m. rec.)   789 λόγουc om. *Π*5   791–802 adest E (m. 1)
792–6 neglexit Plut. (teste Proclo, in quo πέντε pro τέccαραc, scil. cτίχουc,
recte Pertusi)   793 om. *Π*5   γείναcθαι Byz.: γίνεcθαι C: γίναcθαι
DE: γενέcθαι H   πεπυκαcμ. D: πεπνυμένοc C*Φ*   ἐcτίν ο: corr.
Doederlein

Ἐσθλὴ δ' ἀνδρογόνος δεκάτη, κούρῃ δέ τε τετρὰς
μέσσῃ· τῇ δέ τε μῆλα καὶ εἰλίποδας ἕλικας βοῦς   795
καὶ κύνα καρχαρόδοντα καὶ οὐρῆας ταλαεργοὺς
πρηΰνειν ἐπὶ χεῖρα τιθείς· πεφύλαξο δὲ θυμῷ
[τετράδ' ἀλεύασθαι φθίνοντός θ' ἱσταμένου τε]
ἄλγεα· θυμοβορεῖν μάλα τοι τετελεσμένον ἦμαρ.

Ἐν δὲ τετάρτῃ μηνὸς ἄγεσθ' εἰς οἶκον ἄκοιτιν   800
οἰωνοὺς κρίνας οἳ ἐπ' ἔργματι τούτῳ ἄριστοι.

Πέμπτας δ' ἐξαλέασθαι, ἐπεὶ χαλεπαί τε καὶ αἰναί·
ἐν πέμπτῃ γάρ φασιν Ἐρινύας ἀμφιπολεύειν
Ὅρκον γεινόμενον, τὸν Ἔρις τέκε πῆμ' ἐπιόρκοις.

Μέσσῃ δ' ἑβδομάτῃ Δημήτερος ἱερὸν ἀκτὴν   805
εὖ μάλ' ὀπιπεύοντα ἐυτροχάλῳ ἐν ἀλωῇ
βάλλειν, ὑλοτόμον τε ταμεῖν θαλαμήια δοῦρα
νήιά τε ξύλα πολλά, τά τ' ἄρμενα νηυσὶ πέλονται.
τετράδι δ' ἄρχεσθαι νῆας πήγνυσθαι ἀραιάς.

Εἰνὰς δ' ἡ μέσσῃ ἐπὶ δείελα λώιον ἦμαρ·   810
πρωτίστη δ' εἰνὰς παναπήμων ἀνθρώποισιν·
ἐσθλὴ μὲν γάρ θ' ἥ γε φυτευέμεν ἠδὲ γενέσθαι
ἀνέρι τ' ἠδὲ γυναικί, καὶ οὔποτε πάγκακον ἦμαρ.

Παῦροι δ' αὖτε ἴσασι τρισεινάδα μηνὸς ἀρίστην
[ἄρξασθαί τε πίθου καὶ ἐπὶ ζυγὸν αὐχένι θεῖναι   815
βουσὶ καὶ ἡμιόνοισι καὶ ἵπποις ὠκυπόδεσσι],

---

794 κούρῃ ... 797 τιθείς secl. Goettling Paley Jachmann; v. ad 792
sqq.   795 τε: γε Π5?   796 οὐρῆας: ἡμιόνους Φ (quod in codd.
aliis glossema est)   798 sq. et Π5: 798 secl. Schoemann, 799 Steitz
799 αλγεα θυμοβορ[Π5 (ἄλγεα θυμοβόρα Schoemann): ἄλγε' ἃ θυμοβορεῖ
(servato 798) Rzach: ἄλγεσι θυμοβορεῖν West post ἄλγεα distinxi τοι:
γαρ Π5   801 postea additum esse cens. Steitz   a 803 ad fin.
deest E   804 γινομεν[et Π5 (γεινομένας Verg. georg. 1. 277 sq.?):
τινυμένας C (m. rec.) Byz.   806 ὀπιπεύοντα Byz. Σ^vet: -ας C: -ος
D: -πτεύοντα H   809 postea additum cens. Nilsson   812 θ' ἡ
γε Π5: ἦδε C: θ' ἦδε DH   814, 817 sq. post 809 traiec.,
815 sq. cum Goettlingio exp. Verdenius   815 αὐχένα o: corr.
Hermann

νῆα πολυκλήιδα θοὴν εἰς οἴνοπα πόντον
εἰρύμεναι· παῦροι δέ τ' ἀληθέα κικλήσκουσιν.

Τετράδι δ' οἶγε πίθον· περὶ πάντων ἱερὸν ἦμαρ
μέσσῃ· παῦροι δ' αὖτε μετ' εἰκάδα μηνὸς ἀρίστην   820
ἠοῦς γεινομένης· ἐπὶ δείελα δ' ἐστὶ χερείων.

Αἵδε μὲν ἡμέραι εἰσὶν ἐπιχθονίοις μέγ' ὄνειαρ·
αἱ δ' ἄλλαι μετάδουποι, ἀκήριοι, οὔ τι φέρουσαι.
ἄλλος δ' ἀλλοίην αἰνεῖ, παῦροι δὲ ἴσασιν.
ἄλλοτε μητρυιὴ πέλει ἡμέρη, ἄλλοτε μήτηρ.   825
τάων εὐδαίμων τε καὶ ὄλβιος ὃς τάδε πάντα
εἰδὼς ἐργάζηται ἀναίτιος ἀθανάτοισιν,
ὄρνιθας κρίνων καὶ ὑπερβασίας ἀλεείνων.

---

817 νέα τε Schaefer (απο[λυκλ. et Π5)   818 εἰρύμεναι: ελκεμ[ενα]ι
Π5   819–28 alienos cens. van Groningen   819 περὶ ... ἦμαρ pro
parenthesi habet West   820 postea additum cens. Sinclair   μέσσῃ
et Π5: μεσσήην (sic) C: μεσσήῃ H: μέσσῃ Byz. (West; cf. ad 819)
δ' αὖτε Π5 Byz. (S): δὲ CH: δέ τε D   μετεικάδα D (West)
821 γι(γ)νομένης Π5D   822 αἵδε ... ἐπιχθ. alia m. exarata in C
αἱ δὲ μὲν dubitanter van Groningen   824 δὲ ἴσασιν van Lennep: δέ
τ' ἴς. CDH   826–8 additi ut transitus fieret ad 'Ορνιθομαντείαν
quam *Op. et D.* excepisse test. Σ^vet   828 fort. proscr. Apoll. Rhod.
κρίνειν (ω sscr. m. rec.) D

ΑСΠΙС

ΥΠΟΘΕСΙС

Τῆς Ἀσπίδος ἡ ἀρχὴ ἐν τῷ τετάρτῳ Καταλόγῳ φέρεται μέχρι
στίχων ν′ καὶ ϛ′. διὸ καὶ ὑπώπτευκεν Ἀριστοφάνης ὡς οὐκ οὖσαν
αὐτὴν Ἡσιόδου, ἀλλ᾽ ἑτέρου τινὸς τὴν Ὁμηρικὴν ἀσπίδα μιμή-
σασθαι προαιρουμένου.

Μεγακλείδης ὁ Ἀθηναῖος γνήσιον μὲν οἶδε τὸ ποίημα, ἄλλως   5
δὲ ἐπιτιμᾷ τῷ Ἡσιόδῳ· ἄλογον γάρ φησι ποιεῖν ὅπλα Ἥφαιστον
τοῖς τῆς μητρὸς ἐχθροῖς. Ἀπολλώνιος δὲ ὁ Ῥόδιος ἐν τῷ τρίτῳ
φησὶν αὐτοῦ εἶναι ἔκ τε τοῦ χαρακτῆρος καὶ ἐκ τοῦ πάλιν τὸν
Ἰόλαον ἐν τῷ Καταλόγῳ εὑρίσκειν ἡνιοχοῦντα Ἡρακλεῖ. καὶ
Cτησίχορος δέ φησιν Ἡσιόδου εἶναι τὸ ποίημα.   10

Τάφιοι στρατεύσαντες ἐπὶ τὰς Ἠλεκτρύωνος βόας ἀνεῖλον
τοὺς τῆς Ἀλκμήνης ἀδελφοὺς τῶν θρεμμάτων ὑπεραγωνιζο-
μένους. τοῦ δὲ Ἀμφιτρύωνος αὐτῇ βουλομένου συνελθεῖν, αὕτη
οὐ πρότερον ὑπέσχετο πρὶν ἢ παρὰ τῶν ἀδελφοκτόνων εἰσπράξη-
ται τιμωρίαν· ὁ δὲ ἐπιστρατεύσας ἀνεῖλεν αὐτούς. κατὰ δὲ τὴν   15
αὐτὴν νύκτα ἀμφότεροι συνέρχονται αὐτῇ, ὅ τε Ζεὺς καὶ ὁ
Ἀμφιτρύων, ὃ μὲν ἐκ τοῦ πολέμου ὑποστρέψας, Ζεὺς δὲ βουληθεὶς
βοηθὸν ἀνθρώποις γεννῆσαι. ἡ δὲ κύει ἐκ μὲν Ἀμφιτρύωνος
Ἰφικλέα, ἐκ δὲ Διὸς Ἡρακλέα. ὃς καὶ ἐπὶ Κύκνον τὸν Ἄρεος
υἱὸν ἡνίοχον ἔχων Ἰόλαον στρατεύεται, ὃς τοὺς εἰς Πυθὼ ⟨τὰς⟩   20

2 ν′ καὶ ϛ′ Petit: ζῦ J: ῆ καὶ ε̅ F: ν̅ καὶ ε̅ b   καὶ² om. J   3–4 τὴν . . .
προαιρ.: προαιρ. τὴν . . . μιμ. b   5–10 in b defuisse vid. (extant in R)
5 Μεγακλείδης Schweighaeuser: μεγακλῆς o   6 ὅπλον F   7 καὶ ante
Ἀπ. FJ (deest in R)   7–8 τῷ αὐτοῦ τρίτῳ φ. J   9 ἤν. Ἡρ. om. J
10 τὸ om. J   11–25 hanc Argumenti partem e FJ edidi, variis quae
in aliis codicibus extant versionibus secus habitis   13 αὕτη F: ἡ δὲ J;
fort. delendum   14 παρὰ om. F: sscr. J   16 ὁ Ζεὺς τὲ (sic) J
17 μὲν δὲ J   ἐκ: ἀπὸ J   ἀνθρώποις (18) ante βουλ. J   18 ἐκύει J
19 καὶ om. F   20 ὃς εἰς πυθὼ τοὺς J: τοὺς εἰς π. F: corr. Byz.
τὰς add. Byz.

86

δεκάτας ἄγοντας περιεςύλα. ςκεπαςθεὶς οὖν ἡφαιςτοτεύκτῳ ἀςπίδι πρόειςιν εἰς Τραχῖνα πρὸς Κήυκα. ςυμβαλὼν δὲ τῷ Κύκνῳ, αὐτὸν μὲν ἀναιρεῖ, τὸν δὲ Ἄρεα ὑπεραςπίζοντα τοῦ υἱοῦ κατὰ τὸν μηρὸν τιτρώςκει. καὶ οὕτως ἔρχεται πρὸς Κήυκα· ἦν δὲ ὁ Κύκνος Κήυκος γαμβρὸς ἐπὶ θυγατρὶ Θεμιςτονόῃ.   25

21 δεκάδας ο: corr. Boissonade   22 πρόςειςι J   23 ἄρην F
24 τὸν om. J   25 γαμβρὸς Κήυκος F

ΑΣΠΙΣ

. . . Ἢ οἵη προλιποῦσα δόμουc καὶ πατρίδα γαῖαν
ἤλυθεν ἐc Θήβαc μετ' ἀρήιον Ἀμφιτρύωνα
Ἀλκμήνη, θυγάτηρ λαοccόου Ἠλεκτρύωνοc·
ἥ ῥα γυναικῶν φῦλον ἐκαίνυτο θηλυτεράων
εἴδεΐ τε μεγέθει τε· νόον γε μὲν οὔ τιc ἔριζε   5
τάων ἃc θνηταὶ θνητοῖc τέκον εὐνηθεῖcαι.
τῆc καὶ ἀπὸ κρῆθεν βλεφάρων τ' ἄπο κυανεάων
τοῖον ἄηθ' οἷόν τε πολυχρύcου Ἀφροδίτηc.
ἣ δὲ καὶ ὣc κατὰ θυμὸν ἑὸν τίεcκεν ἀκοίτην,
ὡc οὔ πώ τιc ἔτιcε γυναικῶν θηλυτεράων·   10
ἣ μέν οἱ πατέρ' ἐcθλὸν ἀπέκτανε ἶφι δαμάccαc,
χωcάμενοc περὶ βουcί· λιπὼν δ' ὅ γε πατρίδα γαῖαν
ἐc Θήβαc ἱκέτευcε φερεccακέαc Καδμείουc.
ἔνθ' ὅ γε δώματ' ἔναιε cὺν αἰδοίῃ παρακοίτι
νόcφιν ἄτερ φιλότητοc ἐφιμέρου, οὐδέ οἱ ἦεν   15
πρὶν λεχέων ἐπιβῆναι ἐυcφύρου Ἠλεκτρυώνηc
πρίν γε φόνον τείcαιτο καcιγνήτων μεγαθύμων
ἧc ἀλόχου, μαλερῷ δὲ καταφλέξαι πυρὶ κώμαc
ἀνδρῶν ἡρώων Ταφίων ἰδὲ Τηλεβοάων.
τὼc γάρ οἱ διέκειτο, θεοὶ δ' ἐπὶ μάρτυροι ἦcαν·   20
τῶν ὅ γ' ὀπίζετο μῆνιν, ἐπείγετο δ' ὅττι τάχιcτα
ἐκτελέcαι μέγα ἔργον, ὅ οἱ Διόθεν θέμιc ἦεν.

1–54 e *Catalogo* (v. fr. 195); cf. ad 55 sq.   7 τ' *Π37 o* sch. BT
Il. 19. 1: om. Et G s.v. ἀπὸ κυανέων Eust. *in Hom.* 1363. 55 fort. al.
κυανεάων *Π5Π37Σz* sch. BT al.: κυανέων JF Et G: -εόντων *b*: -εώντων
S(R)   8 τε: ποτε *b*   11 ἀπέκτανεν *Π37*JS: ἀπέκτεινεν *b*F
14 παρακοιτηι *Π5*: -η F (-ι et *Π37*)   15 ου]δε *Π5*: ουδ]ε *Π37* (ci.
Hermann): οὐ γάρ *o*   17 τείcαιτο Rzach: τίc- *o*   18 καταφλέξαι
πυρὶ *Π5Π37 Spc*: πυρὶ κατ. *b*JF   20 τωc *Π5*: ὡc *o*   ἦcαν *Π5*F:
ἔccαν *b*JS   22 οἱ: ἐκ Byz. (Z)

τῷ δ' ἅμα ἱέμενοι πολέμοιό τε φυλόπιδός τε
Βοιωτοὶ πλήξιπποι, ὑπὲρ cακέων πνείοντες,
Λοκροί τ' ἀγχέμαχοι καὶ Φωκῆες μεγάθυμοι   25
ἕσποντ'· ἦρχε δὲ τοῖσιν ἐὺς πάις Ἀλκαίοιο
κυδιόων λαοῖσι. πατὴρ δ' ἀνδρῶν τε θεῶν τε
ἄλλην μῆτιν ὕφαινε μετὰ φρεσίν, ὥς ῥα θεοῖσιν
ἀνδράσι τ' ἀλφηστῇσιν ἀρῆς ἀλκτῆρα φυτεύσαι.
ὦρτο δ' ἀπ' Οὐλύμποιο δόλον φρεσὶ βυσσοδομεύων,   30
ἱμείρων φιλότητος ἐυζώνοιο γυναικός,
ἐννύχιος· τάχα δ' ἷξε Τυφαόνιον· τόθεν αὖτις
Φίκιον ἀκρότατον προσεβήσατο μητίετα Ζεύς.
ἔνθα καθεζόμενος φρεσὶ μήδετο θέσκελα ἔργα·
αὐτῇ μὲν γὰρ νυκτὶ τανισφύρου Ἠλεκτρυώνης   35
εὐνῇ καὶ φιλότητι μίγη, τέλεσεν δ' ἄρ' ἐέλδωρ·
αὐτῇ δ' Ἀμφιτρύων λαοσσόος, ἀγλαὸς ἥρως,
ἐκτελέσας μέγα ἔργον ἀφίκετο ὅνδε δόμονδε,
οὐδ' ὅ γε πρὶν δμῶας καὶ ποιμένας ἀγροιώτας
ὦρτ' ἰέναι, πρίν γ' ἧς ἀλόχου ἐπιβήμεναι εὐνῆς·   40
τοῖος γὰρ κραδίην πόθος αἴνυτο ποιμένα λαῶν.
[ὡς δ' ὅτ' ἀνὴρ ἀσπαστὸν ὑπεκπροφύγῃ κακότητα
νούσου ὑπ' ἀργαλέης ἢ καὶ κρατεροῦ ὑπὸ δεσμοῦ,
ὣς ῥα τότ' Ἀμφιτρύων χαλεπὸν πόνον ἐκτολυπεύσας
ἀσπασίως τε φίλως τε ἑὸν δόμον εἰσαφίκανεν.]   45
παννύχιος δ' ἄρ' ἔλεκτο σὺν αἰδοίῃ παρακοίτι
τερπόμενος δώροισι πολυχρύσου Ἀφροδίτης.
ἣ δὲ θεῷ δμηθεῖσα καὶ ἀνέρι πολλὸν ἀρίστῳ

24 πλάξιπποι *b* (praeter R)   ὑπὲρ c. πν. et Σ: . . ππο . cακέων καδμειο-
νες (omisso ὑπὲρ) Π5   25 ἀγχέμ. Π5JF: ἀγχίμ. *b*S   28 ὣς ῥα
Π5ᵃᶜJFS (ὅς ῥα sch. Et ᴳ s.v. βυσσοδομεύων): ὄφρα Π5ᵖᶜ*b*   30 δόλον:
πολλὰ Et ᴳ   33 προσεβήσατο et Et ᴳ s.v. φίκειον: -βήσετο Kontos, fort.
recte   35 τανι- West: τανυ- *o*   39 γε πρὶν Σᶻˡ (unde γρ. πρὶν Ζ):
γ' ἐπὶ *o*   42-5 exp. Mazon: ante 39 traiec. Kinkel: duas conce-
ptiones (39–41, 42–5) agnov. Wilam.: vv. a *Scuti* auctore in *Eoeam* insertos
putat F. Schwarz   42 ὑπεκπροφύγοι *b*F   44 ῥα τότ': ἄρ' J
45 ἀσπάσιός τε φίλος Wilam.   φιλίως *b*

Θήβῃ ἐν ἑπταπύλῳ διδυμάονε γείνατο παῖδε,
οὐκέθ' ὁμὰ φρονέοντε· κασιγνήτω γε μὲν ἤστην·   50
τὸν μὲν χειρότερον, τὸν δ' αὖ μέγ' ἀμείνονα φῶτα
δεινόν τε κρατερόν τε, βίην Ἡρακληείην,
τὸν μὲν ὑποδμηθεῖca κελαινεφέι Κρονίωνι,
αὐτὰρ Ἰφικλῆα δορυccόῳ Ἀμφιτρύωνι·
κεκριμένην γενεήν, τὸν μὲν βροτῷ ἀνδρὶ μιγεῖca,   55
τὸν δὲ Διὶ Κρονίωνι, θεῶν cημάντορι πάντων.

Ὃc καὶ Κύκνον ἔπεφνεν, Ἀρητιάδην μεγάθυμον.
εὗρε γὰρ ἐν τεμένει ἑκατηβόλου Ἀπόλλωνοc
αὐτὸν καὶ πατέρα ὃν Ἄρη', ἄατον πολέμοιο,
τεύχεcι λαμπομένουc cέλαc ὡc πυρὸc αἰθομένοιο,   60
ἑcταότ' ἐν δίφρῳ· χθόνα δ' ἔκτυπον ὠκέεc ἵπποι
νύccοντεc χηλῇcι, κόνιc δέ cφ' ἀμφιδεδήει
κοπτομένη πλεκτοῖcιν ὑφ' ἅρμαcι καὶ ποcὶν ἵππων·
ἅρματα δ' εὐποίητα καὶ ἄντυγεc ἀμφαράβιζον
ἵππων ἱεμένων. κεχάρητο δὲ Κύκνοc ἀμύμων,   65
ἐλπόμενοc Διὸc υἱὸν ἀρήιον ἡνίοχόν τε
χαλκῷ δῃώcειν καὶ ἀπὸ κλυτὰ τεύχεα δύcειν.
ἀλλά οἱ εὐχωλέων οὐκ ἔκλυε Φοῖβοc Ἀπόλλων·
αὐτὸc γάρ οἱ ἐπῶρcε βίην Ἡρακληείην.
πᾶν δ' ἄλcοc καὶ βωμὸc Ἀπόλλωνοc Παγαcαίου   70
λάμπεν ὑπαὶ δεινοῖο θεοῦ τευχέων τε καὶ αὐτοῦ,
πῦρ δ' ὡc ὀφθαλμῶν ἀπελάμπετο. τίc κεν ἐκείνου
ἔτλη θνητὸc ἐὼν κατεναντίον ὁρμηθῆναι
πλήν γ' Ἡρακλῆοc καὶ κυδαλίμου Ἰολάου;
[κείνων γὰρ μεγάλη τε βίη καὶ χεῖρεc ἄαπτοι   75

50 οὐ καθ' Dobree   γε om. J : δὲ S   54 αὐτὰρ : τὸν δ' αὖτ' Pepp-
mueller : τὸν δ' ἄρα Rzach   λαοccόῳ b   55 sq. ad Eoeae finem a
Scuti auctore additos esse vid. Wilam.   59 ἄρην J   ἄατον J : ἆτον cett.
68 sq. exp. Kuenneth   71 ὑπὸ Byz. (-αὶ et Σᶻ)   72 δ': an θ'?
ἐκείνω bFS   74 γ' om. bS   75 sq. exp. Paley; fort. pro aliis de Her-
cule versibus irrepserunt   75 κείνω S   ab ἄαπτοι adest B usque ad 299

ἐξ ὤμων ἐπέφυκον ἐπὶ cτιβαροῖcι μέλεccιν.]
ὅc ῥα τόθ᾽ ἡνίοχον προcέφη κρατερὸν Ἰόλαον·
" "Ηρωc ὦ Ἰόλαε, βροτῶν πολὺ φίλτατε πάντων,
ἦ τι μέγ᾽ ἀθανάτουc μάκαραc, τοὶ "Ολυμπον ἔχουcιν,
ἤλιτεν Ἀμφιτρύων, ὅτ᾽ ἐυcτέφανον ποτὶ Θήβην   80
ἦλθε λιπὼν Τίρυνθον, ἐυκτίμενον πτολίεθρον,
κτείναc Ἠλεκτρύωνα βοῶν ἕνεκ᾽ εὐρυμετώπων·
ἵκετο δ᾽ ἐc Κρείοντα καὶ Ἡνιόχην τανύπεπλον,
οἵ ῥά μιν ἠcπάζοντο καὶ ἄρματα πάντα παρεῖχον,
ἦ δίκη ἔcθ᾽ ἱκέτῃcι, τίον δ᾽ ἄρα κηρόθι μᾶλλον.   85
ζῶε δ᾽ ἀγαλλόμενοc cὺν ἐυcφύρῳ Ἠλεκτρυώνῃ,
ᾗ ἀλόχῳ· τάχα δ᾽ ἄμμεc ἐπιπλομένων ἐνιαυτῶν
γεινόμεθ᾽ οὔτε φυὴν ἐναλίγκιοι οὔτε νόημα,
cόc τε πατὴρ καὶ ἐγώ· τοῦ μὲν φρέναc ἐξέλετο Ζεύc,
ὃc προλιπὼν cφέτερόν τε δόμον cφετέρουc τε τοκῆαc   90
ᾤχετο τιμήcων ἀλιτήμενον Εὐρυcθῆα,
cχέτλιοc· ἦ που πολλὰ μετεcτοναχίζετ᾽ ὀπίccω
ἣν ἄτην ὀχέων· ἣ δ᾽ οὐ παλινάγρετόc ἐcτιν.
αὐτὰρ ἐμοὶ δαίμων χαλεποὺc ἐπετέλλετ᾽ ἀέθλουc.
ὦ φίλοc, ἀλλὰ cὺ θᾶccον ἔχ᾽ ἡνία φοινικόεντα   95
ἵππων ὠκυπόδων· μέγα δὲ φρεcὶ θάρcοc ἀέξων
ἰθὺc ἔχειν θοὸν ἄρμα καὶ ὠκυπόδων cθένοc ἵππων,
μηδὲν ὑποδδείcαc κτύπον Ἄρεοc ἀνδροφόνοιο,
ὃc νῦν κεκληγὼc περιμαίνεται ἱερὸν ἄλcοc
Φοίβου Ἀπόλλωνοc, ἑκατηβελέταο ἄνακτοc·   100
ἦ μὴν καὶ κράτερόc περ ἐὼν ἄαται πολέμοιο."

77 ὅc, cf. ad 75 sq.   79 τι et Σ: τε Peppmueller   μέγ᾽ e corr. L
(m. pr.) : μέτ᾽ (vel μετ᾽) ο   81 τίρυνθα m   84 ἄρματα RL (nisi
potius -ετα L) : ἄρμενα mBJFS ; cf. Glotta 37 (1958), 127 sqq.   85 δ᾽ ἄρα
ο : δέ γε Byz. : δέ ἑ Ranke   87 adest A usque ad 138   89 φρένα
BA   90 δῶμα bSᵃᶜ   91 ἀλιτήμερον Guyet   92 μεταcτον-
m : μετεcτεν- A (μετεcτον- et Stob. 3. 4. 35)   93 ἀχέων bS Stob.
94 ἐπέτελλεν F   97 displicet Paleio qui 98 ὑποδδείcῃc   θοὸc BA
101 ἄεται S : ἆται Heyne (cf. Hsch. s.v. ἆται)

Τὸν δ' αὖτε προσέειπεν ἀμώμητος Ἰόλαος·
"ἠθεῖ', ἦ μάλα δή τι πατὴρ ἀνδρῶν τε θεῶν τε
τιμᾷ cὴν κεφαλὴν καὶ ταύρεος Ἐννοcίγαιος,
ὃc Θήβης κρήδεμνον ἔχει ῥύεταί τε πόληα,   105
οἷον δὴ καὶ τόνδε βροτὸν κρατερόν τε μέγαν τε
càc ἐc χεῖρας ἄγουcιν, ἵνα κλέος ἐcθλὸν ἄρηαι.
ἀλλ' ἄγε δύcεο τεύχε' ἀρήια, ὄφρα τάχιcτα
δίφρους ἐμπελάcαντεc Ἄρηός θ' ἡμέτερόν τε
μαρνώμεcθ', ἐπεὶ οὔ τοι ἀτάρβητον Διὸc υἱὸν   110
οὐδ' Ἰφικλείδην δειδίξεται, ἀλλά μιν οἴω
φεύξεcθαι δύο παῖδαc ἀμύμονοc Ἀλκεΐδαο,
οἳ δή cφι cχεδόν εἰcι, λιλαιόμενοι πολέμοιο
φυλόπιδα cτήcειν, τά cφιν πολὺ φίλτερα θοίνηc."

"Ὣc φάτο· μείδηcεν δὲ βίη Ἡρακληείη   115
θυμῷ γηθήcαc· μάλα γάρ νύ οἱ ἄρμενα εἶπεν·
καί μιν ἀμειβόμενοc ἔπεα πτερόεντα προcηύδα·
"ἥρωc ὦ Ἰόλαε, διοτρεφέc, οὐκέτι τηλοῦ
ὑcμίνη τρηχεῖα· cὺ δ' ὡc πάρος ἦcθα δαΐφρων,
ὣc καὶ νῦν μέγαν ἵππον Ἀρίονα κυανοχαίτην   120
πάντη ἀναcτρωφᾶν καὶ ἀρηγέμεν ὥc κε δύνηαι."

"Ὣc εἰπὼν κνημῖδαc ὀρειχάλκοιο φαεινοῦ,
Ἡφαίcτου κλυτὰ δῶρα, περὶ κνήμηcιν ἔθηκε.
δεύτερον αὖ θώρηκα περὶ cτήθεccιν ἔδυνε
καλὸν χρύcειον πολυδαίδαλον, ὅν οἱ ἔδωκε   125
Παλλὰc Ἀθηναίη, κούρη Διός, ὁππότ' ἔμελλε

105 πόληα BAJF Et G Gud s.v. κρήδεμνον: πόληας bS   110 τοι: τι FS
111 δειδέξεται Guil. Schulze (quod si placet, 110 ἀταρβήτωc ponere
praestat)   114 susp. Paley   cτῆcαι Paley al.   φέρτερα bS: utrum-
que respic. Σ   116 νύ οἱ JF: οἱ bS: ἔ B: ἔ A   119 τραχεῖα b
δαΐφρων: cαόφρων Σᶻ ʸρ   121 κε: γε b   122 φαεινοῦ δύcατο
Philop. in Arist. anal. post. 362. 10 W.   125 πολυδαίδαλον Jᵖᶜ (m. 1 ?)
RS: -δαιδάλεον mBAL: δαιδάλεον Fᵖᶜ (m. 1): δαίδαλον JᵃᶜFᵃᶜ   ὅν
S(Z): ὅν ῥ' cett.

τὸ πρῶτον cτονόεντας ἐφορμήςεςθαι ἀέθλους.
θήκατο δ' ἀμφ' ὤμοιςιν ἀρῆς ἀλκτῆρα cίδηρον,
δεινὸς ἀνήρ· κοίλην δὲ περὶ cτήθεςςι φαρέτρην
κάββαλεν ἐξόπιθεν· πολλοὶ δ' ἔντοςθεν ὀιςτοὶ   130
ῥιγηλοί, θανάτοιο λαθιφθόγγοιο δοτῆρες·
πρόςθεν μὲν θάνατόν τ' εἶχον καὶ δάκρυςι μῦρον,
μέςςοι δὲ ξεςτοί, περιμήκεες, αὐτὰρ ὄπιςθε
μόρφνοιο φλεγύαο καλυπτόμενοι πτερύγεςςιν.
εἵλετο δ' ὄβριμον ἔγχος, ἀκαχμένον αἴθοπι χαλκῷ.   135
κρατὶ δ' ἐπ' ἰφθίμῳ κυνέην εὔτυκτον ἔθηκε,
δαιδαλέην, ἀδάμαντος, ἐπὶ κροτάφοις ἀραρυῖαν,
ἥ τ' εἴρυτο κάρη Ἡρακλῆος θείοιο.

Χερςί γε μὴν cάκος εἷλε παναίολον, οὐδέ τις αὐτὸ
οὔτ' ἔρρηξε βαλὼν οὔτ' ἔθλαςε, θαῦμα ἰδέςθαι.   140
πᾶν μὲν γὰρ κύκλῳ τιτάνῳ λευκῷ τ' ἐλέφαντι
ἠλέκτρῳ θ' ὑπολαμπὲς ἔην χρυςῷ τε φαεινῷ
[λαμπόμενον, κυάνου δὲ διὰ πτύχες ἠλήλαντο].
ἐν μέςςῳ δ' ἀδάμαντος ἔην Φόβος οὔ τι φατειός,
ἔμπαλιν ὄccοιcιν πυρὶ λαμπομένοιςι δεδορκώς·   145
τοῦ καὶ ὀδόντων μὲν πλῆτο cτόμα λευκαθεόντων,
δεινῶν, ἀπλήτων, ἐπὶ δὲ βλοςυροῖο μετώπου
δεινὴ Ἔρις πεπότητο κορύςςουςα κλόνον ἀνδρῶν,

127 ἐφορμήςαςθαι *b*JS   130 κάββαλεν Byz. (Ζ) : κάμβαλεν F : κάββ-
βαλ' *m* : καββάλετ' BAJRLS (-μβ- BA ; κάββαλε τ' Byz.)   131 λαθοφθ.
BA : λαθηφθ. *b*S   132–4 alteri recensioni trib. Peppmueller, inter-
polatori Kuenneth   135 εἵλετο (ex *Il.* 15. 482) Hermann : ῆςαν δ ο
(ῆςαν ἰδ' ὀ. ἐ. S)   αἴθ. χαλκῷ : εἵλετο χ. F : εἵλετο θυμῷ *m*   138 exp.
Paley   desinit A   139 μὴν : μὲν *b*BS   εἶχε S   141–317 recentiori
poetae trib. Goettling   141 τιτάνῳ et Σ: κυάνῳ (secluso v. 143)
Deiters   143 non leg. Σ², damn. Heyne   ἠλήλατο F   144 δ'
ἀδάμαντος Σ (= Σ²) : δὲ δράκοντος ο ; v.l. vetusta, huic ὄφιες (161 sqq.)
et fort. ἔμπαλιν (145), illi Ἔρις (148), Προΐωξις κτλ. (154 sqq.) congruunt
145 ἔμπαλι(ν) δ' *b*(S)   146 λευκαθεόντων accentu supra α deleto J^{pc}
(ci. Wackernagel ; cf. λευκαθιζόντων Σ²) : λευκὰ θεόντων ›   147 προcώ-
που JΣ² (nimirum et Z)

93

σχετλίη, ἥ ῥα νόον τε καὶ ἐκ φρένας εἵλετο φωτῶν
οἵτινες ἀντιβίην πόλεμον Διὸς υἷι φέροιεν.　　　　　150
[τῶν καὶ ψυχαὶ μὲν χθόνα δύνουϲ' Ἄιδοϲ εἴϲω
αὐτῶν, ὀϲτέα δέ ϲφι περὶ ῥινοῖο ϲαπείϲηϲ
Ϲειρίου ἀζαλέοιο κελαινῇ πύθεται αἴῃ.]
　　　Ἐν δὲ Προΐωξίϲ τε Παλίωξίϲ τε τέτυκτο,
ἐν δ' Ὅμαδόϲ τε Φόνοϲ τ' Ἀνδροκταϲίη τε δεδήει,　　　155
[ἐν δ' Ἔριϲ, ἐν δὲ Κυδοιμὸϲ ἐθύνεον, ἐν δ' ὀλοὴ Κὴρ
ἄλλον ζωὸν ἔχουϲα νεούτατον, ἄλλον ἄουτον,
ἄλλον τεθνηῶτα κατὰ μόθον ἕλκε ποδοῖιν·
εἷμα δ' ἔχ' ἀμφ' ὤμοιϲι δαφοινεὸν αἵματι φωτῶν,
δεινὸν δερκομένη καναχῇϲί τε βεβρυχυῖα.]　　　　　160
　　　Ἐν δ' ὀφίων κεφαλαὶ δεινῶν ἔϲαν, οὔ τι φατειῶν,
δώδεκα, ταὶ φοβέεϲκον ἐπὶ χθονὶ φῦλ' ἀνθρώπων
[οἵτινεϲ ἀντιβίην πόλεμον Διὸϲ υἷι φέροιεν].
τῶν καὶ ὀδόντων μὲν καναχὴ πέλεν, εὖτε μάχοιτο
Ἀμφιτρυωνιάδηϲ· τὰ δ' ἐδαίετο θαυματὰ ἔργα·　　　165
ϲτίγματα δ' ὣϲ ἐπέφαντο ἰδεῖν δεινοῖϲι δράκουϲι·
κυάνεοι κατὰ νῶτα, μελάνθηϲαν δὲ γένεια.
　　　Ἐν δὲ ϲυῶν ἀγέλαι χλούνων ἔϲαν ἠδὲ λεόντων
ἐϲ ϲφέαϲ δερκομένων, κοτεόντων θ' ἱεμένων τε.
τῶν καὶ ὁμιληδὸν ϲτίχεϲ ἤιϲαν, οὐδέ νυ τώ γε　　　170
οὐδέτεροι τρεέτην, φρῖϲϲόν γε μὲν αὐχέναϲ ἄμφω.

---

149 susp. Wolf　　ϲχέτλιοϲ ὅϲ ῥα Merkelbach (qui in 144 ἀδάμαντοϲ)
150 (= 163)–3 exp. Schwarz, 151–9 Studniczka, 151–3 Lehrs al.
151 δύμεναι J : δύουϲ' F　　153 μελαίνῃ BJFS^ac (corr. m. 1)　　φαεινῇ πύθ.
αὐγῇ (sive αἴγλῃ) Paley　　154–60 susp. Welcker, secl. Furtwaengler
154 sq. προΐωξίϲ . . . ἀνδροκταϲίη edd. nonnulli　　155 φόβοϲ JF
156–9 exp. Heinrich (157–9 iam Schlichtegroll) ; vv. hinc et in *Il.* 18. 535
sqq. inculcati; cf. *Hermes* 93 (1965), 1 sqq.　　160 βεβρυχυῖα (e βρυχο-
μένη Σ) Byz. : βεβριθυῖα οΣ^z　　161–7 exp. G. F. Rohde　　162 ταὶ
βόϲκονται (β e φ corr., γρ. ταὶ φοβέεϲκον in mg.) S　　163 (= 150)
exp. Paley　　165 τὰ δ' ἐδ. : τε γε δαίετο S^ac : τ' ἐδαίετο b　　θαυματὰ
sch. Pi. *O.* 1. 43 : θαύματα B : θαυμαϲτὰ bJFS　　167 κυανέοιο B : κυάνεα F
169 θ' om. J　　170 τώ bJS^pc : τῶν BFS^ac : τοί Byz. (Z)

94

ἤδη γάρ cφιν ἔκειτο μέγας λῖς, ἀμφὶ δὲ κάπροι
δοιοί, ἀπουράμενοι ψυχάς· κατὰ δέ cφι κελαινὸν
αἷμ᾽ ἀπελείβετ᾽ ἔραζ᾽· οἳ δ᾽ αὐχένας ἐξεριπόντες
κείατο τεθνηῶτες ὑπὸ βλοςυροῖςι λέουςιν·   175
τοὶ δ᾽ ἔτι μᾶλλον ἐγειρέςθην κοτέοντε μάχεςθαι,
ἀμφότεροι, χλοῦναί τε cύες χαροποί τε λέοντες.

    Ἐν δ᾽ ἦν ὑςμίνη Λαπιθάων αἰχμητάων
Καινέα τ᾽ ἀμφὶ ἄνακτα Δρύαντά τε Πειρίθοόν τε
Ὁπλέα τ᾽ Ἐξάδιόν τε Φάληρόν τε Πρόλοχόν τε   180
Μόψον τ᾽ Ἀμπυκίδην, Τιταρήςιον, ὄζον Ἄρηος
Θηςέα τ᾽ Αἰγεΐδην, ἐπιείκελον ἀθανάτοιςιν·
ἀργύρεοι, χρύςεια περὶ χροῒ τεύχε᾽ ἔχοντες.
Κένταυροι δ᾽ ἑτέρωθεν ἐναντίοι ἠγερέθοντο
ἀμφὶ μέγαν Πετραῖον ἰδ᾽ Ἄςβολον οἰωνιςτὴν   185
Ἄρκτον τ᾽ Οὔρειόν τε μελαγχαίτην τε Μίμαντα
καὶ δύο Πευκεΐδας, Περιμήδεά τε Δρύαλόν τε,
ἀργύρεοι, χρυςέας ἐλάτας ἐν χερςὶν ἔχοντες.
καί τε ςυναΐγδην ὣς εἰ ζωοί περ ἐόντες
ἔγχεςιν ἠδ᾽ ἐλάτης αὐτοςχεδὸν ὠριγνῶντο.   190
    Ἐν δ᾽ Ἄρεος βλοςυροῖο ποδώκεες ἔςταςαν ἵπποι
χρύςεοι, ἐν δὲ καὶ αὐτὸς ἐναρςφόρος οὔλιος Ἄρης,
αἰχμὴν ἐν χείρεςςιν ἔχων, πρυλέεςςι κελεύων,
αἵματι φοινικόεις ὡς εἰ ζωοὺς ἐναρίζων,
δίφρου ἐπεμβεβαώς· παρὰ δὲ Δεῖμός τε Φόβος τε   195
ἔςταςαν ἱέμενοι πόλεμον καταδύμεναι ἀνδρῶν.

172 κάπρω et 173 ὢ supra δοιοί, ω supra ἀπουράμενοι Byz. (Z)
176 ἀγειρέςθην J : ἐγ. sscr. ἀ S   178 ὑςμίνη τε μάχη J : ὑςμίνη τε μ.
τε Sᵃᶜ (τε μ. τε del. Sᵖᶜ): ὑςμίνη μάχη b   182 (= Il. 1. 265) exp.
Ed. Meyer, novit Clitias (crater François.); vix recte Atheniensium
additamentum dicitur   183 τεύχεα ο : ἐςθὴς Σᶻ (unde εἵματα Z, ad-
iuvante fort. Il. 18. 517)   186 τ᾽ οὔριον Byz.: θούριον fere ο   Μελαγχ.
Clitias   Μίμαν τε West   189 καί τε: οἵ τε B (teste Rzachio; non
iam legitur)   ςυναΐγδην BJFΣᶻ Etᴳ s.v. Etᴹ s.v. ἀΐγδην: ςυναΐκτην bSΣ
192 ἐναρςφόρος et Σᶻ Etᴳ s.v.: ἐναροφ- F: ἐναρφ- Etᴹ s.v. (ut vid.)
195 δίφρω ο: corr. L. Dindorf   δὲ: δὴ m: om. RLS

'Εν δὲ Διὸς θυγάτηρ ἀγελείη Τριτογένεια,
τῇ ἰκέλη ὡς εἴ τε μάχην ἐθέλουσα κορύccειν,
ἔγχος ἔχους' ἐν χειρὶ †χρυσέην τε τρυφάλειαν
αἰγίδα τ' ἀμφ' ὤμοιc· ἐπὶ δ' ᾤχετο φύλοπιν αἰνήν.   200
'Εν δ' ἦν ἀθανάτων ἱερὸς χορός· ἐν δ' ἄρα μέccῳ
ἱμερόεν κιθάριζε Διὸς καὶ Λητοῦς υἱὸς
χρυσείῃ φόρμιγγι· [θεῶν δ' ἔδος ἁγνὸς "Ολυμπος·
ἐν δ' ἀγορή, περὶ δ' ὄλβος ἀπείριτος ἐcτεφάνωτο
ἀθανάτων ἐν ἀγῶνι·] θεαὶ δ' ἐξῆρχον ἀοιδῆς   205
Μοῦcαι Πιερίδες, λιγὺ μελπομένης ἐικυῖαι.
'Εν δὲ λιμὴν εὔορμος ἀμαιμακέτοιο θαλάccης
κυκλοτερὴς ἐτέτυκτο πανέφθου κασσιτέροιο
κλυζομένῳ ἴκελος· [πολλοί γε μὲν ἂμ μέcον αὐτοῦ
δελφῖνες τῇ καὶ τῇ ἐθύνεον ἰχθυάοντες   210
νηχομένοις ἴκελοι·] δοιὼ δ' ἀναφυcιόωντες
ἀργύρεοι δελφῖνες ἐφοίβεον ἔλλοπας ἰχθῦς.
τῶν δ' ὕπο χάλκειοι τρέον ἰχθύες· αὐτὰρ ἐπ' ἀκτῆς
ἧcτο ἀνὴρ ἁλιεὺς δεδοκημένος, εἶχε δὲ χερcὶν
ἰχθύcιν ἀμφίβληστρον ἀπορρίψοντι ἐοικώς.   215
'Εν δ' ἦν ἠυκόμου Δανάης τέκος, ἱππότα Περcεύς,

197 ἀγελείη : ὀλοῂ B (ὀλοὴ ἦν Peppmueller)   199 ἐν(ὶ) χειρὶ BF(S) :
ἐν χερcὶ(ν) bJ   χρυσείην m   ἐν χερcὶ φαεινήν τε τρ. Hermann : ἐν χερcὶν
⟨ἰδὲ⟩ χρυσέην [τε] τρ. Bentley : ἔχουcα [ἐν] χερὶ (χεροῖν Paley) χρυσείην τε
τρ. Goettling   200 ὤμοιcιν bBFS   202 λητοῦc καὶ διὸc bJF
Λητόοc Gerhard   203 sq. exp. Goettling, θεῶν . . . 205 ἀγῶνι Bauer-
meister : duas recensiones varie refingunt Bergk, Wilam.   203 δ' ἔδος :
ἔδοc J : τ' ἔδος S   ἀγνὸν -ον J   206 λιγὺ om. S   μελπομέναιc bS
207 εὔορμος . . . 208 κυκλ. om. Π34   208 πανέφθου et Σ Et G Tittm
s.v. : εανου Π34 (ex Il. 18. 613)   209 πολλοὶ . . . 211 ἴκ. non hab. Π34
(expunxerat Peppmueller); et a 210 ad 213 transeas vel a 211 νηχ. ⟨δ'⟩
ἴκ. ad 213 τρέον (van Groningen)   αὐτῆc J   211 δοιὼ Π34 : -οὶ ο
212 ἐφοίβεον von der Muehll: ἐ]φοινεον Π34 : ἐφοιβῶν (sic) F : ἐφοίτων
cett. Σz Et G s.v. ἔλλοψ : ἐφοίμεον West ; ἐθύνεον ἰχθυάοντεc hic prius quam
in 210 extitisse ci. Wilam.   213 του δ' Π34   δ' om. b   ἐπ' ἀκτῆc
Peppmueller : ἐπ' ἀκταῖc ο (επακτιc B) Et G s.v. ἀμφίβληcτρον   214 ἧcτ'
ἀνήρ Guil. Schulze : ἀνὴρ ἧcθ' Gerhard   χειρὶ Et G   215 ἰχθύcιν (καὶ ἰ.
Et G A) durum : eratne χρύcεον ?   ἀπορρίψαντι Et G A (deest B)

οὔτ' ἄρ' ἐπιψαύων cάκεος ποcὶν οὔθ' ἑκὰς αὐτοῦ,
θαῦμα μέγα φράccαcθ', ἐπεὶ οὐδαμῇ ἐcτήρικτο.
τὼc γάρ μιν παλάμαιc τεῦξεν κλυτὸc Ἀμφιγυήειc,
χρύcεον· ἀμφὶ δὲ ποccὶν ἔχεν πτερόεντα πέδιλα·   220
ὤμοιcιν δέ μιν ἀμφὶ μελάνδετον ἄορ ἔκειτο
χαλκέου ἐκ τελαμῶνοc· ὃ δ' ὥc τε νόημ' ἐποτᾶτο·
πᾶν δὲ μετάφρενον εἶχε κάρη δεινοῖο πελώρου,
Γοργοῦc· ἀμφὶ δέ μιν κίβιcιc θέε, θαῦμα ἰδέcθαι,
ἀργυρέη· θύcανοι δὲ κατηωρεῦντο φαεινοὶ   225
χρύcειοι· δεινὴ δὲ περὶ κροτάφοιcι ἄνακτοc
κεῖτ' Ἅιδοc κυνέη νυκτὸc ζόφον αἰνὸν ἔχουcα.
αὐτὸc δὲ cπεύδοντι καὶ ἐρρίγοντι ἐοικὼc
Περcεὺc Δαναΐδηc ἐτιταίνετο· ταὶ δὲ μετ' αὐτὸν
Γοργόνεc ἄπλητοί τε καὶ οὐ φαταὶ ἐρρώοντο   230
ἱέμεναι μαπέειν· ἐπὶ δὲ χλωροῦ ἀδάμαντος
βαινουcέων ἰάχεcκε cάκοc μεγάλῳ ὀρυμαγδῷ
ὀξέα καὶ λιγέωc· ἐπὶ δὲ ζώνῃcι δράκοντε
δοιὼ ἀπῃωρεῦντ' ἐπικυρτώοντε κάρηνα·
λίχμαζον δ' ἄρα τώ γε, μένει δ' ἐχάραccον ὀδόνταc   235
ἄγρια δερκομένω· ἐπὶ δὲ δεινοῖcι καρήνοιc
Γοργείοιc ἐδονεῖτο μέγαc φόβοc. οἳ δ' ὑπὲρ αὐτέων
ἄνδρεc ἐμαρνάcθην πολεμήια τεύχε' ἔχοντεc,
τοὶ μὲν ὑπὲρ cφετέρηc πόλιοc cφετέρων τε τοκήων
λοιγὸν ἀμύνοντεc, τοὶ δὲ πραθέειν μεμαῶτεc.   240
πολλοὶ μὲν κέατο, πλέονεc δ' ἔτι δῆριν ἔχοντεc
μάρνανθ'. αἱ δὲ γυναῖκεc ἐυδμήτων ἐπὶ πύργων

219 τεῦχεν B   222 χάλκεον bS   νόημα ποτᾶτο BJF   230 ἄπλη-
cτοι Et ᴳ A (deest B) s.v. μαπέειν   φατοὶ b   231 ἐπὶ ... 236 δερκο-
μένω postea inserta cens. Deiters; ἐπὶ δὲ ter eodem loco posita suspicionem
movent   232 βαινουcάων J   233 δράκοντεc bJS   234 ἐπικυρ-
τόωντε mL: -όεντε B: -ώεντα S   235 λίχμαζον m: -cον RLSᵃᶜ: -ccον
(cc in ras.) F: αιχμαc(c)ον vario accentu et spiritu BJSᵖᶜΣᶻᵞᵖ   236 ἐπὶ
δεινοῖcιν δὲ S   239 ὑπὸ bBJ   an cφετέρηc τε πόλιοc (cf. 90 et ad πόλιοc
Il. 2. 811 al.) ?   241 κείατο L

χαλκέων ὀξὺ βόων, κατὰ δ' ἐδρύπτοντο παρειάς,
ζωῇσιν ἴκελαι, ἔργα κλυτοῦ Ἡφαίστοιο.

ἄνδρες δ' οἳ πρεσβῆες ἔσαν γῆράς τε μέμαρπεν   245
ἀθρόοι ἔκτοσθεν πυλέων ἔσαν, ἂν δὲ θεοῖσι
χεῖρας ἔχον μακάρεσσι, περὶ σφετέροισι τέκεσσι
δειδιότες· τοὶ δ' αὖτε μάχην ἔχον. αἳ δὲ μετ' αὐτοὺς
Κῆρες κυάνεαι, λευκοὺς ἀραβεῦσαι ὀδόντας,
δεινωποὶ βλοσυροί τε δαφοινοί τ' ἄπλητοί τε   250
δῆριν ἔχον περὶ πιπτόντων· πᾶσαι δ' ἄρ' ἵεντο
αἷμα μέλαν πιέειν· ὃν δὲ πρῶτον μεμάποιεν
κείμενον ἢ πίπτοντα νεούτατον, ἀμφὶ μὲν αὐτῷ
βάλλ⟨ον ὁμῶς⟩ ὄνυχας μεγάλους, ψυχὴ δὲ [Ἀϊδόσδε] κατῆεν
Τάρταρον ἐς κρυόενθ'· αἳ δὲ φρένας εὖτ' ἀρέσαντο   255
αἵματος ἀνδρομέου, τὸν μὲν ῥίπτασκον ὀπίσσω,
ἂψ δ' ὅμαδον καὶ μῶλον ἐθύνεον αὖτις ἰοῦσαι.
[Κλωθὼ καὶ Λάχεσίς σφιν ἐφέστασαν· ἢ μὲν ὑφήσσων
Ἄτροπος οὔ τι πέλεν μεγάλη θεός, ἀλλ' ἄρα ἥ γε
τῶν γε μὲν ἀλλάων προφερής τ' ἦν πρεσβυτάτη τε.   260
πᾶσαι δ' ἀμφ' ἑνὶ φωτὶ μάχην δριμεῖαν ἔθεντο·
δεινὰ δ' ἐς ἀλλήλας δράκον ὄμμασι θυμήνασαι,
ἐν δ' ὄνυχας χεῖράς τε θρασείας ἰσώσαντο.]
πὰρ δ' Ἀχλὺς εἱστήκει ἐπισμυγερή τε καὶ αἰνή,
χλωρὴ ἀϋσταλέη λιμῷ καταπεπτηυῖα,   265

243 χάλκεον ο: corr. de Pauw: -εαι Spitzner   245 πρέσβηες
Buttmann   μέμαρπεν F: -πτεν Σ: -πτο m: -πον JRLSΣ^z: (γῆρα τε)
μέμαρπτων B: -πτον ΣΣ^z   248–70 duas vel etiam quattuor recensiones
dist. viri docti   250 -οὶ (-οί) quater bBFSΣ(?)Σ^z: -αὶ (-αί) quater J
252 μεμάπ- FSΣ^z: μεμάρπ- bBJ   post 253 nescio an v. exciderit (e.g.
μάρναντο κρατερῶς μεγάλῳ σθένει, ἐν δ' ἄρ' ἑκάστῃ)   254 βάλλ⟨ον
ὁμῶς⟩ van Lennep: βάλλ⟨ον ἔπειτ'⟩ Hermann; haplologiam βάλλ' ὄν.
maluit E. Schwyzer; cf. etiam ad 253   ψυχὴ B: ψυχὴν cett.   [Ἀϊδόσδε]
Hermann   κατῆεν Wolf (fort. et Byz.): κατεῖεν ο: καθῖεν (post ψυχὴν)
F. Schwarz (καθίει Hermann)   255 ἀρέσαντο et ΣΣ^z: ἀρέσαιντο
Peppmueller   258–63 exp. Kuenneth, additos esse prob. Schwarz
258 in ἀλλ' ἄρα ἥ γε, 259 in ἢ μὲν ὑφήσσων exire mavult West
264 αἰνή: εχθρή B

γουνοπαχής, μακροὶ δ' ὄνυχες χείρεσσιν ὑπῆσαν·
τῆς ἐκ μὲν ῥινῶν μύξαι ῥέον, ἐκ δὲ παρειῶν
αἷμ' ἀπελείβετ' ἔραζ'· ἣ δ' ἄπλητον κεκαρυῖα
εἰστήκει, πολλὴ δὲ κόνις κατενήνοθεν ὤμους,
δάκρυσι μυδαλέη. παρὰ δ' εὔπυργος πόλις ἀνδρῶν, 270
χρύσειαι δέ μιν εἶχον ὑπερθυρίοις ἀραρυῖαι
ἑπτὰ πύλαι· τοὶ δ' ἄνδρες ἐν ἀγλαΐαις τε χοροῖς τε
τέρψιν ἔχον· τοὶ μὲν γὰρ ἐυσσώτρου ἐπ' ἀπήνης
ἤγοντ' ἀνδρὶ γυναῖκα, πολὺς δ' ὑμέναιος ὀρώρει·
τῆλε δ' ἀπ' αἰθομένων δαΐδων σέλας εἰλύφαζε 275
χερσὶν ἐνὶ δμῳῶν· ταὶ δ' ἀγλαΐῃ τεθαλυῖαι
πρόσθ' ἔκιον, τῇσιν δὲ χοροὶ παίζοντες ἕποντο·
τοὶ μὲν ὑπὸ λιγυρῶν συρίγγων ἵεσαν αὐδὴν
ἐξ ἁπαλῶν στομάτων, περὶ δέ σφισιν ἄγνυτο ἠχώ·
αἳ δ' ὑπὸ φορμίγγων ἄναγον χορὸν ἱμερόεντα. 280
[ἔνθεν δ' αὖθ' ἑτέρωθε νέοι κώμαζον ὑπ' αὐλοῦ.]
τοί γε μὲν αὖ παίζοντες ὑπ' ὀρχηθμῷ καὶ ἀοιδῇ
[τοί γε μὲν αὖ γελόωντες ὑπ' αὐλητῆρι ἕκαστος]
πρόσθ' ἔκιον· πᾶσαν δὲ πόλιν θαλίαι τε χοροί τε
ἀγλαΐαι τ' εἶχον. τοὶ δ' αὖ προπάροιθε πόληος 285
νῶθ' ἵππων ἐπιβάντες ἐθύνεον. οἱ δ' ἀροτῆρες
ἤρεικον χθόνα δῖαν, ἐπιστολάδην δὲ χιτῶνας
ἐστάλατ'. αὐτὰρ ἔην βαθὺ λήιον· οἵ γε μὲν ἦμων

267 τῆς et de suhl. 9. 5: τῆς δ' Β   268 ἄπληστον S   272 τοὶ
δ': τῇδ' J; fort. rectius τῇ δ'   ἀγλαίης S   τε χοροῖς: λαοῖς b (RLM);
eratne v.l. τῇ λαοὶ ἐν κτλ.?   274 ὑμέναιος: ὀρυμαγδὸς (ex Il. 2. 810
al.) Β   275 δ' ὑπαιθ. S   276 ἀγλαίῃ (-η) Π35ΒJΣᶻ: -αι S: -ης
F: -αις b   -η τεθαλυίῃ Peppmueller (-υῖαι Π35 o)   276 olim a 284
sqq. exceptum esse cens. Deiters   277 τοῖσι(ν) RLS   278 ταὶ
Hermann   279 σφισιν et Π35: σφιν J   280 οἱ Guyet (Hermann)
281 expunxi; additus ab eo qui 283 pro 282 substituit   αὖ b.   ὑπ' om. b
282 om. BᵃᶜJᵃᶜ; refert ad 278–80 (αὖ ad πρόσθ' ἔκιον 277)   283 hab.
et Π35 sch. Aristoph. Av. 1426: om. Byz. (v. ad [298]); alteri, immo
tertiae recensioni trib. Hermann, exp. Deiters   αὖ: οὖν sch. Aristoph.
288 ἐστάλατ' αὐτὰρ et Etᴳ s.v. ἤρεικον: ἐστείλαντ' ἀτὰρ J

99

αἰχμῆς ὀξείῃϲι κορωνιόωντα πέτηλα
βριθόμενα ϲταχύων, ὡϲ εἰ Δημήτεροϲ ἀκτήν·   290
οἳ δ' ἄρ' ἐν ἐλλεδανοῖϲι δέον καὶ ἔπιτνον ἀλωῇ·
οἳ δ' ἐτρύγων οἴναϲ, δρεπάναϲ ἐν χερϲὶν ἔχοντεϲ·
[οἳ δ' αὖτ' ἐϲ ταλάρουϲ ἐφόρευν ὑπὸ τρυγητήρων
λευκοὺϲ καὶ μέλαναϲ βότρυαϲ μεγάλων ἀπὸ ὄρχων,
βριθομένων φύλλοιϲι καὶ ἀργυρέῃϲ ἑλίκεϲϲιν.]   295
οἳ δ' αὖτ' ἐϲ ταλάρουϲ ἐφόρευν. παρὰ δέ ϲφιϲιν ὄρχοϲ
χρύϲεοϲ ἦν, κλυτὰ ἔργα περίφρονοϲ Ἡφαίϲτοιο,
[τοί γε μὲν αὖ παίζοντεϲ ὑπ' αὐλητῆρι ἕκαϲτοϲ]
[ϲειόμενοϲ φύλλοιϲι καὶ ἀργυρέῃϲι κάμαξι,]
βριθόμενοϲ ϲταφυλῇϲι· μελάνθηϲάν γε μὲν αἵδε.   300
οἵ γε μὲν ἐτράπεον, τοὶ δ' ἤρυον. οἳ δὲ μάχοντο
πύξ τε καὶ ἑλκηδόν· τοὶ δ' ὠκύποδαϲ λαγὸϲ ᾗρευν
ἄνδρεϲ θηρευταί, καὶ καρχαρόδοντε κύνε πρό,
ἱέμενοι μαπέειν, οἳ δ' ἱέμενοι ὑπαλύξαι.
πὰρ δ' αὐτοῖϲ ἱππῆεϲ ἔχον πόνον, ἀμφὶ δ' ἀέθλῳ   305
δῆριν ἔχον καὶ μόχθον· εὐπλεκέων δ' ἐπὶ δίφρων
ἡνίοχοι βεβαῶτεϲ ἐφίεϲαν ὠκέαϲ ἵππουϲ
ῥυτὰ χαλαίνοντεϲ, τὰ δ' ἐπικροτέοντα πέτοντο
ἅρματα κολλήεντ', ἐπὶ δὲ πλῆμναι μέγ' ἀύτευν.
οἳ μὲν ἄρ' ἀίδιον εἶχον πόνον, οὐδέ ποτέ ϲφιν   310

289 κορωνιόωντα *b*BS Et ᴳ: -ιόεντα JF (κορυνιόεντα Pediasimi paraphr. in *Δ*)   291 ἔπιτνον *b*JFSΣʸᴾ Et ᴳ s.v.: ἔπιπνυον B: ἔπιπλον Σ¹ et ut vid. Σᵛᵉᵗ in Et ᴹ adhibita: ἐπίμπλων Σᶻ: ἔπιτναν vel ἔπιμπλαν Sittl   ἀλωήν *o*: corr. Th. Robinson   292–300 varias recensiones agnovit L. Dindorf 293–5 secl. Paley (haud male tutatur van der Valk), 293 ὑπὸ . . . 296 ἐφόρευν Schoemann, 294 μεγάλων . . . 296 ἐφόρευν Heinrich   293 ἐν ταλάροιϲ F   ἔφερον Et ᴹ s.v. ὄρχατοϲ   295 βριθ.: ϲειομένων Σᶻ ʸᴾ 296–300 damn. Guyet   297 χρ. ἦν: χρυϲείοιϲ Gigante, qui κλυτὰ . . . 299 ϲειόμ. exp.   πολλύφρ. B   298 hab. Byz. (eidem qui 283 omis.) 299 exp. Wilam.   ἀργυρέῃϲι et Ett s.v. κάμαξ: -οιϲι *b*S -ηϲ ἑλίκεϲϲιν | βριθομένηϲ Merkelbach   in κάμαξι desinit B   300 γε Tr.: δὲ *o* αἵ γε JFR   302 ἑλκηδήν Et ᴹ s.v. πύξ   λαγὸϲ Σᶻ Tr.: -ῶ(ὠ)ϲ *b*J: -οὺϲ FS   304 ἀπαλύξαι RLS   305 ἀέθλων *m*L   307 in ἵππουϲ desinit F   310 εἶχον *m*L: ἔχον JR: δὴ ἔχον S

νίκη ἐπηνύcθη, ἀλλ' ἄκριτον εἶχον ἄεθλον.
τοῖcι δὲ καὶ προύκειτο μέγαc τρίποc ἐντὸc ἀγῶνοc,
χρύcειοc, κλυτὰ ἔργα περίφρονοc Ἡφαίcτοιο.
Ἀμφὶ δ' ἴτυν ῥέεν Ὠκεανὸc πλήθοντι ἐοικώc,
πᾶν δὲ cυνεῖχε cάκοc πολυδαίδαλον· οἱ δὲ κατ' αὐτὸν   315
κύκνοι ἀερcιπόται μεγάλ' ἤπυον, οἵ ῥά τε πολλοὶ
νῆχον ἐπ' ἄκρον ὕδωρ· παρὰ δ' ἰχθύεc ἐκλονέοντο·
θαῦμα ἰδεῖν καὶ Ζηνὶ βαρυκτύπῳ, οὗ διὰ βουλὰc
Ἥφαιcτοc ποίηcε cάκοc μέγα τε cτιβαρόν τε,
ἀρcάμενοc παλάμῃcι. τὸ μὲν Διὸc ἄλκιμοc υἱὸc   320
πάλλεν ἐπικρατέωc· ἐπὶ δ' ἱππείου θόρε δίφρου,
εἴκελοc ἀcτεροπῇ πατρὸc Διὸc αἰγιόχοιο,
κοῦφα βιβάc· τῷ δ' ἡνίοχοc κρατερὸc Ἰόλαοc
δίφρου ἐπεμβεβαὼc ἰθύνετο καμπύλον ἅρμα.

Ἀγχίμολον δέ cφ' ἦλθε θεὰ γλαυκῶπιc Ἀθήνη,   325
καί cφεαc θαρcύνουc' ἔπεα πτερόεντα προcηύδα·
"Χαίρετε, Λυγκῆοc γενεὴ τηλεκλειτοῖο·
νῦν δὴ Ζεὺc κράτοc ὕμμι διδοῖ μακάρεccιν ἀνάccων
Κύκνον τ' ἐξεναρεῖν καὶ ἀπὸ κλυτὰ τεύχεα δῦcαι.
ἄλλο δέ τοί τι ἔποc ἐρέω, μέγα φέρτατε λαῶν·   330
εὖτ' ἂν δὴ Κύκνον γλυκερῆc αἰῶνοc ἀμέρcῃc,
τὸν μὲν ἔπειτ' αὐτοῦ λιπέειν καὶ τεύχεα τοῖο,
αὐτὸc δὲ βροτολοιγὸν Ἄρη' ἐπιόντα δοκεύcαc,
ἔνθα κε γυμνωθέντα cάκευc ὕπο δαιδαλέοιο
ὀφθαλμοῖcιν ἴδῃc, ἔνθ' οὐτάμεν ὀξέι χαλκῷ·   335
ἂψ δ' ἀναχάccαcθαι, ἐπεὶ οὔ νύ τοι αἴcιμόν ἐcτιν
οὔθ' ἵππουc ἑλέειν οὔτε κλυτὰ τεύχεα τοῖο."
Ὡc εἰποῦc' ἐc δίφρον ἐβήcατο δῖα θεάων,

312 τοῖcι δὲ καί: τοῖcιν δὲ S   προέκειτο Nauck   τρίπουc J   316 ῥά
τε: ῥά γε bS   317 πὰρ bS   κλονέοντο JΣ: corr. Tr.: δονέοντο bS
321 in δίφρου desinit R   325 ἀγχίμολοc J   326 θαρcύνουcα van
Lennep   329 δύcειν J   330 τοί: cοι LS   τι om. mJ (alterum π
supra ἔποc J)   333 ἄρην o: corr. Hermann   ἐπιόντα: ἐπὶ νῶτα bS
338 ἐβήcατο JS: ἐπεβήcετο b: fort. ἐβήcετο (cf. ad 33)

νίκην ἀθανάτης χερσὶν καὶ κῦδος ἔχουσα,
ἐccυμένως. τότε δή ῥα διόγνητος Ἰόλαος   340
cμερδαλέον ἵπποιcιν ἐκέκλετο· τοὶ δ' ὑπ' ὁμοκλῆς
ῥίμφ' ἔφερον θοὸν ἅρμα κονίοντες πεδίοιο·
ἐν γάρ cφιν μένος ἧκε θεὰ γλαυκῶπις Ἀθήνη
αἰγίδ' ἀναccείσαcα· περιστενάχηcε δὲ γαῖα.
τοὶ δ' ἄμυδις προγένοντ' ἴκελοι πυρὶ ἠὲ θυέλλῃ,   345
Κύκνος θ' ἱππόδαμος καὶ Ἄρης ἀκόρητος ἀυτῆς.
τῶν δ' ἵπποι μὲν ἔπειθ' ὑπεναντίοι ἀλλήλοιcιν
ὀξεῖα χρέμιcαν, περὶ δέ cφιcιν ἄγνυτο ἠχώ.
τὸν πρότερος προcέειπε βίη Ἡρακληείη·
"Κύκνε πέπον, τί νυ νῶιν ἐπίcχετον ὠκέας ἵππους,   350
ἀνδράcιν οἵ τε πόνου καὶ ὀιζύος ἴδριές εἰμεν;
ἀλλὰ παρὲξ ἔχε δίφρον ἐύξοον ἠδὲ κελεύθου
εἶκε †παρὲξ ἰέναι†· Τρηχινάδε τοι παρελαύνω
ἐς Κήϋκα ἄνακτα· ὃ γὰρ δυνάμει τε καὶ αἰδοῖ
Τρηχῖνος προβέβηκε. cὺ δ' εὖ μάλα οἶcθα καὶ αὐτός·   355
τοῦ γὰρ ὀπυίεις παῖδα Θεμιcτονόην κυανῶπιν.
ὦ πέπον, οὐ μὲν γάρ τοι Ἄρης θανάτοιο τελευτὴν
ἀρκέσει, εἰ δὴ νῶι cυνοιcόμεθα πτολεμίζειν.
ἤδη μέν τέ ἕ φημι καὶ ἄλλοτε πειρηθῆναι
ἔγχεος ἡμετέρου, ὅθ' ὑπὲρ Πύλου ἠμαθόεντος   360
ἀντίος ἔστη ἐμεῖο, μάχης ἄμοτον μενεαίνων.
τρὶς μὲν ἐμῷ ὑπὸ δουρὶ τυπεὶς ἠρείcατο γαίῃ
οὐταμένου cάκεος, τὸ δὲ τέτρατον ἤλαcα μηρὸν
παντὶ μένει cπεύδων, διὰ δὲ μέγα cαρκὸς ἄραξα·

339 sq. recentiori poetae trib. Hermann; cf. ad 341   340 exp.
Paley (θ' in 341 servato)   341 cμερδαλέον θ' bJ Et G s.v. διόγνητος:
cμερδ. γ' Heinrich: cμερδ. δ' Hermann; cf. ad 339   344 περιcτε-
νάχηcε δὲ bJ: περὶ δ' ἐcτοναχίζετο S^{ac}: περιcτονάχιζε δὲ S^{pc}: περιcτενάχιζε
δὲ Byz.   345 προγένονθ' J: προ γένονθ' m: προcεγένονθ' (cε in ras.)
L: προcέγενθ' S   347 τῶν δ' J: τῶν θ' bS: τῶν Guyet   348 cφιν bJ
351 εἰμεν: ἐcμέν S   353 παρὲξ ἰέναι vix sanum: παρερχομένοις vel
παρελθέμεναι expectaveris   τρηχῖνα δὲ o: corr. Fick   355 εὖ: αὖ b
358 πολεμ. v: γε πτολεμ. S   364 cάκ(κ)ος bS

πρηνὴς δ' ἐν κονίῃςι χαμαὶ πέςεν ἔγχεος ὁρμῇ.　　365
ἔνθα κε δὴ λωβητὸς ἐν ἀθανάτοιςιν ἐτύχθη
χερςὶν ὑφ' ἡμετέρῃςι λιπὼν ἔναρα βροτόεντα . . .''
῞Ως ἔφατ'· οὐδ' ἄρα Κύκνος ἐυμμελίης ἐμενοίνα
τῷ ἐπιπειθόμενος ἐχέμεν ἐρυςάρματας ἵππους.
δὴ τότ' ἀπ' εὐπλεκέων δίφρων θόρον αἶψ' ἐπὶ γαῖαν　　370
παῖς τε Διὸς μεγάλου καὶ 'Ενναλίοιο ἄνακτος·
ἡνίοχοι δ' ἔμπλην ἔλαςαν καλλίτριχας ἵππους.
τῶν δ' ὑπὸ ςευομένων κανάχιζε †πός' εὐρεῖα χθών†
ὡς δ' ὅτ' ἀφ' ὑψηλῆς κορυφῆς ὄρεος μεγάλοιο
πέτραι ἀποθρώςκωςιν, ἐπ' ἀλλήλαις δὲ πέςωςι,　　375
πολλαὶ δὲ δρῦς ὑψίκομοι, πολλαὶ δέ τε πεῦκαι
αἴγειροί τε τανύρριζοι ῥήγνυνται ὑπ' αὐτέων
ῥίμφα κυλινδομένων, ἧος πεδίονδ' ἀφίκωνται,
ὣς οἳ ἐπ' ἀλλήλοιςι πέςον μέγα κεκλήγοντες.
πᾶςα δὲ Μυρμιδόνων τε πόλις κλειτή τ' 'Ιαωλκὸς　　380
῎Αρνη τ' ἠδ' 'Ελίκη ῎Ανθειά τε ποιήεςςα
φωνῇ ὑπ' ἀμφοτέρων μεγάλ' ἴαχον· οἳ δ' ἀλαλητῷ
θεςπεςίῳ ςύνιςαν· μέγα δ' ἔκτυπε μητίετα Ζεύς,
[κὰδ δ' ἄρ' ἀπ' οὐρανόθεν ψιάδας βάλεν αἱματοέςςας,]
ςῆμα τιθεὶς πολέμοιο ἑῷ μεγαθαρςέι παιδί.　　385
οἷος δ' ἐν βήςςῃς ὄρεος χαλεπὸς προϊδέςθαι
κάπρος χαυλιόδων φρονέει [δὲ] θυμῷ μαχέςαςθαι

365 ὁρμῇ: αἰχμῇ (ὁρμῇ sscr. m. 1) S　　post 367 unum v. vel duos
ex εἰ μὴ orsos excidisse censuit Thiersch (εἰ μὴ ἄρ' ὀξὺ νόηςε πατὴρ
ἀνδρῶν τε θεῶν τε vel sim., puto)　　370 ἄψ J　　373 suspectus
(displicuit Paleio, exp. Flach); fort. voce πός' ex Il. 2. 784 illata pessum-
datus πός' S: πόδ' (δ in ras.) J: πᾶς' b　　κανάχιζεν πᾶςα περὶ χθ. Ranke
374-9 altera saxi similitudo 437 sqq.; fort. ambae auctori relinquendae
375 ἀποθρώςκουςιν o: corr. Tr. (-θρώςκ- Rzach)　　ἀλλήλῃς Rzach
376 δρύες Rzach, fort. recte　　377 αὐτῶν o: corr. Rzach　　378 εἴως
o: corr. Rzach　　379 κεκληγότες b: -ῶτες S (varietas -ῶτ-:-οντ-
Alexandrinos redit)　　384 exp. Wilam.　　386-92 exp. Flach al.,
tutantur Russo, van der Valk (post 371 traiec. Kiene)　　386 βήςςῃςιν
J προςιδ. Byz.　　387 δὲ del. Sᵖᶜ

ἀνδράcι θηρευτῆc, θήγει δέ τε λευκὸν ὀδόντα
δοχμωθείc, ἀφρὸc δὲ περὶ cτόμα μαcτιχόωντι
λείβεται, ὄccε δέ οἱ πυρὶ λαμπετόωντι ἔικτον,   390
ὀρθὰc δ' ἐν λοφιῇ φρίccει τρίχαc ἀμφί τε δειρήν·
τῷ ἴκελοc Διὸc υἱὸc ἀφ' ἱππείου θόρε δίφρου.
ἦμοc δὲ χλοερῷ κυανόπτεροc ἠχέτα τέττιξ
ὄζῳ ἐφεζόμενοc θέροc ἀνθρώποιcιν ἀείδειν
ἄρχεται, ᾧ τε πόcιc καὶ βρῶcιc θῆλυc ἐέρcη,   395
καί τε πανημέριόc τε καὶ ἠῷοc χέει αὐδὴν
ἴδει ἐν αἰνοτάτῳ, ὅτε τε χρόα Cείριοc ἄζει,
τῆμοc δὴ [κέγχροιcι πέρι γλῶχεc τελέθουcι
τούc τε θέρει cπείρουcιν, ὅτ' ὄμφακεc αἰόλλονται,
οἷα Διώνυcοc δῶκ' ἀνδράcι χάρμα καὶ ἄχθοc·   400
τὴν ὥρην] μάρναντο, πολὺc δ' ὀρυμαγδὸc ὀρώρει.
ὡc δὲ λέοντε δύω ἀμφὶ κταμένηc ἐλάφοιο
ἀλλήλοιc κοτέοντεc ἐπὶ cφέαc ὁρμήcωcι,
δεινὴ δέ cφ' ἰαχὴ ἄραβόc θ' ἅμα γίνετ' ὀδόντων ...
[οἳ δ' ὥc τ' αἰγυπιοὶ γαμψώνυχεc, ἀγκυλοχῆλαι,   405
πέτρῃ ἐφ' ὑψηλῇ μεγάλα κλάζοντε μάχωνται
αἰγὸc ὀρεccινόμου ἢ ἀγροτέρηc ἐλάφοιο
πίονοc, ἥν τ' ἐδάμαccε βαλὼν αἰζήιοc ἀνὴρ

---

388 θηρευτῆcι *b* : -αῖc J   390 εἴκτην *o* : corr. Goettling   392 valde
suspectus, cf. 370 sq.; 386 sqq. potius de animo acceperis quo Hercules
cum Cycno congreditur   393–401 susp. Wolf   394 ἐφιζ. *b*
397 ἴδει *oΣ* Et^{G M} s.v. ἴδοc al.: εἴδει Wackernagel   ὅτε τε Et^G A Et^M:
ὅτε *b* Et^G B: ὅτε περ S: ὁπότε J   398–400 pro parenthesi habuit
Goettling, exp. Kuenneth   3 98 δὴ: δὲ *b*S   κέγχροιcι . . . 401 τὴν
ὥρην exp. Russo   τελέθωcι JS   399 cπείρωcιν J   400 (= fr. 239. 1,
ubi ἔχθοc cod. Athenaei) exp. Merkelbach   402–12 exp. Kuenneth,
402–4 (quos alteri recensioni trib. Goettling) Peppmueller, 405–11 Russo;
in carminis fastigio duas similitudines ferremus nisi tam exiguum inter-
esset inter 402 et 407 sq.   403 ἀλλήλουc *b*S   ὁρμηθῶcι Σ^z γρ
post 404 deest v. (e.g. ὡc ἄρα τοὶ κοτέοντεc ἐπ' ἀλλήλοιcιν ὄρουcαν)
405–12 v. ad 402 sqq.   405 οἳ δ' : ἠδ' Byz.   ἀγκυλοχεῖλαι *o*: corr.
Byz. (Z) Zacher   406 κράζοντ' S^{ac}   μάχωνται Hermann: -ονται
J: -εcθον *m*: (ἐ)μαχέcθην L(S)

ΑCΠΙC

ἰῷ ἀπὸ νευρῆc, αὐτὸc δ' ἀπαλήcεται ἄλλῃ
χώρου ἄιδρις ἐών· οἳ δ' ὀτραλέως ἐνόηςαν,　　　　　　410
ἐccυμένωc δέ οἱ ἀμφὶ μάχην δριμεῖαν ἔθεντο·
ὣc οἱ κεκλήγοντεc ἐπ' ἀλλήλοιcιν ὄρουcαν.]
ἔνθ' ἦ τοι Κύκνος μέν, ὑπερμενέος Διὸς υἱὸν
κτεινέμεναι μεμαώc, cάκει ἔμβαλε χάλκεον ἔγχος,
οὐδ' ἔρρηξεν χαλκόc, ἔρυτο δὲ δῶρα θεοῖο·　　　　　415
Ἀμφιτρυωνιάδηc δέ, βίῃ Ἡρακληείη,
μεccηγὺc κόρυθόc τε καὶ ἀcπίδος ἔγχεϊ μακρῷ
αὐχένα γυμνωθέντα θοῶc ὑπένερθε γενείου
ἦλαc' ἐπικρατέωc, ἀπὸ δ' ἄμφω κέρcε τένοντε
ἀνδροφόνος μελίη· μέγα γὰρ cθένος ἔμπεσε φωτόc.　420
ἤριπε δ', ὡc ὅτε τιc δρῦc ἤριπεν ἢ ὅτε πεύκη
ἠλίβατος, πληγεῖcα Διὸc ψολόεντι κεραυνῷ·
ὣc ἔριπ', ἀμφὶ δέ οἱ βράχε τεύχεα ποικίλα χαλκῷ.

Τὸν μὲν ἔπειτ' εἴαcε Διὸc ταλακάρδιος υἱόc,
αὐτὸc δὲ βροτολοιγὸν Ἄρην προcιόντα δοκεύcαc,　　425
δεινὸν ὁρῶν ὅccοιcι, λέων ὣc cώματι κύρcαc,
ὅc τε μάλ' ἐνδυκέωc ῥινὸν κρατεροῖc ὀνύχεccι
cχίccαc ὅττι τάχιcτα μελίφρονα θυμὸν ἀπηύρα·
ἐμ μένεος δ' ἄρα τοῦ γε κελαινὸν πίμπλαται ἦτορ·
γλαυκιόων δ' ὅccοιc δεινὸν πλευράc τε καὶ ὤμους　　430
οὐρῇ μαcτιόων ποccὶν γλάφει, οὐδέ τιc αὐτὸν
ἔτλη ἐc ἄντα ἰδὼν cχεδὸν ἐλθέμεν οὐδὲ μάχεcθαι·
τοῖος ἄρ' Ἀμφιτρυωνιάδηc, ἀκόρητος ἀυτῆc,
ἀντίοc ἔcτη Ἄρηος, ἐνὶ φρεcὶ θάρcος ἀέξων,

409 ἀπαλήcεται et Σ al. : -ήcατο m　　410 ὀξαλέως Σ^z γρ　　411 ἀμφὶ
om. J　　412 cf. ad 404　　κεκληγότες b : -ῶτες S (cf. ad 379)
415 χαλκόν oΣ : -όc Seleucus edd. (sec. Aristarchi normam)　　419 τ'
post ἐπικρ. add. Ranke　　421 πευκη (sic, sscr. ετρ) S : πέτρη bJ
423 displicuit Wolfio, exp. Peppmueller　　425 exp. Russo　　ἄρην mJ :
ἄρεα L : ἄρηα S ; ἄρη' ἐπιόντα fuisse suspicor (cf. 333)　　429 ἐμμενέωc
Π5 o (ἐμμελέωc Σ^z) : corr. von Meyer　　τοῦ γε JS : τοῖcι b　　431 μαcτί-
ξων (vel μαcτίων) West, fort. recte　　432 ἐλθέμεν Π5 (ci. Nauck) :
ἐλθεῖν o　　434 ἄρεος ἔcτη Π5 (quae αντιος . . . . . cτη) o : corr. Byz.

105

ἐccυμένωc· ὁ δέ οἱ cχεδὸν ἤλυθεν ἀχνύμενοc κῆρ.   435
[ἀμφότεροι δ᾽ ἰάχοντεc ἐπ᾽ ἀλλήλοιcιν ὄρουcαν.]
ὡc δ᾽ ὅτ᾽ ἀπὸ μεγάλου πέτρη πρηῶνοc ὀρούcῃ,
μακρὰ δ᾽ ἐπιθρώcκουcα κυλίνδεται, ᾗ δέ τε ἠχῇ
ἔρχεται ἐμμεμαυῖα· πάγοc δέ οἱ ἀντεβόληcεν
ὑψηλόc, τῷ δὴ cυνενείκεται, ἔνθα μιν ἴcχει·   440
τὼc ⟨ἄρ᾽⟩ ὁ μὲν ἰαχῇ βριcάρματοc οὔλιοc Ἄρηc
κεκληγὼc ἐπόρουcεν, ὁ δ᾽ ἐμμαπέωc ὑπέδεκτο.
αὐτὰρ Ἀθηναίη, κούρη Διὸc αἰγιόχοιο,
ἀντίη ἦλθεν Ἄρηοc ἐρεμνὴν αἰγίδ᾽ ἔχουcα·
δεινὰ δ᾽ ὑπόδρα ἰδοῦc᾽ ἔπεα πτερόεντα προcηύδα·   445
" Ἆρεc, ἔπιcχε μένοc κρατερὸν καὶ χεῖραc ἀάπτουc·
οὐ γάρ τοι θέμιc ἐcτὶν ἀπὸ κλυτὰ τεύχεα δῦcαι
Ἡρακλέα κτείναντα, Διὸc θραcυκάρδιον υἱόν·
ἀλλ᾽ ἄγε παῦε μάχηc, μηδ᾽ ἀντίοc ἵcταc᾽ ἐμεῖο."
Ὣc ἔφατ᾽· ἀλλ᾽ οὐ πεῖθ᾽ Ἄρεοc μεγαλήτορα θυμόν,   450
ἀλλὰ μέγα ἰάχων, φλογὶ εἴκελα τεύχεα πάλλων
καρπαλίμωc ἐπόρουcε βίῃ Ἡρακληείῃ
κακκτάμεναι μεμαώc· καί ῥ᾽ ἔμβαλε χάλκεον ἔγχοc,
cπερχνὸν παιδὸc ἑοῦ κοτέων περὶ τεθνηῶτοc,
ἐν cάκεϊ μεγάλῳ. ἀπὸ δὲ γλαυκῶπιc Ἀθήνη   455
ἔγχεοc ὁρμὴν ἔτραπ᾽ ὀρεξαμένη ἀπὸ δίφρου.
δριμὺ δ᾽ Ἄρη᾽ ἄχοc εἷλεν· ἐρυccάμενοc δ᾽ ἄορ ὀξὺ
ἔccυτ᾽ ἐφ᾽ Ἡρακλέα κρατερόφρονα· τὸν δ᾽ ἐπιόντα
Ἀμφιτρυωνιάδηc, δεινῆc ἀκόρητοc ἀϋτῆc,

435 sq. exp. Peppmueller   435 ἐccυμ. mirum   436 displicuit
Hartelio, exp. Fick (minime ἐπόρουcεν Hercules, immo ὑπέδεκτο), ad
vv. 402–12 pertinere censuit Schwarz   437–42 exp. La Penna
438 -θρώcκ- Rzach   439 εμβεβαυια Π5   440 cυνενήνεκτ᾽· ἔνθα
Hermann   441 τὼc J: τόccῃ bS (edd.); an ὡc?   ἄρ᾽ addidi
442 post ἐπόρ. paulo gravius interpungunt edd.   443 αἰγιόχοιο : ἐκγε-
γαυῖα JγρLγρ   445 ἰδοῦcα bS   448 κτείναντι Fränkel   450 πεῖθεν bS
451 μέγ᾽ JS   τεύχεα : τ᾽ ἔγχεα Hecker   454 fort. postea additus
cπερχνῶc Σ (unde Jγρ)   457 ἄρην Byz.   458 ἡρακλῆι -νι bS
459 δεινοc Π5

μηρὸν γυμνωθέντα σάκευς ὑπὸ δαιδαλέοιο   460
οὗτας' ἐπικρατέως· διὰ δὲ μέγα σαρκὸς ἄραξε
δούρατι νωμήσας, ἐπὶ δὲ χθονὶ κάββαλε μέσσῃ.
τῷ δὲ Φόβος καὶ Δεῖμος ἐΰτροχον ἅρμα καὶ ἵππους
ἤλασαν αἶψ' ἐγγύς, καὶ ἀπὸ χθονὸς εὐρυοδείης
ἐς δίφρον θῆκαν πολυδαίδαλον· αἶψα δ' ἔπειτα   465
ἵππους μαστιέτην, ἵκοντο δὲ μακρὸν Ὄλυμπον.
υἱὸς δ' Ἀλκμήνης καὶ κυδάλιμος Ἰόλαος
Κύκνον σκυλεύσαντες ἀπ' ὤμων τεύχεα καλὰ
νίσοντ'· αἶψα δ' ἔπειτα πόλιν Τρηχῖνος ἵκοντο
ἵπποις ὠκυπόδεσσιν. ἀτὰρ γλαυκῶπις Ἀθήνη   470
ἐξίκετ' Οὔλυμπόν τε μέγαν καὶ δώματα πατρός.
Κύκνον δ' αὖ Κήϋξ θάπτεν καὶ λαὸς ἀπείρων,
οἵ ῥ' ἐγγὺς ναῖον πόλιος κλειτοῦ βασιλῆος,
[Ἄνθην Μυρμιδόνων τε πόλιν κλειτήν τ' Ἰαωλκὸν
Ἄρνην τ' ἠδ' Ἑλίκην· πολλὸς δ' ἠγείρετο λαός,]   475
τιμῶντες Κήϋκα, φίλον μακάρεσσι θεοῖσιν.
τοῦ δὲ τάφον καὶ σῆμ' ἀϊδὲς ποίησεν Ἄναυρος
ὄμβρῳ χειμερίῳ πλήθων· τὼς γάρ μιν Ἀπόλλων
Λητοΐδης ἤνωξ', ὅτι ῥα κλειτὰς ἑκατόμβας
ὅστις ἄγοι Πυθοῖδε βίῃ σύλασκε δοκεύων.   480

461 διὰ ... 462 νωμήσας exp. Guyet   461 σαρκὸς Π5 J : σάκος bS
(cf. ad 364)   468 an Κύκνου? σκυλεύσαντες (... υcαν.ε) Π36 bS :
ἐσκύλευσαν καὶ J : συλήσαντες Byz.   472–80 exp. La Penna   473 πόλιος
Byz.(?) edd.: πόλιας Π36S : πύληας bJ   474 sq. exp. Goettling
475 πολλὸς et Π36 : πουλὺς S   ἐ]πειγερ[ετο (ι super γε scripto) Π36,
-εγείρετο fort. verum (cf. fr. 75. 11) : ἐπαγείρατο Blass   477–80 exp.
Kuenneth   480 πυθῶδε v.l. in m : Πυθώδε Goettling

FRAGMENTA SELECTA

EDIDERVNT

R. MERKELBACH

ET

M. L. WEST

PRAEFATIO

Fʀᴀɢᴍᴇɴᴛᴀ selecta dedimus ex editione nostra maiore quae inscribitur *Fragmenta Hesiodea* (Oxonii, 1967); contextus et apparatum criticum breviatos; numerationem non novam continuam sed eandem quae prius placuit, omissis quae omisimus. Convenit fragmenta, quorum multa papyris debentur, hic ita ut ante exprimere iota vocalibus longis postposito non subscripto. Rzachiani numeri in apparatu memorantur rursus, item litterae Merkelbachianae (*Archiv für Papyrusforschung*, 1957). Stella (*) fragmento appicta monet originem Hesiodeam minus certam esse. Errores, fontes novi innotuerunt unus et alter: correximus, laudavimus.

R. M.

M. L. W.

PRAEFATIO EDITIONIS TERTIAE (1990)

Pᴏsᴛ editionem primam (1970) accesserunt fragmenta aliquot nova quae ad Mulierum Catalogum reconstituendum haud parvum conferunt. Horum maximam partem in appendice editionis secundae (1982) suppeditavimus; nunc autem multo commodius ea inter cetera digesta atque ordinata reperies. Et plura attulit hoc novissimum decennium, velut integrum versum fr. 1. 16, quem in Maximo Tyrio latentem invenit R. Renehan (*Class. Phil.* 83, 1986, 221 sq.), et testimonia quattuor in Philodemi loco, quem post fr. 245 adiecimus. Neque autem nihil ipsorum nostrae profecerunt lucubrationes. In Westii enim libro qui inscribitur *The Hesiodic Catalogue of Women* (1985) demonstratum est, inter fr. 23(a). 40 et fr. 25 unum tantummodo versum stetisse, qui ex coniectura suppleri potest (op. cit., 74), et in fragmentis 196–200 contineri Catalogi libri quinti vv. 1–11, 34–42, 67–82, 99–110, 132–142, in fragmento 204 eiusdem libri vv. 106–284, cum fr. 199. 9 idem versus fuerit ac fr. 204. 3 (op. cit., 115 sq.). Haec omnia ad locos breviter indicavimus. Deinde fr. 244 editionis maioris, quod a minore excluseramus, nunc restituimus, cum T. Renner clarius fecit, de quibus agatur quoque pertineat (*Harv. Stud.* 82, 1978, 277 sqq.; cf. West, op. cit., 99).

Sane si opusculum nostrum totum renovare atque perpolire constitutum esset, non iam Dindorfiana scholia ad Iliadem laudaremus sed Erbsiana; et aliis quibusdam obsoletis editionibus recentiores substituere poteramus. Verum nolebamus officinae honestissimae iacturam ultra modum augere. Veniam tuam petimus, benevole lector.

R. M.
M. L. W.

ΓΥΝΑΙΚΩΝ ΚΑΤΑΛΟΓΟΣ

sive

HOIAI

1 P.Oxy. 2354, ed. Lobel

Νῦν δὲ γυναικῶν ⌊φῦλον ἀείсατε, ἡδυέπειαι
Μοῦсαι Ὀλυμπιάδε⌊с, κοῦραι Διὸс αἰγιόχοιο,
α̣ἳ τότ' ἄριсται ἔсαν[
μίτραс τ' ἀλλύсαντο .[

5 μιсγόμεναι θεοῖс[ιν
ξυναὶ γὰρ τότε δα⌊ῖτες ἔсαν, ξυνοὶ δὲ θόωκοι
ἀθανάτοιс τε θε⌊οῖсι καταθνητοῖс τ' ἀνθρώποιс.
οὐδ' ἄρα ἰсαίωνες ομ[
ἀνέρες ἠδὲ γυναῖκες ε[

10 ὀссόμεν[ο]ι̣ φρ[εсὶ] γῆρ[αс
οἳ μὲν δηρὸν ε.[..]κ.[
ἠΐ[θ]εοι, τοὺс δ' εἶθ[αρ] ε.[
ἀ̣[θ]άνατο̣ι [νε]ότητ[
τά̣ων ἔсπετε Μ[οῦсαι

15 ὅсс[αι]с δὴ παρελ[έξατ' Ὀλύμπιοс εὐρύοπα Ζεὺс
с⌐περμ̣⌊αί⌋νων τὰ ⌊πρῶτα γένοс κυδρῶν βαсιλήων,
.]с τε̣ Π̣[ο]сειδάω[ν
. . . . . .]ν τ' Ἄρηс [
. . . . . .].ηι.ιντ[

1 (A) 1–2 ferunt libri aliquot in fine Theogoniae   **5** θεοῖс[ιν
West: ⟨τε⟩ θεοῖс Stiewe (praeeunte Treu): non videtur fuisse θεόφιν
6–7 cit. Orig. c. Cels. iv. 79, 6 etiam schol. Arat. 104 (p. 357. 28 M.):
fr. 82 Rz.   **7** αθανατοιсϊε Π: ἀθανάτοιсι Origenes   **10** φρ[.ᵃ..]
γήρ[Π   **11** ἐχ[εс]κο[ν Treu   **12** ἡ⟨μ⟩ίθεοι Stiewe   **15** δὴ
Lobel: αν Π   **16** cit. Max. Tyr. 35.2   **17** ἅ]с (Lobel) aut ἡ̄(ι)]с
18 ὅссηιсί]ν Stiewe: Ἀπόλλω]ν τ' Ἄρηс [τε Lobel

113

20   ....].ϲτοϲπ[
            .... 'Ε]ρμῆϲ .[
            ....] βίη 'Η[ρακλῆοϲ

2 Schol. Ap. Rhod. Γ 1086 (p. 248. 6 Wendel)

ὅτι Προμηθέωϲ καὶ †Πανδώραϲ υἱὸϲ Δευκαλίων, 'Ηϲίοδοϲ ἐν
πρώτωι Καταλόγων φηϲί, καὶ ὅτι †Προμηθέωϲ (ἢ Δευκαλίωνοϲ)
καὶ Πύρραϲ "Ελλην, ἀφ' οὗ "Ελληνεϲ καὶ 'Ελλάϲ.

4 Schol. Hom. κ 2 (ii. 444. 8 Dindorf)

Δευκαλίων, ἐφ' οὗ ὁ κατακλυϲμὸϲ γέγονε, Προμηθέωϲ μὲν ἦν
υἱόϲ, μητρὸϲ δὲ ὡϲ πλεῖϲτοι λέγουϲι Κλυμένηϲ, ὡϲ δὲ 'Ηϲίοδοϲ
†Πρυνείηϲ.

5 Ioannes Laurentius Lydus, De mens. i. 13 (p. 7. 25
   Wünsch)

ἀπὸ Λατίνου τοῦ ἄρτι ἡμῖν ῥηθέντοϲ καὶ Γραικοῦ τῶν ἀδελφῶν,
ὥϲ φηϲιν 'Ηϲίοδοϲ ἐν Καταλόγοιϲ,

         Άγριον ἠδὲ Λατῖνον (Theog. 1013),

⟨καὶ πάλιν⟩

         κούρη δ' ἐν μεγάροιϲιν ἀγαυοῦ Δευκαλίωνοϲ
         Πανδώρη Διὶ πατρὶ θεῶν ϲημάντορι πάντων
         μιχθεῖϲ' ἐν φιλότητι τέκε Γραικὸν μενεχάρμην

2 (2 Rz.) Προμηθέωϲ ἢ Δευκαλίωνοϲ schol. Paris.: Προμηθέωϲ schol.
Laur.; Προμηθέωϲ καὶ Πανδώραϲ et Δευκαλίωνοϲ καὶ Πύρραϲ Marck-
scheffel, Προμηθέωϲ καὶ Προνοίηϲ et Προμηθέωϲ καὶ Πύρραϲ Sittl, Προμη-
θέωϲ {καὶ Πανδώραϲ} et Δευκαλίωνοϲ καὶ Πύρραϲ ⟨τῆϲ 'Επιμηθέωϲ καὶ
Πανδώραϲ⟩ West   4 (3) Πρυνείηϲ Ambros.: Πρυνόηϲ Harl.: Προνόηϲ
Dindorf: Πανδώραϲ Sturz: Πρυλείηϲ Welcker   5 (4) καὶ πάλιν e.g.
add. Merk.

·6 Schol. Ap. Rhod. *Δ* 265 (p. 276. 1 Wendel)

οἱ ἀπὸ Δευκαλίωνος τὸ γένος ἔχοντες ἐβασίλευον Θεςςαλίας, ὥς φηςιν Ἑκαταῖος (1 F 14) καὶ Ἡςίοδος.

7 Constantinus Porphyrogenn., *De them.* 2 (pp. 86 sq. Pertusi)

Μακεδονία ἡ χώρα ὠνομάςθη ἀπὸ Μακεδόνος τοῦ Διὸς καὶ Θυίας τῆς Δευκαλίωνος, ὥς φηςιν Ἡςίοδος ὁ ποιητής·

> ἣ δ' ὑποκυςαμένη Διὶ γείνατο τερπικεραύνωι
> υἷε δύω, Μάγνητα Μακηδόνα θ' ἱππιοχάρμην,
> οἳ περὶ Πιερίην καὶ Ὄλυμπον δώματ' ἔναιον

8 Grammaticus *De soloec. et barb.* p. 310. 5 Nauck (post Lex. Vindob.)

> Μάγνης δ' αὖ Δίκτυν τε καὶ ἀντίθεον Πολυδέκτεα

9 Plutarchus, *Quaest. conviv.* ix. 15. 2 p. 747f et alii

> Ἕλληνος δ' ἐγένοντο φιλοπτολέμου βαςιλῆος
> Δῶρός τε Ξοῦθός τε καὶ Αἴολος ἱππιοχάρμης

6 (8)   **7** (5)   **8** (6) δ' αὖ Δίκτυν τε Goettling : δ' αὖ Δίκτην τε cod. Leidensis Valckenaerii : δὲ κατ' αὐτὸ libri Nauckii   Πολυδέκτεα (vel Πολυδέκτην) Nauck : Πολυδεύκεα codd.   **9** (7. 1–2) φιλοπτολέμου βαςιλῆος schol. Lycophr. : φιλοπόλεμοι βαςιλῆες schol. Iamblichi : θεμιςτοπόλου βαςιλῆος Tzetzes : θεμιςτοπόλοι βαςιλῆες (cf. fr. 10. 25) Plut. et sscr. in Tzetz.   Tzetzes in Lycophr. 284 hoc fragmentum cum sequenti perperam coniunxit

10–76 (+77–121?) AEOLIDAE

10 (a) P. Turner 1, ed. Parsons–Sijpesteijn–Worp; P. Oxy.
2075 fr. 2, ed. Hunt; 2483 fr. 1 et 2822 fr. 2, ed. Lobel

]ͺν "Ολυμπον ἔχουϲιν
]οϲ βαϲιλῆοϲ
]ονον Ἄργοϲ ἐραννόν·
]ͺ εραϲ Ἀργεῖ μέϲϲωι
5   κλέ]οϲ ἔϲϲεται αὐτῶν.
Αἰγιμιοῦ δὲ βίη δουρικλειτοῦ βαϲ]ιλῆοϲ
γείνατ' ἐνὶ μεγάροιϲι Δυμᾶνά τε] Πάμφυλόν τε
μιχθεὶϲ   ]ͺθἐῖ τὴν περὶ π[άϲ]ηϲ
ἡλικίηϲ ἐφίληϲε θεῶν βαϲί]λεια καὶ ἀνδρῶν
10   ἀμύ]μονοϲ Αἰγιμιοῖ[ο]
]ωγͺλεδ....αικͺ.[
]όλεν[..]ͼμ..[   ].[
κ]αὶ Ἰφθ[ί]μην.[   ].
]ͺͺά..δͼ.[   ]ͼ·
15   ]οιϲκͼτ.[.]..[
]γενο.....[
.....] οὔρεια⌞ι Νύμφαι⌟ θεαὶ ἐξεγένοντο
καὶ γͺένοϲ οὐ⌞τιδανῶν Ϲα⌟τύρων καὶ ἀμηχανοέργ⌞ων
Κουρͺῆτέϲ τε ⌞θεοὶ φιλοπα⌟ίγμονεϲ ὀρχηϲ⌞τῆρεϲ.
20   Ξοῦ]θοϲ δὲ Κ[ρείουϲαν ἐπή]ρατον εἶδοϲ ἔχ[ουϲαν
κούρ]ην καλλ[ιπάρηον Ἐρε]χθῆοϲ θείοιο
ἀθανά]των ἰ[ότητι φίλην ποι]ήϲατ' ἄκ[οι]τͺιν,

10 (a) (F2; 7. 3–5, 11, 198)   supplementa longiora plerumque
excogitavit West   10]μͼ sscr. ο   11–19 cf. fr. 10 (b)   22]ήϲετ
Π a.c.

ἤ οἱ Ἀ]χαιὸν ἐγ[είνατ' Ἰάονά τε κλυ]τόπωλ[ο]ν
＿μιχθ]εῖϲ' ἐν [φιλότητι καὶ εὐε]ι̣δέα Διομήδην.

25　Αἰολί̣δαι δ' ἐγ̣ι̣ένοντο θεμιϲτ̣ι̣οπόλοι βαϲιλῆεϲ
Κρηθ̣ι̣εύϲ τ' ἠδ' ̣ι̣Ἀθάμαϲ καὶ Cίϲυφ̣ι̣οϲ αἰολομήτηϲ
Cαλμ̣ι̣ωνεύϲ ̣ι̣τ' ἄδικοϲ καὶ ὑπ̣ι̣έρθυμοϲ Περιήρηϲ
Δηϊών] τ̣ε μέγ[αϲ . . . .] τ' ἀριδείκετο̣ϲ ἀνδρῶν
　　　　　　　　　　ἐν δώμ]αϲιν ἡβώο̣ντεϲ

30　　　　　　　　　　　τ]έκοντό τε κύ̣διμα τέκνα·
αὖτιϲ δ' Αἰναρέτη τέκεν Αἰόλωι εὐνη[θ]εῖϲ̣[α
ἠϋκόμουϲ κούραϲ πολυήρ]ατον ε̣ἶδοϲ ἐχούϲαϲ,
Πειϲιδίκην τε καὶ Ἀλκυόνη]ν̣ Χ[αρ]ί̣τεϲϲιν ὁμοίαϲ
καὶ Καλύκην Κανάκην τε καὶ ε̣]υ̣ειδέ[α] Περιμήδην·

35　τῆι δ' Ἀχελῶιοϲ ἐυρρείτηϲ] μίχθη φιλότητι
　　　　　　　ἐν ὑψη]λοῖϲ̣ι̣ δόμοιϲι
　　　　　　　　　]οϲ βαϲιλῆο̣ϲ,
　[ὃϲ　　　　　　　] ναιετάαϲκε̣ν
ἀφ[ν]ειὸϲ μήλο̣[ιϲι

40　γλ. . . . .[
κούρη τ. . . .[
τοῦ κουρ. . .α̣ι̣[

42a　ἣ [δ'] ὑποκυϲ[αμένη
καὶ τὴν μὲ[ν
ἥρωϊ πτο[λιπόρθωι　　　　　　　　　] . .[

45　αὐτὰρ ὅ γ' Ἱπ̣[ποδάμαϲ πολυή]ρ̣[α]τ̣ον εἶδοϲ ἔχουϲαν
ἠγάγετ̣. . .[　　　　ποτὶ δώμα]τ̣α̣ ἠχήεντα·
ἣ δ' ὑποκυϲα[μένη μεγαλήτο]ρα π̣οιμένα λαῶν
Ἀντίμαχο̣ν [τέκε παῖδα, φίλον μακ]άρεϲϲι θεοῖϲιν,
Εὐρείτην θ' ἑλικοβ[λέφαρο]ν̣ Χ̣αρίτεϲϲι̣ν ὁμοίην,

50　τὴν ἔχε Πορθάων [Πλευρω]ν̣ίου υἱέοϲ υἱόϲ·
ἤ ο̣ἱ παῖδαϲ ἐγείνα[τ' ἀμύ]μοναϲ ἐν μεγάροιϲιν,
Οἰ̣νέα τ' [Ἀλ]κάθο̣όν τ̣[ε καὶ Ἄγ]ριον ἱπποκορύϲτην

25–7 schol. Pind. *Pyth.* iv. 253 (c), qui 26 τ' om.　　38 ά̣[[ε̣]]ϲκ sscr. a *Π*
42a om., marg. sup. rest. m. al.　　46 fort. ἠχη- *Π*, cf. 86

καὶ Μέλαν'] ἱππόδα[μον δειν]ῆς ἀκόρητον ἀϋτῆς·
ὁπλό]τατος δὲ Πύλ[ος γέν]ετ' ἐν μεγάρωι εὐπήκτωι.
55   τοὺς μέν] ῥ' Οἰνέος υἱὸς ἀγακλυτὸς ἱππότα Τυδεύς
κτεῖ]νεν ταναήκεϊ χαλκῶι
[ὅττι βίην καὶ κάρ]τος ἀπηύρων Οἰνέα δῖον.
[αὐτὰρ Ἀεθλίοο κρα]τερὸν μένος ἀντιθέοιο
ε[ὐειδέα Καλύκην θα]λερὴν ποιήσατ' ἄκοιτιν·
60   ἣ [δ' ἔτεκ' Ἐνδυμίωνα] φίλον μακάρεσσι θεοῖσι·
[τὸν δὲ Ζεὺς τίμης]ε, περισσὰ δὲ δῶρα ἔδωκεν,
⌊ἶν δ' αὐτῶι⌋ θανάτου ταμίης καὶ γήραος ἦεν.
[τοῦ δ' ἦν Αἰτωλός· το]ῦ δ' αὖ Καλυδὼν γένεθ' υἱός
Π[λευρών τ' αἰχμητ]ής, ἐπιείκελος ἀθανάτοισιν,
65   [ὃς   ]. Ἀγήνορα γείνατο παῖδα·
     ε[ἐυ]πλόκαμος Πολυκάστη
     α[τὴν δ]'. Ἠλέκτωρ θέτ' ἄκοιτιν
     η[   ] κρατερός τε μ[έ]γας τε
     ει[βριή]πυος οὔλιος Ἄρης
70   τ[   ]. νθος ἔχεσκε·
     δ[θαλερ]ὴν θέτ' ἄκοιτιν
     τ[   ] ἀθανάτηισιν[]
     α[θν]ητῶν ἀνθρώπων·
     ὃς [   ]. .ε[. .] Δηϊδάμεια
75   τ.[   ]. .[. . .]. . . .[
     ν[

(desunt versus fere sex)

83   ]. . . .παυςα[
           ]. χαλκον ἐνέι. . [

58–62 cf. fr. 10 (c)   59–76 litterae initiales fort. uno versu superius
locandae   62 θανάτου ταμίης Π marg. (m. al.), Ap. Dysc., cf.
Comm. in Antim.: ταμιη]ςθανατου Π in textu   γηραος, sscr. m. al.
κοιρανος Π   inter h.v. et proximum falso legebatur finis versus alii
(fr. 14. 9)   70 fort. τῆ[ν . . . π]ένθος   εθεσκε Π a.c.   83–98 cf.
fr. 10 (d)   83–9 (pars post.) (P. Turner fr. 4) iunctura minus certa

85   ]ῃιϲιν ἀγαλλόμενοϲ . . [
                           ] ἀνὰ δώματα ἠχήεντ[α
                           ]μεϝοι καὶ μαψιδίηι φιλότῃ[τι
                           ]. νόου βεβλαμμέν[οι ἐϲθλοῦ.

           Ζ[εὺϲ δὲ ἰδὼν νεμ]έϲηϲεν ἀπ' αἰγλήεντοϲ 'Ολύμπ[ου,
90   καὶ τὴν μὲν ποί[ηϲε πατὴρ ἀνδρῶν τε θεῶν τε
           ἀλκυϱόν', ἤ τ[
           ἀνθρώπωϝ [
           ναίει καί ῥ' ἁλίοι[
           Κήϋξ δ' οὔτε π[
95   παύεται ἀΐϲϲω[ν
           ἵεται Ἀλκυόνη[ϲ
           ἀλλὰ Διὸϲ κρυπ[τὸϲ πέλεται νόοϲ, οὐδέ τιϲ ἀνδρῶν
           φράζεϲθαι δύ[ναται
           τὴν δ' αὖ Μυρμι[δόνοϲ κρατερὸν μένοϲ ἀντιθέοιο
100   Πειϲιδίκην ὤπϝ[ιε
           ἣ δ' ἔτεκ' Ἄντιφ[ον υἷα καὶ Ἄκτορα
           ἣ δὲ Ποϲειδάω[νοϲ ἐν ἀγκοίνηιϲι μιγεῖϲα
           Αἰολὶϲ ἠ[ύκ]ϙμ[οϲ
           δὶϲ τέκε[
105   πρῶτοϝ [μὲν
           γε[ί]ϝατϙ ῥ[' αὖ
           τῆϲ γεδ[
              (vestigia versuum sex)

10 (b) Strabo x. 3. 19 p. 471

   'Ηϲίοδοϲ μὲν γὰρ †ἑκατέρω καὶ ⟨   ⟩ τῆϲ Φορωνέωϲ
θυγατρὸϲ πέντε γενέϲθαι θυγατέραϲ φηϲίν, ἐξ ὧν "οὔρειαι—
ὀρχηϲτῆρεϲ" (= 10 (a). 17–19).

   86 ἠχ- Π   98 φραζεϲθα[ι P. Turner: φραϲϲαϲθαι Oxy. 2483
10 (b) (198) ἑκατέρω: ἐκ Δώρου Parsons–Sijp.–Worp

10 (c) (= fr. 245) Versum 62 laudant Apollonius Dyscolus, *De pronominibus* I.82.23 Schneider, Comm. in Antimachum Coloph. p. 81 Wyss, Schol. Ap. Rhod. *Δ* 58 (p. 264.8 Wendel).

10 (d) Anon. P. Michigan inv. 1447 ii 14–19, ed. Renner (*Harv. Stud.* 82, 1978, 277 sqq.)

Ἀλκυόνην τὴν Αἰόλου ἔγημε Κή[ϋξ ὁ Φωϲφό]ρου τοῦ ἀϲτέροϲ
υἱόϲ. ἄμφω δ᾽ ἦϲα[ν ὑπερή]φα[νοι, ἀλ]λήλων δ᾽ ἐραϲθέντεϲ ἡ
[μὲν .]. α̣. [.]κ[.]ρνα[. . . . .] Δία κα[λ]εῖ, ⟨ὁ δὲ⟩ αὐτὴν Ἥραν
προϲηγό[ρε]υεν· ἐφ᾽ [ὧι ὀργι]ϲθεὶϲ[ϲ] ὁ Ζεὺϲ μετεμόρφωϲεν
ἀμφοτέρουϲ [εἰϲ ὄρ]νε[α,] ὡϲ Ἡϲίοδοϲ ἐν Γυναικῶν καταλόγωι.

Iulianus, etc. (= fr. 15).

10 (e) Ad fr. 10. 11–13 referenda videntur, quae in pap. Vindobonensi 26727. 5–8 leguntur (edd. Sijpesteijn–Worp, *Chron. d'Égypte* 97/8, 1974, 317–324):

[ε̄ θυγα]τέρεϲ, αἳ τοῖϲ θεοῖϲ μ[ιχθεῖϲαι Νύμφαϲ καὶ
[Κουρῆτ]αϲ καὶ Ϲατύρουϲ ἐγέν[νηϲαν
          ]Ἀγ{λ}αυὴ Οὐκαλέ⟨γ⟩ουϲα .[
    Ἰφθ]ίμη{ι}

11   est nunc fr. 10. 49–55

10 (c) (Comm. in Antimachum praebet Ἡϲίοδοϲ δ[ὲ ἐν τ]ῶι ε̄, sed nunc constat fr. 10 in primo libro stetisse   **10 (d)** ὁ δὲ add. West

116

12 Ps. Apollod., *Bibl.* i. [74] 8. 4

Ἀλθαίας δὲ ἀποθανούςης ἔγημεν Οἰνεὺς Περίβοιαν τὴν Ἱππο-
νόου. ταύτην δὲ ὁ μὲν γράψας τὴν Θηβαΐδα (fr. 5 Bernabé, 8
Davies) πολεμηθείςης Ὠλένου λέγει λαβεῖν Οἰνέα γέρας, Ἡςίοδος
δὲ ἐξ Ὠλένου τῆς Ἀχαίας, ἐφθαρμένην ὑπὸ Ἱπποςτράτου τοῦ
Ἀμαρυγκέως, Ἱππόνουν τὸν πατέρα πέμψαι πρὸς Οἰνέα πόρρω
τῆς Ἑλλάδος ὄντα, ἐντειλάμενον ἀποκτεῖναι . . . ἐγεννήθη δὲ ἐκ
ταύτης Οἰνεῖ Τυδεύς.

Schol. Pind. *Ol.* x. 46f (i. 322. 10 Drachmann)

  τὴν δ' Ἀμαρυγκείδης Ἱππόςτρατος ὄζος Ἄρηος
  Φυκτέος ἀγλαὸς υἱὸς Ἐπειῶν ὄρχαμος ἀνδρῶν

13 Strabo viii. 3. 11, p. 342

  τοῦ δ' Ἡςιόδου εἰπόντος
    ὤικεε δ' Ὠλενίην πέτρην ποταμοῖο παρ' ὄχθας
    εὐρεῖος Πείροιο

  μεταγράφουςί τινες "Πιέροιο", οὐκ εὖ.

cf. Steph. Byz. p. 707/8 Meineke

14 est nunc fr. 10. 55–65

15 Iulianus, *Orat. ad Heracl. Cyn.* (vii) 234 d

οὐκ οἶςθα ὅτι καὶ ὁ Cαλμωνεὺς ἔδωκεν ὑπὲρ τούτων τοῖς θεοῖς
δίκην, ὅτι ἄνθρωπος ὢν ἐπεχείρει Ζεὺς εἶναι; τὸ δὲ ἐκ τῶν
Ἡςιόδου λεγόμενον ὑπὲρ τῶν ὀνομαςάντων ἑαυτοὺς τοῖς τῶν
θεῶν ὀνόμαςιν, Ἥρας τε καὶ Διός, εἰ μήπω καὶ νῦν ἀκήκοας,
ἔχω ςοι ςυγγνῶναι.

---

12 (73) (Schol. Pind.) post ὄζος Ἄρηος lacunam stat. Heyne
13 (74) εὐρῆος Strabonis codd. bno   Πιέροιο ex Pausan. vii. 22. 1
Meineke : Πώροιο Strabonis codd. erat alia scriptio Πῖρος, cf. *Et. magn.*
475. 26, etc.   **15** (159)

16 est nunc fr. 10. 91–103

17 (a) P.Michigan inv. 6234 fr. 1, ed. Merkelbach–West

] . . προν[

] . [

]καλλιπά[ρ]ηον

] . ἱερον, ὧι ποτ[ε] νύμφηι[

5   χαρίε]ςςα μίγη φιλό[τη]τι καὶ ε[ὐνῆι·

]ην περιτελλομένων ἐνιαυ[τῶν

] . . ν πολυήρατον εἶδος ἔχουc[αν.

]ἐκόμιccε πατήρ, οἴων τε καὶ αἰγ[ῶν

] . . ν ἔδουcάν τε κ[ρ]έα μι . [

10   τι]c ἰδεῖν δύνατο θνητῶν ἀνθρ[ώπων

] . αροιc . . . νην κικλήcκεcκον[

Ἄ]κτωρ [θαλ]ερὴν ποιήcατ᾿ ἄκοι[τιν

]εοc γαιηόχου ἐννοcιγαίου·

ἦ δ᾿ ἄρ᾿ ἐνὶ μεγ]άροιc διδυμάονε γείνατο τέκ[νω

15   Ἄκτορι κυcαμ]ένη καὶ ἐρικτύπωι ἐννοcιγαί[ωι,

ἀπλήτω, Κτέα]τόν τε καὶ Εὔρυτον, οἷcι πόδεc [μ]έν . [

ἦν τέτορεc, κ]εφαλαὶ δὲ δύω ἰδὲ χεῖρεc εειc[. .]ν

ὤ]μων δ . φυ[. .]καπιcχι[. . . . .]μεν[

]ντο θεοί α . [. . . .] . . . ιηκ[. . . . .]αι

17 (a) 7 fort. Μουλιό]νην   9 πίνουcαν γάλα λευ]κὸν vel sim.   fin.,
fort. μή[λων   10 e.g. τὴν δ᾿ οὔ πώ τι]c   12 e.g. καὶ τὴν μέν ῥ᾿
13 e.g. βουλῆι vel νόcφιν ἐριcθεν]έοc   16–19 fines]εν . [,]ν,]μεν[,]αι in
fr. disiuncto feruntur, et sunt fort. ex alia columna   17 fort. εἶc[αι

118

17 (b)　Schol. A Hom. *Λ* 750 (i. 408. 31 Dindorf), "Ἀκτορί-
ωνε Μολίονε"

(ἡ διπλῆ) ὅτι ἐντεῦθεν ʽΗcίοδοc Ἄκτοροc κατ᾽ ἐπίκληcιν καὶ
Μολιόνηc αὐτοὺc γεγενεαλόγηκεν, γόνωι δὲ Ποcειδῶνοc.

cf. Apoll. Soph., *Lex. Hom.* p. 113. 21 Bekker

18　Schol. A Hom. *Ψ* 638–41 (ii. 266. 33 Dindorf =
Porphyr. *Quaest. Hom. ad Iliad. pertin.* p. 265. 8 Schrader)

Ἀρίcταρχοc δὲ "διδύμουc" (sc. τοὺc Μολιονίδαc) ἀκούει οὐχ
οὕτωc ὡc ἡμεῖc ἐν τῆι cυνηθείαι νοοῦμεν, οἷοι ἦcαν καὶ οἱ
Διόcκοροι, ἀλλὰ τοὺc διφυεῖc {δύο ἔχονταc cώματα}, ʽΗcιόδωι
μάρτυρι χρώμενοc {καὶ τοὺc cυμπεφυκόταc ἀλλήλοιc}.

Schol. T Hom. *Λ* 710 (v. 422. 26 Maass)

ὅτι τερατώδειc τινὲc ἦcαν, ὡc ʽΗcίοδοc, ἄμφω ἐν ἑνὶ cώματι
ὄντεc.

cf. etiam Eustath. pp. 882. 26, 1321. 20 sqq.

19　Schol. Ap. Rhod. *A* 482 (p. 42. 15 Wendel), "Ἀλωϊάδαc"

ʽΗcίοδοc δὲ Ἀλωέωc καὶ ᾽Ιφιμεδείαc κατ᾽ ἐπίκληcιν, ταῖc δὲ
ἀληθείαιc Ποcειδῶνοc καὶ ᾽Ιφιμεδείαc ἔφη, καὶ Ἄλον πολιν Αἰτω-
λίαc ὑπὸ τοῦ πατρὸc αὐτῶν ἐκτίcθαι.

20　*Suda* ε 2221 (ii. 348. 20 Adler)

᾽Επιάλτην· ῞Ομηροc (λ 308, Ε 385) καὶ ʽΗcίοδοc· καὶ οἱ
Ἀττικοὶ τὸν δαίμονα, διὰ δὲ τοῦ φ τὸν ἄνδρα, ᾽Εφιάλτην.

---

17 (b) (12) *Μολίνηc* Apollonii cod.　　　**18** (13) glossemata falso
loco inserta sustulit Merk.　　　**19** (9)　　　**20** (10) ᾽Εφιάλτην pars
codicum Homericorum et fortasse olim Hesiodeorum

22 P.S.I. 1384 fr. 1, ed. Bartoletti

].λι.κος[
]ειηι
]ν ὁμοίη
.... Ἀ]γήνο[ρ]ος ἰcοθέοι[ο
5   Δημοδίκη,] τὴν πλεῖcτοι ἐπι‚χθονίων ἀνθρώπ‚ων
μνήcτευον, καὶ πολλὰ‚ [περ]ικλυτὰ δῶρ' ὀνόμ‚ηναν
ἴφθιμοι βαcιλῆες, ἀπειρέc‚ιον [μ]ετὰ εἶδος.
ἀλλά οἱ οὔ ποτε θυμὸν ἐνὶ] cτήθεccιν ἔπειθρ[ν
....παραὶ λ]έχεcιν καλέεcθαι

23 (a) P.Oxy. 2075 fr. 4 et 9; 2481 fr. 5 col. i; 2482;
P.Michigan inv. 6234 fr. 2

εδραc[
ὑcτατ.[
ἤ' οἷαι κ[οῦραι
τρεῖc ῥ[ίαί τε θεαί, περικαλλέα ἔργ' εἰδυῖαι,
5   Λήδη[τ' Ἀλθαίη τε Ὑπερμήcτρη τε βοῶπιc
Αἰτωλ[
ἤ μὲν [Τυνδαρέου θαλερὸν λέχο]c εἰcαναβᾶcα
Λήδη ἐ[υπλόκαμοc ἰκέλη φαέεcc]ι cελήνηc
γείνατ[ο Τιμάνδρην τε Κλυταιμήcτρ]ην τε βοῶπ[ιν
10 Φυλο[νόην θ' ἤ εἶδος ἐρήριcτ' ἀθαν]άτηιcι.
τὴν[ἰο]χέαιρα,
θῆκ[εν δ' ἀθάνατον καὶ ἀγήραον ἤ]ματα πάντ[α.
γῆμ[ε δ' ἐὸν διὰ κάλλος ἄναξ ἀνδρ]ῶν Ἀγαμέμνων

22 (F 1; 33) 3 'Ολυμπιάδεccι]ν (Bartoletti) vel sim.   5–7 Porphy-
rius (p. 189. 23 Schrader) in schol. B Hom. Ξ 200 (cf. schol. α 98) (fr.
33 Rz.)   5 Δημοδίκη] Merk.: Δημοδόκη] Cobet ex schol. Hom.
6 περ]ικλυτα Π: καὶ ἀγλαὰ Porphyrius   7 [μ]ετα Π: κατὰ Porphyrius
8 West: ἀλλ' οὔ τιc τῆι θυμὸν et ἔπειθε[ν Bartoletti   9 Maas
[10 κουριδίη ἄλοχος. . .] Merk.   23 (a) (F 5; 90) pleraque suppl. Lobel
3 West   4 Merk.   5 West   11 τὴν [μὲν   13 an τὴν [δὲ?

κού[ρην Τυνδαρέοιο Κλυταιμήc]τρην κυανῶπ[ιν·

15 ἢ τ[έκεν ᾽Ιφιμέδην καλλίcφυ]ρον ἐν μεγάρο[ιcιν
      ᾽Ηλέκτρην θ᾽ ἢ εἶδοc ἐρήριcτ᾽ ἀ[θανά]τηιcιν.
      ᾽Ιφιμέδην μὲν cφάξαν ἐυκνή[μ]ιδεc Ἀχαιοὶ
      βωμῶ[ι ἔπ᾽ Ἀρτέμιδοc χρυcηλακ]άτ[ου] κελαδεινῆc,
      ἤματ[ι τῶι ὅτε νηυcὶν ἀνέπλ]εον ῎Ιλιον ε[ἴcω

20 ποινὴ[ν τειcόμενοι καλλιc]φύρου Ἀργειώ[νη]c,
      εἴδω[λον· αὐτὴν δ᾽ ἐλαφηβό]λοc ἰοχέαιρα
      ῥεῖα μάλ᾽ ἐξεcά[ωcε, καὶ ἀμβροc]ίην [ἐρ]ατε[ινὴν
      cτάξε κατὰ κρῆ[θεν, ἵνα οἱ χ]ρὼc [ἔ]μπε[δ]ο[c] ε[ἴη,
      θῆκεν δ᾽ ἀθάνατο[ν καὶ ἀγήρ]αον ἤμα[τα πάντα.

25 τὴν δὴ νῦν καλέο[υcιν ἐπὶ χ]θονὶ φῦλ᾽ ἀν[θρώπων
      Ἄρτεμιν εἰνοδί[ην, πρόπολον κλυ]τοῦ ἰ[ο]χ[ε]αίρ[ηc.
      λοῖcθον δ᾽ ἐν μεγά[ροιcι Κλυτ]αιμήcτρη κυα[νῶπιc
      γείναθ᾽ ὑποδμηθ[εῖc᾽ Ἀγαμέμν]ον[ι δῖ]ον ᾽Ορέ[cτην,
      ὅc ῥα καὶ ἡβήcαc ἀπε[τείcατο π]ατροφο[ν]ῆα,

30 κτεῖνε δὲ μητέρα [ἣν ὑπερήν]ορα νηλέι [χαλκῶι.
      Τιμάνδρην δ᾽ ῎Εχε[μοc θαλερὴν] ποιήcατ᾽ ἄκ[οιτιν,
      ὃc πάcηc Τεγ[έηc ἠδ᾽ Ἀρκαδίηc] πολυμήλου
      ἀφνειὸc ἤναc[cε, φίλοc μακάρεccι θ]εο[ῖ]cιν·
      ἥ οἱ Λαόδοκον μ[εγαλήτορα ποιμέν]α λαῶν

35 γ]είνα[θ]᾽ ὑποδμη[θεῖcα διὰ] χρυcῆν Ἀφ[ροδίτην
            ἐ]μβαc[ίλευε   ]η . . [.] . [
                              ]ν[. .] . [.]χο[
                      ] . [. ᾽Ο]λύμπι[
                  ἀε]θλοφόρο[ν Πολυδεύκεα

40   ]ν[.`
      [Ἀλθαίη δ᾽ Ἄρηϊ τέκεν κλειτὸν Μελέαγρον,]

18 ἔπ᾽ Merk.   19 nos   20–21 Merk.   21 vel ἑκατη-
βό]λοc   23 παρα in κατα correctum   26 πρόπολον Lloyd-Jones:
βουλῆι Lobel   cf. etiam fr. 23 (b)   30 [ἣν ὑπερήν]ορα West
31 cit. schol. Pind. Ol. x. 80 (fr. 90 Rz.)   37 fort. ἐ]ν [εὐ]ρ[ν]-
χό[ρωι   41 e.g. West (v. praef.); sequitur fr. 25

23 (b) Pausanias i. 43. 1

οἶδα δὲ Ἡcίοδον ποιήcαντα ἐν Καταλόγωι Γυναικῶν Ἰφιγέ-
νειαν οὐκ ἀποθανεῖν, γνώμηι δὲ Ἀρτέμιδος Ἑκάτην εἶναι.

24 Schol. Pind. Nem. x. 150a (iii. 182. 18–26 Drachmann), de Castore et Polluce

ὁ μὲν Ἡcίοδος ἀμφοτέρους Διὸς εἶναι γενεαλογεῖ· ὁ δὲ Πίν-
δαρος ἑτέροις τῶν ἱcτορικῶν ἐξακολουθήcας τὸν μὲν Πολυ-
δεύκην ἐκ Διός, τὸν δὲ Κάcτορα ἐκ Τυνδάρεω εἶναί φηcιν . . .
λέγεται γὰρ τοῦτο, ὅτι Πολυδεύκης καὶ Ἑλένη ἐκ Διός εἰcι
καὶ Λήδας, Κάcτωρ δὲ ἐκ Τυνδάρεω. ὁ μέντοι Ἡcίοδος οὔτε
Λήδας οὔτε Νεμέcεως δίδωcι τὴν Ἑλένην, ἀλλὰ θυγατρὸς
Ὠκεανοῦ καὶ Διός.

25 P.Berol. 9777 recto; P.Oxy. 2075 fr. 1; P.Oxy. 2481 fr. 5 col. ii et 2483 fr. 2. praecedit fr. 23. 41

ὃς μέγ[᾿ ἄριστος ἔην
ἔγχει μάρναcθα̣[ι
πλή⟨γ⟩ γ᾿ Ἡρακλῆ[οс
αυτ..... Ἄρηϊ .[
5 ξανθοκόμη.[
τοῦ καὶ ἀπ᾿ ὀφθ[αλμῶν
γοργ.....α̣[
θηρο̣[   ]νδ̣[...].[
οὔτέ τιс ἐν πολέμ[ωι φθιcήνο]ρι δακρυόε̣[ντι
10 ἔτλη ἐcάντα ἰδὼ̣[ν μεῖναι κρατερ]ὸ̣ν Μελέαγ[ρον

23 (b) (100) cf. 23 (a) 26 et Philodemum, π. εὐcεβ. p. 24 Gomperz
(Hercul. voll. coll. alt. ii. 52a)   24 (91, 92) ὁ μέντοι . . . καὶ Διός:
aliter frr. 176 (Helena soror Timandrae et Clytaemestrae), 199, 204 (filia
Tyndarei). ita scripserit West: ὁ μέντοι τὰ Κύπρια ποιήcαс (fr. vii Allen)
οὔτε Λήδαс οὔτε Τυνδάρεω δίδωcι τὴν Ἑλένην, ἀλλὰ Νεμέcεως θυγατρὸс
Ὠκεανοῦ καὶ Διός.   25 (135; F 4) 1 West: μην[Wilamowitz   6 ἀπ᾿
ὀφθ[αλμῶν Robert: ἀποφθ[ιμένοιο Wilamowitz   9 Lobel   10–11
West

122

ἀνδρῶν ἡρώων, ὁπότ[' ἰθύοι] ἄ̣γτα μάχες[θαι.
ἀλλ' ὑπ' Ἀπόλλωνος χερ[cὶν   ]...θ.[
μαρνάμενος Κουρ[ῆcι περὶ Πλ]ε[υ]ρῶν[ι] μακεδνῆι.
τοὺς δ' ἄλλους Οἰνῆϊ [τέκ'] Ἀλθαίη κυα[ν]ῷ[π]ιc,
15 Φηρέα θ' ἱππόδαμ[ον καὶ ἐυμ]μελίη[ν Ἀγέ]λαον
Τοξέα τε Κλύμενό[ν τε ἄνακ]τ' ἀτάλαντ[ον] Ἄρηϊ
Γόργην τ' ἠύκομον κ[αὶ ἐπί]φ[ρ]ονα Δηϊάνειραν,
ἣ τέχ' ὑποδμηθεῖ[ca βίηι 'Ηρ]ακλη[ε]ίηι
"Υλλον καὶ Γλῆνον καὶ ˌΚτήˌcιππον καὶ 'Ονείτην·
20 τοὺς τέκε καὶ δεῖν' ἔρξ[', ἐπεὶ ἀάcατ]ο̣ μέγα θυμῶι,
ὁππότε φάρμακον .[ἐπιχρί]caca χιτῶνα
δῶκε Λίχηι κήρυ[κι] φ[έρειν· ὃ δὲ δῶ]κεν ἄνακτι
Ἀμφιτρυωνιά[δ]ηι 'Η[ρακλῆϊ πτολιπό]ρθωι.
δ[εξ]αμένωι δέ ο[ἱ αἶψα τέλος θανάτοι]ο παρέcτη·
25 καὶ] θάνε καί ρ̣' Ἀΐδ[αο πολύcτονον ἵκε]το δῶμα.

— νῦν δ' ἤδη θεός ἐcτι, κακῶν δ' ἐξήλυθε πάντων,
— ζώει δ' ἔνθά περ ἄλλοι 'Ολύμπια δώματ' ἔχοντες
— ἀθάνατος καὶ ἄγηρος, ἔχων καλλ[ίc]φυρον "Ηβην,
— παῖδα Διὸς μεγάλοιο καὶ "Ηρης χρυcοπεδίλου·
30 — τὸν πρὶν μέν ρ̣' ἤχθηρε θεὰ λευκώλενος "Ηρη
— ἔκ τε θεῶν μακάρων ἔκ τε θνητῶν ἀνθρώ[πων,
— νῦν δ' ἤδη πεφίληκε, τίει δέ μιν ἔξοχον ἄλλ[ων
— ἀθανάτων μετά γ' αὐτὸν ἐριcθενέα Κρ[ο]νίωνα.

δ[ῖα δ'] 'Υπερμήcτρη λαῶν ἀγὸν Ἀμφιάρηον
35 γε[ί]νατ' 'Οϊκλῆος θαλερὸν λέχος εἰcαναβᾶcα

12 χερ[cὶν βέλεcίν τ' ἐδαμάcθη Wilamowitz et Rzach ˪ᵈ 13–16 Lobel
17–18 Wilamowitz   19 cit. Hdn. in cod. Vind. hist. gr. 10 f. 7ᵛ
(Hunger, *Jb. öst. byz. Ges.* 16, 1967, 4 et 27)   20 ἔρξ[' ἐπεὶ ἀάcατ]ο
vel ἔρξ[εν· ἀάccατο γὰ]ρ Lobel   supra ἀάcατ]ο legitur]η·, quod fortasse
in [ἀαcαμέν]η supplendum est (Lobel)   21 χρί]caca Lobel, ἐπιχρί]-
caca West   χιτῶνα P.Oxy. 2481 : χιτῶνι P.Oxy. 2075   23 Lobel
24 οἱ et θανάτοιο Lobel   αἶψα τέλος West   25 καὶ West   Ἀΐδαο
Lobel   πολύcτονον Merk.   ἵκε]το West   26–33 obeli praefixi in
P.Oxy. 2075   28–33 cf. fr. 229. 8–13   34 δ[ῖα δ' 'Υ]π. P.Oxy.
2075 : [ἦ δ'] ἄρ' 'Υπ. P.Oxy. 2481

Ἄ[ρ]γει ἐν ἱπποβότωι πολέων ἡγήτορα λαῶν·
ὅς ῥ᾽ ἀγαθὸς μὲν ἔην ἀγορῆι, ἀγαθὸς δὲ μάχεσθαι,
ἐ[c]θλὸς δ᾽ ἐν πραπίδεccι, φίλος δ᾽ ἦν ἀθανάτοιcι·
γείνατο δ᾽ Ἰφιάνειραν ἐπήρατον εἶδος ἔχουcα[ν
40   Ἔνδηόν τε ἄνακτ᾽ ἀνδρῶν ἠύν τε μέγαν τε

26   P.Oxy. 2481 fr. 5 col. iii; P.Berol. 9777 verso

.....]λλε[.] πρὸ γάμοιο δάμῃ[
..... .].. Ἀμφίμαχος κρατερ[
..... .].ειηιc Cπάρτην ἐς [κα]λλ[ιγύναικα·
ἥ [ο]ἷ ἐ[γεί] νατο παῖδα μεγαcθενέ[........].ιọ[]....

5   ἥ᾽ οἷạι [κο]ῦραι Πορθάονος ἐξεγέν[οντο
τρẹ[ῖc, ο]ἷαί τε θεαί, περικαλλέα [ἔργ᾽ εἰδυῖα]ι·
τ[ά]c ποτε [Λ]αο[θό]η κρείους᾽ Ὑπερηῒc ἀ[μύ]μων
γεί]νατο Παρθᾶνος [θ]α[λ]ερὸν λέχ[ος] ε[ἰc]αναβᾶcα,
Εὐρ]υθεμίcτην τε Cτρατ[ο]νίκην [τ]ε Cτ[ε]ρόπην τε.
10   τα]ἳ δọ.[.] Νυμφάων καλλιπ[λο]κάμ[ω]ν cυνọπηδοὶ
.[.]..[...]... Μο[υ]cέων τε [κα]τ᾽ ο[ὔρεα βη[c]cήεντα
.[......].[.] ἔcχọ[ν Π]αρνηccọῦ τ᾽ ἄκρα κάρηνα
..... .].[..]μẹ[ν]ạι χρυcọ[c]τεφάνọυ Ἀφροδίτης
..... .].[] ἐχ...[]..[]...[]φ.[]..[ ]. ạμοντẹc
15   νυ[... ....].. [.] πολλὰ κ[].[ ]μῶνας ἵκοντο
παρ[.....]ⁱ.[...]τι μάκρ᾽ ọ[ὔρεα οἰ]κείουcαι,
δώματ[α λείπο]υcαι π[ατρὸς καὶ μητ]έρα κεδνήν.
αἵ ῥα τότ᾽ ε[ἵ]δει ἀγαλ[λόμεναι καὶ ἀϊδ]ρείηιcιν
ἀμφὶ περὶ κρ.᾽...[ἀργ]υροδίνεω

25 37 ἀγορῆι P.Oxy. 2481 : ἀρετῆι P.Oxy. 2075   26 (72, 135,
110; F 3A) 7 Lobel   Ὑπερηῒc: cf. Steph. Byz. Ὑπερηcία ... καὶ θηλυκὸν
Ὑπερηcὶc (sic) παρ᾽ Ἡcιόδωι (fr. 72 Rz.)   11 κατ᾽ οὔρεα βηccήεντα
West   12 ạ[ἳ θ᾽ Ἑλικῶν᾽] West   13 ἔργ᾽ ἀπαναινόμεναι Merk.
15 λει]μῶνας (Lobel) vel κενθ]μῶνας   16 West   19 κρουνοῖc?
Lobel, κρήνην West

20 ἠέριαι cτεῖβο[ν   ἐέρ]cην
   ἄνθεα μαι[ό]μεν[αι κεφαλῆιϲ εὐώ]δεα κόϲμον·
   τάων μ[..].[.]με.[   ]. Φοῖβοϲ Ἀπόλλων,
   βῆ δὲ φέ[ρ]ων ἀνάε[δ]ν[ον εὔζωνον] Cτ[ρ]α[τ]ονίκην·
   δῶκε δὲ π[αι]δὶ [φί]λωι θαλ[ερ]ὴν [κ]εκλῆϲθαι ἄκοιτιν

25 ἀ]ντιθέωι Μελ[αν]ῆϊ, [τὸν οὖρ]ε[ϲι] πότνια νύμφη
   Ο]ἴτη[ἵ]c Προ[ν]ό[η   ]ωματ[..]ον..[
   τῶι δ' ὑπ⌊οκυϲαμένη καλλίζωνοϲ Cτρατονίκη
   Εὔρυτον ⌊ἐν μεγάροιϲιν ἐγείνατο φίλτατον υἱόν.
   τοῦ δ' υἱεῖϲ ⌊ἐγένοντο Δηΐων ⟨τε⟩ Κλυτίος τε

30 Τ⌊οξ⌋εύc ⌊τ' ἀντίθεοϲ ἠδ' Ἴφιτος ὄζοϲ Ἄρηοϲ.
   τ⌊οὺς δ⌋ὲ μέθ' ⌊ὁπλοτάτην τέκετο ξανθὴν Ἰόλειαν,
   τ[ῆϲ ἕ]νεκ' Οἰχ[αλ]ίη[ν
   Ἀμφι]τρυωνιάδηϲ[
   τ]ὴν [δ'] αὐτέων παρὰ πα[τρ

35 Θέϲ[τ]ιος ἱππόδ[α]μος δ[
   ἠγάγεθ' ἵππ[ο]ιϲίν τε [καὶ ἅρμαϲι κολλητοῖϲι
   ϲ͞   μυρία ἔ[δ]να [πο]ρώ[ν
   —θ—
   ϛ

27–31 cit. Schol. Soph. *Trach.* 266 addito versu hoc:

31a   Ἀντιόχη κρείουϲα †παλαιὸν γένοϲ† Ναυβολίδαο.

27 Schol. Ap. Rhod. Δ 892 (p. 298. 7 Wendel)

ἠκολούθηϲεν Ἡϲιόδωι οὕτωϲ ὀνομάζοντι τὴν νῆϲον τῶν Cειρήνων·

   νῆϲον ἐς Ἀνθεμόεϲϲαν, ἵνά ϲφιϲι δῶκε Κρονίων

26 20 West   cτῖβ.[Π   23 εὔζωνον West   25 τὸν οὔρεϲι
West   26 Προνόη e.g. West   Χαρίτων ἀμαρ]ύγματ[' ἔχ]ουϲα
J. Schwartz   27–31 cit. schol. Soph. *Trach.* 266   27 ἦ δ' ὑποκυϲ.
schol. Soph. (cod. L: οὐδ' R)   29 ΙΔΗΗΩΝ in Δηΐων correctum
in L: Διδαίων Rzach secundum cratera Corinthium (Louvre E 635):
Μολίων Hermann ex Diod. iv. 37   τε add. Triclinius   30 ἠδ' L:
καὶ Lobel   31a Ἀντιόπη Bentley   παλαιὸν γένος: παλαιοῦ Hermann,
Πύλωνος Bentley   versus est fort. Creophyli, qui proximus laudatur
27 (68) ἀνθεμόεϲϲαν Voss

28 Schol. Hom. μ 168 (ii. 543. 16 Dindorf), de Sirenibus

ἐντεῦθεν Ἡcίοδοc καὶ τοὺc ἀνέμουc θέλγειν αὐτὰc ἔφη.

30 P.Oxy. 2481 fr. 1; 2484 fr. 2; 2485 fr. 1 col. i; ed. Lobel

```
            ]..[].χ.[]ν[....]ωπ[]...
            ].[..].ταμη[...]ηδο..
            ο]ὐρανοῦ ἀ[cτερ]όεντος
            ὠ]πλίζετο μ[ών]υχας ἵππου[c
     5      ]χαλκέους [τε λ]έβητας
            ]θοον ἅρμα [καὶ] ἵππους
            ]χάλκεοί τε λ[έβ]ητεc
            πατὴ]ρ ἀνδρῶν τε [θε]ῶν τε
            ]ὑπὸ ζυγῶι ἅρματ' ἔχοντας
    10      cέ]λας πυρὸς αἰθ[ο]μένοιο
            ἐ]πὶ χθονὶ φῦλ' ἀνθρώπων
            ]ν. ὁ δ' ἀγᾶτ[ο πατ]ὴρ ἀνδρῶν τε θεῶν τ[ε,
            cκληρὸν δ'] ἐβρόντ[ηcεν ἀπ'] οὐρανοῦ ἀcτερόεντος
            ]ον δή· ἐτ[ί]ναξε δὲ γαῖαν ἅπαcαν.
    15      βῆ δὲ κατ' Ο]ὐλύμποιο [χο]λούμενος, αἶψα δ' ἵκανεν
            λαοὺς Cαλμ]ωνῆος ἀτ[ας]θάλου, οἳ τάχ' ἔμελλον
            πείcεcθ' ἔρ]γ' ἀΐδηλα δι' ὑβ[ρ]ιcτὴν βαcιλῆα·
            τοὺς δ' ἔβα]λεν βροντῆι [τε κ]αὶ αἰθαλόεντι κεραυνῶι.
            ὣc λαοὺς ἀπε]τίνεθ' ὑπερβ[αcίην] βαcιλῆος.
    20      ..... ...(.)].c παῖδάc τε γ[υν]αῖκά τε οἰκῆάc τε,
            ..... πό]λιν καὶ δώμα[τ' ..]ίρρυτα θῆκεν ἄιcτωc,
            τὸν δὲ λα]βὼν ἔρριψ' ἐc Τ[ά]ρταρον ἠερόεντα,
```

28 (69)   **30** 6]όον P.Oxy. 2481, unde βοη]θόον Lobel dubitanter 14 καὶ μάλα δηρ]ὸν e.g. Merk.   16 λαοὺς West, οἶκον Lobel   οὖ ci. Lobel   ἔμελλεν vel ἔμελλον Π   17 πείcεcθ' Merk., τείcειν West 18 τοὺς δ' et 19 Merk.   20 γυναῖκας Π   21 ἐπ]ίρρυτα vel ἀλ]ίρ-ρυτα Lobel   22 West ὼς μή τις] βροτὸς ἄλλος [ἐ]ρίζοι Ζηνὶ ἄνακτι.

τοῦ δ' ἄρα] παῖς ἐλέλειπτο φίλη μακάρεσσι θεοῖσι

25 Τυρὼ ἐυπ]λόκαμος ἰκέλη χ[ρ]υςῆι Ἀφρο[δ]ίτ[ηι,
οὔνεκα νε]ικείεςκε καὶ ἤρ[ιςε] Cαλμωνῆϊ
cυνεχές, οὐ]δ' εἴαςκε θεοῖς [βροτὸν ἰς]οφαρίζειν·
τούνεκά] μιν ἐςάωςε πατὴρ ἀνδρῶν τε θεῶν τε.
. . . . . . ἐ]ς Κρηθῆος ἀμύμονος ἤ[γ]αγεν οἶκον
30 . . . . . . ἀς]παςίως ὑπεδ[έ]ξατο καί ῥ' ἀτίταλλεν.
αὐτὰρ ἐπεί] ῥ' ἤβης πολυηράτου ἐς τέλος ἦλθεν
. . . . . . τῆ]ς γ' ἐράεςκε Ποςειδάων ἐνοςίχθων
. . . .] φιλότητι θεὸς βροτῶι, οὔνεκ' ἄρ' εἶδος
παςάων προὔχεςκε γυναι]κῶν θηλυτεράων.
35 ἦ δ' ἐπ' Ἐνιπῆος πωλέςκετο] καλὰ ῥέεθρα

(frustula sex versuum)

31 P.Tebt. 271, ed. Grenfell–Hunt

. . . .].[.]. . Ποςειδάων λ[
τέξεις δ' ἀγλαὰ τέκ]να, ἐπεὶ οὐκ ἀποφώ[λιοι εὐναὶ
ἀθανάτων· cὺ δὲ τ]οὺς κομέειν ἀτιτα[λλέμεναί τε.
. . . .]. ἵν' ἀγλαὰ τέκνα τ[εκ-
5   . . . .].τανεμεccητοι τε[
ὼς εἰπὼν ὃ μὲν αὖτις] ἀγαςτόνωι εμ[
. . . .]η ἔβη οἰκόνδε [νέεςθαι
].. ον.[

30 25 ικελ]ηι χ[ρ]υςῆι αφρο[δ]ι[τηι] P.Oxy. 2485: ικελη φα]ε[εc]ci
cεληνης P.Oxy. 2481   26 ηρ[ιςε] West   27 cυνεχές West
ιc]οφαριζειν P.Oxy. 2481: αν]τιφεριζειν P.Oxy. 2485   34 e.g. Merk.
35 cf. Hom. λ 240   in marg. dextro pap. Oxy. 2481, col. ii, opposi-
tum verbo Cαλμωνῆϊ (supra v. 26) est signum H̄, quo versus 700 libri
primi Catalogi in columna proxima stetisse declaratur   31 (C)
2–3 Grenfell–Hunt ex λ 249–50 : δ' add. Rzach   6 ὼc — αὖτιc] Page
ἔμ[πεςε Maas

32 Schol. Bern. in Verg. *Georg.* iv. 361, ed. Hagen, *Fleckeisens Jahrb.* Suppl. 4 (1861/7), 975, 'at illum | curvata in montis faciem circumstetit unda.' *hunc versum ex Hesiodi gynecon ⟨catalogo⟩ transtulit.*

33 (a) P.Oxy. 2481 fr. 2; 2485 fr. 1 col. ii; 2486; ed. Lobel

```
            ]ε[. .]βρ.[].. [          ]θυ[
Νηλέ ⁚ κα]ὶ Πελίην πολέcιν λαοῖcι[ν ἄνακταc·
καὶ τοὺc] μὲν διέναccε πατὴρ ἀν[δρῶν τε θεῶν τε,
νόcφιν δ'] ἀλλήλων ναῖον πτολίεθρα .[
 5     ἤτοι ὁ μ]ὲν Πύλον εἶχε καὶ ἔκτιcε γῆν [ἐρατεινὴν
Νηλεύc,] καί ῥα θύγατρ' Ἀμφίονοc Ἰαcίδα[ο
Χλῶριν ἐ]ύζωνον θαλερὴν ποιήcατ' ἄκ[οιτιν.
ἣ δέ οἱ ἐν μ]εγάροιcιν ἐγείνατο φαίδιμα τέκ[να,
Εὐαγόρην τ]ε καὶ Ἀντιμένην καὶ Ἀλάcτορα [δῖον
10    Ταῦρόν τ' Ἀc]τέριόν τε Πυλάονά τε μεγάθυμ[ον
Δηΐμαχόν τε] καὶ Εὐρύβιον κλειτόν τ' Ἐπίλαον
Νέcτορά τε Χ]ρομίον τε Περικλύμενόν τ' ἀγέρω[χον,
ὄλβιον, ὧι] πόρε δῶρα Ποcειδάων ἐνοcίχθων
παντοῖ', ἄλλ[ο]τε μὲν γὰρ ἐν ὀρνίθεccι φάνεcκεν
15    αἰετόc,] ἄλλοτε δ' αὖ γινέcκετο, θαῦμα ἰδέcθαι,
μύρμηξ, ἄλλοτε δ' αὖτε μελιccέων ἀγλαὰ φῦλα,
ἄλλο[τε δεινὸc ὄφιc καὶ ἀμείλιχοc· εἶχε δὲ δῶρα
παντοῖ' οὐκ ὀνομαcτά, τά μιν καὶ ἔπειτα δόλωcε
β[ο]υλ[ῆι] Ἀθηναίηc· πολέαc δ' ἀπόλεccε καὶ ἄλλουc
20    μαρνάμενοc Νηλῆοc ἀγακλειτοῦ περὶ τεῖχοc
```

32 (130) cf. Homerum in historia de amoribus Tyrus et Neptuni λ 243 sq. πορφύρεον δ' ἄρα κῦμα περιcτάθη οὔρεϊ ἶcον | κυρτωθέν **33 (a)** (14) 3, 5, 6 West   12 Περικλύμενον — 19 Ἀθηναίηc cit. schol. Ap. Rhod. *A* 156, cf. schol. Hom. λ 286, Eustath. p. 1685. 62   15 αὖ γινέcκετο: αὖτε πελέcκετο schol. Ap. Rhod.   18 ὀνοταcτά P.Oxy. 2486 ante corr.   19 ἄλλουc: αὐτόc Merk.; versum excidisse putat West, e.g. ⟨πολλοὺc μὲν γὰρ . . . Ἐπειούc⟩   20 ἀγακλειτοῦ West: ἀγακλειτὸν Π

ο[ὗ] πατρός, πολέας δὲ μελαίνηι κηρὶ πέλασσε
κ]τείνων. ἀλλ' ὅτε δή οἱ ἀγάσσατο Παλλὰς Ἀθήνη,
πα]ῦσεν ἀριστεύοντα· βίην δ' Ἡρακληείην
εἷ]λ' ἄχος ἄτλητον κραδίην, ὤλλυντο δὲ λαοί.

25   ἤ]τοι ὁ μὲν ζυγοῦ ἄντα βίης Ἡρακληείης
ὀ]μφαλῶι ἑζόμενος μεγάλων ἐπεμαίετο ἔργω[ν,
φ]ῆ θ' Ἡρακλῆος στήσειν μένος ἱπποδάμοιο·
νήπιος, οὐδ' ἔδδεισε Διὸς ταλασίφρονα παῖδα,
αὐτὸν καὶ κλυτὰ τόξα, τά οἱ πόρε Φοῖβος Ἀπόλλων.

30   ἀλλὰ] τότ' ἀντίος ἦλθε βίης Ἡρακληείης
].ιας, τῶι δὲ γλαυκῶπις Ἀθήνη
Ἀμφιτρυωνι]άδηι θῆκ' εὐσχεθὲς ἐν παλάμηις[ι
τόξον, καί οἱ φρ]άσσε Περικλύμενον θεοειδ[έα
]κεν κρατερὸν μένος α...[

35   ]μενος τάνυσεν χείρε[σσι φίλησι
τόξον, καὶ τα]χὺν ἰὸν ἐπὶ στρεπτῆς[νευρῆς

33 (b)   Schol. AD Hom. B 333–5 (i. 102. 17 Dindorf), de
Periclymeno

καὶ δὴ γενόμενον αὐτὸν μέλισσαν καὶ στάντα ἐπὶ τοῦ Ἡρακλέους
ἅρματος Ἀθηνᾶ †εἰκάσασα Ἡρακλεῖ ἐποίησεν ἀναιρεθῆναι . . .
ἱστορεῖ Ἡσίοδος ἐν Καταλόγοις.

cf. schol. Ap. Rhod. A 156–60a (p. 21. 3–6 Wendel)

34   Steph. Byz. p. 205. 6–10 Meineke

Ἡσίοδος ἐν πρώτωι Καταλόγων· "κτεῖνε — Γερηνοῖς"
(fr. 35. 6–8), . . . καὶ αὖθις

Νέστωρ δ' οἶος ἄλυξεν ἐν ἀνθεμόεντι Γερήνωι.

cf. Eustath. in Hom. p. 231. 29

33 (a) 23 δ' om. P.Oxy. 2486   33 καί οἱ φρ]άσσε Merk.   **34** ἐν δ'
ἄρα οἱ θῆ]κεν ᴄ.g. West   35–6 φίλησι τόξον καὶ West   στρεπτῆι ς[χέθε
νευρῆι West   **33 (b)** (14) εἰκάσασα: δείξασα Barnes   **34** (16)

35 P.Oxy. 2481 fr. 3, ed. Lobel

].[βί]η ‘Ηρ[ακληε]ίη.

ὄφρα μὲν οὖν ἔζ]ωε Περικλύ[μ]ενος θε[ο]ειδήc,
οὐκ ἐδύναντο Πύ]λον πραθέειν μάλα περ μεμαῶτεc·
ἀλλ' ὅτε δὴ θανάτο]ιο Π[ε]ρικλύμενον λάβε μοῖρα,
5   ἐξαλάπαξε Πύλοιο πόλιν Δι]ὸc ἄ[λ]κιμο[c] υἱός,
κτεῖνε δὲ Νηλῆος ταλα‚cίφρονος υἱέαc ἐcθλούc,
ἔνδεκα, δωδέκατος δὲ Γερ‚ήνιος ἱππότα Νέcτωρ
ξεῖνος ἐὼν ἐτύχηcε παρ' ἱ‚πποδάμοιcι Γερηνοῖc·
οὕτω δ' ἐξέφυγεν θάνατο]ν καὶ κῆ[ρ]α μέλαιναν.
10   τοῦ δ' ἦν Ἀντίλοχός τε κα]ὶ αἰχμητὴς Θραcυμήδηc
Περcεύc τε Cτρατίος τε καὶ Ἄρητος]κ[α]ὶ 'Εχέφρων
Πειcιδίκη θ' ἣ εἶδος ἐρήριcτ' ἀθανάτηι]cιν·
τοὺς δὲ μέθ' ὁπλοτάτην τέκετο ξανθὴν] Πολυκάc[την
Νέcτορος ἐν φιλότητι Ἀναξιβίη ῥοδό]πηχυς
15   ]ρτ[

37 P.S.I. 1301, ed. Vitelli–Norsa

.[....]νου, οὗ κλέος εc[
ἀργαλέα[c]· μοῦνος δ' ὑπ[εδέξατο μάντις ἀμύμων.
καὶ τὸ μὲ[ν] ἐξε[τ]έλεccε, β[
δεcμὸν ἀεικὲc ἔχων [
5   μνᾶτο γὰρ αὐτοκαcιγν[ήτωι, ἥρωι Βίαντι,
ἤννέ θ['] ἱμερόεντα γάμ[ον
βοῦς ἕλικας, κ‚αὶ ἄεθλον ἀμ[ύμονα δέξατο κούρην.
Πηρὼ δ' [ἡ]ύκομος Ταλα[ὸν
γείνατο παῖδα Βίαντρ[c
10   οἳ δὲ καὶ εἰς Ἄργος Προῖ[το]ν πά[ρα δῖον ἵκοντο,

35 (15) 5 e.g. Merk.   6–8 cit. Steph. Byz. s.v. Γερηνία (fr. 15
Rz.), v. supr. fr. 34   9 οὕτω et 10 ἦν West, reliqua Lobel
13–14 West   37 (D) 3 e.g. β[ίηι δ' ἔρυτ' εἰς ἐνιαυτὸν   4 ἀεικέ'
Vitelli–Norsa   7 Pfeiffer   9 [c ἐν ἀγκοίνηιcι δαμεῖcα (Maas)
vel sim.   10 West

ἔνθά cφιν μετέδωκ̣[ε
ἴφθ[ι]μος Προῖτος κλῆρον .[
ἱπποδάμωι τε [Βί]α̣ντι [Μελάμποδί θ'
μαντοcύνηιc ἰήcατ', ἐπεὶ εφ[
15 ἠλοcύνην ἐνέηκε χολωcα̣[μεν-
αὔτη μὲν γενεὴ Νηλῆοc [
αὐτὰρ ὅ γ' αὐτοῦ μ[ίμνεν ἐν εὐρυχόρωι 'Ιαωλκῶι
cκῆπτρον ἔχων [Πελίηc
τὰc τέκ̣.[
20 Ἄλκηcτιν με̣ν̣[
ἠύκομόν τε Μ[έδουcαν
Παcιδίκην .η[
. .]. . . .τέκε.[

38 Schol. Hom. μ 69 (ii. 533. 28 Dindorf)

Αἴcονοc δὲ καὶ Πολυμήλαc καθ' 'Ηcίοδον γίνεται 'Ιάcων

40 Schol. Pind. *Nem.* iii. 92 (iii. 56. 1 Drachmann)

Αἴcων, ὃc τέκεθ' υἱὸν 'Ιήcονα ποιμένα λαῶν,
ὃν Χείρων ἔθρεψ' ἐνὶ Πηλίωι ὑλήεντι

41 Ps. Herodianus, *Philet.* 242 (p. 66 Dain)

ἐγὼ δ' ἐξ ἀγρόθεν ἥκω

42 Schol. Pind. *Pyth.* iv. 182 (ii. 124. 2 Drachmann)

ὁ δὲ 'Ηcίοδοc Ναῖδα φηcὶ τὸν Χείρωνα γῆμαι.

37 12 δ[ῶκεν δὲ θύγατραc Bartoletti   13 Bartoletti, deinde οὕνεκα
κούραc Merk.   14 ἐπεί c[φιcι Bartoletti, deinde πότνια ῞Ηρη Merk.
15 χολωc[αμένη περὶ τιμῆc Merk.: χολωc[άμενοc Διόνυcοc Bartoletti
17 μ[ίμνεν Pfeiffer, ἐν εὐρυχόρωι 'Ιαολκῶι Friedländer   18 [Πελίηc
Pfeiffer: deinde e.g. βαcιλεύc, παρὰ δ' εἴατο κοῦραι West   19 [Ἄναξι-
βίη θυγάτηρ κρατεροῖο Βίαντοc Pfeiffer   21 Pfeiffer   22 Πειcιδίκην
Vitelli–Norsa   **38** (18) Πολυμήδηc Lehmann   **40** (19)   **42** (124)

43 (a)   P. Cairensis Instituti Francogallici (P.I.F.A.O.)
322 fr. B, C, F, A; P.Oxy. 2495 fr. 21, 25, 30;
P.Berol. 7497; P.Oxy. 421

ἐ]υϲτέφανοϲ Πολυμήλη.

ἠ' οἵη θυγάτηρ Ἐρυϲίχθονοϲ ἀντι]θέοιο

]ου Τριοπίδαο

Μήϲτρη ἐυπλόκαμοϲ, Χαρίτων ἀ]μαρύγματ' ἔχουϲα·

5   τὸν δ' Αἴθων' ἐκάλεϲϲαν ἐπ]ών[υ]μ[ο]ν εἵνεκα λιμοῦ

αἴθωνοϲ κρατεροῦ φῦλα] θνητῶν ἀνθρώπων

αἴθω]να δὲ λιμὸν ἅπαντεϲ

θ]νητο[ῖ]ϲ ἀνθρώποιϲ

πυκι]νὰ [φ]ρεϲὶ μήδε' ἰδ[υι-

10   ]θεα . . [.]ν . γε περν[

γυ]ναικῶν

(desunt versus duo)

].[

15   ]..[....]ετο τε[

]γειν[... κ]ούρη[

]ϲι κλ.[....].οιϲ[.....]ϲι

ἀπά]τηϲε πολύφρονά [πε]ρ μάλ' ἐόντ[α

κού]ρην ἑλικώπιδα κ[αλλ]ιπάρηον

20   ]τ' ἄλοχον θυμαρέ' ἄ[γε]ϲθαι

]γαρο[.... ὑπέϲ]χετ[ο] μυρία ἔδνα

ἑ]κατὸν[...........].ημερα δω[

]. ων[..]βοῶν ἀ[γέλα]ϲ ἐριμύκω[ν

]οἴων .[.....]ϲα. αἰγῶν[

25   εδέ]ξατο[......]ε θυμῶι

(deest versus unus, vel versus viginti sex)

43 (a) (7b; 245b; B)   2 et 4 e.g. West   5 sq. e.g. **Merk.** ;
cf. fr. 43 (b)   10 ο γε vel εγε Π   περν[άϲ (Schwartz) vel ἐπέρν[η
16 κουρη⟦ν⟧][Π   18 sq. Ϲίϲυφον ἐξαπά]τηϲε et μνωόμενον] e.g. **Merk.**
22 δώ[ϲειν Schwartz

```
                          ].δαυ[
                          ].cαc κρ[
                          ].cεπετ.[
30          ].η τε γε[.].ιτο καὶ ἐκ[
        ]ην· ἦ δὲ λυθ[εῖ]cα φίλου μ[ετὰ δώματα πατρὸc
    ὤιχετ᾽] ἀπαίξαcα, γυνὴ δ᾽ ἄφαρ α[ὖτιc ἔγεντο
    πατρὸc ἐ]νὶ μεγάροιcι· μετῆλθ[ε δὲ
                          ]δη παρὰ μητρὶ ἐπο[          ]ηc
35   ἀ]μφ[ὶc] δ᾽ ἤθελ᾽ ἄγειν κούρην[......]ν[
    αἶ]ψα [δ᾽ ἄ]ρ᾽ ἀ[λλ]ήλοιc[ι]ν ἔριc καὶ ν[εῖκοc] ἐτ[ύχθη
    Ϲιcύφωι ἠδ᾽ Αἴθωνι τανιcφύρο[υ εἵ]νεκα [κούρηc,
    ο]ὐδ᾽ ἄρα τιc δικάcαι [δύ]νατο βροτόc· ἀλλ᾽ αραπ[
    ..... .ἐπ]έτρεψαν καὶ ἐπήινεcαν· ἦ δ᾽ ἄρα τοῖ[cιν
40   ἀ]τρεκέωc διέθηκ[ε] δίκην δ.[
    "ε]ὗτέ τιc ἀντ᾽ ὤνοιο χατίζηι χ[ρῆ]μ᾽ ἀνελ[έcθαι,
    ἀ]μφὶ μάλα χρῆν ὦν[ον .......]. τῖμον [
    οὐ γ]ὰρ δὴ μεταμειπ[τόν, ἐπὴν τὰ] πρῶτ᾽ [ἀποδώηι."
    ...]αι[.]φη ταύτηι δεδ[..... .....]ητα[
45   ...].ε.[..] οὐρήων α.[
    ..]ε μεθ᾽ ἡμιόνουc τ[
    ..... ..].[..]μωνα[
    ....]cενδ[.]..τρ[
    ....]τοι μα[κ]άρων[
50   ...]εν ελαccωνουν[
    ἀ]νδρῶν δὲ προὔχεcκε νοήματά τε πραπ[ίδαc τε,
    ἀ]λλ᾽ οὔ πωc ἤιδει Ζηνὸc νόον αἰγιόχοιο,
```

30 fort. γένοιτο   31 μ[ετὰ δώματα πατρόc Schwartz
32 init. West   α[ὖθιc ἔγεντο Lobel   33 μετῆλθ[ε δὲ Ϲίcυφοc ἥρωc
West   34]ηc perquam dubium   εὗρε δὲ] δὴ παρὰ μητρὶ ἐπο[ιχομένην
μέγαν ἱcτόν West   35 ἀ]μφ[ὶc] Lobel: ἄ]μφ[ω] West   [καὶ ἕδνα
κομίccαι West: [ἦ τῖμον ἑλέcθαι Merk.   36 ν[εῖκοc] Schwartz   ἐτ[ύχθη
nos   37 Lobel   38 ἄρ᾽ Ἀ[θήνηι West: aliter Π, fort. ἄρα τ[οῖcιν falso
ex v. sequ.   39 νεῖκοc West   ἐπ]έτρεψαν Lobel   40 δίκην δ᾽
ἰ[θεῖαν ἔειπεν West   41 West   42 ὦν[ον Merk.   43 West

ὡς οὗ οἱ δοῖεν Γλαύκωι γένος Οὐρανίωνες
ἐκ Μήστρης καὶ σπέρμα μετ᾽ ἀνθρώποισι λιπές[θαι.

55   καὶ τὴν μέν ῥ᾽ ἐδάμασσε Ποσειδάων ἐνοσίχθ[ων
τῆλ᾽ ἀπὸ πατρὸς ἑοῖο φέρων ἐπὶ οἴνοπα πόν[τον
ἐν Κόωι ἀ[μ]φιρύτηι καίπερ πολύιδριν ἐοῦσα[ν·
ἔνθα τέκ᾽ Εὐρύπυλον πολέων ἡγήτορα λαῶ[ν
Κω...α γείνατο παῖδα βίην ὑπέροπλον ἔ[χοντα.

60   τοῦ δ᾽ υἱεῖς Χάλκων τε καὶ Ἀνταγόρης ἐγένο[ντο.
τῶι δὲ καὶ ἐξ ἀρχῆς ὀλίγης Διὸς ἄλκιμος υἱὸς
ἔπραθεν ἱμερόεντα πόλιν, κε[ρ]άϊξε δὲ κώμας
εὐθὺ[ς ἐπ]εὶ Τροίηθεν ἀνέ[πλε]ε νηυς[ὶ] θ[οῆισι
..[.........]λαιων ἔνε[χ᾽ ἵπ]πων Λαομέδοντος·

65   ἐν Φλέγρηι δ]ὲ Γίγαντας ὑπερφιάλους κατέπεφ[νε.
Μήστρη δὲ προ]λιποῦσα Κόων ποτὶ πατρίδα γαῖαν
νηὶ θοῆι ἐπέρ]ηις᾽ ἱερέων ποτὶ γουνὸν Ἀθηνέων
ἐ]πεὶ τέκε παῖδα Ποσειδάωνι ἄνακτι.
αἰν]όμορον πατέρα ὃν πορσαίνεσκεν.

70   ]υ θυγάτηρ Πανδιονίδαο
ἦ]ν ἔργα διδάξατο Παλλὰς Ἀθήνη
]εουσα, νόεσκε γὰρ ἶσα θεῆισι
τῆς καὶ ἀπὸ χρ]οϊῆς ἠδ᾽ εἵματος ἀργυφέοιο
]θεου χαρίεν τ᾽ ἀπὸ εἶδος ἄητο·

75   τῆς μὲν Cίσυφο]ς Αἰολίδης πειρήσατο βουλέων
βοῦς ἐλάσα[ς· ἀλλ᾽ οὔ τι Διὸ]ς νόον αἰγιόχοιο
ἔγνω· ὁ μ[ὲν δώροις διζ]ήμενος ἦλθε γυνα[ῖκα

43 (a) 58–9 τέκ᾽ iuxta γείνατο vix sanum   59 aliunde insertum
esse ci. Lobel   61 τῶι P.Oxy.: τῶν P.I.F.A.O.   63 fin. Schwartz
64 ἀελ]λαίων Schwartz: exspect. ἦν ἀλάπαξεν ἰὼν vel sim.
Merk.   66 West   67 e.g. Merk.; πέρ]ης᾽ Stiewe: βουλῆι Ἀθηναί]ης
West   70 ἦ οἴη Νίсο]υ Schwartz   71 Εὐρυνόμη, τὴ]ν West
72]ουσα P.I.F.A.O.:]εεσκε ᾽ουσα᾽ P.Oxy.   θεησι P.I.F.A.O.: θεοισι
P.Oxy.   73 West   74 τ P.I.F.A.O.: δ᾽ P.Oxy.   λάμφ᾽ οἷόν
τε] θεοῦ West   75 West   76 Evelyn-White   77 μ[ὲν
Crönert, δώροις Evelyn-White, διζ]ήμενος Blass   γυνα[ῖκα Grenfell–
Hunt

βουλῆι Ἀθ[ηναίης· τῶι δὲ] νεφεληγερέτα Ζεὺ[ς
ἀθανάτωι ἀ[νένευσε] καρήατι μή ποτ' ὀπ .[
80   ἔccεcθαι .[..... ...]ητου Cιcυφίδαο.
ἢ δὲ Ποcε[ιδάωνος ἐν] ἀγκοίνηιcι μιγεῖ[cα
Γλαύκωι ἐγ[..... ...]ἀμύμονα Βελλε[ροφόντην,
ἔξοχον ἀνθ[ρώπων ἀρ]ετῆι ἐπ' ἀπείρονα γ[αῖαν.
τῶι δὲ καὶ η[..... πα]τὴρ πόρε Πήγαcο[ν ἵππον
85   ὠκύτατον [..... ....]μινεπτε[
πάντηι ἀν[.... ....]ε.τα...[
cὺν τῶι πῦρ [πνείουcαν ∪ − ∪ ∪ − ∪ Χίμαιραν.
γῆμε δὲ πα[ῖδα φίλην μεγαλήτοροc Ἰοβάταο
αἰδοίου βαc[ιλῆοc
90   κοίρανοc α[
ἢ τέ[κε

43 (b)   Schol. Lycophr. 1393 (ii. 385. 2 Scheer)

ὁ δὲ Ἐρυcίχθων Αἴθων ἐκαλεῖτο, ὥc φηcιν Ἡcίοδοc, διὰ τὸν λιμόν.

43 (c)   Philodemus, περὶ εὐcεβείαc p. 49 Gomperz; Herculanensium voluminum collectio altera (1863) ii. 128 (de Mestra)

12   τὴν μὲν ἱcτορε[ῖ γ' Ἡσί-
13   αι]c Ἡcίοδοc δια[-
14   π]ραcθῆναι χάρ[ιν τοῦ
15   δι]ατρέφεcθ' Α[ἴθω-
                να]

43 (a) 78 Ἀθ[ηναίηc Wilamowitz, τῶι δὲ Merk.   79 Schwartz:
ἀ[νένευε] Grenfell–Hunt   ὀπίc[cω West: ὀπάc[cαι Grenfell–Hunt: ὀπάτ-
[ρουc Evelyn-White   80 π[vel γ[Π: π[αῖδαc Evelyn-White:
Γ[λαύκου γενεὴ]ν West   81 Rzach   82 ἐν[ὶ μεγάροιc τέκ'] Rzach
83 ἀνθ[ρώπων Wilamowitz, ἀρ]ετῆι et γ[αῖαν Merk.   84 ἡ[βώοντι
Merk.   86 ἀν[αcτρωφᾶν Wilamowitz   87–9 e.g. Wilamowitz
87 ἀπηλοίηcε West   43 (b) (fals. 5b)   43 (c) (112b) 12 ιcτορα[
13 ηcοδοcδιχ   14 .]ναcθηναι: δια[π]ραcθῆναι Merk.: δίχ[α π]λαcθῆναι
Philippson: δια[cπ]αcθῆναι Schober

49 Schol. Pind. *Ol.* x. 83 (i. 332. 20–333. 2 Drachmann)

ἤτοι ὁ μὲν Cῆμον καὶ Ἀλάζυγον υἱέας ἐcθλούc.

ἦν δὲ ὁ Cῆμοc τοῦ Ἀλιρροθίου τοῦ Περιήρουc καὶ Ἀλκυόνηc.

50 Pausanias ii. 26. 7.

ὁ δὲ τρίτοc τῶν λόγων ἥκιcτα (ἐμοὶ δοκεῖν) ἀληθήc ἐcτιν,
Ἀρcινόηc ποιήcαc εἶναι τῆc Λευκίππου παῖδα Ἀcκληπιόν. . . .
οὗτοc ὁ χρηcμὸc δηλοῖ μάλιcτα οὐκ ὄντα Ἀcκληπιὸν Ἀρcινόηc,
ἀλλὰ ʽΗcίοδον ἢ τῶν τινα ἐμπεποιηκότων ἐc τὰ ʽΗcιόδου τὰ ἔπη
cυνθέντα ἐc τὴν Μεccηνίων χάριν.

cf. schol. Pind. *Pyth.* iii. 14 (ii. 64. 12–20 Drachmann)

Ἀcκληπιάδηc (12 F 32) δέ φηcι τὴν Ἀρcινόην Λευκίππου εἶναι τοῦ
Περιήρουc, ἧc καὶ Ἀπόλλωνοc Ἀcκληπιὸc καὶ θυγάτηρ Ἐριῶπιc·

ἢ δ’ ἔτεκ’ ἐν μεγάροιc Ἀcκληπιὸν ὄρχαμον ἀνδρῶν
Φοίβωι ὑποδμηθεῖcα ἐυπλόκαμόν τ’ Ἐριῶπιν.

καὶ † Ἀρcινόηc ὁμοίωc·

Ἀρcινόη δὲ μιγεῖcα Διὸc καὶ Λητοῦc υἱῶι
τίκτ’ Ἀcκληπιὸν υἱὸν ἀμύμονά τε κρατερόν τε.

51 Athenagoras, *supplicatio pro Christianis* 29

πατὴρ ἀνδρῶν τε θεῶν τε
χώcατ’, ἀπ’ Οὐλύμπου δὲ βαλὼν ψολόεντι κεραυνῶι
ἔκτανε Λητοΐδην, Φοίβωι cὺν θυμὸν ὀρίνων.

cf. Philodemum, π. εὐcεβείαc p. 17 Gomperz; Hercul. voll.
coll. altera ii. 45

49 (86) Cῆμον καὶ Boeckh: Cῆροc καὶ codd.   Ἀλάζυγον cod. E:
Ἀλάζογον codd. BQ: Ἀλαγονόν Sittl   fr. 96. 4]ζυγανι̣ε̣[confert West
ὁ Cῆροc codd.   **50** (87) Wilamowitz alterum utrum fragmentum
Catalogo adscribendum esse censet   Ἀρcινόηc: Ἄcιοc Kalkmann:
ʽΗcίοδοc West   **51** (125) Λητοΐδην Aesculapium   Φοίβωι Wila-
mowitz: φίλον cod. Λητοΐδηι δὲ φίλον — ὄρινεν Isler

136

52   Schol. Hes. *Theog.* 142 (p. 225 Flach), de Cyclopibus,
"οἳ δ' ἤτοι τὰ μὲν ἄλλα θεοῖς ἐναλίγκιοι ἦσαν"

Κράτης ἀντὶ τούτου ἄλλον στίχον παρατίθεται "οἳ δ' ἐξ
ἀθανάτων θνητοὶ τράφεν αὐδήεντες". πῶς γὰρ τοὺς αὐτοὺς
θεοῖς ἐναλιγκίους λέγει καὶ ἐν τῶι τῶν Λευκιππίδων καταλόγωι
ὑπὸ Ἀπόλλωνος ἀνηιρῆσθαι ποιεῖ;

53   Schol. AD Hom. Δ 195 (i. 179. 12–14 Dindorf)

Μαχάων δὲ οὗτος υἱὸς Ἀσκληπιοῦ καὶ *** {Ἀρσινόης ἢ Κορω-
νίδος}, κατὰ δὲ τινὰς Ἠπιόνης τῆς Μέροπος, κατὰ δὲ Ἡσίοδον
Ξάνθης.

54 (a)+57   P.Oxy. 2495 fr. 1 (a)+ fr. 16 col. i

```
     οὗ π[ατρός
     Βρόγ[την
     Ζεὺς [ . . ]οιβροντ[
     τόν ῥα [χ]ολω[ς]άμ[ενος              ]να
  5  ῥίψειν ἤμελ[λεν              ἀπ' 'Ολύμ]που
     Τ]άρταρον ἔς, [γῆς νέρθε καὶ ἀτρυγέτοιο θα]λάσς[ης
     σκ]ληρ[ὸν] δ' ἐβ[ρόντησε καὶ ὄβριμον, ἀμφὶ δὲ γ]αῖα
     κ[ι]νήθ[η                              ]ρα·
     πάντες δ[' ἔδδεισαν              ]ς . . [ ]
  10 ἀθάνατ[οι                      ]
     ἔνθά κεν Ἀ[πόλλωνα κατέκτανε μητίετα Ζ]εύς,
     εἰ μὴ ἄρ'[                          ]
```

52 (88)   **53** (89)   **54 (a)** (versuum initia) cum **57** (finibus)
coniunxit West   1 οὗ Π   π[ατρός West   2 Βρόν[την τε Στερόπην
τε καὶ Ἄργην ὀβριμόθυμον e.g. Lobel   4 τ῾ω῾[[ον]] Π; possis τὸν vel
τῶι vel τώ   7 σκληρὸν δ' ἐβρ. Lobel, finem West   11 West

54 (b)   Philodemus, π. εὐcεβείαc p. 34 Gomperz; Hercul. voll. coll. altera ii. 63

[Ἄν]δρων δ᾽ ἐ[ν τοῖc] Cυγγενικοῖc (10 F 3) Ἀ[δμή]τωι λέγει
τὸν Ἀ[πόλ]λω θητεῦcαι Δ[ιὸc] ἐπιτάξαντοc· [῾Η]cίοδοc δὲ καὶ
Ἀκο[υ]cίλαοc (2 F 19) μέλλειν [μὲν] εἰc τὸν Τάρταρον [ὑ]πὸ τοῦ
Διὸc ἐ[μβλη]θῆναι, τῆc δ[ὲ Λητοῦc] ἱκετευcά[cηc ἀν]δρὶ θητεῦ[cαι.]

54 (c)   Schol. Eur. *Alcest.* 1 (i. 216 Schwartz)

ἡ διὰ cτόματοc καὶ δημώδηc ἱcτορία περὶ τῆc Ἀπόλλωνοc
θητείαc παρ᾽ Ἀδμήτωι αὕτη ἐcτίν, ἧι κέχρηται νῦν Εὐριπίδηc·
οὕτωc δέ φηcι καὶ ῾Ηcίοδοc καὶ Ἀcκληπιάδηc (12 F 9) ἐν Τρα-
γωιδουμένοιc.

58   P.Oxy. 2495 fr. 16 col. ii, ed. Lobel

.]ργω[.]δ̣.[
ἵ]κετο̣ δα[
κ]είνωι δη[
ἐ]κ θυμοῦ φ[ιλε-
5   Ἀc]κληπιοῦ[.].[
[—]   ἐ]ν μεγάροιc᾽[].[
ἤ᾽] οἵην ἵππο[ιcι καὶ ἅρμαcι κολλητοῖcι
Φ]ῶκοc ἐυμμ[ελίηc   Ἀcτερόδειαν
ἐκ] Φυλάκηc κ[ούρην μεγαθύμου Δηιονῆοc·
10   ἣ τέκετο Κρῖ[cον καὶ ὑπέρθυμον Πανοπῆα
νυκτὶ μ[ι]ῆ[ι].[
τὼ καὶ πρὶν ἰδέ[ειν λ]αμπ[ρὸν φάοc ἠελίοιο
μαρνάcθην [ἔτι] μητρ[ὸc ἐόντ᾽ ἐν γαcτέρι κοίληι.

54 (b) (126)   **54** (c) (127)   **58** 1–4 fort. de Apollinis
servitute : 1 ἐ]ργ-, 2 ἵ]κετο δ᾽ Ἀ[δμήτοιο πόλιν, 3 κ]είνωι δὴ [θήτευcε τελεc-
φόρον εἰc ἐνιαυτόν, 4 φ[ιλέων   9 West   10 κρει[Π : Κρῖ[cον . . .
Πάνοπῆα Lobel, καὶ ὑπέρθυμον e.g. Merk.   13 γαcτέρι κοίληι e.g.
West: νηδύι Lobel: δελφύι κεδνῆc Merk.

τοῖcι δὲ γεινομ[ένοιcιν
15　κήδεά τ' οὐλομέν[αc τ' ἔριδαc
αὐτὰρ ἐπεί ῥ' ἐγένο̣ν̣το[
Κρίcωι μέν ῥ' ̣ ̣οπ ̣ι̣ ̣[]ε̣[
̣]ουροι μουνη[]ν̣[
ὦπαcαν ἀθά̣ν̣[ατοι　　　]cδ[
20　οἶκον εμο[̣] ̣[̣] ̣τ[
γείναθ' ἐνὶ μ[
̣ ̣ ̣'] ̣cọυ̣λ̣ητ[
̣ ̣ ̣]πο ̣κ ̣ ̣[
̣ ̣ ̣]ον̣[
25　̣ ̣ ̣]υποτ[

59　Strabo ix. 5. 22 p. 442 et xiv. 1. 40 p. 647; P.Oxy. 2490
(= 2483 fr. 3)

　　　　　　　　　　　　　　　　] ̣ηοc
ἤ' οἴη Διδύμουc ἱεροὺc ναίουcα κολωνοὺc̣]
Δωτίωι ἐν πεδίωι πολυβότρυοc ἄντ' Ἀ̣μύροιο
νίψατο Βοιβιάδοc λίμνηc πόδα παρθέ̣νοc ἀδμής

(frustula versuum septendecim in papyro)

60　Schol. Pind. *Pyth.* iii. 52 (b) (ii. 70/71 Drachmann)

τῆμοc ἄρ' ἄγγελοc ἦλθε κόραξ ἱερῆc ἀπὸ δαιτὸc
Πυθὼ ἐc ἠγαθέην καί ῥ' ἔφραcεν ἔργ' ἀΐδηλα
Φοίβωι ἀκερcεκόμηι, ὅτι Ἴcχυc γῆμε Κόρωνιν
Εἰλατίδηc, Φλεγύαο διογνήτοιο θύγατρα

cf. schol. Pind. *Pyth.* iii. 14 (ii. 65. 4 Drachmann)

58 14 γινομ[*Π*: γεινομ[ένοιcιν ἐπέκλωcαν κακὰ Μοῖραι West　　　15 e.g.
Merk.　　　18 κ]οῦροι Lobel　　μουν[̣ ̣]ν̅ (η above)　　20 ἐμο[υνώcαν]τ[ο longius
spatio　　21 γείναται ἐνὶ μ[εγάροιc(ι) Lobel　　**59** (122) 3 laudatur
a Steph. Byz. s.v. Ἄμυροc　　**60** (123) 1 τῆ μὲν vel τῶι μὲν codd. pauci
1–2 τῆι μὲν ἄρ' ἦλθε κόραξ, φράccεν δ' ἄρα ἔργ' ἀΐδηλα schol. iii. 14
3 ὅτ' ἄρ' ibid.

61 Schol. Pind. *Pyth.* iii. 38 (c) (ii. 68. 10 Drachmann) et alii

νήπιος, ὃς τὰ ἑτοῖμα λιπὼν ἀνέτοιμα διώκει

62 Eustathius in Hom. (*B* 695) p. 323. 46, de Iphiclo

ἄκρον ἐπ᾽ ἀνθερίκων καρπὸν θέεν οὐδὲ κατέκλα,
ἀλλ᾽ ἐπὶ πυραμίνων ἀθέρων δρομάασκε πόδεσσιν
καὶ οὐ cινέσκετο καρπόν

Schol. BT Hom. Υ 227

ὃς ῥ᾽ ἐπὶ πυραμίνους ἀθέρας φοίτασκε πόδεσσιν

inde Eustath. p. 1206. 7. cf. schol. Ap. Rhod. *A* 45 (p. 11. 1 Wendel)

Schol. Hom. λ 326 et P.S.I. 1173. 78–81

Κλυμένη Μινύου τοῦ Ποσειδῶνος καὶ Εὐρυανάσσης τῆς Ὑπέρφαντος γαμηθεῖσα Φυλάκωι τῶι Δηίονος ῞Ιφικλον τίκτει ποδώκη παῖδα. τοῦτον λέγεται διὰ τὴν τῶν ποδῶν ἀρετὴν συναμιλλᾶσθαι τοῖς ἀνέμοις ἐπί τε τῶν ἀσταχύων διέρχεσθαι καὶ διὰ τοῦ τάχους τὴν κουφότητα μὴ περικλᾶν τοὺς ἀθέρας. ἔνιοι δὲ αὐτὴν {τὴν Κλυμένην} προγαμηθῆναί φασιν Ἡλίωι, ἐξ ἧς Φαέθων ἐγένετο παῖς. ἡ δὲ ἱστορία παρ᾽ Ἡσιόδωι.

64 P.Oxy. 2500

(frustula versuum duodecim)

]ν τε ῥοδόπη[χυν
]δῖα Φιλων[ίc
15 ἣ τέκεν Αὐτόλυκόν τε Φιλάμμο‌νά τε κλυ‌τὸν αὐδήν,
τὸν μὲν ὑποδμηθεῖcα ἑκηβόλωι Ἀ]πόλ[λ]ωνι,

61 (219)   **62** (117) 3 κοὑ Rossbach; finem versus esse censuit Heinsius   **64** (111) 13 Φίλωνί]ν?   15 laudat Herodianus (Théodosius) Περὶ κλίσεως τῶν εἰς ὧν βαρυτόνων (*Excerpta ex libris Herodiani technici* p. 21. 3 Hilgard [Lipsiae 1887])   16–18 West

τὸν δ' αὖθ' Ἑρμάωνι μιγεῖσ' ἐρατῆι] φιλ[ό]τητι
Αὐτόλυκον τίκτεν Κυλληνίωι Ἀρ]γεϊ[φ]όντ[ηι
(frustula versuum quattuor)

65 Steph. Byz. p. 257/8 Meineke

ἐκ περιττοῦ τοίνυν *Ὦρος ἐν τοῖς ἐθνικοῖς τάδε γράφει· "καὶ
τὰ περὶ Θάμυριν ἐν Δωρίωι παριστοροῦντος τοῦ ποιητοῦ (B 594),
πάλιν Ἡσίοδος

Δωτίωι ἐν πεδίωι

φάσκει αὐτὸν τετυφλῶσθαι".

66 P.Oxy. 2494B fr. (a) et (b); 2495 fr. 26, ed. Lobel

```
        ].δ[                          ]χαρίεντας ἐπαύ[λους
    Αὐτολυκ[                      ]καὶ — καρτο[
    πολλάκι δ[                  ]....ανεγειρε[.].[
    Ἑρμείηι τ[                  Κυλλη]νίωι Ἀργεϊφόντη[ι
5   τῶι νύκτ[ες                 σκοτο]μήνιοι ὕων [
    cπαρναί τε χ[λαῖναι            ]ες τε χιτῶνες [
                                 βουκ]όλοι ἀγροιῶ[ται
                                    ].....[
```

67 (b) Etymol. magn. p. 21. 19 s.v. ἀείδελον

ἀείδελον ... ἐπὶ δὲ τοῦ ἀοράτου ἐχρήσατο τῆι λέξει Ἡσίοδος
περὶ τοῦ Αὐτολύκου. φησὶ γάρ

ὅττι κε χερσὶ λάβεσκεν ἀείδελα πάντα τίθεσκεν.

καὶ γὰρ ὁ αὐτός, κλέπτης ὤν, ἔκλεπτε τοὺς ἵππους καὶ ἀλλοιο-
φανεῖς αὐτοὺς ἀπετέλει· ἐνήλλασσε δὲ τὰς χροιὰς αὐτῶν.

cf. P.Oxy. 2494B fr. (c) et Tzetzam in Lycophr. 344
(ii. 134. 1–5 Scheer)

65 (246)   **66** 4 vel ἐριου]νίωι Lobel   5 τῶι νύκτ[ες τε φίλαι
σκοτο]μήνιοι ὕων [τε Ζεύς West   **67 (b)** (112) πάντα γὰρ ὄσσα λάβε-
σκεν Tzetzes

68 Ps. Eratosthenes, *Catast.* 19 (p. 124 Robert; p. 23. 6 Olivieri)

Κριός. οὗτος ὁ Φρίξον διακομίcαc καὶ ῞Ελλην· ἄφθιτος δὲ ὢν ἐδόθη αὐτοῖc ὑπὸ Νεφέληc τῆc μητρόc· εἶχε δὲ χρυcῆν δοράν, ὡc ῾Ηcίοδος καὶ Φερεκύδηc (3 F 99) εἰρήκαcιν.

69★ Galenus, *De placitis Hippocratis et Platonis* i. 266. 12 (ed. I. Müller, Lipsiae 1874)

καὶ τότε δὴ cτηθέων Ἀθάμα φρέναc ἐξέλετο Ζεύc

70 P.S.I. 1383; P.Yale i. 17

```
                      ]ὑπερ.[
                  μ]εγάροιcι λιπ[
                  εὔ]αδεν ἀθανάτ[οιcι
                  πατὴ]ρ ἀνδρῶν τε θ[εῶν τε
5                 ].  ἵνα οἱ κλέοc ἄφθιτ[ον εἴη
                  ]ι πολυcτάφυλον πο[λυγηθέα
                  ]ι· τοῦ μὲν κλέοc οὔ π[οτ᾽ ὀλεῖται.
                  ]παρείατο πορcαίνουc[αι
          Λεύκωνοc κοῦρ]αι Ἀθαμαντιάδαο ἄγ[ακτοc
10      Πειcιδίκη τε καὶ] Εὐίππη δίη θ᾽ ῾Υπερ[
                  ]ν Ἀθηναίηc ἀγελε[ίηc
                  π]εδίλοιc ἐμβεβα[υι
                  ἐπι]ειμέναι εἴαρο[c ὥρηι
                  ]ηνηc νηο.[
15                ]ν ηβηcα. φίλον υἱόν
                  ]ητω[ι] βαcιλῆϊ
```

---

68 (51)·   **69** (247) Hesiodo adscripsit Rzach   **70** (37, 38, E)
8 ἀλλ᾽ Ἀθάμαντι μανέντι e.g. Merk.   9 sq. Bartoletti (Λεύκωνοc Terzaghi)   10 ῾Υπερ[ίππη vel ῾Υπερ[είη Bartoletti   11 βουλῆιcι]ν Bartoletti   14 Ἀθ]ήνηc Bartoletti   νηὸν vel νηοπ[ὀλ- West
15]αιηβηcα[Bartoletti: πρὶ]ν ἡβῆcαι Lobel   16 διογν]ήτωι West

]ἀργυρ[οδ]ίνην

ὅς τε Λιλαίηθεν προΐει καλλίρ‚ροο‚ν‚ ὕδωρ

]μιν περὶ πέτρη[ν

20   ]θαρσαλέος περ·

ὅς ⟨τε⟩ παρὲκ Πανοπῆα διὰ γ‚ληχῶνα τέρειναν

]νᾳ[.]ίων

καί τε δι᾽ Ἐρχομενοῦ εἰλιγμένος εἶσι δράκω‚ν ὣς

]ιν

25   ]κησειν[

....].αρεπι[..... ....]ιμ.τε θύρηφι[ν

ἀθανάτων τ]ε θεῶν νέμ[εσιν θνη]τῶν τ᾽ ἀνθρώπων

....]Λεύκωνος κου[ρ..... ..,.]ν ἐξεπέρησα[ν

.....]μεν Κοπρεὺς [..... ..φί]λος υἱός·

30   ..... .υἱ]ωνὸς μεγαλήτορο[ς Ὀρχ]ομενοῖο

c]ὺν ἵπποισι καὶ ἅρμασι [..]....οισιν

ἣ δέ οἱ ἐν με]γάροις θεοείκελα γείνατο τέκνα

Ἄργυννόν θ᾽] ἥρωα καὶ Ἵπποκλον μεγάθυμον·

....]ην Ἀνδρείδης Ἐτέοκλος ὄπυιεν

35   ..... Ὀρχομ]ενοῖο παῖς Μινυηϊάδαο·

ἐκ τῆς δ   ]μων γένετο κρατερός τε μέγας τε

]νεων κατενάσσατο γαῖαν ἐραννή[ν

]όπην Χαρίτων ἀμαρύγματ᾽ ἔχο[υσαν

].ιδαο Κομή[το]υ τὸν περὶ πάντ[ων

40   ].ςε καταθ[νητ]ῶν ἀνθρώπω[ν

18 schol. AB (et Eustath.) ad Hom. *B* 522 de Cephiso (fr. 37 Rz.) "ὅς τε — ὕδωρ" *Λιλαίηθεν* Eustath.: *Λιλαίηισι* schol. A   21 et 23 Strabo ix. 3. 16 p. 424 de Cephiso (fr. 38 Rz.) "παρὲκ — δράκων ὣς" *τέριναν* Π: τ᾽ *ἐρυμνήν* Strabonis codd.   22]⁺ων Π   23 laudat etiam schol. Arat. 45   τε schol. Arat.: δὲ Strabo   εἰλιγμένος Strabo: ἠπειγμένος schol. Arat.   26]γὰρ   μήτε θύρηφι[ν   27 Merk. 29 *Πεισιδίκην γῆ*]μεν Bartoletti   φί]λος Schwartz   31 σύν ⟨θ᾽⟩ West non fuit [κο]λλητοῖσιν; εὐτροχέουσιν leg. Welles, εὐ]ξέc[τ]οισιν Bartoletti 32 Maas   33 Bartoletti   35 υἱέος West   38 γῆμε δὲ —] et 39 κούρην —] e.g. Bartoletti   39]τιδαο   Κομή[το]υ Maas 40 Ἀπόλλων τίμ]ησε vel ἐφίλ]ησε Merk.

].λονπ[....]νον υἱὸν ἔτικτ[εν

].ην.[

]τυι.[

71   Schol. Pind. *Ol.* xiv inscr. (i. 389/390 Drachmann)

(a) ... *Κηφιсὸς δὲ ποταμὸс ἐν 'Ορχομενῶι, ἔνθα καὶ αἱ Χάριτες τιμῶνται.*

(c) *ταύταις δὲ 'Ετέοκλος ὁ Κηφιсοῦ τοῦ ποταμοῦ πρῶτος ἔθυсεν, ὥс φηсιν 'Ηсίοδος. διὰ δὲ τοῦ 'Ορχομενοῦ ὁ Κηφιсὸς ῥεῖ.*

cf. etiam Pausaniam ix. 34. 9

Ἀνδρεὺς Εὐίππην θυγατέρα Λεύκωνος λαμβάνει παρὰ Ἀθάμαντος γυναῖκα, καὶ υἱὸς 'Ετεοκλῆς αὐτῶι γίνεται, Κηφιсοῦ δὲ τοῦ ποταμοῦ κατὰ τῶν πολιτῶν τὴν φήμην, ὥστε καὶ τῶν ποιηсάντων τινὲс "Κηφιсιάδην" τὸν 'Ετεοκλέα ἐκάλεсαν ἐν τοῖс ἔπεсιν.

71A   P. Oxy. 2999, ed. Parsons

η[	του[с]θ[
⸦ ε[	Βουτ[
Κη[ϋ	τοὶ κού[ρας ἀγάγοντο
Ἱππ[	10 Ὑλλίδα[с
5 Κηϋ[	τῶν γέ[νετ
τὴν ο[	ἤ οἵη Cχ[

72   Ps. Apollod., *Bibl.* iii [109] 9. 2

'Ηсίοδος δὲ καί τινες ἕτεροι τὴν Ἀταλάντην οὐκ 'Ιάсου ἀλλὰ Cχοινέως εἶπον, Εὐριπίδης δὲ Μαινάλου (Phoen. 1162), καὶ τὸν γήμαντα αὐτὴν οὐ Μελανίωνα ἀλλὰ 'Ιππομένην.

71 (39) (schol. Pind.) verba ὥс φηсιν 'Ηсίοδος post ῥεῖ transp. Hermann, cf. fr. 70. 23   (Paus.) locum ad Hesiodum rettulerunt Sittl et Wilamowitz   **71A** locatio prorsus incerta, cf. ad v. 12   3–11 cf. 251   4 vel ιππ[12 fort. = 73. 1 (nisi οἵης χ[).   post h.v. vacat, itaque videtur 11 libri finis esse, 12 versus 'reclamans', i.e. primus libri proximi (scil. secundi, si est 73. 1)   **72** (20) cf. Philodemum, π. εὐcεβείαc p. 60 Gomperz; Philippson, *Hermes* 55, 1920, 258 sq.; Hercul. voll. coll. altera ii. 147

73　P.Lond. 486c; P.Oxy. 2488b

$$
\begin{aligned}
&]\iota\tau o\iota o\ \mathring{a}\nu\alpha\kappa\tau o c\\
&]\varsigma\iota\ \pi o\delta\acute{\omega}\kappa\eta c\ \delta\mathring{\iota}'\ \mathring{A}\tau\alpha\lambda\acute{a}\nu[\tau\eta\\
&X\alpha\rho\acute{\iota}]\tau\omega\nu\ \mathring{a}\mu\alpha\rho\acute{\upsilon}\gamma\mu\alpha\tau'\ \mathring{\epsilon}\chi o[\upsilon c\alpha\\
&\pi\rho\grave{o}c\ \mathring{a}\nu\theta\rho\acute{\omega}\pi\omega\nu\ \mathring{a}]\pi\alpha\nu\alpha\acute{\iota}\nu\epsilon\tau o\ \phi\mathring{\upsilon}\lambda o\nu\ \grave{o}\mu\iota\lambda[\epsilon\mathring{\iota}\nu
\end{aligned}
$$

5　ἀνδρῶν ἐλπομένη φεύγ]ειν γάμον ἀλφηcτάων[.

$$
\begin{aligned}
&]\tau\alpha\nu\iota c\phi\acute{\upsilon}[\rho]o\upsilon\ \epsilon\mathring{\iota}\nu\epsilon\kappa\alpha\ \kappa o\acute{\upsilon}[\rho\eta c\\
&]\,.\,\alpha\mu[\qquad\quad]\nu o\nu\ \epsilon\nu\nu\epsilon[\\
&\qquad\qquad]\,.\,[\,.\,]\rho\delta[
\end{aligned}
$$

74　Schol. T Hom. Ψ 683 (vi. 435 Maass)

νεώτεροc οὖν 'Ηcίοδοc γυμνὸν εἰcάγων 'Ιππομένη ἀγωνιζό-
μενον Ἀταλάντηι.

75　P.S.I. 130 col. i, ed. Vitelli

(frustula versuum quinque)

$$
\begin{aligned}
&\ldots\ldots\ldots\ldots\ .\,\tau]\alpha\nu\acute{\iota}c\phi\upsilon\rho[o]c\ \mathring{\omega}\rho\nu\upsilon\tau o\ \kappa o\acute{\upsilon}\rho\eta\\
&\ldots\ldots\ldots\ \ldots\ldots\ ]\alpha\cdot\ \pi o\lambda\grave{\upsilon}c\ \delta'\ \mathring{a}\mu\phi\acute{\iota}c\tau\alpha\theta'\ \mathring{o}\mu\iota\lambda o c\\
&\ldots\ldots\ \ldots\ldots\ .\,\theta]\acute{a}\mu\beta o c\ \delta'\ \mathring{\epsilon}\chi\epsilon\ \pi\acute{a}\nu\tau\alpha c\ \grave{o}\rho\mathring{\omega}\nu\tau\alpha[c\\
&\ldots\ldots\ \ldots\ldots\ .\,\pi\nu]o\iota\grave{\eta}\ Z\epsilon\phi\acute{\upsilon}\rho o\iota o\ \chi\iota\tau\mathring{\omega}\nu\alpha
\end{aligned}
$$

10　. . . . .　. . . . .　π ε]ρὶ cτήθεcc' ἀπαλοῖcι

. . . . .　. . . .　πολ]λὸc δ' ἐπεγείρετο λαόc

. . . . .　. . . . .　ζχ]οινεὺc δ' ἐγέγωνε βοήcαc·

73 (Q; 21) 3 Hopfner　　4 Snell　　5 ἐλπομένη West, cetera
Rzach　　**74** (22)　　**75** (R 1–25; 21b) 8–10 e.g. (West)
ἀνδρῶν μνηcτήρων· θ]άμβοc δ' ἔχε πάνταc ὁρῶντα[c,
ὡc ἄρα τῆc κούρηc πν]οιὴ Ζεφύροιο χιτῶνα
ὀρνυμένηc ἐδόνηcε πε]ρὶ cτήθεcc' ἀπαλοῖcι.

11 ἐπαγείρετο Vitelli

"κέκλυτέ μευ πάντες, ἠμ]ὲν νέοι ἠδὲ γέροντες,
ὄφρ' εἴπω τά με θυμὸc] ἐνὶ cτήθεccι κελεύει.
15 . . . .] ἐμὴν ἑλικώπιδα κούρην
. . . .]οι εἰρημένος ἔcτω·
. . . . Ζεὺc δ' ἅμ]μ' ἐπιμάρτυρος ἔcτω·
. . . .] . ήcεται· εἰ δέ κεν οὗτος
νικήcῃι καί οἱ δώῃι Ζεὺc] κῦδος ἀρέcθαι
20 ἄλλοί τ' ἀθάνατοι, οἳ 'Ολύμ]πια δώματ' ἔχουcι,
. . . . φί]λην ἐc πατρίδα γαῖαν·
. . . . ὠκυ]πόδων cθένος ἵππων
. . . . κε]ιμήλια· καί νύ κε θυμῶι
. . . .]α ἀνιηρὸν ἄεθλον.
25 εἰ δέ κε μὴ δώῃcι πατ]ὴρ ἀνδρῶν τε θεῶν τε

76 P.S.I. 130 col. ii, ed. Vitelli

.] . [.] . . . . . αρ[
δεξιτερῆι δ' αρ . . . ει[
κ]αί μιν ἐπαΐccων επ[
ἦχ' ὑποχωρήcαc'· οὐ γὰρ ἴc[ον ἀμφοτέροιcιν
5 (30) ἄθλον ἔκειθ'· ἦ μέν ῥα π[οδώκηc δι' Ἀταλάντῃ
ἵετ' ἀναινομένη δῶρα [χρυcῆc Ἀφροδίτηc,
τῶι δὲ περὶ ψυχῆc πέλε[το δρόμος, ἠὲ ἁλῶναι
ἠὲ φυγεῖν· τῶι καί ῥα δολο[φρονέων προcέειπεν·

75 15-17 e.g. (West: 17 Ζεὺc δ' ἅμ]μ' Vitelli)

οὗτος ἀνὴρ μνηcτεύει] ἐμὴν ἑλικώπιδα κούρην·
τῶι δὲ cτήcω ἀγῶν', ὁ δέ] οἱ εἰρημένος ἔcτω·
ὡc ἂν ἐγὼ εἴπω, Ζεὺc δ' ἅμ]μ' ἐπιμάρτυρος ἔcτω.

18 fort. δρόμου (Merk.)   πει]ρήcεται (Rzach)   19 Merk.   20
West   21 e.g. κούρην ἄξει ἔπειτα West   φί]λην·]ἐὴν Merk.   22
e.g. οὔτι βόαc γε πορών, οὐδ' ὠκυ] West   23 ἀγλαά τ' ἐκ μεγάρων
Merk.   24 e.g. γηθήcαιμι ἰδὼν τελέcαντ]α West   25 Merk.   **76**
(R 26-48, 21b) 3 e.g. ἐπ[όρεξ'· ἦ δ' εἰcενόηcεν, West   4 ἴcον West, ἰc'
Vitelli   7 ἠὲ ἁλῶναι Wyss

"ὦ θύγατερ Cχοινῆος, ἀμ[είλιχον ἦτορ ἔχουcα,
10 (35) δ]έξο τάδ' ἀγλα[ὰ] δῶρα θε[ᾶc χρυcῆc Ἀφροδίτηc
   .....]πό.μ[...]ωεθο[
   ....]ρων πα[
   ....]ν κάββαλ[ε
   ....]ειc χρυ[c
15 (40) .[.... ....].[.]κηπα[
   τυφ.[..... ...].[.]χαμα[
   αὐτὰρ ὃ [....πό]δεccι μ[
   ἦ δ' αἶψ' ὥcθ' Ἅρπυια μετ[αχρονίοιcι πόδεccιν
   ἔμμαριψ'· αὐτὰ[ρ ὃ] χειρὶ τὸ δεύτερον ἦ[κε χαμᾶζε·

20 (45) καὶ δὴ ἔχεν δύο μῆλα ποδώκηc δι' Ἀτ[αλάντη·
   ἐγγὺc δ' ἦν τέλεοc· ὃ δὲ τὸ τρίτον ἧκε χ[αμᾶζε·
   cὺν τῶι δ' ἐξέφυγεν θάνατον καὶ κῆ[ρα μέλαιναν,
   ἔcτη δ' ἀμπνείων καὶ [..]..[..]..coμ.[

77* Steph. Byz. p. 135 Meineke

Ἀcπληδών, πόλιc Φωκίδοc . . . Ὀρχομενοῦ δὲ υἱεῖc

   Ἀcπληδὼν Κλύμενόc τε καὶ Ἀμφίδοκοc θεοειδήc

inde Eustath. in Hom. p. 272. 18

78 Etymol. magn. p. 60. 42 (= Herodianus ii. 387. 18
   Lentz) de formis Ἐλάρα et Ἀλέρα

Εἰλαρίδην γάρ φηcι ⟨τὸν⟩ Τιτυόν.

87 Phlegon, *Mirab.* v p. 74 Keller (*Rer. nat. script.*, 1877);
   F.Gr.Hist. 257 F 36 (p. 1178. 21–5 Jacoby)

(ἱcτορεῖ δὲ καὶ Ἡcίοδοc [cf. infra fr. **275**] καὶ Δικαίαρχοc καὶ

76 18 West   post 19 signum omissionis Π marg. ut vid., lacunam
statuit Merk.   **77** (277) Hesiodo dederunt Buttmann et Hermann
78 (36)   **87** (200)

*Κλέαρχοc καὶ Καλλίμαχοc καὶ ἄλλοι τινὲc περὶ Τειρεcίου τάδε . . .)
οἱ αὐτοὶ ἱcτοροῦcιν κατὰ τὴν Λαπιθῶν χώραν γενέcθαι 'Ελάτωι
τῶι βαcιλεῖ θυγατέρα ὀνομαζομένην Καινίδα. ταύτηι δὲ Ποcει-
δῶνα μιγέντα ἐπαγγείλαcθαι ποιήcειν αὐτῆι ὃ ἂν ἐθέληι, τὴν δὲ
ἀξιῶcαι μεταλλάξαι αὐτὴν εἰc ἄνδρα ποιῆcαί τε ἄτρωτον. τοῦ
δὲ Ποcειδῶνοc κατὰ τὸ ἀξιωθὲν ποιήcαντοc μετονομαcθῆναι
Καινέα.*

121   Herodianus π. μον. λέξ. p. 18 (ii. 924. 23 Lentz)

διὰ τὸ "φανή" παρ' 'Ηcιόδωι ἐν δευτέρωι εἰρημένον·

οἳ πρόcθε φανὴν ἔντοcθεν ἔκευθον.

122-159 INACHI PROGENIES

122   Natalis Comes, *Mythologiae* viii. 23 (p. 912 ed. Genav.
1612)

"Ιναχοc Οἰνείδηc Κρονίδηι πολὺ φίλτατον ὕδωρ

124   Schol. Plat. *Sympos.* 183b (p. 58 Greene)

ἐκ τοῦ δ' ὅρκον ἔθηκεν ἀποίνιμον ἀνθρώποιcι
νοcφιδίων ἔργων πέρι Κύπριδοc.

Ps. Apollod., *Bibl.* ii [5] 1. 3

'Ηcίοδοc δὲ καὶ Ἀκουcίλαοc (2 F 26) Πειρῆνοc αὐτήν (sc.
τὴν 'Ιώ) φαcιν εἶναι. ταύτην ἱερωcύνην τῆc "Ηραc ἔχουcαν Ζεὺc
ἔφθειρε. φωραθεὶc δὲ ὑφ' "Ηραc τῆc μὲν κόρηc ἁψάμενοc εἰc
βοῦν μετεμόρφωcε λευκήν, ἀπωμόcατο δὲ ταύτηι μὴ cυνελθεῖν·
διό φηcιν 'Ηcίοδοc οὐκ ἐπιcπᾶcθαι τὴν ἀπὸ τῶν θεῶν ὀργὴν τοὺc

---

121 (47) ἐν δευτέρωι sc. Καταλόγωι   **122** fragmentum dubiae
fidei   **124** (187) ἀποίνιμον Schneidewin: ἀμείνονα codd.: ἀπήμονα
Hermann

γινομένουс ὅρκουс ὑπὲρ Ἔρωτοс. Ἥρα δὲ αἰτηcαμένη παρὰ Διὸc
τὴν βοῦν φύλακα αὐτῆc κατέcτηcεν Ἄργον τὸν πανόπτην.

cf. Herodianum π. μον. λέξ. 17 (ii. 923. 7 Lentz); Hesychium
α 8771 (i. 296 Latte)

125* Hesychius ι 1185 (ii. 384 Latte), "'Ἰὼ Καλλιθύεccα"
Καλλιθύεccα ἐκαλεῖτο ἡ πρώτη ἱέρεια τῆc Ἀθηνᾶc.

126 'Heraclitus', Alleg. Hom. 72. 10 (p. 78 Buffière)

"ἀργεϊφόντην" τε γὰρ ὀνομάζει τὸν θεόν, οὐ μὰ Δί' οὐχὶ τοὺc
Ἡcιοδείουc μύθουc ἐπιcτάμενοc, ὅτι τὸν βουκόλον Ἰοῦc ἐφόνευcεν
(κτλ.)

ex Heraclito fluxit Schol. B Hom. Ω 24

127 Schol. Eur. Or. 872 (i. 184. 20 Schwartz)

ἡ πολλὴ δόξα κατέχει μὴ ἀφῖχθαι τὸν Αἴγυπτον εἰc Ἄργοc,
καθάπερ ἄλλοι τέ φαcι καὶ Ἑκαταῖοc (1 F 19) γράφων οὕτωc·
"ὁ δὲ Αἴγυπτοc αὐτὸc μὲν οὐκ ἦλθεν εἰc Ἄργοc, παῖδεc δέ,
⟨ἐόντεc⟩, ὡc μὲν Ἡcίοδοc ἐποίηcε, πεντήκοντα, ὡc δὲ ἐγὼ λέγω,
οὐδὲ εἴκοcι."

128 Strabo viii. 6. 7 p. 370, 6. 8 p. 371

Ἄργοc ἄνυδρον ἐὸν Δανααὶ θέcαν Ἄργοc ἔνυδρον.

Eustathius in Hom. (Δ 171) p. 461. 7

Ἄργοc ἄνυδρον ἐὸν Δαναὸc ποίηcεν εὔυδρον.

cf. Hesychium δ 2032 (i. 466 Latte)

125 τῆc Ἀθηνᾶc cod.: τῆc ἐν Ἄργει ῾Ἥραc Knaack: τῆc Ἀνθείαc ⟨῾Ἥραc⟩
Latte   fragmentum incerti auctoris dubitanter Hesiodo tribuerunt
Jacoby et Pfeiffer   126 (189)   127 (25) παῖδεc Weil: παῖδαc codd.
ἐόντεc add. Wilamowitz   δὲ ἐγὼ λέγω Kirchhoff: λέγων δὲ codd.
εἴκοcι Weil: εἰcί vel ἔcτι codd.   128 (24)

129   P.Oxy. 2487 fr. 1, ed. Lobel

]νον, ἔδωκε[.....]αν[

]ων μεγάλην [ἀπετείca]το λώβην.

]έπειτα ἀμύμ[ονα τίκτ]εν Ἄβαντα

]. ἐν ὑψηλοῖcι δόμοιcιν

5   ἢ εἶδος 'Ολυ]μπιάδεccιν ἔριζεν·

πα]τὴρ ἀνδρῶν τε θεῶν τε

]καὶ ὁμὸν λέχος εἰcαναβῆναι·

ἢ δ' ἔτεκε Προῖτόν τ]ε καὶ Ἀκρίcιον βαcιλῆα[]

καὶ τοὺς μὲν διένας]ςε πατὴρ [ἀν]δρῶν τ[ε θε]ῶν τε·

10   Ἀκρίcιος μὲν ἄρ' Ἄ]ρχει εὐκτί[τ]ωι ἐμβαcί[λ]ευεν

].. ρεν ὀκριόεντ[.].[.].[

Εὐρυ]δίκην Λακεδαί[μο]νο[c   ]ι.[.]

καλλι]πάρηον ἐὺ πραπί[δεcc'] ἀρα[ρυῖα]ν

ἢ δ' ἔτεκεν   Δανά]ην κ[α]λλίcφυρο[ν ἐν μεγά]ρ[οιcιν,

15   ἢ Περcῆ' ἔτεκεν κρα]τε[ρὸ]ν μ[ήc]τωρ[α] φόβοιο.

Προῖτος δ' αὖ Τίρυ]νθα ἐυκ[τ]ίμε[νο]ν πτολίεθρον

νάccατο καὶ κούρη]ν μεγαλήτορος Ἀρκαcίδα[ο

γῆμεν Ἀφείδαντο]c καλ[λι]πλόκαμον C[θ]ενέβοι[αν

].[..].εc [

20   ].coι Cθεν[έ]βοια βοῶπιc

]ὁμὸν λέχος εἰcαναβᾶcα

κούρη Ἀφείδαντος με]γαλήτ[ο]ρο[c] Ἀρκαcίδα[ο

περικ]αλλέα ἔργ' εἰδυίαc

Λυcίππην τε καὶ 'Ιφι]νόην καὶ 'Ιφιάναccαν

25   ]α δώματα πατρός

(desunt versus fere undeviginti)

45   ..[

κερ[

— ωδ.[

129 5 e.g. Ἀγλαΐην ἢ εἶδος   8 vel βαcιλῆα[c]   9 West
12 e.g. ἠγάγετ'   15 e.g. Merk.   16 sq. West   18 γῆμεν
West   20–1 fort. τ]άc οἱ Cθ. β. [γείνατο   24 ιφιαναccαν Π

— ηρη . [

— ημε[

50 — καιτο . [

130 Strabo viii. 6. 6 p. 370

καὶ Ἀπολλόδωρος δὲ (244 F 200) μόνους τοὺς ἐν Θετταλίαι
καλεῖσθαί φησιν "Ελληνας, ''Μυρμιδόνες δὲ καλεῦντο καὶ
"Ελληνες'' (Hom. B 684), 'Ηςίοδον μέντοι καὶ Ἀρχίλοχον (fr. 54
Diehl) ἤδη εἰδέναι καὶ "Ελληνας λεγομένους τοὺς σύμπαντας
καὶ Πανέλληνας, τὸν μὲν περὶ τῶν Προιτίδων λέγοντα ὡς
Πανέλληνες ἐμνήςτευον αὐτάς, τὸν δὲ κτλ.

131 Ps. Apollod., Bibl. ii [26] 2. 2

γίνεται Ἀκρισίωι μὲν ἐξ Εὐρυδίκης τῆς Λακεδαίμονος Δανάη,
Προίτωι δὲ ἐκ Cθενεβοίας Λυςίππη καὶ Ἰφινόη καὶ Ἰφιάνασσα.
αὗται δὲ ὡς ἐτελειώθησαν ἐμάνησαν, ὡς μὲν 'Ηςίοδός φηςιν, ὅτι
τὰς Διονύςου τελετὰς οὐ κατεδέχοντο, ὡς δὲ Ἀκουςίλαος (2 F 28)
λέγει, διότι τὸ τῆς "Ηρας ξόανον ἐξηυτέλιςαν.

Probus in Verg. Ecl. vi. 48 (iii. 2. 345 Thilo–Hagen)

'Proetides implerunt'. Proeti filiae regis Argivorum. Hesiodus
docet ex Proeto et Stheneboea Amphidamantis natas. has, quod
Iunonis contempserant numen, insania exterritas, quae crederent se
boves factas, patriam Argos reliquisse, postea a Melampode
Amythaonis filio sanatas ita uti***

132 Suda μ 307 (iii. 339. 4 Adler)

μαχλοςύνη· κατωφέρεια, γυναικομανία. 'Ηςιόδειος ἡ λέξις·
λέγει γὰρ περὶ τῶν Προίτου θυγατέρων·

    εἵνεκα μαχλοςύνης ςτυγερῆς τέρεν ὤλεςεν ἄνθος

130 (26)   **131** (27) Amphidamantis: Aphidantis Schneidewin, cf.
fr. 129. 18   **132** (28)

cf. schol. A Hom. Ω 25–30 (ii. 276. 16 Dindorf); Eustath.
in Hom. p. 1337. 34 (ad locum eundem)

133 P.Oxy. 2488A

```
                        ]δε.ο[
                        ]ἀπείρονα γαῖαν
        καὶ γάρ cφιν κεφαλῆιcι κατὰ κνϳύοc αἰνὸν ἔχευ⌊εν·
        ἀλφὸc γὰρ χρόα πάντα κατέcχ⟨εθ⟩εν, αἱ δέ νυ χαῖται
5       ἔρρεον ἐκ κεφαλέων, ψίλωτο δὲ καλὰ κάρηνα.
```


135 P.Cair. 45624, ed. Edgar

```
        . . . . . . . . . . ]τρηλιτεα[. .]. .α.ουνε[
        . . . . . . . . . . ]Ἄβαc· ὃ δ' ἄρ' Ἀκρίcιον τέ[κεθ' υἱόν.
        . . . . . . . . Πε]ρcῆα, τὸν εἰc ἅλα λά[ρνακι
        . . . . . . . . . ἀ]νέτειλε Διὶ χρυcει[
5       . . . . . . . .]. η Περcῆα φίλον τ[
        τοῦ δὲ καὶ] Ἀνδρομέδαc Κηφη[ΐδοc ἐξεγένοντο
        Ἀλκαῖοc C]θένελόc τε βίη τ' ['Ηλεκτρυωνείη
        . . . . . . . . ]ηνοc τικτειϝερ[
'       . . . . . . . . ]ι παρὰ βουcίν⌊. ⌋ν[
10      . . . . Τη]λεβόηιcιν ετ[.⌊.⌋]ε[
        . . . . . . . Ἀ]μφιτρύων[. .]. [
```


133 (29) 1–3 in pap., 3–5 apud Eustathium traditi, in Hom. p. 1746. 9
(= Herodianus i. 445. 18 Lentz) φέρων καὶ χρῆcιν ἐκ τοῦ παρὰ 'Ηcιόδωι
καταλόγου περὶ τῶν Προιτίδων "καὶ γάρ — κάρηνα", vs. 3 laudant
Epimerism. alph. in Hom. (Crameri *Anecd. Ox.* i. 226. 16), vs. 3 et 5
Et. gen. s.v. κνύζω   3 κὰκ γάρ cφιν κεφαλῆφι West   ἔχευεν, sc.
Iuno   4 γὰρ: δὲ West   κατέcχεν Eustath., corr. Heinsius   αἱ
Lobel: ἐν Eustath.: ἐκ Loesner   5 ψιλοῦτο dubitans Marckscheffel
135 (I) 1 δῖα δ' 'Υπερμήc]τρη e.g. Merk.   3–5 e.g. (West) ἦ δ' ἔτεκεν
Πε]ρcῆα, τὸν εἰc ἅλα λά[ρνακι κοίληι | ἐκβληθεὶc· ἀ]νέτειλε Διὶ χρύcει[ον
ἄνακτα, | χρυcογε]νῆ Περcῆα   6–7 Merk.   9 οὓc Τάφιο]ι
Merk.

136   P.Oxy. 2501, ed. Lobel

<pre>
              ].[   ]μεγας̣θ[ενε-
        ]ν[   ]αν [ἐ]πήρατον [εἶδος ἔχουcαν
    ].[καὶ Κ]οίρανον υἱέαc ἐ[cθλούc
        ]θ[   ]ια καὶ Ἀντιφάτην[
5]Μ̣αντ[ώ ...].[.]ην Προνόην τεκ[
   ]..ρα[   ]Θε[ο]κλύμενοc γε.[
   ]ευχ[   ].η[...]ν Πολύιδοc ἀμ[ύμων
   ]η[   ].[.] ὑπ' "Ιλιο[ν] ἠνεμόε̣[ccαν
                    Ἀ]γαμέμνονι καὶ Μ[ενελάωι
10   ]c καλλιcφύρου Ἀρ[γειώνηc
                    ].ρα Περικλυμένω[ι
                    ].[..]τα θεῶν ἄπο μήδ[εα εἰδώc
                    Ἀγ]αμέμνο[ν.] καὶ Μ[ενελα-
                    ]ciν ἅμ' ἕ[c]π̣ετο θει[
15   ].[κ]ούρην κ....ουκ[
                    ].. 'Οϊ⟨κ⟩λῆα μεγάθυμ[ον
    ]ε.[Π]οcειδάωνι ἄνακτ[ι
        ]ν.[   ]πολέων ἡγήτορ[α λαῶν
          ]αc[   ].ι φίλον μακάρ[εccι θεοῖcι
</pre>

136 1 West; vel μέγα cθ[ένοc   3 fort. ἢ τέκε]τ̣ο̣[6 fort.
K]οιρα[ν et γέν[εθ' υἱόc   8–14 sensus hic fere fuisse videtur
(Merk.):

<pre>
μὴ πλεῦcαι ν]ή[εccιν] ὑπ' "Ιλιον ἠνεμόε[ccαν
τιμὴν ἀρνύμενον Ἀ]γαμέμνονι καὶ Μ[ενελάωι
εἵνεκα ῥιγεδανῆ]c καλλιcφύρου Ἀρ[γείωνηc,
ἤ μιν Τροίηι κ]ῆρα Περικλυμένω[ι δαμάcαcθαι·
ἢ ῥα πατήρ, ὃc ἄ]π̣α[ν]τα θεῶν ἄπο μήδ[εα ἤιδει·
αὐτὰρ ὃ γ' Εὐχήνωρ Ἀγ]αμέμνονι καὶ Μ[ενελάωι
νήεc]ciν ἅμ' ἕ[c]πετο θει[
</pre>

11 cf. Hesychium Περικλύμενοc· ὁ Πλούτων; ⟨Θεο⟩κλυμένωι dubitanter
Lobel   **14** vel ε[ἵ]πετο   16 οϊλ̅ηα Π, corr. Lobel

137 Strabo i. 2. 34 p. 42

καὶ κούρην Ἀράβοιο, τὸν Ἑρμάων ἀκάκητα
γείνατο καὶ Θρονίη κούρη Βήλοιο ἄνακτος

138 Schol. Ap. Rhod. Β 178 (p. 140. 1–6 Wendel), "Ἀγηνο-
ρίδης ἔχε Φινεύς"

Ἀγήνορος γὰρ παῖς ἐστιν, ὡς Ἑλλάνικος (4 F 95)· ὡς δὲ
Ἡςίοδός φηςιν, Φοίνικος τοῦ Ἀγήνορος καὶ Καςςιεπείας.

139 Probus in Verg. Ecl. x. 18 (iii. 2. 348. 11 Thilo–Hagen)

Adonis, ⟨ut⟩ Hesiodus ait, Phoenicis Agenoris et Alphesiboeae

cf. Ps. Apollod., Bibl. iii. [183] 14. 4

140 Schol. AB Hom. Μ 292 (i. 427; iii. 506 Dindorf)

Εὐρώπην τὴν Φοίνικος Ζεὺς θεαςάμενος ἔν τινι λειμῶνι μετὰ
νυμφῶν ἄνθη ἀναλέγουςαν ἠράςθη, καὶ κατελθὼν ἤλλαξεν ἑαυτὸν
εἰς ταῦρον καὶ ἀπὸ τοῦ ςτόματος κρόκον ἔπνει· οὕτως τε τὴν
Εὐρώπην ἀπατήςας ἐβάςταςε, καὶ διαπορθμεύςας εἰς Κρήτην
ἐμίγη αὐτῆι. εἶθ' οὕτως ςυνώικιςεν αὐτὴν Ἀςτερίωνι τῶι Κρητῶν
βαςιλεῖ. γενομένη δὲ ἔγκυος ἐκείνη τρεῖς παῖδας ἐγέννηςε
Μίνωα Cαρπηδόνα καὶ Ῥαδάμανθυν. ἡ ἱςτορία παρ' Ἡςιόδωι
καὶ Βακχυλίδηι (fr. 10 Snell).

cf. schol. T ad loc. et schol. [Eur.] Rhes. 29 (ii. 327. 23
Schwartz)

141 P.Oxy. 1358 fr. 1. i; P.Reinach 77

....]πέρηςε δ' ἄρ' ἁλμυρὸν ὕδωρ
....] Διὸς δμηθεῖςα δόλοιςι.

137 (23)   **138** (31)   **139** (32) *Phoenicis Agenoris et Alphesiboeae*
Wendel: *Phoenicis et Alphesiboeae Agenoris* codd.   **140** (30)
141 (Κ 1) 2 πατρίδος ἐκ Κρήτηνδε] Κ. F. W. Schmidt

τῆι δὲ μίγη φιλότητι] πατὴρ καὶ δῶρον ἔδωκεν
ὅρμον χρύσειον, τόν ῥ' ῞Η]φαιϲτοϲ κλυτοτέχνηϲ
5   . . . . ἰδυί]ηιϲιν πραπίδεϲϲι
. . . . πα]τρὶ φέρων· ὃ δὲ δέξατο δῶρο[ν·
. . . . κού]ρ[η]ι Φοίνικοϲ ἀγαυοῦ.
. . . . ἔμ]ελλε τανιϲφύρωι Εὐρωπείηι,
. . . .]πατὴρ ἀνδρῶν τε θεῶν τε
10   . . . . νύ]μφηϲ πάρα καλλικόμοιο.
ἦ δ' ἄρα παῖδ]αϲ [ἔτικτ]εν ὑπερμενέϊ Κρονίωνι
. . . . πο]λέων ἡγήτοραϲ ἀνδρῶν,
Μίνω τε κρείοντα] δίκαιόν τε 'Ραδάμανθυν
καὶ Ϲαρπηδόνα δῖον] ἀμύμονά τε κρατερ[όν τε.
15   ]εδάϲϲατο μητίετα Ζ[εύϲ·
Λυκίηϲ εὐρ]είηϲ ἶφι ἄναϲϲε
πό]λειϲ εὖ ναιεταώϲα[ϲ
πολ]λὴ δέ οἱ ἕϲπετο τιμή
μεγαλή]τορι ποιμένι λαῶν.
20   ]ν μερόπων ἀνθρώπων
ἐφί]λατο μητίετα Ζεύϲ.
πολ]ὺν δ' ἐκρίνατο λαόν.
Τρ]ώεϲϲ' ἐπικούρουϲ·
] πολέμοιο δαήμων.
25   ἀριϲτ]ερὰ ϲήματα φαίνων
Ζεὺϲ] ἄφθιτα μήδεα εἰδώϲ.
]ατοι ἀμφιβαλοῦϲαι
] Διόθεν τέραϲ ἦεν.
῞Εκτ]οροϲ ἀνδροφόνοιο

3 Schmidt (δὲ pro ῥα West)   4 τόν Rzach, ῥ' West   5–6 e.g.
αὐτόϲ, καλὸν ἄγαλμα, ἰδυί]ηιϲιν πραπίδεϲϲι [τεῦξεν, ἔδωκε δὲ πα]τρὶ φέρων
ἄγαλμα iam Grenfell–Hunt, cf. fr. 142)   7 αὐτὸϲ δ' αὖ δῶκεν (αὖ
Schmidt, cetera Gr.–H.) vel sim.   8 West   10 Οὔλυμπόνδ'
Rzach, ἀπέβη Gr.–H.   20–1 possis e.g. (praeeunte Evelyn–White)
τῶι δ' ἐπὶ τρεῖϲ γενεὰϲ ζώει]ν . . . [δῶκεν, ἐπεί . . .   21 Rzach
25 ἐπ' ἀριϲτ]ερὰ Gr.–H.

30   ]δὲ κήδε' ἔθηκε.

          ]ϲ Ἀργεί[ο]ιϲι·

                    ]κε[

142   *Suda* a 133 (i. 18 Adler)

ἀγάλματα·... καὶ 'Ηϲίοδοϲ τὸν ὅρμον ἄγαλμα καλεῖ.

144   Ps. Plato, *Minos* 320d (de Minoe)

ὃϲ βαϲιλεύτατοϲ †γένετο θνητῶν βαϲιλήων
καὶ πλείϲτων ἤναϲϲε περικτιόνων ἀνθρώπων
Ζηνὸϲ ἔχων ϲκῆπτρον· τῶι καὶ πολέων βαϲίλευεν.
cf. Plut. *Thes.* 16. 3

145   P.Tebt. 690, ed. Hunt

πέμπε δ' ἄρ' εἰϲ "Ιδην, νύμφαι δ[
δεξάμεναι Διὶ πατρὶ [
πέμψαν δ' εἰϲ ..[
και τε.[
                •   •   •   •   •
7   ....].[..].[
    ....].τι.καιο.[
    ....Ἀν]δρόγεων[.]..[.].[
10 ....]. Μίνωϊ πολυκλυ[ϲτ
    ....]α πάντεϲ, ἐπεὶ κα[
    .[..]...[....]αλοϲ καὶ εκ..(.)μετ[
    τῆϲ δ' ἄρ' [ἐν ὀ]φθαλμοῖϲιν ἰδὼν ἠράϲ[ϲατο

142 (233) cf. fr. 141. 4   144 (103) γένετο cod. A: γένοιτο cod. F:
ἔϲκε καταθνητῶν βαϲ. vel Μίνωϲ, ὃϲ βαϲιλεύτατοϲ ἦν θνητῶν βαϲ. Schneide-
win   145 (L) 2 πατρὶ [ἐὺ τρέφον ἠδ' ἀτίταλλον West: Παϲ[ι]φά[ην
Hunt   5–6 duo versus periisse aestimavit Hunt; fortasse vero ne
unus quidem deest   9 West   12 fort. κατέκλινε δὲ ν[13 fort.
ἠράϲ[ϲατο ταῦροϲ, siquidem ταύρωι vs. 14 per errorem scriptum est

†ταύρωι.[. . .]ρ̣ιμενηϲκαμ̣ερμιδαο̣τα̣[†
15 ἦ δ' ὑποκ[υϲα]μένη Μίνωι τέκε κα[ρτερὸν υἱόν,
θαῦμα ἰ[δεῖν·] ἴϲα μὲν γὰρ ἐπέκλιν̣[εν δέμαϲ ἀνδρὶ
ἐϲ πόδα̣[ϲ], αὐτὰρ ὕπερθε κάρη τα̣[ύροιο πεφύκει

145A Herodianus, καθολ. προϲωιδία in cod. Vind. hist.
gr. 10 fol. 6ᵛ (Hunger, *Jb. d. öst. byz. Gesellschaft* 16,
1967, 3 et 17), de nominibus in -νοϲ exeuntibus

Εὐρύγυοϲ ʿΗϲίοδοϲ γ'·

Εὐρύγυόν τε ἄνακτα.

146 Hesychius ε 4499 (ii. 147 Latte)

ἐπ' Εὐρυγύηι ἀγών. Μελησαγόραϲ (330 F 2) τὸν Ἀνδρόγεων
Εὐρυγύην εἰρῆϲθαί φϲι τὸν Μίνωοϲ, ἐφ' ὧι τὸν ἀγῶνα τίθεϲθαι
ἐπιτάφιον Ἀθήνηϲιν ἐν τῶι Κεραμεικῶι· καὶ ʿΗϲίοδοϲ

†Εὐρυγύηϲ δ' ἔτι κοῦροϲ Ἀθηναίων ἱεράων†

147 Athenaeus xiii. 4 p. 557a, de Thesei conubiis

ʿΗϲίοδοϲ δέ φϲιν καὶ Ἵππην καὶ Αἴγλην, δι' ἣν καὶ τοὺϲ πρὸϲ
Ἀριάδνην ὅρκουϲ παρέβη, ὥϲ φϲι Κέρκωψ.

148 (a) Ps. Eratosthenes, *Catast.* 32 (p. 162 Robert, 37
Olivieri)

Ὠρίων. τοῦτον ʿΗϲίοδόϲ φϲιν Εὐρυάλης τῆϲ Μίνωοϲ καὶ
Ποϲειδῶνοϲ εἶναι, δοθῆναι δὲ αὐτῶι δωρεὰν ὥϲτε ἐπὶ τῶν

145 14 fort. ταυρω[[ν]]   κ̣α̣μ̣ερμιδαο̣: fort. ὑπερεῖνιδαο̣ Pasiphae
filia erat Solis   15 ηδεποκ[*Π*, corr. Hunt   16 ἴϲα Quincey
ἐπέκλιν[εν δέμαϲ ἀνδρὶ West (dubitans)   17 αὐτὰρ — ταύροιο leg. et
suppl. Quincey, πεφύκει West   **145A** Εὐρύγιον cod. fort. idem atque
Eurygyes, fr. 146   **146** (104) Εὐρυγύηι δ' ἔπι κοῦροι Ἀθηνάων
ἱεράων Dindorf: Εὐρυγύηι δ' ἔτι κοῦροι Ἀθηναίων ⟨* * * Ἀθηνάων⟩ ἱεράων
West   **147** (105) Ἵππην: Ἰόπην Barrett   Κέρκωψ: vide fr. 298
148 (a) (182) Astronomiae tribuerunt Marckscheffel, Robert, Rzach,
Diels: de Eratosthenis poemate 'Hesiodo' cogit. Merk.

κυμάτων πορεύεcθαι καθάπερ ἐπὶ τῆc γῆc. ἐλθόντα δὲ αὐτὸν εἰc
Χίον Μερόπην τὴν Οἰνοπίωνοc βιάcαcθαι οἰνωθέντα, γνόντα δὲ
5 τὸν Οἰνοπίωνα καὶ χαλεπῶc ἐνεγκόντα τὴν ὕβριν ἐκτυφλῶcαι
αὐτὸν καὶ ἐκ τῆc χώραc ἐκβαλεῖν· ἐλθόντα δὲ εἰc Λῆμνον
ἀλητεύοντα ῾Ηφαίcτωι cύμμειξαι· ὃc αὐτὸν ἐλεήcαc δίδωcιν
αὐτῶι Κηδαλίωνα τὸν αὐτοῦ {οἰκεῖον} οἰκέτην, ὅπωc ὁδηγῆι
{καὶ ἡγῆται αὐτοῦ}· ὃν λαβὼν ἐπὶ τῶν ὤμων ἔφερε cημαίνοντα
10 τὰc ὁδούc. ἐλθὼν δ' ἐπὶ τὰc ἀνατολὰc καὶ ῾Ηλίωι cυμμείξαc
δοκεῖ ὑγιαcθῆναι καὶ οὕτωc ἐπὶ τὸν Οἰνοπίωνα ἐλθεῖν πάλιν
τιμωρίαν αὐτῶι ἐπιθήcων. ὁ δὲ ὑπὸ τῶν πολιτῶν ὑπὸ γῆν
ἐκέκρυπτο. ἀπελπίcαc δὲ τὴν ἐκείνου ζήτηcιν ἀπῆλθεν εἰc
Κρήτην καὶ περὶ τὰc θήραc διῆγε κυνηγετῶν τῆc Ἀρτέμιδοc
15 παρούcηc καὶ τῆc Λητοῦc, καὶ δοκεῖ ἀπειλήcαcθαι ὡc πᾶν θηρίον
ἀνελεῖν τῶν ἐπὶ τῆc γῆc γιγνομένων. θυμωθεῖcα δὲ αὐτῶι Γῆ
ἀνῆκε cκορπίον εὐμεγέθη, ὑφ' οὗ τῶι κέντρωι πληγεὶc ἀπώλετο.
ὅθεν διὰ τὴν αὐτοῦ ἀνδρείαν ἐν τοῖc ἄcτροιc αὐτὸν ἔθηκεν ὁ
Ζεὺc ὑπὸ Ἀρτέμιδοc καὶ Λητοῦc ἀξιωθείc, ὁμοίωc ⟨δὲ⟩ καὶ τὸ
20 θηρίον, τοῦ εἶναι μνημόcυνον ⟨αὐτῶν⟩ καὶ τῆc πράξεωc.

cf. schol. in Nicandri *Ther.* 15 (p. 5 Keil); schol. in Aratum
322 p. 405. 15 Maass et Aratum Latinum p. 247 Maass;
Hygini *astron.* ii. 34 (p. 72 sq. Bunte); schol. in Germanici
Aratea p. 92. 16 Breysig

148 (b) Schol. in Germanici *Aratea* p. 93. 13 Breysig

Aristomachus ait Hyriea quendam Thebis voto petisse, ut filium
haberet. penes quem Iovis et Mercurius et Neptunus in hospitio de-
venerunt imperaveruntque ei, hostiam deiceret uti filius nasceretur.
cuius pelle bovis detracta dei in eam urinam fecere, iussuque

148 (a) 3 εἰc Χίον πρὸc Οἰνοπίωνα Ἀλερόπην τὴν γυναῖκα βιάcαcθαι schol.
Nic. 8 Κηδαλίωνα schol. Nic., cf. schol. Arat. et Hygin.: ἠνδαλίωνα
codd.: ᾽Ινδαλίωνα Sittl 148 (b) haec Hesiodo tribui vix possunt;
de Eratosthene cogit. Merk.

Mercurii terra obruta; unde supra dictus sit natus, quem Oriona ad-
pellaverunt. †*inlatone in astris. similem originem refert Hesiodus.*

149   Diodorus iv. 85. 5 (de freto Siculo)

Ἡςίοδος δ' ὁ ποιητής φηςι τοὐναντίον ἀναπεπταμένου τοῦ πε-
λάγους 'Ωρίωνα προςχῶςαι τὸ κατὰ τὴν Πελωρίδα κείμενον ἀκρω-
τήριον καὶ τὸ τέμενος τοῦ Ποςειδῶνος κατασκευάσαι, τιμώμενον
ὑπὸ τῶν ἐγχωρίων διαφερόντως. ταῦτα δὲ διαπραξάμενον εἰς
Εὔβοιαν μεταναστῆναι κἀκεῖ κατοικῆςαι· διὰ δὲ τὴν δόξαν ἐν τοῖς
κατ' οὐρανὸν ἄςτροις καταριθμηθέντα τυχεῖν ἀθανάτου μνήμης.

150   P.Oxy. 1358 fr. 2 col. i, ed. Grenfell–Hunt

(frustula versuum septem)

```
.......... .]τ' ἐπὶ ἔργα καὶ η[
.... Κατουδ]αίων καὶ Πυγμ[αίων
```
10
```
..... .ἀπε]ιρεςίων Μελάνῳ[ν
.......... .]υ]] τέκε Γαῖα πελώ[ρ-
..... ...]ας τε πανομφαίο[υ Διὸς
..... ... ὄ]φρα θεοῖςιν ὑφε[ιμ]ένοι α...[...].ν
..... ...]τῶν μέν τε νόος [γλ]ώςςης καθ[ύπ]ερθεν,
```
15
```
Αἰθίοπάς᾿ τε Λίβυς τε ἰδὲ Ϲκύ᾿θ᾿ας ἱππημο᾿λγού᾿ς.
Ϲκύθης μὲν γ]ένεθ' υἱὸς ὑπερ[μ]ενέος Κρονίωνος·
..... ...] Μέλανές τε καὶ Αἰ[θ]ίοπες μεγάθυμοι
ἠδὲ Κατου]δαῖοι καὶ Πυγμαῖ[οι] ἀμενηνοί
```

148 (b) *inlatone* cod. A: *inlationem* cod. P: *in* ⟨* * * *conlocatus est ex sen-*
tentia Dianae et⟩ *Latonae* West   **149** (183) Astronomiae tribuerunt
Marckscheffel, Robert, Rzach, Diels   **150** (K 2) 13 ..[: ξη[, ζμ[,
αν[, vel sim.; αὐξη[θεῖ]ξν West   14 fort. ἔς τ' ἄνδρας]   15 cit.
Eratosthenes ap. Strab. vii. 3. 7 p. 300 (fr. 55 Rz.)   Λίγυς Strabonis
codd.   16 Merk.   17–18 cf. Philod. π. εὐςεβ. p. 10 G. (fr. 60
Rz.; *Archiv f. Pap.* 16. 36 n. 1)]δ' Ἡςίοδον καὶ [τ]ῶν Μελάνων, [τ]ῶν
Αἰθιό[π]ω[ν, τ]ῶν Κατουδαί[ω]ν, τῶν Πυγμαί[ων ... et Harpocrat. *Sudam*
Photium s.v. ὑπὸ γῆν οἰκοῦντες· λέγοι ἂν ... τοὺς ὑπὸ Ἡςιόδου ἐν τρίτωι
Καταλόγου Κατουδαίους ὀνομαζομένους   17 ἀλλὰ Λίβυς] Reinach

....]κρείοντος 'Ερικτύπου εἰcὶ γενέθληc.
20   τοὺς πάντα]c πέρι κύκλωι ἐθύνεον αἴccοντεc
.... ἔθ]νεα μ[.... Υ]περβορέων εὐίππων.
....]φέρβουcα π[ολ]υcπερέαc πολύφορβοc
... παρ' 'Ηριδανοῖ]ο βα[θυρ]ρ[ό]ου αἰπὰ ῥέεθρα,
....]πρ.[........] ἠλέκτροιο.
25   Ἄτλαντός τ' ὄρος] αἰπὺ κ[αὶ Αἴτν]ην παιπαλόεccαν
.... 'Ο]ρτυγίην Λαιcτ[ρ]υ[γον]ίην τε γενέθλην.
ὅc τε Ποcει]δάωνος ἐριcθ[ε]νέος γένεθ' υἱόc.
τὴν πέρι δ]ὶc πόλεcαν περί τ' ἀμφί τε κυκλώcαντο
ἱέμενοι] μάρψαι, ταὶ δ' ἐκφυγέειν καὶ ἀλύξαι.
30   ἔc τε Κεφαλλ]ήνων ἀγερώχων φῦλον ὄρουcαν,
οὓc τέκεν 'Ερ]μάωνι Καλυψὼ πότνια νύμφη·
καὶ Νίcου ἐc γ]αῖαν Ἀρητιάδαο ἄνακτοc·
Cειρήνων τε λίγε]ι[α]ν ὄπ]α κλύον· ἀλλ' ἄρα καὶ τὰc
μετα]χρονίοιcι πόδεccι
35   ....]ν διά τ' αἰθέροc ἀτρυγέτοιο

151   Ephorus (ἐν τῆι τετάρτηι ... βίβλωι, 70 F 42) apud
Strabonem vii. 3. 9 p. 302

τὸν δὲ 'Ηcίοδον ἐν τῆι καλουμένηι Γῆc Περιόδωι τὸν Φινέα
ὑπὸ τῶν Ἀρπυιῶν ἄγεcθαι

Γλακτοφάγων ἐc γαῖαν ἀπήναc οἰκί' ἐχόντων

150 19 οἰ πάντεc] Gr.–H. (potius τοὶ)   γενεθλητι Π, corr. West
20 Schmidt   κύκλ[ο]ν Merk.   21 cf. Herod. iv. 32 (fr. 209 Rz.)
22 οὓc τέκε Γῆ] Gr.–H.   πολυφύλουc Rzach   23 'Ηριδανοῖ]ο Allen
24]πρ[Π, sc. προcα[? ocα[25–6 cf. Eratosth. ap. Strab. i. 2. 14 p. 23
(fr. 65 Rz.) 'Ηcίοδον ... μεμνῆcθαι ... καὶ Αἴτνηc καὶ 'Ορτυγίαc
25 Ἄτλαντοc West   27 fort. post 32 locandus (West)   28 πέρι
Olivieri   δ]ὶc vel τρ]ὶc Gr.–H.   31 Schmidt   32 Merk.
marg. dextr. θοροντεc add. m. rec. (v.l. pro ἄνακτοc?)   33 West
34 Allen; initio e.g. ῥεῖα παρηΐξαντο West   35 ὑπὲρ πόντο]ν Evelyn-
White   **151** (54) ἐc γαῖαν Lehrs: εἰc αἶαν codd.   ἀπήναc Porson:
ἀπηνὲc (= ἀπήναιc) codd.

152　Schol. Aesch. *Prom.* 804 (p. 29. 19 Dindorf)

πρῶτος Ἡcίοδος ἐτερατεύcατο τοὺς γρῦπας.

153　Apollodorus, Περὶ τοῦ νεῶν καταλόγου β (244 F 157 a
et f) ex Eratosthene (Strabo i. 2. 35 p. 43; cf. vii. 3. 6
p. 299)

Ἡcιόδου δ᾽ οὐκ ἄν τις αἰτιάcαιτο ἄγνοιαν, Ἡμίκυνας λέγοντος
καὶ Μακροκεφάλους καὶ Πυγμαίους

Harpocratio p. 197. 10 Dindorf

Μακροκέφαλοι· . . . ἔθνος ἐcτὶν οὕτω καλούμενον, οὗ καὶ
Ἡcίοδος μέμνηται ἐν τρίτωι Γυναικῶν καταλόγωι.

cf. Steph. Byz. p. 302. 3 Meineke

155　Ps. Apollod., *Bibl.* i. [122] 9. 21

διωκομένων δὲ τῶν Ἁρπυιῶν ἡ μὲν κατὰ Πελοπόννηcον εἰς τὸν
Τίγρην ποταμὸν ἐμπίπτει, ὃς νῦν ἀπ᾽ ἐκείνης Ἅρπυς καλεῖται·
ταύτην δὲ οἱ μὲν Νικοθόην, οἱ δὲ Ἀελλόπουν καλοῦcιν. ἡ δὲ
ἑτέρα καλουμένη Ὠκυπέτη, ὡς δὲ ἔνιοι Ὠκυθόη (Ἡcίοδος δὲ
λέγει αὐτὴν Ὠκυπόδην), αὕτη κατὰ τὴν Προποντίδα φεύγουcα
μέχρι Ἐχινάδων ἦλθε νήcων, αἳ νῦν ἀπ᾽ ἐκείνης Cτροφάδες
καλοῦνται.

156　Schol. Ap. Rhod. B 296/7 (p. 150. 3 Wendel)

αἱ Πλωταὶ νῆcοι μετωνομάcθηcαν Cτροφάδες . . . ὅτι δὲ
ηὔξαντο οἱ περὶ Ζήτην τῶι Διὶ cτραφέντες, λέγει καὶ Ἡcίοδος·

ἔνθ᾽ οἵ γ᾽ εὐχέcθην Αἰνηίωι ὕψι μέδοντι.

ἔcτι γὰρ Αἶνος ὄρος τῆς Κεφαλληνίας, ὅπου Αἰνηcίου Διὸς ἱερόν
ἐcτιν. . . . Ἀπολλώνιος μὲν οὖν τὴν ἀποcτρέψαcαν τοὺς περὶ Ζήτην

152 (61)　　153 (62)　　155 (56)　　156 (57–9) Αἰνηcίωι
Heringa

ΓΥΝΑΙΚΩΝ ΚΑΤΑΛΟΓΟϹ sive ΗΟΙΑΙ [156–60]

Ἶριν λέγει, Ἡϲίοδοϲ δὲ Ἑρμῆν. αἱ δὲ Πλωταὶ νῆϲοι κεῖνται ἐν τῶι Ϲικελικῶι πελάγει.

157 Schol. Ap. Rhod. B 178 (p. 141. 12–15 Wendel)

πεπηρῶϲθαι δὲ Φινέα φηϲὶν Ἡϲίοδοϲ ἐν μεγάλαιϲ Ἠοίαιϲ (fr. 254), ὅτι Φρίξωι τὴν ὁδὸν ἐμήνυϲεν, ἐν δὲ τῶι τρίτωι Καταλόγωι, ἐπειδὴ τὸν μακρὸν χρόνον τῆϲ ὄψεωϲ προέκρινεν. παῖδαϲ δὲ αὐτοῦ φαϲι γενέϲθαι Μαριανδυνὸν καὶ Θυνόν.

cf. Etymol. gen. s.v. ὀπίζεϲθαι (Wendel, Schol. in Ap. Rhod. p. 140 adn.)

158 Herodianus π. μον. λέξ. 42 (ii. 947. 26 Lentz)

Ἡϲίοδοϲ ἐν τρίτωι·

νοῦθοϲ δὲ ποδῶν ὗπο δοῦποϲ ὀρώρει

159 Apollonius Dyscolus, De pronominibus p. 98. 7 Schneider–Uhlig (Gramm. Graec. ii)

ἡ "ϲφιν" ... μόνωϲ ἐϲτὶν ἐγκλιτική· ὑπὸ γὰρ Ἡϲιόδου ἐν ἀρχῆι τεθεῖϲα εὐλόγωϲ ὠρθοτονήθη ἐν τρίτωι

ϲφὶν δ' αὐτοῖϲ μέγα πῆμα.

cf. Epimerism. alph. in Hom., Anecd. Ox. i. 388. 21 Cramer

160–168 PELASGI PROGENIES

160 Ps. Apollod., Bibl. ii. [2] 1. 1

Ἡϲίοδοϲ δὲ τὸν Πελαϲγὸν αὐτόχθονά φηϲιν εἶναι.

cf. eundem iii. [96] 8. 1 ; Servium auctum in Verg. Aen. ii. 84 (i. 231. 23 Thilo–Hagen, ii. 342. 7 ed. Harvard.)

157 (52, 53) Φρίξωι: τοῖϲ Φρίξου Robert   παῖδαϲ δὲ αὐτοῦ φαϲι γενέϲθαι schol. L: παῖδαϲ δέ φηϲιν αὐτῶι γενέϲθαι Ἡϲίοδου δύο schol. P 158 (48) ἐν τρίτωι sc. Καταλόγωι   νουθὸϲ (adiectivum) Lobeck : ποδῶν ὗπο νοῦθοϲ West   159 (49) ἐν τρίτωι sc. Καταλόγωι   160 (43)

162

161 Ephorus (70 F 113) apud Strabonem v. 2. 4 p. 221

υἱεῖς ἐξεγένοντο Λυκάονος ἀντιθέοιο
ὅν ποτε τίκτε Πελασγός

162 Steph. Byz. p. 497. 8 Meineke

Παλλάντιον· πόλις Ἀρκαδίας. ἀπὸ Πάλλαντος, ἑνὸς τῶν Λυκάονος παίδων, ὡς Ἡσίοδος.

163 Ps. Eratosth. *Catast.* 1 p. 1 Olivieri, p. 50 Robert = *Comment. in Aratum reliqu.* p. 181 Maass

Ἄρκτος ἡ μεγάλη. ταύτην Ἡσίοδός φησι Λυκάονος θυγατέρα ἐν Ἀρκαδίαι οἰκεῖν, ἑλέσθαι δὲ μετὰ Ἀρτέμιδος τὴν περὶ τὰς θήρας ἀγωγὴν ἐν τοῖς ὄρεσι ποιεῖσθαι· φθαρεῖσαν δὲ ὑπὸ Διὸς ἐμμεῖναι λανθάνουσαν τὴν θεόν, φωραθῆναι δὲ ὕστερον ἐπίτοκον ἤδη οὖσαν, ὀφθεῖσαν ὑπ' αὐτῆς λουομένην· ἐφ' ὧι ὀργισθεῖσαν τὴν θεὸν ἀποθηριῶσαι αὐτήν, καὶ οὕτως τεκεῖν, ἄρκτον γενομένην, τὸν κληθέντα Ἀρκάδα. οὖσαν δ' ἐν τῶι ὄρει θηρευθῆναι ὑπὸ αἰπόλων τινῶν καὶ παραδοθῆναι μετὰ τοῦ βρέφους τῶι Λυκάονι.

Ps. Eratosth. *Catast. fragmenta Vaticana* ed. Rehm (Ansbach 1899) p. 2

Περὶ τοῦ Βοώτου τοῦ καὶ Ἀρκτοφύλακος.

περὶ τούτου λέγεται ὅτι Ἀρκάς ἐστιν ὁ Καλλιστοῦς καὶ Διὸς γεγονώς· ὤικησε δὲ περὶ τὸ Λύκαιον. φθείραντος αὐτὴν Διὸς

161 (44)   **162** (45)   **163** (181) Astronomiae adscripserunt plerique

μετὰ χρόνον δέ τινα δόξαι
εἰcελθεῖν εἰc τὸ τοῦ Διὸc ἄβατον
{ἱερὸν} ἀγνοήcαcαν τὸν νόμον·
ὑπὸ δὲ τοῦ ἰδίου υἱοῦ διωκο-
μένην καὶ τῶν Ἀρκάδων, καὶ
ἀναιρεῖcθαι μέλλουcαν διὰ τὸν
εἰρημένον νόμον, ὁ Ζεὺc διὰ
τὴν cυγγένειαν αὐτὴν ἐξείλετο
καὶ ἐν τοῖc ἄcτροιc αὐτὴν ἔθηκεν,
Ἄρκτον δὲ αὐτὴν ὠνόμαcε διὰ
τὸ cυμβεβηκὸc αὐτῆι cύμ-
πτωμα.

οὐκ ⟨ἠιcθῆcθαι⟩ προcποιη-
cάμενοc ὁ Λυκάων τὸν Δία
ἐξένιζεν, ὥc φηcιν Ἡcίοδοc,
καὶ τὸ βρέφοc κατακόψαc παρέ-
θηκεν ἐπὶ τὴν τράπεζαν· ὅθεν
ἐκείνην μὲν ἀνατρέπει, ἀφ᾽ οὗ ἡ
Τραπεζοῦc καλεῖται πόλιc, τὴν
δὲ οἰκίαν ἐκεραύνωcε, ⟨τῆc ὠμό-
τητοc αὐτὸν μυcαχθείc⟩. τὸν δὲ
Λυκάονα ἀπεθηρίωcε καὶ αὐτὸν
λύκον ἐποίηcε· τὸν δὲ Ἀρκάδα
πάλιν ἀναπλάcαc ἔθηκεν ἄρτιον·
καὶ ἐτράφη παρ᾽ αἰπόλωι. νεα-
νίcκοc δ᾽ ὢν ἤδη δοκεῖ κατα-
δραμεῖν εἰc τὸ Λύκαιον καὶ
ἀγνοήcαc τὴν μητέρα †γῆμαι·
οἱ δὲ κατοικοῦντεc τὸν τόπον
ἀμφοτέρουc κατὰ νόμον θύειν
ἔμελλον·
ὁ δὲ Ζεὺc ἐξελόμενοc αὐτοὺc διὰ
τὴν cυγγένειαν εἰc τὰ ἄcτρα
ἀνήγαγεν.

cf. etiam schol. in Aratum 27 p. 344. 10 et Aratum Latinum
pp. 197–8 Maass; Hygini *astron.* ii. 1 et 4; schol. in Ger-
manici *Aratea* pp. 58. 5, 64. 15 Breysig

163 ἠιcθῆcθαι add. Merk.   τῆc ὠμότητοc αὐτὸν μυcαχθείc ex altera
recensione (cap. 8 p. 74 Robert) interpolavimus   ἱερὸν del. Koppiers
γῆμαι in cod. inter lineas additum, om. Arat. Lat.: *matri inscius vim ferre
voluit* schol. in Germ.

Ps. Apollod., *Bibl*. iii. [100] 8. 2

Εὔμηλος (fr. 14 Kinkel) δὲ καί τινες ἕτεροι λέγουσι Λυκάονι
καὶ θυγατέρα Καλλιςτὼ γενέςθαι· Ἡςίοδος μὲν γὰρ αὐτὴν μίαν
εἶναι τῶν νυμφῶν λέγει, κτλ.

165   P.Oxy. 1359 fr. 1, ed. Grenfell–Hunt

```
          ]..[.......]ν̣[
         ].[.]δι̣[........]ε.[
......  ..]μάλα̣ δ᾽ εὔαδεν ἀθα̣[νάτοιςιν].["
       ἦ ῥ᾽· ὃ δὲ] ῥί[γηϲ]έν τε καὶ ἴδιε μῦ[θον] ἀκούϲ[αϲ
5      ἀθανά]των οἷ οἱ τότ᾽ ἐναργέες ἄντ᾽ ἐφάνηϲα̣ν̣·
       κούρη]ν δ᾽ [ἐ]ν μεγάροιϲιν ἐῢ τρέφεν ἠδ᾽ ἀτ[ίταλλε
       δεξάμ]εν[ο]ϲ, ἶϲον δὲ θυγατράϲιν ἧιϲιν ἐτίμ̣[α.
       ἦ τέκε] Τήλεφον Ἀρκαϲίδην Μυϲῶν βαϲιλῆ[α,
       μιχθε]ῖϲ᾽ ἐν φιλότητι βίηι Ἡρακληείηι
10     εὖτε μεθ᾽ ἵ]ππουϲ ϲτεῖχεν ἀγαυοῦ Λαομέδοντο[ϲ,
       οἳ .......].    ἄριϲτοι ἐν Ἀϲ[ί]δι ἔτραφεν αἴηι·
       ..... . Δαρδαν]ιδῶν μεγαθύμων φῦλον ἔναιρ[
       .... ..... .κ]είνηϲ δέ τε γῆϲ ἐξήλαϲε πάϲηϲ.
       αὐτὰρ Τήλεφοϲ ] ἔτραπ᾽ Ἀχαιῶν χαλκοχιτών[ων
15     .... ..... ....]ε μελαινάων ἐπὶ ν[ηῶν
       .... ..... ....] πέλαϲεν χθονὶ βω[τιανείρηι
       .... ..... ....]ὲ βίη τ᾽ ἀνδροκταϲίη τ[ε
       .... ..... ..... ]η κατόπιϲθεν [.]..[
                ].ωϲ δ᾽ ἵκοντο θ[
20              ] πεφοβημένο̣[
                ].ετο κλυτὸϲ αρ[
```

163 (*Bibl*.) Ἡϲίοδοϲ δὲ καί τινεϲ ἕτεροι λέγουϲι Λυκάονι καὶ θυγατέρα
Καλλιϲτὼ γενέϲθαι· Εὔμηλοϲ μὲν γὰρ κτλ. Franz   **165** (M 1) 3 Merk.
4 ἦ ῥ᾽· ὃ δὲ ῥίγηϲεν West   6 κούρη]ν West   10 εὖτε Wilamowitz
19 θ]ρῶϲ Gr.–H.   θ[άλαϲϲαν Murray et Allen   21 Ἀρ[γειώνη
Lobel

]ε διὰ κλε[..].[
].[
]κλυτ[
25   ]ρα[

166   Apollonius Soph., *Lex. Hom.* p. 13. 14 Bekker

Ἄϊπυτος αὖ τέκετο Τλησήνορα Πειρίθοόν τε

167   Herodianus π. μον. λέξ. 11 (ii. 918. 7 Lentz)

Φέλλον ἐυμμελίην τέκε⟨το κλει⟩τὴ Μελίβοια

169–204 ATLANTIDES

169★   Schol. Pind. *Nem.* ii. 17 (iii. 35. 3 Drachmann)

Τηϋγέτη τ' ἐρόεσσα καὶ 'Ηλέκτρη κυανῶπις
Ἀλκυόνη τε καὶ Ἀστερόπη δίη τε Κελαινώ
Μαῖά τε καὶ Μερόπη, τὰς γείνατο φαίδιμος Ἄτλας

170★   pergit schol. Pind. (de Maia)

Κυλλήνης ἐν ὄρεσσι θεῶν κήρυκα τέχ' 'Ερμῆν

quae exscripsit Tzetzes in Lycophr. 219 (p. 102. 24 Scheer)

171   P.Oxy. 1359 fr. 4, ed. Grenfell–Hunt

Ἀμύ]κλας[
Λαπί]θαο θύγατ[ρα
]χθονίοιο[
θεῶν ἄπ]ο κάλλος ἔ[χουσαν

  166 (113)   **167** (46)   **169** (275) fragmentum auctoris
incerti. de Hesiodo cogitaverunt plerique, imprimis de Astronomia
170 (276) fragmentum auctoris incerti; Catalogo adscripsit Schneidewin
171 (M 2) 1, 2, 4 West

5   εὐπλ]όκαμον Δ[ιομ]ήδ[ην·
ἦ δ' Ὑάκινθον ἔτικτεν ἀμύ]μονά τε κρατερόν τε
                              ]α, τόν ῥά ποτ' αὐτὸς
Φοῖβος ἀκερσεκόμης ἀέκων κτάνε νηλέ]ϊ δίσκωι

175   Schol. Soph. *El.* 539 (p. 128 Papageorgios)

ἦ τέκεθ' Ἑρμιόνην δουρικλειτῶι Μενελάωι·
ὁπλότατον δ' ἔτεκεν Νικόστρατον ὄζον Ἄρηος

176   Schol. Eur. *Or.* 249 (i. 123. 8–21 Schwartz)

Cτησίχορός φησιν ὡς θύων τοῖς θεοῖς Τυνδάρεως Ἀφροδίτης
ἐπελάθετο· διὸ ὀργισθεῖσαν τὴν θεὸν διγάμους τε καὶ τριγάμους
καὶ λειψάνδρους αὐτοῦ τὰς θυγατέρας ποιῆσαι. (Melici 223
Page) . . . καὶ Ἡσίοδος δέ·

                    τῆισιν δὲ φιλομμειδὴς Ἀφροδίτη
ἠγάσθη προσιδοῦσα, κακῆι δέ σφ' ἔμβαλε φήμηι.
Τιμάνδρη μὲν ἔπειτ' Ἔχεμον προλιποῦσ' ἐβεβήκει,
ἵκετο δ' ἐς Φυλῆα φίλον μακάρεσσι θεοῖσιν·
5   ὡς δὲ Κλυταιμήστρη ⟨προ⟩λιποῦσ' Ἀγαμέμνονα δῖον
Αἰγίσθωι παρέλεκτο καὶ εἵλετο χείρον' ἀκοίτην·
ὡς δ' Ἑλένη ἤισχυνε λέχος ξανθοῦ Μενελάου

cf. Eustath. in Hom. pp. 125. 30, 126. 11, 797. 46

177   P.Oxy. 1359 fr. 2, ed. Grenfell–Hunt

ϵπ[
κ[
ϝα[

171 8 ἀκερσεκόμης ἀέκων Rzach, cetera Gr.–H.   **175** (99) ὁπλότε-
ρον Quincey; duo versus in Catalogo non ita arcte coniunctos esse susp.
West   **176** (93) 2 κακῆι — φήμηι Schwartz: κακὴν — φήμην codd.
3 Τιμάνδρη μὲν ἔπειτ' Ἔχεμον Geel: Πεισάνδρη μὲν ἐπεί τ' Ἔχετον A: τίς
ἀνδρὶ μένει εἶτ' Ἔχετον MT: τ' Ἔχετον B spatio ante relicto   5 ⟨προ⟩-
λιποῦσ' Cobet: ἀτίους' West   **177** (M 3)

167

καὶ μα[

5   'Ηλέκτρ[η
γείναθ' [ὑποδμηθεῖca κελαινεφέϊ Κρονίωνι
Δάρδαν[ον
'Ηετίων[ά τε
ὅc ποτε Δ[ήμητροc πολυφόρβηc ἐc λέχοc ἦλθε.

10   καὶ τὸν μ[ὲν κατέπεφνε πατὴρ ἀνδρῶν τε θεῶν τε
'Ηετίωνα[ἄνακτα βαλὼν ἀργῆτι κεραυνῶι,
οὕνεκα δ[ὴ Δήμητρι μίγη φιλότητι καὶ εὐνῆι.
αὐτὰρ Δά[ρδανοc
ἐκ τοῦ 'Ερ[ιχθόνιοc

15   ⸆Ιλόc [τ'
νηϊ[

179   Schol. Hom. Η 76 (P.Oxy. 1087. 56)

Τεύκρου δὲ Τρωοc

180   P.Oxy. 2503, ed. Lobel

. . . .]ειο.[ ].. . ọ.[
. . . .].[]λεων ὡc εἴ θ' ἑὸν υἱὸ[ν
. . . . . ᾽ . . . πυ]ροφόρου Ἀcίηc ἕδοc[
. . . . μηλ]οβότουc ῞Ερμον πάρα δ[ινήεντα
5   . . . . Δά]ρδανοc ἤγετ' ἐὺc πάϊc ['Ηλεκτρυώνηc
. . . .].. Βροτέαο δαΐφρονοc[
. . . .]ọτ[.]ρων καλλιπλοκαμ[
χρυcὸν τι]μήεντα καὶ ἵππων ξαν[θὰ κάρηνα
. . . .]ν τε βοῶν ἀγέλαc καὶ πώ[εα μήλων
10   . . . .]εἵνεκ' ἄρ' εἴδει ἐκαίνυτο [φῦλα γυναικῶν

177 9-12 West   179 (Ζ 2; 205b) de accentu nominis Τρωοc
ambigitur   180 2 ἐνδυκέωc φι]λέων Lobel   4 vel ἱππ]οβότουc
5 'Ηλεκτρυώνηc nos (= 'Ηλέκτρηc)   7 exspectes μυρία ἔδν]α π[ο]ρὼν
καλλιπλόκαμ[ον διὰ κούρην

ἢ οἳ γείνατ]ο παῖδας ὁμὸν λέχος εἰς[αναβᾶσα
......] Πανδίον' ἐν ὑψηλοῖσι δό[μοισι
κούρην τ' α]ἰδοίην ἑλικώπιδα καλ[λιπάρηον
....]ῇ εἶδος ἐρήρ[ι]cτ' ἀθανάτ[ηισι
15 τὴν μέν ῥ' ἵπποι]cίν τε καὶ ἅρμαс[ι κολλητοῖcι
....ἐυμ]μελίης θαλερὴν[
                    ]μητριον[
                    ].αιν[
                    ]κον[
20   ]κλ[

181 Schol. A Hom. B 496 (i. 291. 59 Erbse)

ἢ' οἵην Ὑρίη Βοιωτίη ἔτρεφε κούρην

cf. Eustath. in Hom. p. 265. 4 et Steph. Byz. s.v. Ὑρία;
Etymol. gen. (cod. A) s.v. Ὑρίην

182 Palaephatus 41 (42) p. 62 Festa

περὶ Ζήθου καὶ Ἀμφίονος ἱcτοροῦcιν ἄλλοι τε καὶ Ἡcίοδος, ὅτι
κιθάραι τὸ τεῖχος τῆς Θήβης ἐτείχιcαν.

183 Ps. Apollod., *Bibl.* iii. [45] 5. 6

γαμεῖ δὲ Ζῆθος μὲν Θήβην, ἀφ' ἧς ἡ πόλις Θῆβαι, Ἀμφίων δὲ
Νιόβην τὴν Ταντάλου, ἢ γεννᾶι παῖδας μὲν ἑπτά . . ., θυγατέρας
δὲ τὰς ἴcας . . . Ἡcίοδος δὲ δέκα μὲν υἱοὺς δέκα δὲ θυγατέρας.

---

180 13 κούρην τ' West   15 init. West   16 [θέτ' ἄκοιτιν vel
[ποιήсατ' ἄκοιτιν vel [κεκλῆсθαι ἄκοιτιν Lobel   17 ὁμο]μήτριον West
181 (132) ἢ οἵην Heyne : ἢ δίη cod. : ἢν δίη Eustath.   Βοιωτίη ἔτρεφε
Bekker : Βοιωτίηс τρέφε cod. et Eustath.   **182** (133)   **183** (34) (*Bibl.*)
Ἡсίοδος δὲ ⟨υἱοὺς μὲν ἐννέα, θυγατέρας δὲ δέκα, Μίμνερμος δὲ⟩ δέκα μὲν
υἱοὺς Sittl

Aelianus, *Var. Hist.* xii. 36

> ἐοίκαcιν οἱ ἀρχαῖοι ὑπὲρ τοῦ ἀριθμοῦ τῶν τῆc Νιόβηc παίδων
> μὴ cυνάιδειν ἀλλήλοιc. . . . 'Ηcίοδοc δὲ ἐννέα καὶ δέκα, εἰ μὴ
> ἄρα οὐκ εἰcὶν 'Ηcιόδου τὰ ἔπη, ἀλλ' ὡc πολλὰ καὶ ἄλλα κατέ-
> ψευcται αὐτοῦ. . . . Μίμνερμοc (fr. 19 West) εἴκοcι, κτλ.

184   Diodorus v. 81

> ἦν δ' ὁ Μακαρεὺc υἱὸc μὲν Κρινάκου τοῦ Διόc, ὥc φηcιν
> 'Ηcίοδοc καὶ ἄλλοι τινὲc τῶν ποιητῶν, κατοικῶν δ' ἐν 'Ωλένωι
> τῆc τότε μὲν 'Ιάδοc, νῦν δ' Ἀχαίαc καλουμένηc.

cf. schol. T Hom. *Ω* 544 (vi. 476 Maass)

185   P.Oxy. 2496 et 2497 fr. 1; P.Milan. Vogliano 204 col. i

> ἐδ]άμνατο Φοῖβοc Ἀπόλλω[ν
>]ανηc ὑπο παρνεθιηιcιν
>]περὶ θνητῶν ἀνθρώπων·
>]Ἀΐδηc καὶ Φερcεφόνεια
> 5   ]γον· περὶ γὰρ χάριτι cτεφάνωcαν
>]τοῦ δ' 'Ιαcίων γένεθ' υἱόc
> θεο]ῖcιν φίλ[ο]c ἀθανάτοιcιν
>]c Ἀcτρηΐδοc ἠυκόμοιο·
>].αc ἀργυρότοξοc Ἀπόλλων
> 10   ]ἠχήεντοc 'Ολύμπου·
>]Πειρεcίοιο
>]ν ῥεῖ καλλίρροον ὕδωρ
> ἀ]μωμήτηιcιν ἑταίρηιc
>]αι θεοὶ αὐτοὶ ἔραντο·
> 15   κορυθά]ϊκοc πολεμιcτέω
>]δώματα ἠχήεντα·

184 (75)   **185** (F 3B)   2 παρθενίηιcιν Vogliano; sed fortasse
de voce Παρνέθιοc = Παρνήθιοc cogitare licet   7 θεο]ῖcιν Merk.
11 vel ἀ]πειρεcίοιο   ]ciαo P.Oxy. 2497 ante corr.

πο]λυχρύσου [Ἀ]φ[ροδί]της·
]ειηλ[τ]έκεν ἐ[ν με]γάροιϲιν
]ϵκω[   ]νεγεν[
20   Χαρίτω]ν ἀμαρύ[γματ' ἔχουϲ-
]. ον[
]ενω[
εἰκ]υῖα θεῆιϲι
]εοϲ βαϲιλη . [
25   ]οϲ ὑδρευου[ϲ-

188A Anon. P. Michigan inv. 1447 ii 7–9, ed. Renner

Ἀρέθουϲα θυγάτηρ μὲν Ὑπέρ[ο]υ, Π[οϲ]ει[δῶνι δὲ ϲυν]-
ελθοῦϲ[α] κατὰ τὸν Βοϊκὸν Εὔρειπον [εἰϲ κρήνην] ἠλλάγη ἐν
Χ[αλκίδι] ὑπὸ [τῆϲ] Ἥραϲ, ὡϲ Ἡϲίοδοϲ ἱϲτορε[ῖ.

190   P.Oxy. 2502, ed. Lobel

]ατουηδε . [.] . [.] . τοϲ
ἐ]μφύλιον αἷμ' ἐκόρυϲϲον.
τοὺϲ δὲ μέτ' ἐν μεγάροι]ϲ κούραϲ τέκε δῖα γυναικῶν
Λυϲιδίκην καὶ Νικίπ]πην καὶ Ἀϲτυδάμειαν·
5   τὰϲ παῖδεϲ Περϲῆοϲ ἐε]δ[ν]ώϲαντο γυναῖκαϲ·
Ἀϲτυδάμειαν μὲν θαλερὴν]πο[ι]ήϲατ' ἄκοιτιν
Ἀλκαῖοϲ   θεόφιν] μήϲτωρ ἀτάλαντοϲ
]ηιϲιν[. . .] . [.] . . ι . .
Νικίππην δ' ἄρ' ἔγημε βίῃ Cθε]νέλοι[ο ἄν]ακτο[ϲ
10   ] . [. .] . . [.] . . . .
βίη . Ἡρακλ]ηείη[.]
ἐπ]έτελλεν ἀέθλο[υϲ
καὶ ἅρμαϲι] κολλη[τοῖ]ϲι

185 17 μίχθη δ' ἐν φιλότητι vel sim.   **190** 2 West   3 τοὺϲ
δὲ μέτ' Merk.   5 ἐεδν. Lobel, cetera West   6–7 init. West
9 (init.) West

191   Schol. A Hom. *T* 116 (ii. 187 Dindorf), "ἄλοχον
Ϲθενέλου"

Δίδυμος παρατίθεται Φερεκύδην (3 F 68) μὲν λέγοντα αὐτὴν
τὴν Πέλοπος Ἀμφιβίαν, Ἡσίοδος δὲ ⟨Νικίππην τὴν Πέλοπος· ***
δὲ⟩ Ἀντιβίαν τὴν Ἀμφιδάμαντος ἀποφαίνεται.

Schol. T ibid. (vi. 291 Maass)

οἱ μὲν Ἀμφιβίαν τὴν Πέλοπος, οἱ δὲ Ἀντιβίαν τὴν Ἀμφιδά-
μαντος· Ἡσίοδος δὲ Νικίππην φησὶ τὴν Πέλοπος.

192   Schol. T Hom. *Ψ* 679 (vi. 434. 28 Maass), "ὅϲ ποτε
Θήβαϲδ' ἦλθε δεδουπότος Οἰδιπόδαο"

καὶ Ἡσίοδος δέ φησιν ἐν Θήβαις αὐτοῦ ἀποθανόντος Ἀργείαν
τὴν Ἀδράστου ϲὺν ἄλλοις ἐλθεῖν ἐπὶ τὴν κηδείαν τοῦ Οἰδίποδος.

193   P.S.I. 131, ed. Norsa

```
. . . . . . . . . . . . . ]  Ἀλκμάονα π[οιμέ]να λα[ῶν
. . . . . . . . . . . . .].ϝᾳϲ Καδμηΐδες ἑλκεϲίπε[πλοι
. . . . . . . . ἐτέ]θηπε δέμας εἰϲάντα ἰδοῦ[ϲα
. . . . . . . . . .]ᾳ.ας πολυκηδέος Οἰδιπό[δαο
5    . . . . . . . . . .]ᾳ.ενου κτήνου πολ[.].. ριν[
. . . . . . . . . ἥρωε]ϲ Δαναοὶ θεράποντες Ἄρη[ος
. . . . . . . . . . .]ι Πολυνείκεῖ ημος[
. . . . . . . . . . . .] Ζηνὸς πάρα θέϲφατα [
. . . . . . . . . . . .] ἀπ' Ἀλφειοῦ βαθυδίν[εω
10   Ἠλεκτρύων ἵππ]οιϲι καὶ ἅρμαϲι κολλητ[οῖϲιν
ἤγαγε Λυϲιδίκην] Πέλοπος περικαλλέα [κούρην.
ἣ οἱ γείνατο παῖδ]ᾳς ὁμὸν λέχος εἰϲαναβ[ᾶϲα,
```

191 (97) ⟨Νικίππην — δὲ⟩ add. Jacoby; cf. supra fr. 190. 9
192 (35)   193 (N) 1 Diels   3 West   5 πολ[υ]ιϟρίη[ϲ τε
West   8 [εἰδώϲ Merk.: [πάντα Evelyn-White   9 ἢ οἵην Τίρυνθα
vel εἰϲ Ἄργοϲ Wilamowitz   10 init. et 11 Wil.   12 Lobel

Γοργοφόνον θ'] ἥρωα καὶ αἰχμητὴν Περ[ι-

....] Νομίον τε Κελαινέα τ' Ἀμ[φίμαχόν τε

15 Δηΐμαχόν] τε καὶ Εὐρύβιον κλειτόν τ' Ἐ[πίλαον.

καὶ τοὺς μὲν] Τάφι[ο]ι ναυςικλυτοὶ ἐξενά[ριξαν
βουςὶν ἔπ' εἰλι]πόδεςςιν, Ἐχινάων ἀ[πὸ νήςων
πλεύςαντες ν]ήεςςιν ἐπ' ε[ὐ]ρέα νῶτα θαλ[άςςης·
Ἀλκμήνη δ' ἄρα] μούνη ἐλ[είπ]ετο χάρμα γο[νεῦςι,

20 Λυςιδίκης κο]ύρ[η] καὶ ['Ηλ]εκτρύων[ος ἀγαυοῦ
....]ιλη[...]αν[.]εδιο[
....]κ[ελαι]νεφέϊ Κρο[νίωνι
....].(.)[.]κ[

194 Schol. AD Hom. A 7 (cf. B 249; Eustath. p. 21. 14;
schol. Tzetz., Anecd. Ox. iii. 378. 9 Cramer)

Ἀγαμέμνων κατὰ μὲν Ὅμηρον Ἀτρέως τοῦ Πέλοπος, μητρὸς δὲ
Ἀερόπης, κατὰ δὲ Ἡςίοδον Πλειςθένους.

Tzetz. Exeg. Iliad. p. 69. 3 Hermann; schol. ad. loc. (Papa-
thomopoulos, Nouveaux fragments d'auteurs anciens, 1980, 11)

κατὰ δὲ Ἡςίοδον καὶ Αἰςχύλον καὶ ἄλλους τινὰς Ἀτρέως καὶ
Ἀερόπης Πλειςθένης, Πλειςθένους δὲ καὶ Κλεόλλας τῆς Δίαντος
Ἀγαμέμνων Μενέλαος καὶ Ἀναξιβία. Schol. ὁ Ἀγαμέμνων καθ'
Ὅμηρον καὶ Μενέλαος υἱοὶ Ἀτρέως τοῦ Πέλοπος καὶ Ἀερόπης
Κρήςςης τῆς θυγατρὸς Κατρέως, κατὰ δὲ Ἡςίοδον Πλειςθένους
ἑρμαφροδίτου ἢ χωλοῦ, ὃς ἱμάτιον γυναικεῖον ἐνεδέδυτο.

193 13 Wil.   Περ[ίλαον Wil.   14 Φυλό- vel Λυςί-]νομ{ι}όν
Norsa: Φυλόνομον] Νομίον τε West   15 Δηΐμαχόν] Körte   Ἐ[πίλαον
West   16 init. Wil.   17 init. Evelyn-White, fin. West
18 πλεύςαντες Merk., ν]ήεςςιν Wil.   19 init. Wil.   20 Merk.
(praeeunte Wil.)   22 fort. ἦ δ' ἄρ' (Merk.) vel ἦ τέχ' (Evelyn-
White) ὑποδμηθεῖςα (Norsa)   23 βίην 'Η]ρ[α]κ[ληείην Merk.
194 (98)

195   P.Oxy. 2355 et 2494A, ed. Lobel

. . . .]θεν ἀνηγ.[   ]ο̣[

. . . .] καὶ νη[ΐδοϲ] ἠυκόμ[οιο

. . . .]. ῾καλ[λίϲφυ]ρον Ἡρόπ[ειαν

. . . . πρό]ϲ δῶμα [φίλη]ν κεκλῆ[ϲθαι ἄκοιτιν·

5   ἢ τέκε . . .]βιον καὶ ἀρηΐφι[λον] Μενέ[λαον

ἠδ' Ἀγαμέμ]ν̣ονα δῖον, ὃϲ [Ἄργεοϲ ε]ὐρυχό[ροιο

. . . .].ϊ̈ πατρὶ ἄναξ κ[αὶ κοίρ]ανοϲ ἦεν.

(sequitur Alcmenae Ehoea = Scut. 1–56)

196–204 HELENAE PROCI
(Libri quinti vv. 1–286; v. praef.)

196   P.Berol. 9739 col. i, ed. Wilamowitz

]τηϲ ἀγὸϲ ἀνδρῶν [αἰχμ]ητάων

]ηϲ πάντων ἀριδε[ίκετ]οϲ ἀνδρῶν·

]αϲ τε καὶ ἔγχεϊ ὀξ[υόε]ντι·

].ου λιπαρὴν πόλι[ν ε]ἵνεκα κούρηϲ

5   ἢ εἴ]δοϲ ἔχε χρυϲῆϲ Ἀφ[ροδί]τηϲ·

]ν Χαρίτων ἀμαρ[ύγμ]ατ' ἔχουϲαν·

] Τυνδαρέου βαϲ[ιλῆ]οϲ

]ροιϲι δόμοιϲ [. . . . .] κυανῶπιϲ·

] . . . . . μεγε[. . . . . .] . . τ . .[

10   ]κῶνϲ[

].[

195 (P; 136) P.Oxy. 2355 continet vv. 1–Scut. 5, P.Oxy. 2494A vv.
1–Scut. 18; cf. Argum. A in Scutum τῆϲ Ἀϲπίδοϲ ἡ ἀρχὴ ἐν τῶι τετάρτωι
Καταλόγωι φέρεται μέχρι ϲτίχων ν̄ καὶ ϛ̄ (σ̄ fere codd., corr. Petit)
1 Κρήτη]θεν Lobel   ἀνήγε̣[το vel ἀνηγά[γεθ' ὄνδε δόμονδε e.g. Merk.
2 Κατρῆοϲ κούρην] e.g. Merk.   4 fort. Πλειϲθένεοϲ   5 fort. Ἄναξί -
βιον   7]ο̣ vel]ω̣   ἦρα φέρων] ὧι e.g. Stephania West (contra ϊ̈)
196 (G 1; 94) 5 init. Ἀργείηϲ (Eitrem) vel Τυνδαρέου   6 ἔτεκε]ν
Rzach; 6–8 e.g. (West) ἦν Λήδη τίκτε]ν Χαρίτων ἀμαρ[ύγμ]ατ' ἔχουϲαν·
[ἢ δ' αἰεὶ Λήδηϲ καὶ] Τυνδαρέου βαϲ[ιλῆ]οϲ [ἐτρέφετ' ἐν λιπα]ροῖϲι δόμοιϲ
[κούρη] κυανῶπιϲ   7 τυνδάρεω Π   8 λαμπ]ροῖϲι et [κούρη] Rzach

197   P.Berol. 9739 col. ii, ed. Wilamowitz

τοccαύτας δὲ γυναῖκας ἀμύμονα ἔργ' εἰδυίας,
πάcαc χρυcείαc φιάλαc ἐν χερcὶν ἐχούcαc·
καί νύ κε δὴ Κάcτωρ τε καὶ ὁ κρατερὸc Πολυδεύκηc
γαμβρὸν ποιήcαντο κατὰ κράτοc, ἀλλ' Ἀγαμέμνων
5 (15) γαμβρὸc ἐὼν ἐμνᾶτο καcιγνήτωι Μενελάωι.
       υἵω δ' Ἀμφιαράου 'Οϊκλείδαο ἄνακτοc
       ἐξ Ἄργεοc ἐμνῶντο μά[λ' ἐγ]γύθεν· ἀλλ' ἄρα καὶ τοὺc
       ὦρc]ε θεῶν [. . . . . .νέ]μεcίc τ' ἀ[νθρώπων
       . . . .].θητ[

198   P.Berol. 9739 col. iii; P.Oxy. 2491 fr. 1

   (20) ἀλλ' οὐκ ἦν ἀπάτηc ἔργον παρὰ Τυνδαρίδηιcιν.
        ἐκ δ' 'Ιθάκηc ἐμνᾶτο 'Οδυccῆοc ἱερὴ ἴc,
        υἱὸc Λαέρταο πολύκροτα μήδεα εἰδώc.
        δῶρα μὲν οὔ ποτ' ἔπεμπε τανιcφύρου εἵνεκα κούρηc·
   5   ᾔδεε γὰρ κατὰ θυμὸν ὅτι ξανθὸc Μενέλαοc
   (25) νικήcει, κτήνωι γὰρ Ἀχαιῶν φέρτατοc ἦεν·
        ἀγγελίην δ' αἰεὶ Λακεδαίμονάδε προΐαλλεν
        Κάcτορί θ' ἱπποδάμωι καὶ ἀεθλοφόρωι Πολυδεύκει.
        Αἰ]τωλῶν δ' ἐμνᾶτ[ο] Θόαc [Ἀνδραίμο]νοc υἱὸc
   10   δί]ου Ἀρητιάδαο· δί[⟨δ⟩ου] δ' ἀπε[ρείcια ἔ]δνα,
   (30) πο]λλὰ μάλ' ἄργυφα μ[ῆλ]α καὶ [εἰλίποδαc ἕλικ]α[c] βοῦc·
        ἤθ]ελε γὰρ .αμ[. . . . .].cε.[
        . .].ωδαι[
        . . .]αcθη[
   15   . . .]cκα[
        . . . .]ρο[

197 (G 2; 94) 8 ὦρc]ε Crönert   θεῶν [τ' ἄτη West, . . . μακάρων
Evelyn-White   198 (G 3; 94) 9 sqq. Lobel   11 εἰλίποδαc ἕλικαc
West   12 fort. πάμ[παν πόcι]c ἔμ[μεναι Ἀργειώνηc vel γαμ[βρὸc
Διὸ]c ἔμ[μεναι αἰγιόχοιο

199 P.Berol. 9739 col. iv, ed. Wilamowitz

```
 0      [ἀγγελίην δ' αἰεὶ Λακεδαιμονάδε προΐαλλεν]
 1 (31) Κάστορί θ' ἱπποδάμωι καὶ ἀεθλοφόρωι Πολυδεύκει,
        ἱμείρων Ἑλένης πόσις ἔμμεναι ἠυκόμοιο,
        εἶδος οὔ τι ἰδών, ἀλλ' ἄλλων μῦθον ἀκούων.
        ἐκ Φυλάκης δ' ἐμνῶντο δύ' ἀνέρες ἔξοχ' ἄριστοι,
 5 (35) υἱός τ' Ἰφίκλοιο Ποδάρκης Φυλακίδαο
        ἠύς τ' Ἀκτορίδης ὑπερήνωρ Πρωτεσίλαος·
        ἄμφω δ' ἀγγελίην Λακεδαιμονάδε προΐαλλον
        Τυνδαρέου π[οτ]ὶ δῶμα δαΐφρονος Οἰβαλίδαο,
        πολλὰ δ' ἔεδν[α δίδον,] μέγα γὰρ κλέος [ἔσκε γυ]ναικός,
10 (40) χαλκ[
        χρυ[ς
```

200 P.Berol. 9739 col. v; P.Oxy. 2492

```
        . . . . . . . . . .]ρεη[       μάλα δ' ἤθελε - - -
        Ἀργείης Ἑλένης πόσις ἔμμενα[ι ἠυκόμοιο.
        ἐκ δ' ἄρ' Ἀθηνέων μνᾶθ' υἱὸς Π[ετεῶο Μενεσθεύς,
        πολλὰ δ' ἔεδνα δίδου· κειμήλια γ[ὰρ μάλα πολλὰ
 5 (45) ἔκτητο, χρυσόν τε λέβητάς τ[ε τρίποδάς τε,
        καλά, τά ῥ' ἔνδοθι κεῦθε δόμος Πε[τεῶο ἄνακτος·
        οἷς μιν θυμὸς ἀνῆκεν ἐεδνώς[ασθαι ἄκοιτιν
        πλεῖστα πορόντ', ἐπεὶ ο[ὔ] τιν' ἐέλπε[το φέρτερον εἶναι
        πάντω]ν ἡρώων κτήνεσσί τε δω[τίναις τε.
10 (50) . . . . .]τείδαο δόμους κρατερὸς [
        . . . . . . . . . . . Ἑλένη]ς ἕνεκ' ἠυ[κόμοιο
```

202 Schol. T Hom. Τ 240 (vi. 298. 14 Maass)

Κρὴς ὁ Λυκομήδης, ὥς φησιν Ἡσίοδος καταλέγων τοὺς
μνηστῆρας Ἑλένης.

199 (G 4; 94) 0 suppl. Merk.   3 εἶδός γ' Ludwich   **200** (G 5)
omnia suppl. Wilamowitz   **202** (95) cf. ad fr. 204. 65

203 Nicolaus Damascenus (90 F 24) in *Excerptis de virtut.* i. 339. 19 Büttner-Wobst

ἀλκὴν μὲν γὰρ ἔδωκεν Ὀλύμπιος Αἰακίδηισι,
νοῦν δ᾽ Ἀμυθαονίδαις, πλοῦτον δ᾽ ἔπορ᾽ Ἀτρείδηισι

versus citantur etiam in *Suda* s.v. ἀλκή (α 1277, i. 116. 24 Adler)

204 P.Berol. 10560, ed. Schubart–Wilamowitz

(ex vv. 1–40 supersunt litterae quinque; 3].[.]κ[.]ϲ = fr. 199. 9)

41 μνᾶτο· πλεῖϲτα δὲ δῶρα μετὰ ξανθὸν Μενέλαον
μνηϲτήρων ἐδίδου· μάλα δ᾽ ἤθελε ὃν κατὰ θυμὸν
Ἀργείης Ἑλένης πόϲιϲ ἔμμεναι ἠυκόμοιο.
Αἴαϲ δ᾽ ἐκ Ϲαλαμῖνοϲ ἀμώμητοϲ πολεμιϲτὴϲ

45 (5) μνᾶτο· δίδου δ᾽ ἄρα ἕδνα ἐ[ο]ικότα, θαυματὰ ἔργα·
οἳ γὰρ ἔχον Τροιζῆνα καὶ ἀγ[χ]ίαλον Ἐπίδαυρον
νῆϲόν τ᾽ Αἴγιναν Μάϲητά τε κοῦρο[ι] Ἀχαιῶν
καὶ Μέγαρα ϲκιόεντα καὶ ὀφρυόεντα Κόρινθον,
Ἑρμιόνην Ἀϲίνην τε παρὲξ ἅλα ναιεταώϲαϲ,

50 (10) τῶν ἔφατ᾽ εἰλίποδάϲ τε βόαϲ κ[α]ὶ [ἴ]φια μῆλα
ϲυνελάϲαϲ δώϲειν· ἐκέκαϲτο γὰρ ἔγχεϊ μακρῶι.
αὐτὰρ ἀπ᾽ Εὐβο[ί]ηϲ Ἐλεφήνωρ ὄρχαμοϲ ἀ[νδρ]ῶν
Χαλκωδοντιάδηϲ, μεγαθύμων [ἀ]ρχ[ὸϲ] Ἀ[βά]ν[των,
μνᾶτο· πολλὰ δὲ δῶρα δίδ[ου]· μάλ[α] δ᾽ ἤθελε θυ[μῶι

55 (15) Ἀργείηϲ Ἑλένηϲ πόϲιϲ ἔμμενα[ι ἠ]υκ[όμ]οι[ο.
ἐκ Κρήτηϲ δ᾽ ἐμνᾶτο μέγα ϲθένοϲ Ἰδομ[ενῆοϲ
Δευκαλίδηϲ, Μίνωοϲ ἀγακλειτοῖο γενε[θλ]ηϲ·
οὐδέ τινα μνηϲτῆρα μ[ε]τάγγελον ἀλλ[ον ἔπεμψεν,
ἀλλ᾽ αὐτὸϲ [ϲ]ὺν νηὶ πολυκλήϊδι μελαίνη[ι

---

203 (205) πλοῦτον δ᾽ ἔπορ᾽ Dobree : πλοῦτον δὲ παρ᾽ Excerpta : πλοῦτον δέ περ Suda **204** (H; 96) pleraque suppl. Wilamowitz 48 Eust. in Hom. p. 1424. 6 (fr. 214 Rz.²) 57 γενέ[θλη Rzach, -ηϲ West

60 (20) βῆ ὑπὲρ ᾿Ωγυλίου πόντου διὰ κῦμα κελαιν̣[ὸν
Τυνδαρέου ποτὶ δῶμα δαΐφρονος, ὄφρ[α ἴδοιτο
Ἄ]ρ̣[γείην] ῾Ελένην, μηδ᾿ ἄλλων ο̣ἷο̣ν̣ ἀκ̣[ούοι
μῦθον, ὃc̣] ἤ̣δ̣η πᾶcαν ἐπὶ [χθ]όνα δῖαν ἵκαν̣[εν
........].φ̣α̣cιη Ζηνὸc μεγα.η..α̣[
65 (25) ....].....ε· [.(.)]ετα̣δ[....].[
(frustula versuum decem)
........]ρο[......]κ[..(.)]ν̣.(.) εἵνεκα κούρηc
...........].ουτ[..]ελε[..]...γκαc.[..]
(40) πάν]τα̣c δὲ μνηcτῆρ[αc] ἀπ[ήι]τε̣εν̣ ὅρκιά̣ π̣ιcτά,
ὁ̣]μνύμεναί τ᾿ ἐκέλευc[ε] και̣ [..]π̣.. ἀρ̣ά̣αcθαι
80 cπονδῆι, μή τιν᾿ ἔτ᾿ ἄ̣λλο̣ν̣ [ἄ]νε̣υ ἕθεν ἄλλα π̣ε̣ν̣ε̣c̣θ̣α̣ι̣
ἀμφὶ γάμωι κούρηc εὐ̣[ω]λ̣[ένο]υ̣· ὃ̣c δέ̣ κ̣εν ἀνδρῶ̣ν
αὐτὸc ἕλοιτο βίηι, νέμεcίν τ᾿ ἀπ[ο]θε̣ῖ̣το καὶ αἰδῶ,
(45) τὸν μέτα πάν̣ταc ἄνωγεν ἀολλέαc ὁρμηθῆνα̣[ι
ποινὴν τειcομένουc. τοὶ δ᾿ ἀπτερέωc ἐπίθο̣ν̣[το
85 ἐλπόμενοι τελέειν πάντεc γάμον· ἀλλ᾿ ἄ[ρα πάνταc
Ἀτρε[ΐδ]ηc ν̣[ίκηcε]ν̣ ἀρηΐφιλοc Μενέλαοc
πλεῖ[cτ]α πορών. Χείρων δ᾿ ἐν Πηλίωι ὑλήεντι
(50) Πηλείδην ἐκόμιζε πόδαc ταχύν, ἔξοχον ἀνδρῶν,
παῖδ᾿ ἔτ᾿ ἐόν[τ᾿·] οὐ γάρ μιν ἀρηΐφιλοc Μενέλαοc
90 νίκηc᾿ οὐδέ τιc ἄλλοc ἐπιχθονίων ἀνθρώπων
μνηcτεύων ῾Ελένην, εἴ μιν κίχε παρθένον οὖcαν
οἴκαδε νοcτήcαc ἐκ Πηλίου ὠκὺc Ἀχιλλεύc.
(55) ἀλλ᾿ ἄρα τὴν πρίν γ᾿ ἔcχεν ἀρηΐφιλοc Μενέλαοc·
ἣ τέκεν ῾Ερμιόνην καλλίcφυρ[ο]ν ἐν μεγάροιcιν

204 60 ωγυνου et μελαι[ν (ex 59) Π   hunc locum et Theog. 1011–18
respicere videtur schol. Hom. α 85 (fr. 70 Rz.)   61 Evelyn-White
62 αλλοc Π, corr. et suppl. West   63 West   64 παρα]ιφαcίηι
(Crönert) melius vestigiis convenit, ἐνν]εcίηι (Klouček) sensui   μέγα
μηδρμ[ένοιο Franz   65 ἦλθε· [μ]ετὰ δ[ὲ ξανθὸc Λυκομήδηc West cl.
fr. 202   78–85 respicit schol. Lyc. 204   79 fort. [ἐc] πῦρ
84 ἀπτερέωc ex Hesiodo cit. Herodianus (ii. 230. 6 Lentz) ap. Et. magn.
p. 133. 34, cf. p. 183. 23   87–92 respicit Pausan. iii. 24. 10   89 μιν:
κεν Wil.   94 ante h. v. diple et littera β, scil. versus ducentesimus

95　　　ἄελπτον. πάντες δὲ θεοὶ δίχα θυμὸν ἔθεντο
　　　　ἐξ ἔριδος· δὴ γὰρ τότε μήδετο θέσκελα ἔργα
　　　　Ζεὺς ὑψιβρεμέτης, †μεῖξαι κατ᾽ ἀπείρονα γαῖαν
(60)　　τυρβάξας,† ἤδη δὲ γένος μερόπων ἀνθρώπων
　　　　πολλὸν ἀϊστῶσαι ϲπεῦδϲ, πρ[ό]φασιν μὲν ὀλέϲθαι
100　　ψυχὰς ἡμιθέω[ν ⌣⌣⌣⌣ ⌣⌣⌣⌣]οιϲι βροτοῖϲι
　　　　τέκνα θεῶν μι[...].[..]ρ.[ὀφ]θαλμοῖϲιν ὁρῶντα,
　　　　ἀλλ᾽ οἳ μ[ὲ]ν μάκ[α]ρες κ[......]ν ὡς τὸ πάρος περ
(65)　　χωρὶς ἀπ᾽ ἀν[θ]ρώπω̣ν[βίοτον κα]ὶ̣ ἤθε᾽ ἔχωϲιν
　　　　τῳ[..]ϲ̣ ϲ̣αλ̣[ἀθα]νάτῳ[ν τε ἰδὲ] θνητῶν ἀνθρώπων
105　　...[　　　　　　　　　]κ̣αλ ἄλγος ἐπ᾽ ἄλγει
　　　　Ζεὺ[ϲ　　　　　]κ̣[..]ϲ̣ ἔκερϲε
　　　　ρ̣[　　　　　　]ερζει[
(70)　　　　　　　　　　　　ἐ]πὶ μαϲτῶι
　　　　　　　　　　]α̣ [μη]δέ τις ἀν[δ]ρῶν
110　　...... ... νηῶν δὲ] μελαινάων ἐπιβαίη·
　　　　..... ..... β]ίηφί τε φέρτατος εἶναι
　　　　..... .....]ε καταθνητῶν ἀνθρώπων
(75)　　..... ..... ἔ]ϲτι καὶ ὁππόϲα μέλ⟨λ⟩ει ἔϲεϲθαι
　　　　..... ....]α̣ μήδεται ἠδὲ γεραίρει
115　　..... ....] Διὸς νεφεληγερέταο
　　　　.....].ι̣[.].α..υ̣(.)η......φράϲϲαϲθαι ἔμελλεν
　　　　οὔτε θ]εῶ[ν] μακάρων οὔτε θνητῶν ἀνθρώπων·
(3o)　　... π]ολλὰς Ἄϊδηι κεφαλὰς ἀπὸ χαλκὸν ἰάψ[ει]ν

<hr>

(libri quinti?). hunc versum susp. Merk. (cf. fr. 175)　　　99 ὀλέϲϲαι
Rzach　　　100–1 [μὴ ὁμοῦ θνητ᾽]οῖϲι — μι[νύθ]η̣[ι φά᾽]ο̣ϲ West (θνητ᾽]οῖϲι
Kretschmer)　　　102 si κ[αὶ ἐϲ ὕϲτερο]ν (Rzach), puta verbum ἐϲ omissum
esse in Π　　　104 ἀθα]νάτῳ[ν Evelyn-White　　　τε ἰδὲ West　　　105 init.,
exspect. τοῖϲ δὲ　　ἔ]βαλ᾽ West : τ]ε̣ὺ̣χ̣᾽ Stiewe　　　επαλγειν Π, corr.
Kloucek　　　106 e.g. Ζεὺ[ϲ Κρονίδης θνητοῖϲι, γένος δ᾽ ἐρι]κ̣[υδ]ὲϲ ἔκερϲε
110 init. ῥέα ζώοι West　　　νηῶν Rzach, δὲ] Allen　　　111 e.g. φῆ δ᾽ αὐτὸϲ
μὲν χερϲὶ　　　113 ὅϲϲά τ᾽ ἔην Rzach, ὅϲα τ᾽ ἔ]⌐.ι Wil.　　　114 μέγ]α̣
Wil.　　　115 βουλὰϲ πατρὸϲ ἑοῖο] Rzach　　　116 η̣ϲιν ὅτ{τ}ι φρ- leg.
Schubart–Wil.　　　117 Crönert　　　118 init. καὶ Wil.: παμ-
Rzach: πρὶν Stiewe; fort. γνῶ　　χαλκῶι Kloucek　　　ἰά[π]τ̣[ει]ν Stiewe

ἀν]δρῶν ἡρώων ἐν δηϊοτῆτι πεσόντων·

120   ἀλλ' οὔ πώ ποτε πατρὸς ἐπηιϲθάνετο φρενὸ[ϲ] ὁρμῇ[ϲ·
       ἀ]λλά τε κῆρ' ἀλεείνοντεϲ ϲφετέροιϲι τέκεϲϲι
       .]. ποντ' ἄνθρωποι, πραπίδων δ' ἐπετέρπετ' ἐρωῆι

(85)   πα]τρὸϲ ἐριϲθεν⟨έ⟩οϲ, μεγάλ' ἀνδράϲι μηδομένοιο.
       πο]λλὰ δ' ἀπὸ γλωθρῶν δενδρέων ἀμύοντα χαμᾶζε

125   χεύετο καλὰ πέτηλα, ῥέεϲκε δὲ καρπὸϲ ἔραζε
       π]νείοντοϲ Βορέαο περιζαμενὲϲ Διὸϲ αἴϲηι,
       .] ᾽λεϲκεν δὲ θάλαϲϲα, τρόμ{ε}εϲκε δὲ πάντ' ἀπὸ τοῖο,

(90)   τρύχεϲκεν δὲ μένοϲ βρότεον, μινύθεϲκε δὲ καρπόϲ,
       ὥρηι ἐν εἰαρινῆι, ὅτε τ' ἄτριχοϲ οὔρεϲι τίκτει

130   γ]αί[η]ϲ ἐν κευθμῶνι τρίτωι ἔτεϊ τρία τέκνα.
       ἦρο]ϲ μὲν κατ' ὄροϲ καὶ ἀνὰ δρυμ{ν}ὰ πυκνὰ καὶ ὕλην
       εἶϲι]ν ἀ[λυϲ]κάζων καὶ ἀπ[ε]χθαίρων πάτον ἀνδρῶν

(95)   ἄγκεα καὶ κνημοὺϲ κατα[
       χειμῶνοϲ δ' ἐπιόντοϲ ὑπὸ .[

135   κεῖται πόλλ' ἐπιεϲϲάμενοϲ ε[
       δεινὸϲ ὄφιϲ κατὰ νῶτα δα[φοιν-
       ἀλλά μιν ὑβριϲτήν τε καὶ [ἄγριον

(100) κῆλα Διὸϲ δαμνᾶι φὴ λυ.[
       ψυχὴ τοῦ [γ]' οἵη καταλείπε[ται

140   ἠ δ' ἀμφ' αὐτόχχυτον θαλαμ[
       ἠβαίην ελ.(.)ειρα κατὰ χθ[ονόϲ
       εἶϲιν ἀμαυρωθεῖϲ[.]ποθε[

(105) κεῖται δεχ[

(supersunt praeterea initia vv. 144–66 et 171–80)

204 120 ὁρμῇ[ϲ West : ὁρμή[ν Wil.   121 ἀ]λλ' ἅτε Merk. : ο]μᾳ τε
leg. Schubart–Wil.   122 τέρποντ' Wil., cui δ' deletum esse videbatur
124 cit. epimerism. alph. in Hom. (Anecd. Ox. i. 85 Cramer), verba
ἀμύοντα χαμᾶζε etiam Et. gen. s.v. ἠμύω καὶ ἤμυϲεν (fr. 216 Rz.²)
γλωθρῶν Π: χλωρῶν epim. Hom.   127 : vel ἐρρεϲκεν (Schubart)
vel .]ʹτεϲκεν   ῥοίζ- Schmidt ; exspect. κλύζ- (Wil.) vel θυί-   132 εἶϲι]ν
Allen   138 e.g. λυ[ϲιμελὴϲ γλυκὺϲ ὕπνοϲ West

205-245 CATALOGI FRAGMENTA
INCERTAE SEDIS

205 Schol. Pind. *Nem.* iii. 21 (iii. 45 Drachmann); Tzetzes
in Lycophr. 176 (ii. 85. 20 Scheer)

> ἢ δ' ὑποκυσαμένη τέκεν Αἰακὸν ἱππιοχάρμην . . .
> αὐτὰρ ἐπεί ῥ' ἥβης πολυηράτου ἵκετο μέτρον,
> μοῦνος ἐὼν ἤcχαλλε· πατὴρ δ' ἀνδρῶν τε θεῶν τε,
> ὅccοι ἔcαν μύρμηκεc ἐπηράτου ἔνδοθι νήcου,
> 5   τοὺς ἄνδραc ποίηcε βαθυζώνουc τε γυναῖκαc.
> οἳ δή τοι πρῶτοι ζεῦξαν νέαc ἀμφιελίccαc,
> ⟨πρῶτοι δ' ἱcτί' ἔθεν νηὸc πτερὰ ποντοπόροιο⟩

206 Polybius v. 2 de militibus Macedonicis

> φιλοπονώτατοί τινεc, οἵουc 'Ηcίοδοc παρειcάγει τοὺc
> Αἰακίδαc,
>
> πολέμωι κεχαρηότας ἠύτε δαιτί.

inde *Suda* δ 126 (ii. 13. 22 Adler). cf. Maximum Tyrium
xxix. 2 (p. 341 Hobein)

208 Schol. B Hom. *Z* 164 (iii. 289. 9 Dindorf) = Por-
phyrius, *Quaest. Hom. ad Iliad. pertin.* p. 93. 17 Schrader

> cυντόμωc δὲ τὰ αἰcχρὰ δεδήλωκε "μιγῆναι οὐκ ἐθελούcηι", ἀλλ'
> οὐχ ὥcπερ 'Ηcίοδοc τὰ περὶ τοῦ Πηλέωc καὶ τῆc Ἀκάcτου
> γυναικὸc διὰ μακρῶν ἐπεξελθών.

205 (76) 1 post h. v. consulto omisit aliqua scholiasta   7 additur
ex schol. Pind. *Ol.* viii. 26e   ἱcτί' ἔθεν νηὸc Boeckh : ἱcτία θέcαν νεὼc
codd.   206 (77) fortasse versus integer, Αἰακίδαc (-αι) πολέμωι
κεχαρηότας (-εc) ἠύτε δαιτί   208 (78)

209 Schol. Pind. _Nem._ iv. 95 (iii. 81. 1 Drachmann) de
Acasto

ἥδε δέ οἱ κατὰ θυμὸν ἀρίcτη φαίνετο βουλή·
αὐτὸν μὲν cχέcθαι, κρύψαι δ' ἀδόκητα μάχαιραν
καλήν, ἥν οἱ ἔτευξε περικλυτὸc Ἀμφιγυήειc,
ὡc τὴν μαcτεύων οἶοc κατὰ Πήλιον αἰπὺ
5 αἶψ' ὑπὸ Κενταύροιcιν ὀρεcκώιοιcι δαμείη

210 Philodemus π. εὐcεβείαc in Hercul. voll. coll. alt.
viii. 105

ὁ δὲ τ]ὰ Κύπ[ρια ποιήcαc ʽʹΗ]ραι χαρ[ιζομένη]ν φεύγειν αὐ[τοῦ
τὸ]ν γάμον, Δ[ία δὲ ὀ]μόcαι χολω[θέντ]α διότι θνη[τῶι cυ]νοικίcει·
κα[ὶ παρ' ʽΗ]cιόδωι δὲ κε[ῖται τ]ὸ παραπλήc[ιον

211 P.Argent. 55, ed. Reitzenstein

. . . .] Φθίην ἐξίκετο μητέρα μήλων,
πολλὰ] κτήματ' ἄγων ἐξ εὐρυχόρου ʼΙαωλκοῦ,
Πηλεύ]c Αἰακίδηc, φίλοc ἀθανάτοιcι θεοῖcιν.
λαοῖcιν] δὲ ἰ[δ]οῦcιν ἀγαίετο θυμὸc ἄπαcιν,
5 ὥc τε πό]λιν [ἀ]λλάπαξεν ἐύκτιτον, ὥc τ' ἐτέλεccεν
ἱμερόεν]τα γ[ά]μον, καὶ τοῦτ' ἔποc εἶπαν ἅπαντεc·
"τρὶc μά¦καρ Αἰακίδη καὶ τετράκιc ὄλβιε Πηλεῦ,
. . . . .].ο[.] μέ[γα] δῶρον ʼΟλύμπιοc εὐρύοπα Ζεύc
. . . .].[. . . . . μ]άκαρεc θεοὶ ἐξετέλεccαν·
10 ὅc τοῖcδ' ἐν μεγάροιc ἱε¦ρὸν λέχοc εἰcαναβαίνων
. . . . πατ]ὴρ ποίηcε Κρονίων
. . . . περ]ί τ' ἄλλων ἀλφηcτάων
. . . . χθονὸ]c ὅc[c]ο[ι καρ]πὸν [ἔ]δουcι

209 (79)   **210** (80) omnia suppl. Reitzenstein   **211** (Ο; 81) 2–5
Wilamowitz   7 et 10 ex ordine cit. Tzetz. prol. ad Lycophr. p. 4.
13 Scheer   8 με[leg. et suppl. J. Schwartz   init. fort. ἢ πόρε] ςο[ι]
9 γάμον δ' αὐτοὶ μ]άκαρεc Wilamowitz   10 εἰcαναβαίνειc Tzetzes
13 init. τιμήεντ' ἀνδρῶν Rzach   χθονὸ]c ὅ[cc]ο[ι Wilamowitz,]'cὁ.[.]ο[Π

212 (a)   Eustathius in Hom. p. 112. 44 sqq.

ἰϲτέον δὲ ὅτι τὸν Πάτροκλον ἡ παλαιὰ ἱϲτορία καὶ ϲυγγενῆ τῶι
Ἀχιλλεῖ παραδίδωϲι, λέγουϲα ὅτι ʿΗϲίοδόϲ φηϲι Μενοίτιον τὸν
Πατρόκλου πατέρα Πηλέωϲ εἶναι ἀδελφόν, ὡϲ εἶναι αὐτανεψίουϲ
οὕτωϲ ἀμφοτέρουϲ ἀλλήλοιϲ.

212 (b)   P.Oxy. 2511, ed. Lobel

```
              ]...[........].ετο Μοῖρα κρατα[ι]ή[
              ].δη.[....τε]τληότι θυμῶι          [
              ]υμε[.....]..ν ταναήκεϊ χαλκῶι[
              ]κτομεν[...]..['.]ν χερϲὶ ϲτιβαρῆιϲι      [
    5         ]ε..θεν ἱ.[....].. Ϲκαιῆιϲι πύληιϲι      [
              ]..ρω[.....κα]ὶ ἐϲϲομένοιϲι πυθέϲθαι·[
              ᾿Ι]αωλκ[ὸν ἐυκ]τιμένην ἀλάπαξεν        [
              Φθίη]ν ἐξ[ίκετο] μητέρα μήλων           [
                    ἐν εὐρ]υχόρωι ᾿Ιαωλκ[ῶι
    10                  ].ο.[
                          ].[
```

213   Schol. T Hom. Π 175 (vi. 172. 6 Maass), "Πηλῆος
θυγάτηρ καλὴ Πολυδώρη"

Ζηνόδοτοϲ δὲ (19 F 5) Κλεοδώρην φηϲίν, ʿΗϲιόδου καὶ τῶν
ἄλλων Πολυδώρην αὐτὴν καλούντων.

215   Schol. Pind. Pyth. ix. 6 (ii. 221. 13 Drachmann)

ἀπὸ δὲ ᾿Ηοίαϲ ʿΗϲιόδου τὴν ἱϲτορίαν ἔλαβεν ὁ Πίνδαροϲ, ἧϲ
ἡ ἀρχή·

ἢ᾿ οἵη Φθίηι Χαρίτων ἄπο κάλλοϲ ἔχουϲα
Πηνειοῦ παρ᾿ ὕδωρ καλὴ ναίεϲκε Κυρήνη

212 (a) (84)   212 (b) 1 fort.]υρετο̣   7 e.g. Πηλεὺϲ δ᾿ ὡϲ]
8–9 cf. fr. 211. 1–2   213 (83) τῶν: τινων West   Πολυδώρην: οὕτωϲ
West   215 (128)

216 Servius in Verg. *Georg.* i. 14 (iii. 1. 134. 22 Thilo–Hagen)

Aristaeum invocat, id est Apollinis et Cyrenes filium, quem Hesiodus dicit Apollinem pastoralem.

217 P.Oxy. 2489, ed. Lobel

Ἀρι]cταῖον βαθυχαίτην   5 τε]θνηότα πορcανέουcαι
  ]cὺν Ἑρμῆι Μαιάδοc υἱεῖ   ]μεν κλυτὸc Ἀργειώνη
  ]ἐπίcκοποc ἠδὲ νομήων   ].ι ἔκδοcαν οἵηι
  ]ι δώματα καλά   ]ώπιδοc ἀγλαὸν ἔργον

217A Anon. P. Michigan inv. 1447 ii 1–6, ed. Renner

Ἀκταίων ὁ Ἀριcταί[ο]υ καὶ Αὐ[τονόηc, τῶν Cεμέ]ληc
ἐφιέμενοc γάμων αυτ[   ]το πρὸc τοῦ μητροπά-
τορο[c......μετεμορ]φώθη εἰ[c] ἐλάφου δόκηcιν διὰ βο[υλὴν]
Ἀρτέμ[ι]δοc καὶ διεcπαράcθη ὑπὸ τῶν ἑ[α]υτ[οῦ] κυνῶν, ὥ[c]
φηcιν Ἡcίοδοc ἐν Γυναικῶν κα[τ]αλ[ό]γωι.

218 Schol. T Hom. *H* 9 (v. 234. 3 Maass)

ὁ γὰρ τοῦ Μενεcθίου πατὴρ Ἀρηΐθοοc Βοιωτὸc ἦν κατοικῶν
Ἄρνην·· ἔcτι δὲ αὕτη Βοιωτίαc, ὡc καὶ Ἡcίοδόc φηcιν.

219 Steph. Byz. p. 483. 3 Meineke

Ὀγχηcτόc· ἄλcοc. ... κεῖται δὲ ἐν τῆι Ἀλιαρτίων χώραι, ἱδρυθὲν
ὑπὸ Ὀγχηcτοῦ τοῦ Βοιωτοῦ, ὥc φηcιν Ἡcίοδοc.

220 Steph. Byz. s.v. Αἰγά (p. 38. 5 Meineke)

ἔcτι καὶ Αἰγαῖον πεδίον cυνάπτον τῆι Κίρραι, ὡc Ἡcίοδοc.

216 (129) *pastoralem* i.e. Νόμιον   **217** 1 ἦ δ' ὑποκυcαμένη τέκ'
Ἀρι]cτ. e.g. Lobel   **217A** κατηρᾶ]το πρὸc τοῦ μητροπάτορο[c Κάδμου
καὶ Merk.   huc trahendum fr. 346 (ed. mai.)   **218** (40) αὕτη
Βοιωτίαc Bekker: αὐτῆc Βοιωτία cod.   **219** (41)   **220** (42)

221   Eustathius in Hom. (π 117–20) p. 1796. 39

> Τηλεμάχωι δ᾽ ἄρ᾽ ἔτικτεν ἐύζωνος Πολυκάcτη
> Νέcτορος ὁπλοτάτη κούρη Νηληϊάδαο
> Περcέπολιν μιχθεῖcα διὰ χρυcῆν Ἀφροδίτην

222   Schol. Hom. η 54 (i. 325 Dindorf)

> Ἡcίοδος δὲ ἀδελφὴν Ἀλκινόου τὴν Ἀρήτην ὑπέλαβεν.

cf. Eustath. in Hom. p. 1567. 64

223   Eustathius in Hom. p. 13. 44 sq.

> ἦν δέ, φαcί, Βούτης υἱὸς Ποcειδῶνος, ὡc Ἡcίοδος ἐν Καταλόγωι.

224   Pausanias ii. 6. 5 (de patre Sicyonis)

> Ἡcίοδός γε ... ἐποίηcεν ὡc Ἐρεχθέωc εἴη Cικυών.

225   Harpocratio p. 202. 7 Dindorf

> Μελίτη· ... δῆμός ἐcτι τῆc Κεκροπίδος· κεκλῆcθαι δέ φηcι τὸν δῆμον Φιλόχορος ἐν τρίτηι (328 F 27) ἀπὸ Μελίτης θυγατρὸς κατὰ μὲν Ἡcίοδον Μύρμηκος, κατὰ δὲ Μουcαῖον (Vorsokr.[5] 2 B 9) Δίου τοῦ Ἀπόλλωνος.

cf. *Sudam* μ 521 (iii. 355/6 Adler); ex eodem fonte Photius, *Lex.* p. 220 Porson

226   Strabo ix. 1. 9 p. 393

(urbs Salamis olim Cychrea vocabatur ab heroe quodam),
ἀφ᾽ οὗ δὲ καὶ Κυχρείδης ὄφις, ὅν φηcιν Ἡcίοδος τραφέντα ὑπὸ

Κυχρέωc ἐξελαθῆναι ὑπὸ Εὐρυλόχου, λυμαινόμενον τὴν νῆcον,
ὑποδέξαcθαι δὲ αὐτὸν τὴν Δήμητραν εἰc Ἐλευcῖνα καὶ γενέcθαι
ταύτηc ἀμφίπολον.

227* Herodianus, π. μον. λέξ. 10 (ii. 915. 22 Lentz)

Εὔμολποc Δόλιχόc τε καὶ Ἱπποθόων μεγάθυμοc

228 Schol. A Hom. Ξ 119 (ii. 38. 29 Dindorf)

ἰδὼν δ' ἱππηλάτα Κῆρυξ

229 P.Oxy. 2493, ed. Lobel

```
              ]λείην καλλιχ[
              ]ηc· θαλερὴν δ[
              ]ῷ δ' ἀναίνετο τ[
              ]τὸν δ' ἔκταν[
      5       ]αccε δ' ἀναγκα[ί-
        ῎Ολυμπ]ον ἀγάννιφον ε[
     ναίει ἀπήμαντοc] καὶ ἀκηδὴc ἤ[ματα πάντα
     ἀθάνατοc καὶ ἄγη]ροc ἔχων μεγαλ[        ῞Ηβην
     παῖδα Διὸc μεγάλο]ιο καὶ ῞Ηρηc χρυ[coπεδίλου·
      10  τὸν πρὶν μέν ῥ' ἤχθη]ρε θ[εὰ λ]ευκώλ[ενοc ῞Ηρη
     ἔκ τε θεῶν μακάρω]ν ἔκ τε [θνητῶν ἀνθρώπων,
     νῦν δ' ἤδη πεφίλ]ηκε, τίει δέ μιν [ἔξοχον ἄλλων
     ἀθανάτων μετά γ'] αὐτὸν ἐρισθενέ[α Κρονίωνα
              ]δι φίλην πόρε π[
```

226 Εὐρυλόχου Tzschucke: Εὐρύκλου codd.   227 Catalogo ad-
scripsit Wilamowitz, Euphorioni alii (35c Powell)   228 (156)
Κήϋξ Bekker, quo recepto fragmentum in Ceycis nuptiis posuit Rzach
229 2 e.g. θαλερὴν δ[' ἔθελεν παράκοιτιν | οἴκαδ' ἄγειν κούρην]   5 fort.
ἐδάμ]αccε   ἀναγκαίηc ὕπο λυγρῆc Lloyd-Jones   6 νῦν δ' ἤδη κατ'
῞Ολυμπ]ον e.g. Lobel   7–13 cf. fr. 25. 28–33, *Theog.* 950–5
8 μεγαλ[, suprascriptum πολυ, fort. μεγαλ[ήρατον cum v.l. πολυ(ήρατον)

15
$$\text{\textasciimacron}Ολυμπο]ν \; ἀγάννιφον· \; .[$$
$$]ςι \; . φυὴν \; καὶ \; εἶδ[ος$$
$$\text{\textquoteleft}Ηρ]ακλῆϊ \; πτολι[πόρθωι$$
$$]ύρροον \; ἀργυρ[οδίνην$$
$$\overset{.}{\text{\textquoteright}}\;.]ν \; ῥέει \; εἰς \; ἅ[λα \; δῖαν$$
20
$$].\overset{.}{γ}[.].ν[$$

230   Apollonius Rhodius in argumento ad Scutum Herculis (de Hesiodo auctore Scuti)

Ἀπολλώνιος δὲ ὁ Ῥόδιος ἐν τῶι τρίτωι φησὶν αὐτοῦ εἶναι, ἔκ τε τοῦ χαρακτῆρος καὶ ἐκ τοῦ πάλιν τὸν Ἰόλαον ἐν τῶι Καταλόγωι εὑρίςκειν ἡνιοχοῦντα Ἡρακλεῖ.

231   Schol. Ap. Rhod. A 824 (p. 71. 6 Wendel)

θεccάμενος γενεὴν Κλεοδαίου κυδαλίμοιο

232   Schol. Pind. Ol. vii. 42 (i. 210. 28 Drachmann), de matre Tlepolemi

καὶ Ἡcίοδος δὲ Ἀcτυδάμειαν αὐτήν φηcι . . . ἦν δὲ Φύλαντος θυγάτηρ . . . ἐνταῦθα δὲ Ἀμύντορος αὐτήν φηcιν ὁ Πίνδαρος, Ἡcίοδος δὲ καὶ Cιμωνίδης (Melici 554 Page) Ὀρμένου.

233   Etymol. gen. s.v. τριχάϊκες

πάντες δὲ τριχάϊκες καλέονται
οὕνεκα τρισςὴν γαῖαν ἑκὰς πάτρης ἐδάσαντο

229 16 fort. Χαρίτες]ςι   εἶδ[ος ὁμοίην ?   18 βαθ]ύρροον vel ἐ]ύρροον
19 ὅς τε δι(ὰ) . . . . . .-ου . . . . .-ο]ν (vel ὅς τ' ἐκ . . .) West   fin. West
230 (108)   **231** (201) Κλεαδαίου codd., corr. Lehmann   **232** (109)
233 (191) intellige τρίχα αἶαν ἑκάς

234 Strabo vii. 7. 2 p. 322

ἤτοι γὰρ Λοκρὸς Λελέγων ἡγήσατο λαῶν,
τοὺς ῥά ποτε Κρονίδης Ζεὺς ἄφθιτα μήδεα εἰδὼς
λεκτοὺς ἐκ γαίης ΛΑΟΥC πόρε Δευκαλίωνι

2-3 laudat Seleucus in Etymol. Gud., cf. Reitzenstein,
Geschichte der griech. Etymol. 164. 28; cf. etiam Epimerism.
alph. in Hom. (*Anecd. Ox.* i. 264. 27 Cramer)

235 Etymol. gen. et Gud. (apud Reitzenstein, *Geschichte
der griech. Etymol.* 161. 5), Etymol. magn. s.v. ᾽Ιλεύς

᾽Ιλέα, τόν ῥ᾽ ἐφίλησεν ἄναξ Διὸς υἱὸς Ἀπόλλων·
καί οἱ τοῦτ᾽ ὀνόμην᾽ ὄνομ᾽ ἔμμεναι, οὕνεκα νύμφην
εὑρόμενος ἵλεων μίχθη ἐρατῆι φιλότητι
ἤματι τῶι, ὅτε τεῖχος ἐυδμήτοιο πόληος
5   ὑψηλὸν ποίησε Ποσειδάων καὶ Ἀπόλλων.

cf. Crameri *Anecd. Ox.* ii. 451. 12 (ἐκλογαὶ διαφόρων λέξεων),
Eustath. in Hom. p. 650. 46, Tzetzae schol. in *exeg. Iliad.*
p. 126. 26 Hermann, et comm. in Lycophr. 393 (p. 147. 18
Scheer).

236 Choeroboscus in Theodos. i. 123. 25 Hilgard

ἣ δὲ Θόαν τέκεν υἱόν

237 Schol. Theocrit. xvi. 49 (p. 328. 12 Wendel), "θῆλυν
ἀπὸ χροιᾶς Κύκνον"

Ἡcίοδος δὲ τὴν κεφαλὴν ἔχειν αὐτόν φηcι λευκήν· διὸ καὶ
ταύτης τῆς κλήσεως ἔτυχεν.

234 (115) 3 λαοὺς Etymol.: ἀλέους Strabonis codd.   **235** (116) 2 οἱ
Etymol.: μιν Tzetzes   **236** (118)   **237** (119)

238   Schol. Hom. ι 198 (ii. 421–2 Dindorf)

ταῦτα cημειοῦνταί τινεc πρὸc τὸ μὴ παραδιδόναι *Ὅμηρον
Διόνυcον οἴνου εὑρετήν, τὸν δὲ Μάρωνα οὐ Διονύcου ἀλλ᾽ Ἀπόλ-
λωνοc ἱερέα . . . ἡ δ᾽ ἀπόταcιc πρὸc ῾Ηcίοδον λέγοντα τὸν
Μάρωνα εἶναι ⟨Εὐάνθουc τοῦ⟩ Οἰνοπίωνοc τοῦ Διονύcου.

cf. Eustathium in Hom. p. 1623. 44 (ad locum eundem)

239   Athenaeus x. 32 p. 428c

οἷα Διώνυcοc δῶκ᾽ ἀνδράcι χάρμα καὶ ἄχθοc.
ὅcτιc ἄδην πίνηι, οἶνοc δέ οἱ ἔπλετο μάργοc,
cὺν δὲ πόδαc χεῖράc τε δέει γλῶccάν τε νόον τε
δεcμοῖc ἀφράcτοιcι, φιλεῖ δέ ἑ μαλθακὸc ὕπνοc

240   Schol. Soph. *Trach.* 1167 (p. 344 Papageorgios)

ἔcτί τιc ῾Ελλοπίη πολυλήϊοc ἠδ᾽ εὐλείμων
ἀφνειὴ μήλοιcι καὶ εἰλιπόδεccι βόεccιν·
ἐν δ᾽ ἄνδρεc ναίουcι πολύρρηνεc πολυβοῦται
πολλοὶ ἀπειρέcιοι φῦλα θνητῶν ἀνθρώπων·
5   ἔνθα δὲ Δωδώνη τιc ἐπ᾽ ἐcχατιῆι πεπόλιcται·
τὴν δὲ Ζεὺc ἐφίληcε καὶ ὃν χρηcτήριον εἶναι
τίμιον ἀνθρώποιc ⟨
               ⟩ ναῖον δ᾽ ἐν πυθμένι φηγοῦ·
ἔνθεν ἐπιχθόνιοι μαντήϊα πάντα φέρονται
10   ὃc δὴ κεῖθι μολὼν θεὸν ἄμβροτον ἐξερεείνηι
δῶρα φέρων ⟨τ᾽⟩ ἔλθηcι cὺν οἰωνοῖc ἀγαθοῖcιν

1 et 5 laudat Strabo vii. 7. 10 p. 328

238 (120) Εὐάνθουc τοῦ add. Sittl ex Eust.   **239** (121) 1 ἔχθοc cod.:
corr. Ruhnken   2 ὅc τ᾽ ἀνέδην πίνηι, οἴνοιο δέ τ᾽ Peppmueller: θυμὸc
δέ οἱ West   **240** (134) 4 post ἀπειρέcιοι versum excidisse censuit
Schneidewin   6 ἐθέληcεν ἑὸν Ruhnken   7 post ἀνθρώποιc lac.
stat. F. S. Lehrs, post vs. 6 Hermann   8 ναῖον fort. de columbis: ναῖεν
(de Iove) Valckenaer: ναῖει Schenkl: vel (ναίω fluo) de fonte Iovis Ναῖου
11 τ᾽ add. Papageorgios   ἔλθηcι codd. deteriores: ἔλθηι cod. Laur.

241 Schol. Ap. Rhod. Δ 259
(pp. 273–4 Wendel) (de
reditu Argonautarum)

Ἡcίοδοc δὲ καὶ Πίνδαροc ἐν
Πυθιονίκαιc (iv. 25 sqq.) καὶ
Ἀντίμαχοc ἐν Λύδηι (fr. 65
Wyss) διὰ τοῦ ὠκεανοῦ φαcιν
ἐλθεῖν αὐτοὺc εἰc Λιβύην, καὶ
βαcτάcανταc τὴν Ἀργὼ εἰc τὸ
ἡμέτερον πέλαγοc ⟨παρα⟩γενέ-
cθαι.

Schol. Ap. Rhod. Δ 282
(p. 281 Wendel)

Ἡcίοδοc δὲ διὰ Φάcιδοc αὐτοὺc
ἐκπεπλευκέναι λέγει.

242 Comm. in Antimachum Coloph. p. 83 Wyss (P.
Mediol. 17 col. ii 32, ed. Vogliano)

ἐ[ν δ᾽] ἄρα κούραιc δ[έξ]ατο

244* P. Mediol. 39 (P. Milan. Vogliano), ed. Vandoni

```
                              ]...
              κρήνηc μελα]νύδρου
                  κ]αὶ πατρίδοc αἴη[c
                  ]ευν̣[.].
5                 ]ο δ᾽ Ἄβαντα
              Ἐλεφ]ήνορα δῖον
                  ]ν Ἄβαντεc
              Ἐ]ννοcίγαιοc
                  ]ἀμοιβήν
10                ]..
```

241 (63, 64) (schol. Δ 282) ἐκπεπλευκέναι Schneider: εἰc- cod.
242 (Z 3)   **244** 6 Renner

$$]νιδ.\,.$$
$$κ]\,αλέουcιν$$
$$ἄ]ναктос$$
$$αἴγι]\,όχοιο$$
15
$$]ατο\ νύμφηι$$
$$]\,.βαια$$
$$λιπαρ]οκρήδεμνος$$

245   est nunc fr. 10. 62; cf. 10 (c)

Testimonia nova quattuor in Philodemi libro *De Pietate*
(P. Herc. 243 iii) latere cognovit W. Luppe (*Cronache Ercolan-
esi* 14, 1984, 109 sqq.; cf. West, *ZPE* 61, 1985, 1 sqq.):

(Hesiodus dicit) ...]θαι τὰ τῶν [πρεc]βυτέρων, κα[ὶ τὸν]
μὲν Ἀπόλλω [τὸν] Μουcηγέτη[ν ἐ]ραcθέντα τῆ[c Μακα]ρέωc
θυγατρὸ̣[c Εὐ]βοίαc Ἀργε[ῖον τεκεῖν,] μειχθέν[τα δὲ τὴν
νῆ]cον ἀπ' ἐκ̣[είνηc ἐπο]νομάcαι, Φ[ιλάμ]μωνα δ' ἐκ [Φιλω-
νί]δος τῆc ἐρ[ωμέ]νηc τἀδελφ[οῦ γεν]νῆcαι (= fr. 64.
13 sqq.), τὸν δ' Ἀ[cκλη]πιὸν ἐξ Ἀρc[ινόης,] (= fr. 50), μηδ'
Ἀκακαλ[λίδα γέ] τοι τὴν Ἑρμῆ[ι cυγ]γενομένην π[εριι]-
δεῖν, ἐραcθῆν̣[αι δὲ] καὶ Κυρήνη[c (fr. 215) καὶ Αἰ]θούcηc
(fr. 185. 1?) καὶ ν[ύμφηc] Ἀcτρηΐδος (fr. 185. 8) κ[αὶ τῆc]
Τροφωνίου μ[η]τρὸc Ἐπ[ι]κάc[τηc.

244 15 παρελέξ]ατο?   16]η vel]υ

190a

ΜΕΓΑΛΑΙ ΗΟΙΑΙ

246 Pausanias ii. 16. 4, de Mycene

ταύτην εἶναι θυγατέρα ᾿Ινάχου, γυναῖκα δὲ ᾿Αρέςτορος τὰ ἔπη
λέγει ἃ δὴ ῞Ελληνες καλοῦϲιν ᾿Ηοίαϲ μεγάλαϲ.

247 Pausanias ii. 26. 2

κατὰ . . . τὰ ἔπη τὰϲ μεγάλαϲ ᾿Ηοίαϲ ἦν ᾿Επιδαύρωι πατὴρ
῎Αργοϲ ὁ Διόϲ.

248 Anonymus, comm. in Aristot. *Eth. Nicom.* iii. 7 (Comm.
in Aristot. Graec. xx. 155. 5)

῾Ηϲίοδοϲ . . . ἐν ταῖϲ μεγάλαιϲ ᾿Ηοίαιϲ τὴν ᾿Αλκμήνην ποιῶν
πρὸϲ τὸν ῾Ηρακλέα λέγουϲαν·

> ὦ τέκοϲ, ἦ μάλα δή ϲε πονηρότατον καὶ ἄριϲτον
> Ζεὺϲ τέκνωϲε πατήρ,

249 (pergit commentator)

καὶ πάλιν·

> αἱ Μοῖραί ϲε πονηρότατον καὶ ἄριϲτον

250 Schol. Pind. *Isthm.* vi. 53 (iii. 255. 19 Drachmann)

εἴληπται δὲ ἐκ τῶν μεγάλων ᾿Ηοιῶν ἡ ἱϲτορία· ἐκεῖ γὰρ εὑ-
ρίϲκεται ἐπιξενούμενοϲ ὁ ῾Ηρακλῆϲ τῶι Τελαμῶνι καὶ ἐμβαίνων τῆι
δορᾶι καὶ εὐχόμενοϲ οὕτωϲ, καὶ ὁ διόπομποϲ αἰετόϲ, ἀφ᾿ οὗ τὴν
προϲωνυμίαν ἔλαβεν Αἴαϲ.

246 (146)   **247** (137)   **248** (138) τέκοϲ Voss: τέκνον cod.
ἐτέκνωϲε cod., corr. Voss   **249** (139) αἱ delendum videtur   initio
verba τέκνον ἐμόν add. ed. Ald.   **250** (140)

251 (a) P.Oxy. 2498, ed. Lobel

ἢ τέκ' Ἀρισταίχμ[ην τε καὶ Εὐαίχμην ῥοδόπηχυν.
τὰς δ' αὖ Βουτίδαι[ἀγάγοντο
Κήϋκος ποτὶ δῶ[μα φιλοπτολέμου βασιλῆος·
ἤτοι Π[ο]υ[λ]υκόω[ν μὲν Ἀρισταίχμην τανύπεπλον
5 ἠγάγε[θ'] ἵπποις[ίν τε καὶ ἅρμασι κολλητοῖσιν.
ἢ δέ οἱ ἐν μεγάρο[ις θεοείκελα γείνατο τέκνα
Δηΐμαχον Στέφανό[ν τε
τὴν δὲ Πολυκρεί[ων θαλερὴν ποιήσατ' ἄκοιτιν
Εὐαίχμην, ἢ εἶδε[ι ἐκαίνυτο φῦλα γυναικῶν.
10 τὴν δ' ἄρα Χαιρεσί[λαος
Ἰασίδης [ἵ]πποις[ι καὶ ἅρμασι κολλητοῖσι

251 (b) Pausanias iv. 2. 1

πυθέσθαι δὲ σπουδῆι πάνυ ἐθελήσας οἵτινες παῖδες Πολυκάονι
ἐγένοντο ἐκ Μεσσήνης, ἐπελεξάμην τάς τε Ἡοίας καλουμένας καὶ
τὰ ἔπη τὰ Ναυπάκτια, πρὸς δὲ αὐτοῖς ὁπόσα Κιναίθων καὶ
Ἄσιος ἐγενεαλόγησαν. οὐ μὴν ἔς γε ταῦτα ἦν σφισιν οὐδὲν
πεποιημένον, ἀλλὰ Ὕλλου μὲν τοῦ Ἡρακλέους θυγατρὶ
Εὐαίχμηι συνοικῆσαι Πολυκάονα υἱὸν Βούτου λεγούσας τὰς
μεγάλας οἶδα Ἡοίας· τὰ δὲ ἐς τὸν Μεσσήνης ἄνδρα καὶ τὰ ἐς
αὐτὴν Μεσσήνην παρεῖταί σφισι.

252 Pausanias ix. 40. 6

Φύλας δ' ὤπυιεν κούρην κλειτοῦ Ἰολάου
Λειπεφίλην, ἢ εἶδος Ὀλυμπιάδεσσιν ⟨ἔριζεν⟩.
†Ἱππότην δέ οἱ υἱὸν ἐνὶ μεγάροισιν ἔτικτε
Θηρώ τ' εὐειδέα ἰκέλην φαέεσσι σελήνης.
5 Θηρὼ δ' Ἀπόλλωνος ἐν ἀγκοίνηισι πεσοῦσα
γείνατο Χαίρωνος κρατερὸν μένος ἱπποδάμοιο

251 (a) 1-4 West   2 fort. Βουτεῖδαι   7 δηΐοχον, suprascr.
μα Π   7-8 West   10 ἀνηγάγεθ' ὅνδε δόμονδε e.g. Merk.
251 (b) (141)   252 (142) 2 ἔριζεν West

253 Schol. Pind. *Pyth.* iv. 36c (ii. 102. 18 Drachmann)

> ἠ' οἵη Ὑρίηι πυκινόφρων Μηκιονίκη,
> ἢ τέκεν Εὔφημον γαιηόχωι Ἐννοςιγαίωι
> μιχθεῖς' ἐν φιλότητι πολυχρύςου Ἀφροδίτης

cf. schol. Pind. *Pyth.* iv. 15b (ii. 99 Dr.) ὁ δὲ Εὔφημος γίνεται παῖς Ποςειδῶνος καὶ Μηκιονίκης τῆς Εὐρώτα θυγατρός, ὃς ἔγημε θυγατέρα Ἀλκμήνης Λαονόμην, et schol. Pind. *Pyth.* iv. 79b (ii. 108. 7 Dr.) γυναῖκα δὲ ἔσχεν ὁ Εὔφημος Λαονόμην Ἡρακλέους ἀδελφήν, Ἀμφιτρύωνος θυγατέρα καὶ Ἀλκμήνης.

254 Schol. Ap. Rhod. *B* 178 (p. 141. 12–15 Wendel)

> πεπηρῶσθαι δὲ Φινέα φηςὶν Ἡςίοδος ἐν μεγάλαις Ἠοίαις, ὅτι Φρίξωι τὴν ὁδὸν ἐμήνυςεν, ἐν δὲ τῶι τρίτωι Καταλόγωι, ἐπειδὴ τὸν μακρὸν χρόνον τῆς ὄψεως προέκρινεν.

cf. supra fr. **157**

255 Schol. Ap. Rhod. *B* 1122 (p. 206. 21 Wendel), "Ἄργος"

> εἶς τῶν Φρίξου παίδων οὗτος. τούτους δὲ Ἡρόδωρός (31 F 39) φηςιν ἐκ Χαλκιόπης τῆς Αἰήτου θυγατρός, Ἀκουςίλαος (2 F 38) δὲ καὶ Ἡςίοδος ἐν ταῖς μεγάλαις Ἠοίαις φαςὶν ἐξ Ἰοφώςςης τῆς Αἰήτου. καὶ οὗτος μέν φηςιν αὐτοὺς τέςςαρας, Ἄργον Φρόντιν Μέλανα Κυτίςωρον, Ἐπιμενίδης (457 F 12; Vorsokr.⁵ 3 B 12) δὲ πέμπτον προςτίθηςι Πρέςβωνα.

256 Antoninus Liberalis 23, Βάττος

> (Scholium:) ἱςτορεῖ Νίκανδρος Ἑτεροιουμένων α´ καὶ Ἡςίοδος ἐν μεγάλαις Ἠοίαις καὶ Διδύμαρχος Μεταμορφώςεων

---

253 (143)   **254** (151)   **255** (152) οὗτος μέν φηςιν κτλ. haec utrum ad 'Hesiodum' an ad Apollonium (*B* 1155–6) referenda, incertum *Κύτωρον* cod. P: *Κυτίςςωρος* Apollonius l.c.   **256** (153)

γ′ καὶ Ἀντίγονος ἐν ταῖς Ἀλλοιώσεσι καὶ Ἀπολλώνιος ὁ Ῥόδιος
ἐν ἐπιγράμμασιν, ὥς φησι Πάμφιλος ἐν α′.

(Textus:) Ἄργου τοῦ Φρίξου καὶ Περιμήλης τῆς Ἀδμήτου
θυγατρὸς ἐγένετο Μάγνης. οὗτος ᾤκησεν ἐγγὺς Θεσσαλίας, καὶ τὴν
γῆν ταύτην ἀπ᾿ αὐτοῦ Μαγνησίαν προσηγόρευσαν οἱ ἄνθρωποι.

(quae sequuntur vix Hesiodea sunt)

257   Pausanias ix. 36. 7

Ὕηττος δὲ Μόλουρον Ἀρίσβαντος φίλον υἱὸν
κτείνας ἐν μεγάροις εὐνῆς ἕνεχ᾿ ἧς ἀλόχοιο
οἶκον ἀποπρολιπὼν φεῦγ᾿ Ἄργεος ἱπποβότοιο,
ἷξεν δ᾿ Ὀρχομενὸν Μινυήιον· καί μιν ὅ γ᾿ ἥρως
5   δέξατο καὶ κτεάνων μοῖραν πόρεν ὡς ἐπιεικές

258   Pausanias ii. 2. 3

πεποίηται δὲ ἐν Ἠοίαις μεγάλαις Οἰβάλου θυγατέρα εἶναι
Πειρήνην.

259 (a)   Pausanias vi. 21. 10

ἀπέθανον δὲ ὑπὸ τοῦ Οἰνομάου κατὰ τὰ ἔπη τὰς μεγάλας
Ἠοίας Ἀλκάθους ὁ Πορθάονος, δεύτερος οὗτος ἐπὶ τῶι Μάρμακι,
μετὰ δὲ Ἀλκάθουν Εὐρύαλος καὶ Εὐρύμαχός τε καὶ Κρόταλος.
τούτων μὲν οὖν γονέας τε καὶ πατρίδας οὐχ οἷά τε ἦν πυθέσθαι μοι.

Schol. Pind. *Ol.* i. 127b (i. 45 Drachmann), "τρεῖς τε καὶ δέκ᾿
ἄνδρας ὀλέσαις"

οἱ ἀναιρεθέντες οὗτοί εἰσιν· Μέρμνης, Ἱππόθοος, Πέλοψ ὁ
Ὀπούντιος, Ἀκαρνάν, Εὐρύμαχος, Εὐρύλοχος, Αὐτομέδων,
Λάσιος, Χάλκων, Τρικόρωνος, Ἀλκάθους ὁ Πορθάονος, Ἀριστό-
μαχος, Κρόκαλος. τούτωι τῶι ἀριθμῶι τῶν ἀπολομένων
μνηστήρων καὶ Ἡσίοδος καὶ Ἐπιμενίδης μαρτυρεῖ.

257 (144)   258 (145)   259 (a) (147)

260   Schol. Ap. Rhod. Δ 58 (p. 264. 16 Wendel)

ἐν δὲ ταῖc μεγάλαιc ᾽Ηοίαιc λέγεται τὸν ᾽Ενδυμίωνα ἀνενεχθῆ-
ναι ὑπὸ τοῦ Διὸc εἰc οὐρανόν, ἐραcθέντα δὲ ῞Ηραc εἰδώλωι παρα-
λογιcθῆναι νεφέληc, καὶ διὰ τὸν ἔρωτα ἐκβληθέντα κατελθεῖν εἰc
Ἅιδου.

261   Schol. Ap. Rhod. Α 118–21 (p. 17. 5 Wendel)

ἐν δὲ ταῖc μεγάλαιc ᾽Ηοίαιc λέγεται, ὡc ἄρα Μελάμπουc
φίλτατοc ὢν τῶι Ἀπόλλωνι ἀποδημήcαc κατέλυcε παρὰ Πολυ-
φόντηι. βοὸc δὲ αὐτῶι τεθυμένου, δράκοντοc ἀνερπύcαντοc παρὰ
τὸ θῦμα, διαφθεῖραι αὐτὸν τοὺc θεράποντας τοῦ βαcιλέωc· τοῦ
δὲ βαcιλέωc χαλεπήναντοc τὸν Μελάμποδα λαβεῖν καὶ θάψαι,
τὰ δὲ τούτου ἔγγονα τραφέντα ὑπὸ τούτου λείχειν τὰ ὦτα
καὶ ἐμπνεῦcαι αὐτῶι τὴν μαντικήν. διόπερ κλέπτοντα αὐτὸν τὰc
βόαc τοῦ ᾽Ιφίκλου {εἰc Αἴγιναν τὴν πόλιν} περιληφθέντα δεθῆναι
καὶ τοῦ οἴκου μέλλοντοc πεcεῖν, ἐν ὧι ἦν ὁ ῞Ιφικλοc, τῆι διακόνων
πρεcβύτιδι μηνῦcαι, καὶ τούτου χάριν ἀφεθῆναι τῶι ᾽Ιφίκλωι.
(καὶ Μελάμποδα αἰδεcθεὶc ἀπέλυcεν, ἐπιδοὺc αὐτῶι καὶ τὰc βοῦc
ἃc ἀφίκετο κλέψαι. cod. P)

262   Schol. Ap. Rhod. Δ 828 (p. 295. 21 Wendel)

ἐν δὲ ταῖc μεγάλαιc ᾽Ηοίαιc Φόρβαντοc καὶ ῾Εκάτηc ἡ Cκύλλα.

260 (148)   **261** (149) Πολυφόντηι Wilamowitz : Πολυφάντηι cod.
262 (150)

ΚΗΥΚΟΣ ΓΑΜΟΣ

263 Schol. Ap. Rhod. *A* 1289 (p. 116. 12 Wendel)

'Ησίοδος ἐν τῶι Κήϋκος γάμωι ἐκβάντα φησὶν αὐτὸν (Herculem) ἐφ᾽ ὕδατος ζήτησιν τῆς Μαγνησίας περὶ τὰς ἀπὸ τῆς ἀφέσεως αὐτοῦ Ἀφετὰς καλουμένας ἀπολειφθῆναι.

264* Zenobius ii. 19 (*Corp. Paroemiogr. Graec.* i. 36–7 Leutsch–Schneidewin)

αὐτόματοι δ᾽ ἀγαθοὶ ἀγαθῶν ἐπὶ δαῖτας ἴενται.

οὕτως 'Ησίοδος ἐχρήσατο τῆι παροιμίαι, ὡς 'Ηρακλέους ἐπιφοιτήσαντος ἐπὶ τὴν οἰκίαν Κήϋκος τοῦ Τραχινίου καὶ οὕτως εἰπόντος.

cf. etiam Zenob. ii. 46 et schol. Plat. *Conviv.* 174b (p. 56 Greene)

265 Natalis Comes, *Mythologiae* vii. 1 (p. 694 ed. Genav. 1612)

fama est Herculem in Triphyliam regionem Eleorum profectum habuisse controversiam de voracitate cum Lepreo Pyrgei filio, ut inquit Hesiodus in Ceycis nuptiis; atque cum uterque bovem in epulas occidisset, Lepreus nihilo fuit tardior aut imparatior edendo inventus. sed cum post epulas ventum esset ad pugnam ob indignationem aemulae virtutis, Lepreus cecidit ob vim Herculeam.

263 (154) ἀπὸ τῆς ἀφέσεως τῆς Ἀργοῦς P   **264** (155) 'Ησίοδος Schneidewin: 'Ηράκλειτος codd. editorum Gottingensium: ὁ Βακχυλίδης Zenob. (cod. Athous) i. 15 (Miller, *Mélanges de littérature grecque* p. 350)

266 (a)   P.Oxy. 2495 fr. 37, ed. Lobel

$$]ο̣υ̣κ.[ ]..[$$
$$].πονεοντεϲ[$$
$$]ο̣ὐ γὰρ ἄτερ τε[$$
$$]ϲωϲα$$

τρα]πέζας
5   τρίποδάϲ τε]καθέδραϲ]]

]δ̣' ἔχον αἴϲαϲ

]ων

⌊αὐτὰρ ἐπεὶ δαιτὸϲ μὲν ἐίϲηϲ⌋ ἐξ ἔρον ἔντο

⌊μητέρα μητρὸϲ⌋   παιϲ]ὶ̣ν ἄγοντο

10   ⌊ἀζαλέην τε καὶ ὀπταλέην ϲφετέροιϲι⌋ τέκεϲϲι

⌊τεθνάναι⌋[νιφετ]όν τε καὶ ὄμβ[ρον

266 (b)   Athenaeus ii. 32 p. 49b

ὅτι Ἡϲίοδοϲ ἐν Κήυκοϲ γάμωι—κᾶν γὰρ γραμματικῶν παῖδεϲ
ἀποξενῶϲι τοῦ ποιητοῦ τὰ ἔπη ταῦτα, ἀλλ' ἐμοὶ δοκεῖ ἀρχαῖα
εἶναι—τρίποδαϲ τὰϲ τραπέζαϲ φηϲί.

cf. Polluc. vi. 83

266 (c)   'Trypho', *De Tropis* 23 (pp. 246–7 West, *Cl. Quart.*
1965; Rhet. Gr. iii. 225 Spengel)

αὐτὰρ ἐπεὶ δαιτὸϲ μὲν ἐίϲηϲ ἐξ ἔρον ἔντο,

†οἷον οὔ† μητέρα μητρὸϲ ⟨   παιϲὶν⟩ ἄγοντο

⟨ἀζαλέην τε καὶ ὀπταλέην ϲφετέροιϲι τέκεϲϲι

τεθνάναι.⟩

"ἀζαλέην καὶ ὀπταλέην", ἐπεὶ δοκεῖ πρῶτα μὲν ξηραίνεϲθαι,

266 (a) 3 ἄτερ γε Lobel: ἄτερ τε[υ | ἀθανάτων] (Hercule loquente)
West   5 τρίποδαϲ Lobel, cf. fr. (b)   8–11 cf. fr. (c)   9 παιϲὶν
Lobel   11 νιφετ]όν West   **266 (b)** (157)   **266 (c)** (158) 2 οἷον
οὐ Lmb: καὶ οὐ Palaeocappa

εἶτα ὀπτᾶcθαι. "cφετέροιcι τέκεccι", τοῖc ἑαυτοῦ τέκνοιc, λέγει δὲ τοῖc ξένοιc. τὸ δὲ "τεθνάναι", καθὸ δοκεῖ ἐκ τῆc ὕληc ἐκκεκόφθαι.

267 Plutarchus, *Quaest. conviv.* viii. 8. 4 p. 730ef

καθάπερ οὖν τὸ πῦρ τὴν ὕλην, ἐξ ἧc ἀνήφθη, μητέρα καὶ πατέρ' οὖcαν ἤcθιεν, ὡc ὁ τὸν Κήυκοc γάμον εἰc τὰ Ἡcιόδου παρεμβαλὼν εἴρηκεν, κτλ.

268 Schol. Hom. *H* 76 (P.Oxy. 1087. 51)

ἀπάτωροι

267 (158)   **268** (Z 1; 159b)

ΜΕΛΑΜΠΟΔΙΑ

270 Schol. A in Hephaest. p. 109. 4 Consbruch

πίccηc τε δνοφερῆc καὶ κέδρου νηλέι καπνῶι

cf. schol. Tzetzae περὶ μέτρ. in *Anecd. Ox.* iii. 318 (adn.) Cramer

271 Athenaeus xi. 99 p. 498ab, de voce cκύφοc

Ἡcίοδοc δ’ ἐν δευτέρωι Μελαμποδίαc cὺν τῶι π̄ cκύπφον λέγει

    τῶι δὲ Μάρηc θοὸc ἄγγελοc ἦλθε δι’ οἴκου,

πλήcαc δ’ ἀργύρεον cκύπφον φέρε, δῶκε δ’ ἄνακτι

hinc Eustath. in Hom. pp. 900. 17 et 1775. 18

272 (pergit Athenaeus)

καὶ πάλιν

    καὶ τότε μάντιc μὲν δεcμὸν βοὸc αἴνυτο χερcίν,

    Ἴφικλοc δ’ ἐπὶ νῶτ’ ἐπεμαίετο· τῶι δ’ ἐπ’ ὄπιcθεν

    cκύπφον ἔχων ἑτέρηι, ἑτέρηι δὲ cκῆπτρον ἀείραc

    ἔcτειχεν Φύλακοc καὶ ἐνὶ δμώεccιν ἔειπεν

273 Clemens, *Strom.* vi. 2. 26 (ii. 442. 16 Stählin)

Ἡcίοδόc τε ἐπὶ τοῦ Μελάμποδοc ποιεῖ

    ἡδὺ δὲ καὶ τὸ πυθέcθαι, ὅcα θνητοῖcιν ἔνειμαν

    ἀθάνατοι, δειλῶν τε καὶ ἐcθλῶν τέκμαρ ἐναργέc

καὶ τὰ ἑξῆc, παρὰ Μουcαίου (Vorsokr.⁵ 2 B 7) λαβὼν τοῦ ποιητοῦ κατὰ λέξιν.

270 (215) **271** (165) *Μάριc* Wilamowitz **272** (166) μάντηc cod. (*Μάντηc* Meineke) βοὸc Hemsterhuis : βιοc cod. **273** (164) τὰ O. Schneider ἔδειμαν cod., corr. Schneider, Marckscheffel

274   Athenaeus ii. 13 p. 40f

ἡδύ ἐςτιν

ἐν δαιτὶ καὶ εἰλαπίνηι τεθαλυίηι
τέρπεςθαι μύθοιςιν, ἐπὴν δαιτὸς κορέςωνται,

Ἡςίοδος ἐν τῆι Μελαμποδίαι φηςίν.

275   Ps. Apollod., *Bibl.* iii. [69–72] 6. 7

ἦν δὲ παρὰ Θηβαίοις μάντις Τειρεςίας ... Ἡςίοδος δέ φηςιν
ὅτι θεαςάμενος περὶ Κυλλήνην ὄφεις ςυνουςιάζοντας καὶ τούτους
τρώςας ἐγένετο ἐξ ἀνδρὸς γυνή, πάλιν δὲ τοὺς αὐτοὺς ὄφεις
παρατηρήςας ςυνουςιάζοντας ἐγένετο ἀνήρ. διόπερ Ἥρα καὶ
Ζεὺς ἀμφιςβητοῦντες πότερον τὰς γυναῖκας ἢ τοὺς ἄνδρας
ἥδεςθαι μᾶλλον ἐν ταῖς ςυνουςίαις ςυμβαίνοι, τοῦτον ἀνέκριναν.
ὁ δὲ ἔφη δεκαεννέα μοιρῶν περὶ τὰς ςυνουςίας οὐςῶν τὰς μὲν
ἐννέα ἄνδρας ἥδεςθαι, τὰς δὲ δέκα γυναῖκας. ὅθεν Ἥρα μὲν
αὐτὸν ἐτύφλωςε, Ζεὺς δὲ τὴν μαντικὴν αὐτῶι ἔδωκεν. τὸ ὑπὸ
Τειρεςίου λεχθὲν πρὸς Δία καὶ Ἥραν·

οἵην μὲν μοῖραν δέκα μοιρέων τέρπεται ἀνήρ,
τὰς δὲ δέκ' ἐμπίπληςι γυνὴ τέρπουςα νόημα.

ἐγένετο δὲ καὶ πολυχρόνιος.

cf. schol. Hom. κ 494 (ii. 475 Dindorf); Eustath. in Hom.
p. 1665. 42

Schol. Lycophr. 683 (ii. 226. 19 Scheer)

ὡς ὁ τῆς Μελαμποδίας ποιητής·

ἐννέα μὲν μοίρας, δεκάτην δέ τε μοῖραν τέρπεται ἀνήρ,
τὰς δέκα δ' ἐμπίπληςι γυνὴ τέρπουςα νόημα.

274 (163) ἥδιςτον δ' ἐν δαιτὶ Meineke, qui hoc fragmentum cum
praecedenti coniunxit: ἡδὺ ⟨μέν⟩ ἐςτ' Peppmueller   **275** (162) (*Bibl.*)
δέκα μοιρῶν ... οὐςῶν τὴν μὲν μίαν ἄνδρας ἥδεςθαι, τὰς δὲ ἐννέα γυναῖκας
Barth, sed auctori suus error relinquendus est   τὰς δέκα δ' recentiores
et schol. Hom.   (schol. Lycophr.) versus prior hic intruso glossemate
corruptus; verum servavit Tzetzes.   alteram recensionem responsionis
Tiresiae posuit Rzach, quam sic refinxit Schenkl: ἐννέα μὲν μοίρας,
δεκάτην δέ τε τέρπεται ἀνήρ

200

cf. Tzetzam (in pag. eadem); Phlegontem, *Mirab.* iv pp. 73–4
Keller (*Rerum naturalium scriptores*, 1877); *F.Gr.Hist.*
257 F 36 (p. 1178)

276   Tzetzes in Lycophr. 682 (ii. 225. 22 Scheer)

> Ζεῦ πάτερ, εἴθε μοι †εἴθ' ἥccω μ'† αἰῶνα βίοιο
> ὤφελλεc δοῦναι καὶ ἴca φρεcὶ μήδεα ἴδμεν
> θνητοῖc ἀνθρώποιc· νῦν δ' οὐδέ με τυτθὸν ἔτιcαc,
> ὃc μακρόν γέ μ' ἔθηκαc ἔχειν αἰῶνα βίοιο
> 5   ἑπτά τ' ἐπὶ ζώειν γενεὰc μερόπων ἀνθρώπων

cf. Tzetzam, Schol. *exeg. Iliad.* p. 149. 1 Hermann

277   Athenaeus xiii. 89 p. 609e

Ἡcίοδοc δ' ἐν τρίτωι Μελαμποδίαc τὴν ἐν Εὐβοίαι Χαλκίδα
"καλλιγύναικα" εἶπεν.

cf. Eustathium in Hom. p. 875. 52

278   Strabo xiv. 1. 27 p. 642, de Colophone disserens

λέγεται δὲ Κάλχαc ὁ μάντιc μετ' Ἀμφιλόχου τοῦ Ἀμφιαράου
κατὰ τὴν ἐκ Τροίαc ἐπάνοδον πεζῆι δεῦρο ἀφικέcθαι, περιτυχὼν
δ' ἑαυτοῦ κρείττονι μάντει κατὰ τὴν Κλάρον Μόψωι τῶι Μαντοῦc
τῆc Τειρεcίου θυγατρόc, διὰ λύπην ἀποθανεῖν. Ἡcίοδοc μὲν

276 (161) 1 εἴθ' ἥccω μ' Tz. in Lyc., item Tz. schol. *exeg.* cod. C: ἥccον'
ἔχειν Boissonade: εἶτ' ἴcόν τ' O. Schneider   2 δοῦναι καὶ ἴca μήδεα Tz. in
Lyc.: δοῦναι καὶ ἴca φρεcὶ μήδεα Tz. schol. *exeg.*   4 ὃc μακρόν γέ μ'
Rossbach: ὅc γε μακρόν με Tz. in Lyc.: ὅc με μακρόν με Tz. schol. *exeg.*: ὅc γέ
με μακρὸν Boissonade   5 τ' Kinkel: μ' Tz.   **277** (167)   **278** (160)
1 Ἀντιλόχου codd., corr. Xylander

5 οὖν οὕτω πως διασκευάζει τὸν μῦθον· προτεῖναι γάρ τι τοιοῦτο
τῶι Μόψωι τὸν Κάλχαντα·

    θαυμά μ' ἔχει κατὰ θυμόν, ἐρινεὸς ὅσσον ὀλύνθων
    οὗτος ἔχει, μικρός περ ἐών· εἴποις ἂν ἀριθμόν;

τὸν δ' ἀποκρίνασθαι·

10   μύριοί εἰσιν ἀριθμόν, ἀτὰρ μέτρον γε μέδιμνος·
    εἷς δὲ περισσεύει, τὸν ἐπενθέμεν οὔ κε δύναιο.
    ὣς φάτο, καί σφιν ἀριθμὸς ἐτήτυμος εἴδετο μέτρου.
    καὶ τότε δὴ Κάλχανθ' ὕπνος θανάτοιο κάλυψεν.

279 Strabo xiv. 5. 17 p. 676

    Ἡσίοδος δ' ἐν Σόλοις ὑπὸ Ἀπόλλωνος ἀναιρεθῆναι τὸν Ἀμφί-
λοχόν φησιν.

278 7 ὅσσον ὀλύνθων Xylander: ὅσους ὀλύνθους codd.: ὅσσος ὀλύνθος
Sittl (cf. *Scut.* 302 λαγὸς)   8 ϲμικρός Sittl   11 ἐπενθέμεν Spohn:
ἐπελθέμεν codd.   **279** (168)

ΠΕΙΡΙΘΟΥ ΚΑΤΑΒΑCΙC

280   P.Ibscher col. i, ed. Merkelbach

.... ὀλ]έcαι με βίηφί τε δουρί τε μακρῶι,
ἀλλά με Μοῖρ' ὀλο]ὴ καὶ Λητοῦc ὤλεcε[ν υἱόc.
ἀλλ' ἄγε δή μοι ταῦτα δι]αμπερέωc ἀγό[ρευcον·
....]νδε κατήλυθεc [εἰc Ἀΐδαο
5   ....] ἅμ' ἕcπετο τιc[τὸc] ἑ[ταῖροc
....]ει τί κατὰ χρέοc ω[......]ιc;
.... π]ρότερό[c] τ' ἀπ[ὸ] μῦθον ἔειπε[
....]αc ἐc ποιμένα λαῶν
.... .θ]εὰ δαcπλῆτιc Ἐρινύc
10   διογεν]ὲc [Μελ]έαγ[ρε δαΐ]φρονοc Οἰνέοc υἱέ,
τοιγὰρ ἐγώ τοι] ταῦτ[α μ]ὰλ' ἀτρεκέωc καταλέξω.
....].ενωευδε[....] ἀγαυὴν Φερcεφόνειαν
....]...αc φαc.[...]αι Δ[ία] τερπικέραυνον
ἀθανά]των τε νόμοιc ἵνα ἐδνώcειεν ἄκ[ο]ιτιν
15   ....] ἐκείνουc φαcὶ καcιγνήταc μεγ[...]..ειc
μνηc]τεύειν, γαμέειν δὲ φίλων ἀπάν[ευθε τοκήων
....]αι ἐκ μακάρων γάμον ὄρνυται ἐδνώcαcθαι
αὐτοκ]αcιγνήτην ὁμοπάτριον· ἐγγυτέρω γάρ
φήc' εἶ]ναι γεγαὼc αὐτὸc μεγάλου Ἀΐδαο

280 (S) fragmentum aut carmini Hesiodeo de Thesei et Pirithoi de-
scensu tribuendum videtur aut *Minyadi* (cf. Paus. x. 28. 2 = *Miny.*
fr. 1 Kinkel)   4 τίπτ' ἄρ' ὁδὸν τοccή]νδε Page   5 – ⏑ ⏑ τίc δέ coι
οὗτοc] vel sim.   6 χρέοc Latte; τί κατὰ χρ⟨ε⟩ὼ ζω[ὸc ἱκάνε]ιc; Page
7 e.g. τὸν δ' αὖτε προcέφη   8 init. Θηcεύc Merk.   9 ὣc οἱ ἐνὶ
φρεcὶ θῆκε θ]εὰ Latte (debuit ἐπὶ φρ.); versum post 11 transp. West
(duce Maas), supplens e.g. Πειρίθοον μεγάλ' ἄcε   13 φὰc ρ[εὺc]αι
West: φαcι.[...]ν Merk.   15 καὶ γὰρ] Merk. φηcὶ ci. Maas
μεγ[ακ]υδεῖc Latte   16 finem suppl. Maas   17 ὧδε κ]αὶ Merk.
ἐγγυάαcθαι ci. Maas (non scriptum est)   18–19 Latte

203

20   Φερcεφ]όνηι κούρηι Δημήτερος ἠυκόμοιο·
     αὐτὸς] μὲν γάρ φηcι καcίγνητος καὶ ὅπατρος
     ..... .]εν]] Ἀίδην δὲ φίλον πάτρωα τετύχθαι·
     τοῦ δ᾽ ἕν]εκεν φάτο βῆμεν ὑπὸ ζόφον ἠερόεντα."
     ὡc ἔφατ᾽·] Οἰνείδης δὲ κατέcτυγε μῦθον ἀκούcαc,
25   καί μιν] ἀμ[ειβό]μενοc προcεφώνει μειλιχίοιcι·[
     "Θηcεῦ Ἀθην]αίων βουληφόρε θωρηκτάων,
     ....]δάμεια περίφρων ἦν παρά[κοι]τιc
     .... μ]εγαθύμου Πειριθόοιο;
                        ]απoντα[
30   ]..... [
                         ]ουcκ[
            ].[........]ρεμα[
           ]..[

280 22 τῆc ἔμεναι Merk.   23 Maas   27 e.g. οὐ γὰρ Δηΐ]-
δάμεια vel ἥ ῥ᾽ οὐχ Ἱππο]δάμεια

ΙΔΑΙΟΙ ΔΑΚΤΥΛΟΙ

282 Plinius, *Nat. Hist.* vii. 197

aes conflare et temperare Aristoteles (fr. 602 Rose) *Lydum Scythen monstrasse, Theophrastus Delam Phrygem putant, aerariam fabricam alii Chalybas, alii Cyclopas, ferrum Hesiodus in Creta eos qui vocati sunt Dactyli Idaei.*

Clemens, *Strom.* i. 16. 75 (ii. 48–9 Stählin–Früchtel)

Κέλμις τε αὖ καὶ Δαμναμενεὺς οἱ τῶν Ἰδαίων Δακτύλων
πρῶτοι cίδηρον εὗρον ἐν Κύπρωι, Δέλας δὲ ἄλλος Ἰδαῖοc εὗρε
χαλκοῦ κρᾶcιν, ὡc δὲ Ἡcίοδοc, Cκύθηc.

282 (176) Ἰδαῖοc: Λύδιοc Kaibel   exspectes e.g. Κέλμιc . . . καὶ
Δαμναμενεὺc . . . πρῶτοι cίδηρον εὗρον ἐν Κύπρωι, ⟨ὡc δὲ Ἡcίοδοc, ἐν
Κρήτηι,⟩ Δέλας δὲ ἄλλος Ἰδαῖοc εὗρε χαλκοῦ κρᾶcιν, ὡc δὲ ⟨Ἀριcτοτέληc⟩,
Cκύθηc

ΧΕΙΡΩΝΟΣ ΥΠΟΘΗΚΑΙ

283 Schol. Pind. *Pyth.* vi. 22 (ii. 197 Drachmann)

τὰς δὲ Χείρωνος ὑποθήκας Ἡσιόδωι ἀνατιθέασιν, ὧν ἡ ἀρχή·

Εὖ νῦν μοι τάδ᾽ ἕκαστα μετὰ φρεσὶ πευκαλίμηισι
φράζεςθαι· πρῶτον μέν, ὅτ᾽ ἂν δόμον εἰςαφίκηαι,
ἔρδειν ἱερὰ καλὰ θεοῖς αἰειγενέτηισιν

284 Phrynichus, *Eclog.* p. 91 Lobeck (73 p. 175 Ruther-
ford)

"ἀκεςτής" λέγουςιν οἱ παλαιοί, οὐκ "ἠπητής". ἔςτι μὲν
ἠπήςαςθαι ἅπαξ παρ᾽ Ἀριςτοφάνει ἐν Δαιταλεῦςι, παίζοντι τὰς
Ἡςιόδου Ὑποθήκας "καὶ κόςκινον ἠπήςαςθαι". ςὺ δὲ λέγε
"ἀκέςαςθαι" τὸ ἱμάτιον.

285 Quintilianus, *Inst.* i. 1. 15

*quidam litteris instruendos, qui minores septem annis essent, non
putaverunt, quod illa primum aetas et intellectum disciplinarum
capere et laborem pati posset. in qua sententia Hesiodum esse
plurimi tradunt, qui ante grammaticum Aristophanem fuerunt; nam
is primus* Ὑποθήκας, *in quo libro scriptum hoc invenitur, negavit
esse huius poetae.*

283 (170)   **284** (172)   **285** (173)

ΜΕΓΑΛΑ ΕΡΓΑ

286 Anonymus, comm. in Aristot. *Eth. Nicom.* v. 8 (Comm. in Aristot. gr. xx. 222. 25)

εἰ κακά τις cπείραι, κακὰ κέρδεά ⟨κ'⟩ ἀμήςειεν·
εἴ κε πάθοι, τά τ' ἔρεξε, δίκη κ' ἰθεῖα γένοιτο

vs. 2 laudant Aristoteles (vide supra) et alii multi

287 Schol. in Hes. *Op.* 128 (p. 55. 14 Pertusi), "γένος . . . ἀργύρεον"

τὸ δ' ἀργύρεον ἔνιοι τῆι γῆι οἰκειοῦcι λέγοντες ὅτι ἐν τοῖc μεγάλοιc Ἔργοιc τὸ ἀργύριον τῆc Γῆc γενεαλογεῖ.

286 (174) 1 κ' add Rose   2 δ' ἰθεῖα schol. Aesch., Anonymus, *Suda*, codd. aliquot Iuliani: τ' ἰθεῖα Isaac, codd. cett. Iuliani
287 (175) οἰκειοῦcι Lobeck: ἀκούουcι codd.   ἀργύριον: ἀργύρεον cod. Q: ἀργυροῦν γένος (om. τῆc Γῆc) cod. R

ACTPONOMIA

288 Athenaeus xi. 80 p. 491d

τὰς δὲ βροτοὶ καλέουσι Πελειάδας

289 ibid.

χειμέριαι δύνουσι Πελειάδες

290 ibid.

τῆμος ἀποκρύπτουσι Πελειάδες

Plinius, *Nat. Hist.* xviii. 213

occasum matutinum Vergiliarum Hesiodus—nam huius quoque nomine exstat Astrologia—tradidit fieri, cum aequinoctium autumni conficeretur.

291 Schol. in Aratum 172 (p. 370. 9 Maass), de Hyadibus

νύμφαι Χαρίτεσσιν ὁμοῖαι,
Φαισύλη ἠδὲ Κορωνὶς ἐυστέφανός τε Κλέεια
Φαιώ θ᾽ ἱμερόεσσα καὶ Εὐδώρη τανύπεπλος,
ἃς Ὑάδας καλέουσιν ἐπὶ χθονὶ φῦλ᾽ ἀνθρώπων

cf. Tzetzam in Hes. *Op.* 384 (p. 206 Gaisford), *Chil.* xii. 168 sqq.

292 Schol. Callim. *Aet.* fr. 110. 67 (P.Oxy. 2258c fr. 1, ed. Lobel), de Boote

πλάγιον μέν, ὡς] Ἡσίοδος, ἀν(α)τ(έλλοντα), κατ᾽ εὐθεῖα[ν] δὲ δύνοντα.

288–91 (177–80; Vorsokr.⁵ 4 B 1–5)   292 (Z 4)

293 Servius in Verg. *Georg.* i. 244–5 (iii. 1. 188. 9 Thilo–
Hagen), de Dracone

ποταμῶι ῥείοντι ἐοικώς

293 (263) ῥείοντι Lobeck : ῥέοντι Servius

HCIOΔΟΥ Η ΚΕΡΚΩΠΟC ΑΙΓΙΜΙΟC

Tzetz. Schol. *Exeg. Iliad. A* 109 scribit ὃν Ἄργον καὶ τε-
τρόφθαλμον λέγει Κλεινίας ὁ Καρύcτιοc ὁ (καὶ ὁ Luppe) τὸν
Αἰγιμιὸν ποιήcαc. λέγει γὰρ οὑτωcί· (fr. 294).

294 Schol. Eur. *Phoen.* 1116 (i. 366. 5 Schwartz)

  καί οἱ ἐπὶ cκοπὸν Ἄργον ἵει κρατερόν τε μέγαν τε
τέτραcιν ὀφθαλμοῖcιν ὁρώμενον ἔνθα καὶ ἔνθα,
ἀκάματον δέ οἱ ὧρcε θεὰ μένοc, οὐδέ οἱ ὕπνοc
πῖπτεν ἐπὶ βλεφάροιc, φυλακὴν δ' ἔχεν ἔμπεδον αἰεί

Ps. Apollod., *Bibl.* ii. [6] 1. 3

  Ἥρα δὲ αἰτηcαμένη παρὰ Διὸc τὴν βοῦν φύλακα αὑτῆc κατέ-
cτηcεν Ἄργον τὸν πανόπτην, ὃν Φερεκύδηc (3 F 67) μὲν
Ἀρέcτοροc λέγει, ... Κέρκωψ δὲ Ἄργου καὶ Ἰcμήνηc τῆc
Ἀcωποῦ θυγατρόc.

295 Philodemus, π. εὐcεβείαc p. 5 Gomperz; Hercul. voll.
    coll. altera ii. 32a

    1 τουc[
    2 ἔνα{ι} δὲ ὁ[φθαλμὸν
    3 καὶ ὀδόν[τα μόνον ἐ-
    4 χούcαc [πάcαc Αἰc-
    5 χύλοc ἐν [Φορκίcιν
    6 λέγει καὶ [ὁ τὸν Αἰγί-
    7 μιον ποι[ήcαc.

294 (188; cf. 187) 4 φυλακὴν M: φυλακὴ TAB Tz.   ἔμπεδον
M: ἔμπεδοc TAB Tz.   (*Bibl.*) Κέρκωψ Aegius: Κέκροψ cod.
295 2 sq. Robert   3 οδοc[delineator   4 sq. Buecheler   Aesch.
fr. 262 Radt   6 sq. G. Schmid

296   Steph. Byz. p. 3. 1 Meineke

Ἀβαντίς· ἡ Εὔβοια· ὡς Ἡσίοδος ἐν Αἰγιμίου δευτέρωι περὶ
Ἰοῦς·

>   *νήςωι ἐν Ἀβαντίδι δίηι·*
> *τὴν πρὶν Ἀβαντίδα κίκληςκον θεοὶ αἰὲν ἐόντες,*
> *Εὔβοιαν δὲ βοὸς μιν ἐπώνυμον ὠνόμαςε Ζεύς*

297   Ps. Apollod., *Bibl.* ii. [23] 1. 5

Ἀμυμώνη δὲ ἐκ Ποςειδῶνος ἐγέννηςε Ναύπλιον . . . ἔγημε δέ,
ὡς μὲν οἱ τραγικοὶ λέγουςι, Κλυμένην τὴν Κατρέως, ὡς δὲ ὁ
τοὺς νόςτους γράψας, Φιλύραν, ὡς δὲ Κέρκωψ, Ἡςιόνην, καὶ
ἐγέννηςε Παλαμήδην Οἴακα Ναυςιμέδοντα.

298   Plutarchus, *Theseus* 20 (i. 1. 18 Lindskog, i. 1. 17
Ziegler)

πολλοὶ δὲ λόγοι . . . ἔτι λέγονται καὶ περὶ τῆς Ἀριάδνης . . . οἱ δ'
εἰς Νάξον ὑπὸ ναυτῶν κομιςθεῖςαν Ὠνάρωι τῶι ἱερεῖ τοῦ Διονύςου
ςυνοικεῖν, ἀπολειφθῆναι δὲ τοῦ Θηςέως ἐρῶντος ἑτέρας·

>   *δεινὸς γάρ μιν ἔτειρεν ἔρως Πανοπηΐδος Αἴγλης.*

τοῦτο γὰρ τὸ ἔπος ἐκ τῶν Ἡσιόδου Πειςίςτρατον ἐξελεῖν φηςιν
Ἡρέας ὁ Μεγαρεύς (486 F 1) *. . . χαριζόμενον Ἀθηναίοις.*

Athenaeus xiii. 4 p. 557ᵃ, cf. supra fr. 147

299   Schol. Ap. Rhod. *Γ* 587 (pp. 235–6 Wendel)

ἄγγελόν φηςιν Ἑρμῆν ὑπὸ τοῦ Διὸς πεμφθῆναι κελεύοντα
δέξαςθαι τὸν Φρίξον, ἵνα τὴν Αἰήτου θυγατέρα γήμηι. ὁ δὲ τὸν

296 (186) *Εὔβοιαν—Ζεύς* Wilamowitz: *τὴν τότε ἐπώνυμον Εὔβοιαν*
βοὸς ὠνόμαςέν νιν Ζεύς codd.   **297** *Κέρκωψ* Aegius: *Κέκροψ* cod.
298 (105) *Ὠνάρωι* codd. plurimi: *Οἰνάρωι* C: *Ὠλιάρωι* Wilamowitz
299 (184)

Αἰγίμιον ποιήσας διὰ ⟨τὸ⟩ δέρας αὐτὸν αὐθαιρέτως φησὶ προς-
δεχθῆναι. λέγει δὲ ὅτι μετὰ τὴν θυσίαν ἁγνίσας τὸ δέρας οὕτως
ἔστειχεν εἰς τοὺς Αἰήτου δόμους, τὸ κῶας ἔχων.

300   Schol. Ap. Rhod. Δ 816 (p. 293. 20 Wendel)

ὁ τὸν Αἰγίμιον ποιήσας ἐν δευτέρωι φησίν, ὅτι ἡ Θέτις εἰς
λέβητα ὕδατος ἔβαλλεν τοὺς ἐκ Πηλέως γεννωμένους, γνῶναι
βουλομένη εἰ θνητοί εἰσιν, ἕτεροι δὲ εἰς πῦρ (ὡς Ἀπολλώνιός
(Δ 869–79) φησι)· καὶ δὴ πολλῶν διαφθαρέντων ἀγανακτῆσαι τὸν
Πηλέα καὶ κωλῦσαι τὸν Ἀχιλλέα ἐμβληθῆναι εἰς λέβητα.

301   Athenaeus xi. 109 p. 503d

ἔνθά ποτ' ἔσται ἐμὸν ψυκτήριον, ὄρχαμε λαῶν

300 (185) ἕτεροι Koechly : ἑτέρους cod. L   301 (190)

FRAGMENTA INCERTAE SEDIS

303   Clemens, *Strom.* v. 14. 129 (ii. 414 Stählin–Früchtel)

μάντις δ' οὐδ' εἷς ἐστιν ἐπιχθονίων ἀνθρώπων
ὅστις ἂν εἰδείη Ζηνὸς νόον αἰγιόχοιο

304   Plutarchus, *De defectu oraculorum* 11 p. 415cd

λέγει γὰρ ἐν τῶι τῆς Ναΐδος προσώπωι καὶ τὸν χρόνον
αἰνιττόμενος·

ἐννέα τοι ζώει γενεὰς λακέρυζα κορώνη
ἀνδρῶν ἡβώντων· ἔλαφος δέ τε τετρακόρωνος·
τρεῖς δ' ἐλάφους ὁ κόραξ γηράσκεται· αὐτὰρ ὁ φοῖνιξ
ἐννέα τοὺς κόρακας· δέκα δ' ἡμεῖς τοὺς φοίνικας
5   νύμφαι εὐπλόκαμοι, κοῦραι Διὸς αἰγιόχοιο.

Latine reddiderunt Ausonius, *Eclog.* 5 (p. 93 Peiper), *Anthol. Lat.* 647 Riese, et auctor Epigramm. Bobiens. 62; singulos versus laudant multi

305   Schol. T Hom. Ϲ 570 (vi. 279. 16 Maass)

Οὐρανίη δ' ἄρ' ἔτικτε Λίνον πολυήρατον υἱόν·
ὃν δή, ὅσοι βροτοί εἰσιν ἀοιδοὶ καὶ κιθαρισταί,
πάντες μὲν θρηνεῦσιν ἐν εἰλαπίναις τε χοροῖς τε,
ἀρχόμενοι δὲ Λίνον καὶ λήγοντες καλέουσιν

cf. Eustath. in Hom. p. 1163. 62

303 (169)   **304** (171) 2 ἡβώντων: γηράντων Et. magn. (s.v. γηράς), quod verum videtur: γηρώντων 'quidam' teste Plutarcho, Proclus, Etymol. s.v. ἀγροτέρας ἐλάφους, Tzetzes: φθινόντων Philoponus
305 (192)

213

306 Clemens, *Strom.* i. 4. 25 (ii. 16. 13 Stählin–Früchtel)

῾Hcίοδος γὰρ τὸν κιθαριστὴν Λίνον

παντοίης coφίης δεδαηκότα

εἰπὼν κτλ.

307 Schol. Hom. δ 231 (i. 196. 4 Dindorf)

εἰ μὴ Ἀπόλλων Φοῖβος ὑπὲκ θανάτοιο caώcαι
ἢ αὐτὸς Παιήων, ὃς ἁπάντων φάρμακα οἶδεν

cf. schol δ 232 (i. 196. 8 Dindorf) et Eustath. in Hom.
p. 1494. 12

308 Clemens, *Protr.* 7. 73. 3 (i. 55. 26 Stählin)

αὐτὸς γὰρ πάντων βαcιλεὺc καὶ κοίρανόc ἐcτιν
ἀθανάτων τέ οἱ οὔ τιc ἐρήριcται κράτοc ἄλλοc

cf. Clementem, *Strom.* v. 14. 112 (ii. 402. 10 Stählin)

309 Epimerism. alphab. in Hom., *Anecd. Ox.* i. 148. 24
Cramer

δῶρα θεῶν μακάρων πλῆcθαι χθονί

310 Clemens, *Strom.* i. 6. 36. (ii. 24. 3 Stählin–Früchtel)

Μουcάων, αἵ τ᾿ ἄνδρα πολυφραδέοντα τιθεῖcι
θέcπιον αὐδήεντα

306 (193)   307 (194) 1 caώcαι Dindorf: caῶcαι codd. MT ad 232:
cάωcεν cod. V ibid.: caώcει codd. BHQ ad 231 : cώcει Eustath.   2 αὐτὸc
om. Eustath.: καὶ Hermann   308 (195) ἔccι | ἀθανάτων· τέο δ᾿ Sittl
τέ οἱ Buttmann : τε ὁδ᾿ cod. Clementis *Protrept.*: cέο δ᾿ cod. Clementis
Strom.   309 (196)   310 (197)

311   Hyginus, *Fab.* 154 (*Phaethon Hesiodi*)

. . . *harum lacrimae, ut Hesiodus indicat, in electrum sunt duratae; Heliades tamen nominantur. sunt autem Merope Helie Aegle Lampetie Phoebe Aetherie Dioxippe.*

cf. Lactantium Placidum, *Narrat. fabul. Ovid. Met.* ii fab. 2–3 p. 638. 7–10 Magnus

312   Aelianus, *Var. hist.* xii. 20 (ii. 128. 3 Hercher)

λέγει ῾Ησίοδος τὴν ἀηδόνα μόνην ὀρνίθων ἀμελεῖν ὕπνου καὶ διὰ τέλους ἀγρυπνεῖν· τὴν δὲ χελιδόνα οὐκ εἰς τὸ παντελὲς ἀγρυπνεῖν, καὶ ταύτην δὲ ἀπολωλέναι τοῦ ὕπνου τὸ ἥμισυ. τιμωρίαν δὲ ἄρα ταύτην ἐκτίνουσι διὰ τὸ πάθος τὸ ἐν Θράικηι κατατολμηθὲν τὸ ἐς τὸ δεῖπνον ἐκεῖνο τὸ ἄθεσμον.

313   Ps. Ammonius, *De adf. vocab. diff.* 354 p. 92 Nickau (s.v. ὄρθρος)

καὶ ῾Ησίοδος τελευτῆσαί φησί τινα

πρωὶ μάλ᾽ ἠίθεον

314   Schol. A Hom. *Λ* 155 (i. 379. 17 Dindorf)

τῆλε γὰρ ἀξυλίηι κατεπύθετο κήλεα νηῶν

315   Etymol. gen. s.v. λαρόν (p. 32. 1 Adler–Alpers, *Hist. Filos. Medd. Dan. Vid. Selsk.* 44 (3), 1969)

†οὐκέτι δὴ βαίνουσι λαροῖς ποσίν.†

cf. schol. Ap. Rhod. *Λ* 456 (p. 41 Wendel); Lex. Vindob. (Andreas Lopadiotes) p. 119. 17 Nauck

311 (199) Schol. Strozz. in Germanici *Aratea* p. 174. 6 Breysig haec de Fluvio sive Eridano caeli signo praebent: *Hesiodus autem dicit inter astra conlocatum propter Phaethonta*   **312** (203)   **313** (204) **314** (206) κήλεα: κήελα West   **315** (207) aut βαίνουσι traiciendum aut lacuna post hanc vocem statuenda

316 Schol. A Hom. Ω 624 (ii. 294. 9 Dindorf)

ὤπτησαν μὲν πρῶτα, περιφραδέως δ' ἐρύcαντο

317 Galenus, *De placitis Hippocr. et Plat.* i. 265. 11 Müller
(= Chrysippus fr. 906, *Stoic. Vet. Fr.* ii. 254. 14
v. Arnim)

τοῦ{δε} γὰρ ἀέξετο θυμὸc ἐνὶ cτήθεccι φίλοιcι

318 ibid.

οἷον ἐνὶ cτήθεccι χόλον θυμαλγέ' ἔχουcα

319 Strabo vii. 7. 10 p. 327

Δωδώνην φηγόν τε, Πελαcγῶν ἕδρανον, ἦιεν

320 Schol. Ap. Rhod. *A* 757 (p. 65. 14 Wendel)

διόπερ παρ' Ἡcιόδωι οὕτωc ἀναγνωcτέον·

αὐτὸc δ' ἐν πλήμηιcι διιπετέοc ποταμοῖο,
καὶ οὐχ, ὥc τινεc, "ἐν πλήμνηιcι".

321 Harpocratio p. 133. 18 Dindorf

ἔργα νέων. τοῦτο καὶ Ὑπερείδηc ἐν τῶι κατ' Αὐτοκλέουc
Ἡcιόδου φηcὶν εἶναι. παροιμία τίc ἐcτιν, ἣν ἀνέγραψε καὶ
Ἀριcτοφάνηc ὁ γραμματικὸc οὕτωc ἔχουcαν·

ἔργα νέων, βουλαὶ δὲ μέcων, εὐχαὶ δὲ γερόντων

cf. Apostolium vii. 90 et Macarium iv. 11 (*Corp. Paroemiogr.
Graec.* ii. 419 et 167); Eur. *Melanipp.* fr. 508; vers. parod.
ap. Strab. xiv. 5. 14 pp. 674–5

316 (208)   **317** (210)   **318** (211) ἔχουcα cod. H : ἔχουcι cod. L
319 (212) ἦιεν Boissonade : ἦεν codd.   **320** (217) πλήμηιcι West :
πλήcμηιcι codd.   **321** (220)

216

322　Porphyrius, *De abstinentia* ii. 18 (p. 148. 16 Nauck)

ὥc κε πόλιc ῥέζηcι, νόμοc δ' ἀρχαῖοc ἄριcτοc

323　Schol. Nicandr. *Ther.* 452 (p. 36. 28 Keil)

χρὴ δέ cε πατρὶ 〈　　　〉 κτίλον ἔμμεναι

324　Ps. Plato, *Epist.* xi p. 359a

cυμβουλεῦcαι μέντοι ἔχω coί τε καὶ τοῖc οἰκιcταῖc, ὃ εἰπόντοc
μὲν ἐμοῦ, φηcὶν Ἡcίοδοc, δόξαι ἂν εἶναι φαῦλον,

χαλεπὸν δὲ νοῆcαι

325　Photius, *Bibl.* p. 535 b 38 Bekker (ex Helladio)

τὸ δὲ "κνιcᾶν ἀγυιάc" παρὰ Ἡcιόδωι τοῖc θεοῖc θύειν λέγει.

326　Pollux iii. 19

"ἀγαπητὴ" θυγάτηρ ἡ μονογενὴc καθ' Ἡcίοδον.

327　Audacis Excerpta, *Gramm. Lat.* vii. 332 Keil

*qui primum his observationibus in componendis carminibus usi
sunt? Phemonoe dicitur Apollinis vates prima per insaniam ita
locuta, cuius Hesiodus meminit.*

328　Schol. AT Hom. Φ 528 (ii. 228. 25 Dindorf, vi. 367. 5
　　　Maass)

ἄφυζαν

τὸν λέοντα Ἡcίοδοc εἶπεν.

322 (221)　　　**323** (222)　　　**324** (223) εἰπόντοc μὲν ἐμοῦ
φαῦλον, χαλεπὸν δὲ νοῆcαι integrum versum esse contendit Wilamowitz
325 (224)　　　**326** (225)　　　**327** (226) *Hesiodus*: *Heliodorus* Sittl
328 (235) τὴν λέαιναν Dindorf

329   Strabo viii. 5. 3 p. 364

τὸ βριθὺ καὶ βριαρὸν

βρῖ

λέγει.

330   Tzetzes, *Exeg. Iliad.* p. 4. 13 Hermann

ἤδυμον

331   Schol. in Philostrati *Heroic.* p. 464 Boissonade

ὅτων

332   Epimerism. alphab. in Hom., *Anecd. Ox.* i. 46. 31 Cramer

Πρόκριν

333   Pollux i. 231

φυλλοχόος μήν

cf. Himerium *Or.* 45 (p. 183 Colonna) et Eustath. in Hom. pp. 631. 4, 1555. 8

335   Lesbonax π. cχημάτων p. 33 R. Müller (Lipsiae, 1900)

δαϊζομένοιο πόληος

337   Schol. E Hom. η 104 (i. 332. 10 Dindorf)

ἀλετρεύουcι μύλης ἔπι μήλοπα καρπόν

329 (236)   **330** (237)   **331** (238)   **332** (239)
333 (240) φυλλοχόος μείς Rzach (ut Callim. fr. 260. 12)   **335** (248)
δαϊζομένοιο Ruhnken : δαϊζομένου codd.   πόλεως cod. Taur. : πόλιος
Bortoli   **337** (264) μύλης : sive μύληιc

338　　Plùtarchus, *De Stoicorum repugnantiis* 8, p. 1034e et alii

μηδὲ δίκην δικάϲηιϲ, πρὶν ἄμφω μῦθον ἀκούϲηιϲ

Aristophanes, *Vesp.* 725

ἦ που ϲοφὸϲ ἦν, ὅϲ τιϲ ἔφαϲκεν "πρὶν ἂν ἀμφοῖν μῦθον ἀκούϲηιϲ
οὐκ ἂν δικάϲαιϲ."

339　　Etymol. magn. p. 44. 35

ἀκαλὰ προρέων

cf. Etymol. Symeonis cod. Voss. (Gaisford ad Etym. magn.
44. 29). incertum est, num haec ad versum spectent, quem
laudat Steph. Byz. p. 503. 21 Meineke

Παρθένιοϲ· ποταμὸϲ ἐν μέϲωι τῆϲ Ἀμαϲτριανῶν πόλεωϲ ῥέων.
ἐκλήθη δὲ . . . διὰ τὸ ἠρεμαῖον καὶ παρθενῶδεϲ τοῦ ῥεύματοϲ·

ὡϲ ἀκαλὰ προρέων ὡϲ ἁβρὴ παρθένοϲ εἶϲιν

340　　Strabo xiii. 1. 12 p. 587 (de Priapo)

ἀπεδείχθη δὲ θεὸϲ οὗτοϲ ὑπὸ τῶν νεωτέρων· οὐδὲ γὰρ Ἡϲίοδοϲ
οἶδε Πρίαπον.

341　　Schol. Hom. τ 34 (ii. 670 Dindorf), "λύχνον"

λέγει δὲ τὴν δᾶιδα κυρίωϲ. τῶι δὲ παρ' ἡμῖν καλουμένωι
λύχνωι τοὺϲ ἥρωαϲ χρωμένουϲ ὁ ποιητὴϲ οὐκ εἰϲάγει οὐδὲ
Ἡϲίοδοϲ μέμνηται.

342　　Argumentum ii in Soph. *Oed. Reg.*

ὅτι δὲ νεώτερον τὸ τοῦ "τυράννου" ὄνομα δῆλον· οὔτε γὰρ
Ὅμηροϲ οὔτε Ἡϲίοδοϲ οὔτε ἄλλοϲ οὐδεὶϲ τῶν παλαιῶν τύραννον
ἐν τοῖϲ ποιήμαϲιν ὀνομάζει.

338 (271)　　　**339** (218) (Etymol. Sym.) προχέων cod. Voss. in textu:
προρρέων cod. Voss. in margine　　**340** (242)　　**341** (243)　　**342** (244)

FRAGMENTA DVBIA

343 Galenus, *De placitis Hippocr. et Plat.* iii. 8 p. 320. 7
Müller (= Chrysippus fr. 908, *Stoic. Vet. Fr.* ii.
256 v. Arnim)

ἐκ ταύτης ἔριδος ἢ μὲν τέκε φαίδιμον υἱὸν
Ἥφαιστον †τέχνηισιν ἄνευ Διὸς αἰγιόχοιο
ἐκ πάντων παλάμηισι κεκασμένον Οὐρανιώνων·
αὐτὰρ ὅ γ᾽ Ὠκεανοῦ καὶ Τηθύος ἠυκόμοιο
5 κούρηι νόσφ᾽ Ἥρης παρελέξατο καλλιπαρήου
ἐξαπαφὼν Μῆτιν καίπερ πολύιδριν ἐοῦσαν·
συμμάρψας δ᾽ ὅ γε χερςὶν ἑὴν ἐγκάτθετο νηδύν,
δείςας μὴ τέξηι κρατερώτερον ἄλλο κεραυνοῦ·
τούνεκά μιν Κρονίδης ὑψίζυγος αἰθέρι ναίων
10 κάππιεν ἐξαπίνης. ἢ δ᾽ αὐτίκα Παλλάδ᾽ Ἀθήνην
κύςατο· τὴν μὲν ἔτικτε πατὴρ ἀνδρῶν τε θεῶν τε
πὰρ κορυφήν, Τρίτωνος ἐπ᾽ ὄχθηισιν ποταμοῖο.
Μῆτις δ᾽ αὖτε Ζηνὸς ὑπὸ cπλάγχνοιc λελαθυῖα
ἧςτο, Ἀθηναίης μήτηρ, τέκταινα δικαίων,
15 πλεῖςτα θεῶν εἰδυῖα καταθνητῶν τ᾽ ἀνθρώπων.
†ἔνθα θεὰ παρέλεκτο Θέμιc† παλάμαιc περὶ πάντων
ἀθανάτων ἐκέκαςθ᾽ οἳ Ὀλύμπια δώματ᾽ ἔχουςιν,
αἰγίδα ποιήcαca φοβέcτρατον ἔντος Ἀθήνηc·
cὺν τῆι ἐγείνατό μιν, πολεμήϊα τεύχε᾽ ἔχουcαν.

---

343 H = cod. Berol. gr. 270 (Hamiltonianus), qui est archetypus
in hoc Galeni loco   2 κλυτότεχνον Herwerden, sed est glossema
ad παλάμηιcι ut vid.: φιλότητος ἄτερ Rzach   6 πολύιδριν ἐοῦcαν
Ruhnken: πολὺ δινεύουcαν H   7 ἐcκάτθετο Schoemann   12 κορυφῆc
Goettling   16 θεὰν παρέδεκτο Aly, deinde ἥτιc Merk.   18 ἔντὸc
H, corr. Boissonade   Ἀθήνηc Bergk: -η H: -ηι Ruhnken

350 Servius in Verg. *Georg.* iii. 280 (iii. 1. 297. 27 Thilo)
'*hippomanes vero quod nomine dicunt | pastores*'

scit lectum esse apud Hesiodum, herbam esse quandam, quae hippo-
manes vocatur, quasi ἵππου μανία: si enim eam comederint equi,
furore quatiuntur.

351 Lactantius Placidus, *Narrat. fabul. Ovid. Met.* iv fab.
5 pp. 647–8 Magnus

Sol praelatam Leucothoen ex Eurynome et Orchamo, Achaemeniae
principe, origine Beli genitam, Clymenae ac Rhodo, Circae matri, et
Clytiae, quarum pulchritudine ante sollicitum animum egerat, dilexit.
et cupiens, ut in antedictis, cupiditatem sedare, in speciem matris
puellae Eurynomes conversus virginem deceptam dolo vitiavit. cuius
adulterio Clytie incensa, qua nondum satiatus erat Sol, parenti puellae
indicavit. quam ille cum terrae defodisset, vitiator admissi miseri-
cordiam exhibens, diducto solo, cui subiecta fuerat, pro ea virgam
tinctam nectare, quae gratissima diis hominibusque esset, extulit,
quae turea appellatur. hoc Hesiodus indicat.

352 Lactantius Placidus, *Narrat. fabul. Ovid. Met.* xi fab. 4
pp. 691–2 Magnus

Pan, cum Tmolo monte Lydiae frequentius fistula se oblectaret,
elatus gloria agrestium nympharum Apollinem in certamen devocavit.
iudice ergo Tmolo, cuius mons erat, cum Apollini victoria esset
adiudicata, Midae regi supradicto adsidenti soli displicuit. quam ob
causam Apollo ob eandem stultitiam, quam et supra gesserat in Liberi
patris voluntate, iratus deus aures eius in asininas, ut essent sempi-
terno, effecit, cuius iudicium nulli rei facerent. qui tamen fertur Midas
esse Matris Magnae filius. sic enim cum Hesiodo consentit Ovidius.

350 (232) *Hesiodum*: *Theocritum* Masvicius   **351** (250)
352 (251)

353 Lactantius Placidus, *Narrat. fabul. Ovid. Met.* xiii
fab. 3 p. 701 Magnus

Memnon, Tithoni et Aurorae filius, Priamo ferens auxilium ab
Achille occiditur. mater ergo precibus pro assiduo officio inducendae
lucis ab Iove impetrat, ut in cineres eius adusto rogo sorores con-
vertantur in volucres Memnonides nomine. quae memores belli cum
quotannis ad sepulcrum eius conveniunt, et inter se dimicantes sanguine
suo manibus eius frequentia parentant et ipsa mater eius matutinis
temporibus lacrimas desiderio filii sui Memnonis transmutat in
rorem. quod tamen monumentum in Phrygia constituit patruus eius,
ut Hesiodus vult.

354 Lactantius Placidus, *Narrat. fabul. Ovid. Met.* ii fab.
5-6 p. 639 Magnus, de Callisto

paelicatu eius accensa (sc. *Iuno*) . . . *in ursam eam transfiguravit.*
quae a Iove cum Arcade filio, quem erat enixa, inter sidera conlocatur.
a Graecis autem Helice, a nostris septemtrio nuncupatur et a Tethy
et Oceano ob Iunonis iram inter cetera sidera liquore non tinguitur,
ut auctor Hesiodus indicat.

355 Stat. *Theb.* iii. 482 sqq.

> *mirum unde, sed olim*
> *hic honor alitibus, superae seu conditor aulae*
> *sic dedit effusum chaos in nova semina texens,*
> *seu quia* etc.

Schol. ad loc. (p. 170. 2 Jahnke)

prima opinio est ab Hesiodo: futura praedicere quia supernus
conditor orbis, cum chaos figuraret in semina, hanc illis potestatem
concessit.

353 (252) *cui tamen* Muncker   **354** (260) cf. fr. 163
355 (fals. 16)

356 Iosephus, *Antiqu. Iud.* i. 108 (i. 25 Niese)

Ἡcίοδόc τε καὶ Ἑκαταῖοc (1 F 35) καὶ Ἑλλάνικοc (4 F 202)
καὶ Ἀκουcίλαοc (2 F 46) καὶ πρὸc τούτοιc Ἔφοροc (70 F 238)
καὶ Νικόλαοc (90 F 141) ἱcτοροῦcι τοὺc ἀρχαίουc ζήcανταc
ἔτη χίλια.

357 Schol. Pind. *Nem.* ii. . (iii. 31. 10 Drachmann), ex
Philochoro ut vid.

ἐν Δήλωι τότε πρῶτον ἐγὼ καὶ Ὅμηροc ἀοιδοὶ
μέλπομεν, ἐν νεαροῖc ὕμνοιc ῥάψαντεc ἀοιδήν,
Φοῖβον Ἀπόλλωνα χρυcάορον, ὃν τέκε Λητώ

cf. Eustath. in Hom. p. 6. 14

358 Paraphrasis Lycophr. 822 (i. 71 Scheer)

πρῶτοc Ἡcίοδοc περὶ τῆc Ἑλένηc τὸ εἴδωλον παρήγαγε.

361 Plato, *Resp.* iii p. 390e

δῶρα θεοὺc πείθει, δῶρ' αἰδοίουc βαcιλῆαc

Suda δ 1451 (ii. 135. 12 Adler)

οἱ μὲν Ἡcιόδειον οἴονται τὸν cτίχον.

362 Clemens, *Strom.* v. 14. 107. 2 (ii. 397. 24 Stählin) ex
Aristobulo

ἑβδομάτηι δ' αὖτιc λαμπρὸν φάοc ἠελίοιο

356 (256)   **357** (265)   **358** (266) cf. Anon. comm. in poetas
melicos, P.Oxy. 2506 fr. 26 col. i de Stesichoro (Melici 193 Page) : [μέμ]-
φεται τὸν Ὅμηρο[ν ὅτι Ἑλέ]νην ἐποίηcεν ἐν Τ[ροίαι] καὶ οὐ τὸ εἴδωλον
αὐτῆ[c, ἔν] τε τ[ῆι] ἑτέραι τὸν Ἡcίοδ[ον] μέμ[φετ]αι. διτταὶ γάρ εἰcι
παλινωιδ⟨ίαι δια⟩λλάττουcαι· . . . αὐτὸ[c δ]έ φηc[ιν ὁ] Cτηcίχορο[c] τὸ μὲν
ε[ἴδωλο]ν ἐλθεῖ[ν ἐc] Τροίαν, τὴν δ' Ἑλένην π[αρὰ] τῶι Πρωτεῖ κατα-
μεῖν[αι.   (Paraphr. Lycophr.) περὶ del. Bücheler   **361** (272) δῶρ' :
καὶ *Suda*   **362** (273)

363*   Apollonius Soph., *Lex. Hom.* p. 164. 14 Bekker

'Ηλιόδωρος·

φοῖβον ὕδωρ ἐπάγων κέρας' Ὠκεανοῖο ῥοῆισι

363 (274) Ἡλιόδωρος : Ἡcίοδος Villoison   κέρας' Bekker : κέρας
cod. : possis etiam κερὰς (adverb.)

SPVRIA

364 Aristoteles, *Hist. Anim.* Θ 601ᵃ31 sqq.

τὰ μὲν οὖν γαμψώνυχα, καθάπερ εἴρηται πρότερον, ὡς ἁπλῶς
εἰπεῖν ἄποτα πάμπαν ἐστίν. ἀλλ' Ἡcίοδοc ἠγνόει τοῦτο· πεποίηκε
γὰρ τὸν τῆc μαντείαc πρόεδρον ἀετὸν ἐν τῆι διηγήcει τῆι περὶ
τὴν πολιορκίαν τὴν Νίνου πίνοντα.

367 Nicander, *Ther.* 8 sqq.

    ἀλλ' ἤτοι κακοεργὰ φαλάγγια, cὺν καὶ ἀνιγροὺc
    ἑρπηcτὰc ἔχιάc τε καὶ ἄχθεα μυρία γαίηc
10   Τιτήνων ἐνέπουcιν ἀφ' αἵματοc, εἰ ἐτεόν περ
    Ἀcκραῖοc μυχάτοιο Μελιccήεντοc ἐπ' ὄχθαιc
    Ἡcίοδοc κατέλεξε παρ' ὕδαcι Περμηccοῖο.

cf. schol. ad v. 11 ἰcτέον δὲ ὅτι ψεύδεται ὁ Νίκανδροc
ἐνταῦθα. οὐδαμοῦ γὰρ τοῦτο εἶπεν (sc. ὁ Ἡcίοδοc) ἐν τοῖc
πραττομένοιc.

389 Schol. in Simiae *Alas* 1 (Wendel, *Scholia in Theo-
critum Vetera* p. 343. 1) "λεῦccέ με τὸν Γᾶc τε βαθυcτέρνου
ἄνακτ' Ἀκμονίδαν τ' ἄλλυδιc ἑδράcαντα"

Ἀκμονίδαν δέ ⌊φηcι⌋ τὸν Οὐρανὸν ⌊Ἡcίοδοc⌋· Γαῖα μὲν
Ἄκμονα ἔτικτεν, ἀπὸ δ' Ἄκμονοc ὁ Οὐρανόc.

---

364 (fals. 1) Ἡcίοδοc: Ἡρόδοτοc cod. Vat. 262, sed non est Herodoti
367 (fals. 2)   **389** (fals. 6) φηcι cod. G: om. cod. K et *Anth. Pal.*
xv. 24   Ἡcίοδοc *Anth. Pal.*: om. KG: 'quod nomen', ait Wendel,
'ortum mihi esse videtur e verbo (φ)ηcι super linea postea additο'

400 Etymol. magn. p. 215. 37

βροτός· ὡς μὲν Εὐήμερος ὁ Μεccήνιος (63 F 8), ἀπὸ Βροτοῦ
τινος αὐτόχθονος· ὡς δὲ ῾Ηcίοδος, ἀπὸ Βροτοῦ τοῦ Αἰθέρος καὶ
῾Ημέρας.

400 (114)

COMPARATIO NVMERORVM

Rzach (1913)	Merk.–West	Rzach (1913)	Merk.–West	Rzach (1913)	Merk.–West
1	Cat.	34	183	70	204
1b	Cat.	35	192	71	222
2	2, 3	36	78	72	26
3	4	37	70	73	12
4	3, 5	38	70	74	13
5	7	39	71	75	184
6	8	40	218	76	205
7	9, 10 (a)	41	219	77	206
7b	43 (a)	42	220	78	208
8	6	43	160	79	209
9	19	44	161	80	210
10	20	45	162	81	211
11	10 (c) = 245	46	167	82	1
12	17 (b)	47	121	83	213
13	18	48	158	84	212 (a)
14	33	49	159	85	214
15	35	50	63	86	49
16	34	51	68	87	50
17	221	52	157	88	52
18	38	53	157	89	53
19	40	54	151	90	23 (a)
20	72	55	150	91	24
21	73	56	155	92	24
21b	75, 76	57	156	93	176
22	74	58	156	94	196–200
23	137	59	156	95	202
24	128	60	150	96	204
25	127	61	152	97	191
26	130	62	153	98	194
27	131	63	241	99	175
28	132	64	241	100	23 (b)
29	133	65	150	101	223
30	140	66	390	102	224
31	138	67	390	103	144
32	139	68	27	104	146
33	22	69	28	105	147, 298

COMPARATIO NVMERORVM

Rzach (1913)	Merk.–West	Rzach (1913)	Merk.–West	Rzach (1913)	Merk.–West
106	225	147	259 (a)	188	294
107	226	148	260	189	126
108	230	149	261	190	301
109	232	150	262	191	233
110	26	151	254	192	305
111	64	152	255	193	306
112	67 (b)	153	256	194	307
112b	43 (c)	154	263	195	308
113	166	155	264	196	309
114	400	156	228	197	310
115	234	157	266 (b)	198	10
116	235	158	266 (c), 267	199	311
117	62	159	15	200	87
118	236	159b	268	201	231
119	237	160	278	202	344
120	238	161	276	203	312
121	239	162	275	204	313
122	59	163	274	205	203
123	60	164	273	205b	179
124	42	165	271	206	314
125	51	166	272	207	315
126	54 (b)	167	277	208	316
127	54 (c)	168	279	209	150
128	215	169	303	210	317
129	216	170	283	211	318
130	32	171	304	212	319
131	271A (346)	172	284	213	189
132	181	173	285	214	204
133	182	174	286	215	270
134	240	175	287	216	204
135	25	176	282	217	320
136	195	177	288	218	339
137	247	178	289	219	61
138	248	179	290	220	321
139	249	180	291	221	322
140	250	181	163	222	323
141	251 (b)	182	148	223	324
142	252	183	149	224	325
143	253	184	299	225	326
144	257	185	300	226	327
145	258	186	296	227	347
146	246	187	124	228	348

COMPARATIO NVMERORVM

Rzach (1913)	Merk.–West	Rzach (1913)	Merk.–West	Rzach (1913)	Merk.–West
229	349	254	366	fals. 2	367
230	349	255	348	3	406
231	371	256	356	4	384
232	350	257	385	5	374
233	142	258	Astr.	5b	43 (b)
234	204	259	408	6	389
235	328	260	354	7	388
236	329	261	407	8	410
237	330	262	336	9	368
238	331	263	293	10	377
239	332	264	337	11	378
240	333	265	357	12	393
241	334	266	358	12b	373
242	340	267	411	13	386
243	341	268	382	14	405
244	342	269	359	15	381
245	43 (a)	270	360	15b	372
245b	193	271	338	16	355
246	65	272	361	17	395
247	69	273	362	18	379
248	335	274	363	19	376
249	391	275	169	20	396
250	351	276	170	21	397
251	352	277	77	22	402
252	353	278	—		
253	365	fals. 1	364		

Merk. (1957)	Merk.–West	Merk. (1957)	Merk.–West	Merk. (1957)	Merk.–West
A	1	F 6	116	H	204
B	43 (a)	F 7	117	I	135
C	31	F 8	21	K 1	141, 143
D	37	F 9	118	K 2	150, 154
E	70	F 10	119	L	145
F 1	22	F 11	120	M 1	165
F 2	10 (a)	G 1	196	M 2	171
F 3	26, 185, 186	G 2	197	M 3	177
F 4	25	G 3	198	M 4	178
F 5	23 (a)	G 4	199	M 5	172
		G 5	200	M 6	173

COMPARATIO NVMERORVM

Merk. (1957)	Merk.–West	Merk. (1957)	Merk.–West	Merk. (1957)	Merk.–West
M 7	174	Q	73	Z 2	179
N	193	R	75, 76	Z 3	242
O	211	S	280, 281	Z 4	292
P	195	Z 1	268		

INDEX NOMINVM

Stella notantur loci ubi habes supplementa vel variam lectionem vel aliam occasionem cavendi. ( ) Cancellis saepiuntur fragmentorum loci prosa scripti.

231

233

INDEX NOMINVM

Κητώ *Th.* 238, 270, 333, 336

Κήϋξ *Sc.* 354, 472, 476; fr. 10a. 94;
(10d); (15); 71A. *3, *5; *228;
251a. 3; (264)

Κηφισός fr. *70. 17; (71)

Κίρκη *Th.* 957, 1011

Κλέεια fr. 291. 2

Κλειώ *Th.* 77

Κλεόδαιος fr. 231

Κλεοδώρη fr. (*213)

Κλυμένη *Th.* 351, 508

Κλύμενος, Oenei f., fr. 25. 16

Κλύμενος, Orchomeni f., fr. 77

Κλυταιμήςτρη fr. 23a. *9, *14, 27;
176. 5

Κλυτίη *Th.* 352

Κλυτίος fr. 26. 29

Κλωθώ *Th.* 218, 905; *Sc.* 258

Κοῖος *Th.* 134, 404

Κοίρανος fr. 136. 3, 6?

Κομήτης fr. 70. 39

Κοπρεύς fr. 70. 29

Κόρινθος fr. 204. 48

Κορωνίς, Phlegyae f., fr. 60. 3

Κορωνίς Hyas fr. 291. 2

Κόττος *Th.* 149, 618, 654, 714,
734, 817

Κουρῆτες Aetoli fr. 25. 13

Κουρῆτες dei fr. 10a. 19

Κόως fr. 43a. 57, 66; cf. Κω . . . α
fr. 43a. 59

Κράτος *Th.* 385

Κρεῖος *Th.* 134, 375

Κρείουσα fr. *10a. 20

Κρείων *Sc.* 83

Κρηθεύς fr. 10. 26; 30. 29

Κρήτη *Th.* 477, 480, 971; fr.
(140); *195. 1; 204. 56; (282)

Κρίνακος fr. (184)

Κρῖσος fr. 58. 10, 17

Κρονίδης *Th.* 53, 412, 423, 450,
572, 624; *Op.* 18, 71, 138, 158,
168, 239, 247; fr. 122; 234. 2;
343. 9

Κρονίων *Th.* 4, 534, 949; *Op.* 69,
242, 259, 276; *Sc.* 53, 56; fr.
25. 33; 27; 141. 11; 150. 16;
*177. 6; *193. 22; 211. 11;
*229. 13

Κρόνος *Th.* 18, 73, 137, 168, 395,
453, 459, 473, 476, 495, 625,
630, 634, 648, 660, 668, 851; *Op.*
111, 173a; et v. s.v. Οὐρανίδης

Κρόταλος (vel Κρόκαλος) fr. (259a)

Κτέατος fr. *17a. 16

Κτήσιππος fr. *25. 19

Κυανοχαίτης *Th.* 278

Κυδοιμός *Sc.* 156

Κυθερεία *Th.* 196, 198, 934, 1008

Κύθηρα *Th.* 192, 198

Κύκλωπες *Th.* 139, 144; fr. (52);
55. 3?

Κύκνος *Sc.* 57, 65, 329, 331, 346,
350, 368, 413, 468, 472; fr.
(237)

Κυλλήνη fr. 170; (*275)

Κυματολήγη *Th.* 253

Κύμη *Op.* 636

Κυμοδόκη *Th.* 252

Κυμοθόη *Th.* 245

Κυμοπόλεια *Th.* 819

Κυμώ *Th.* 255

Κύπρις fr. 124. 2

Κυπρογενής *Th.* 199

Κύπρος *Th.* 193, 199

Κυρήνη fr. 215. 2; (216)

Κυτίς(ς)ωρος fr. (255?)

Κυχρεύς fr. (226)

Λάδων *Th.* 344

Λαέρτης fr. 198. 3

Λακεδαιμονάδε fr. 198. 7; 199.
*0, 7

Λακεδαίμων fr. 129. 12

Λαόδοκος fr. 23a. 34

Λαοθόη fr. *26. 7

Λαομέδεια *Th.* 257

Λαομέδων fr. 43a. 64; 165. 10

INDEX NOMINVM